Persönlichkeitsstörungen

Persönlichkeits-störungen

Psychotherapie dysfunktionaler
Interaktionsstile

von

Rainer Sachse

2., unveränderte Auflage

Hogrefe · Verlag für Psychologie
Göttingen · Bern · Toronto · Seattle

Prof. Dr. Rainer Sachse, geb. 1948. 1969-1978 Studium der Psychologie an der Ruhr-Universität Bochum. 1978-1980 Arbeit in einer Psychologischen Praxis in Dortmund. Seit 1980 Wissenschaftlicher Mitarbeiter an der Ruhr-Universität Bochum; 1985 Promotion. 1989/90 Lehraufträge an der Reichsuniversität Gent; 1991 Habilitation. Seitdem Privatdozent an der Fakultät für Psychologie der Ruhr-Universität Bochum. Arbeitsschwerpunkte: Klinische Psychologie, Klientenzentrierte Psychotherapie, Verhaltenstherapie.

Die Deutsche Bibliothek - CIP - Einheitsaufnahme
Sachse, Rainer:
Persönlichkeitsstörungen : Psychotherapie dysfunktionaler
Interaktionsstile / von Rainer Sachse. - Göttingen ; Bern ;
Toronto ; Seattle : Hogrefe, Verl. f. Psychologie, 1997
    ISBN 3-8017-1079-3

2., unveränderte Auflage 1999

© by Hogrefe-Verlag, Göttingen • Bern • Toronto • Seattle 1997
    Rohnsweg 25, D-37085 Göttingen

Umschlagbild: Wolfgang Mattheuer, Verlorene Mitte; © VG Bild-Kunst, Bonn 1999
Gesamtherstellung: Dieterichsche Universitätsbuchdruckerei
W. Fr. Kaestner GmbH & Co. KG, D-37124 Rosdorf / Göttingen
Printed in Germany
Auf säurefreiem Papier gedruckt

ISBN 3-8017-1079-3

Inhaltsverzeichnis

Vorwort

Dieses Buch ist im wesentlichen aus konkreter Supervisionserfahrung entstanden. Aus der Erfahrung, daß Kolleginnen und Kollegen 60, manchmal 80% der Supervisionszeit damit ausfüllen, über Klientinnen und Klienten mit Persönlichkeitsstörungen zu sprechen; aus der Erfahrung, daß diese Klienten den Therapeuten sowohl auf der "technischen", als auch auf der Ebene der eigenen emotionalen Belastung sehr große Probleme bereiten. Es ist aus der Erfahrung entstanden, daß Therapeuten relativ schnell in der therapeutischen Arbeit verstrickt, handlungsunfähig, emotional involviert sind; daß Therapeuten oft in Supervision kommen und völlig verärgert sind über ihre Klienten, daß sie nicht mehr in der Lage sind, sich den Klienten gegenüber akzeptierend oder empathisch zu verhalten. Es ist auch entstanden aus der Erfahrung, daß Therapeuten sehr oft viel zu spät erkennen, daß Klienten besondere Arten von Interaktionen realisieren und viel zu spät auf diese Interaktionsanforderungen reagieren. Und es ist entstanden aus der Erfahrung, daß etablierte Therapieverfahren den Therapeuten zu wenig konkrete Hinweise darüber geben, wie sie angemessen mit diesen Klienten umgehen können.

Für diese Probleme haben viele Kollegen und ich in vielen Supervisionsüberstunden versucht, Lösungen zu finden; ich habe versucht, diese Ansätze zu integrieren, theoretisch zu untermauern. Daraus ist eine Konzeption entstanden, die sich nun schon seit mehreren Jahren in der Praxis (und auch in der Forschung) bewährt hat: Diese Konzeption möchte ich in diesem Buch vorstellen.

Speziell danken möchte ich an dieser Stelle meinem Ausbilder und Freund Dieter Graessner, der mich auf diese Problematik aufmerksam gemacht hat und mir wesentliche Prinzipien des therapeutischen Umgangs vermittelt hat. Danken möchte ich auch meiner Frau Claudia, die mir in unermüdlichen Diskussionen geholfen hat, die Konzepte und Ideen zu klären und zu gestalten.

1. Persönlichkeitsstörungen als Interaktionsstörungen

1.1 Übersicht

In diesem ersten Kapitel soll in die sehr komplexe Materie der *"Persönlichkeitsstörungen als Interaktionsstörungen"* eingeführt werden. Diese Materie ist aus verschiedenen Gründen komplex:

- der Begriff "Persönlichkeitsstörung" ist unter Psychologinnen und Psychologen umstritten;
- eine einheitliche psychologische Theorie darüber, was "Persönlichkeitsstörungen" sind, fehlt weitgehend;
- eine fundierte Therapie zur effektiven Behandlung dieser Störungen fehlt bisher;
- Klienten mit Persönlichkeitsstörungen gelten als therapeutisch wenig zugänglich;
- Klienten mit diesen Störungen gelten als interaktionell schwierig, als "Problemklienten".

Diese Probleme sollen hier erörtert werden: Es soll die Problematik des Begriffs "Persönlichkeitsstörung" erörtert werden; es soll ein grundlegendes Verständnis dieser Störung als Beziehungsstörung dargestellt werden; es soll deutlich werden, daß das Anliegen dieses Buches darin besteht, eine psychologisch fundierte Therapiekonzeption darzustellen; und es soll deutlich werden, daß zu einer solchen Konzeption eine stark therapie- und prozeßbezogene Diagnostik gehört, die genau die Verhaltensmerkmale von Klienten erfaßt, die für die Ableitung *therapeutischer Strategien* wesentlich sind.

Das Kapitel soll auch einen Einblick geben, was Klienten mit Persönlichkeitsstörungen überhaupt zu "schwierigen Klienten" macht, oder, anders ausgedrückt, warum die Anforderungen, die diese Klienten stellen, anders sind als die Anforderungen, die Klienten mit Ängsten oder Depressionen stellen.

Das Kapitel geht insbesondere auf die Notwendigkeit einer psychologischen Störungstheorie für die sog. "Persönlichkeitsstörungen" ein und stellt den theoretischen Hintergrund vor, auf dem die im zweiten Kapitel dargestellte "Theorie der doppelten Handlungsregulation" beruht.

Zur Elaboration eines theoretischen Hintergrundes werden hier folgende Theorien behandelt:

- die kognitive Theorie der Persönlichkeitsstörung,
- die vertikale Verhaltensanalyse oder Plananalyse,
- die Transaktionsanalyse,
- das Testkonzept,
- die Konzeption internaler Determinanten, affektiver Schemata und therapeutischer Ebenen.

Das Kapitel schließt mit einer Übersicht über die weiteren Kapitel dieses Buches ab.

1.2 Ziele des Buches

In diesem Buch geht es um die *Therapie* von Klienten mit Persönlichkeitsstörungen: Dies bedeutet, daß der Focus hier auf den therapeutischen Aspekten liegen wird und nicht auf Aspekten klassifikatorischer Diagnostik. Es geht hier somit nicht darum, auszuführen, ob bestimmte Verhaltens- und Erlebensmuster zur histrionischen oder narzißtischen Persönlichkeitsstörung gehören; es geht auch nicht um Fragen der Reliabilität oder Validität diagnostischer Kategorien. Es geht vielmehr um zwei Fragen, die eng miteinander verbunden sind:

- Wie lassen sich Persönlichkeitsstörungen psychologisch verstehen?
- Wie lassen sich Persönlichkeitsstörungen effektiv therapeutisch "behandeln"?

Die erste Frage ist die Frage nach einer Störungstheorie, einer *psychologischen Funktionstheorie*: Es ist die Frage nach einer theoretischen Erklärung dafür, welches die zentralen Aspekte der Persönlichkeitsstörung sind und wie diese Störung "funktioniert". Eine solche Theorie ist außerordentlich wesentlich, denn sie ist die Grundlage zur Beantwortung der zweiten Frage: Nur wenn man weiß, wie die Störung "psychologisch funktioniert", kann man fundierte therapeutische Maßnahmen entwickeln.

Die zweite Frage ist gerade bei Persönlichkeitsstörungen sehr wesentlich: Diese Störungen gelten bisher nicht nur als relativ schwer behandelbar (vgl. Andreoli et al., 1989; Blashfield u. Daris, 1993); sie gelten darüberhinaus auch als Störungen, die Therapeuten im Therapieprozeß große Schwierigkeiten bereiten (vgl. Derksen, 1995; Vaillant, 1987; Padesky, 1986; Young u. Swift, 1988). Diese Schwierigkeiten resultieren keineswegs nur daraus, daß Therapeuten keine effektiven "Methoden" zur Behandlung haben. Sie resultieren insbesondere daraus, daß Klienten mit diesen Störungen die Therapeuten in spezifische Arten von Interaktionen verwickeln, die die Therapeuten hilflos und/oder aggressiv machen. Diese Klienten sind daher nicht nur schwer behandelbar: sie gelten auch als extrem schwierig, als Klienten, die Therapeuten ungern behandeln, bei denen sie sich leicht überfordert fühlen. Daher ist es auch aus zwei Gründen (die allerdings eng zusammenhängen) wesentlich, sich mit Therapie zu beschäftigen:

- um Möglichkeiten zu entwickeln, *Klienten* mit Persönlichkeitsstörungen effektiv zu helfen;
- um *Therapeuten* handlungsfähig zu machen, ihnen Möglichkeiten zu geben, die schwierigen Interaktionsmuster der Klienten nicht nur zu erkennen und mit ihnen

umzugehen, sondern sie sogar als wichtiges therapeutisches Potential konstruktiv zu nutzen.

Daher wird sich dieses Buch mit Störungstheorie, Therapietheorie, Prozeßdiagnostik und therapeutischen Strategien und Interventionen beschäftigen; es wird sich dagegen so gut wie gar nicht mit den Klassifikationssystemen DSM und ICD beschäftigen (vgl. dazu Fiedler, 1994a; Turkat, 1996; Wittchen, 1996): Unter primär therapeutischer Perspektive interessieren hier weniger die "Oberflächenmerkmale" oder die "Symptomoberflächen" der Persönlichkeitsstörungen, sondern die konkreten Verarbeitungen und Handlungen der Klienten, insbesondere im Therapieprozeß selbst.

Diese Perspektive hat auch eine Veränderung des diagnostischen Zugangs zur Folge, der hier gewählt wird: Diagnostiziert werden hier Merkmale der Interaktion und der Bearbeitung, *nicht* Merkmale der Symptomatik. Erfaßt werden *im Therapieprozeß*, wie Klienten ganz konkret die Interaktion zum Therapeuten gestalten, wie sie ihre Probleme bearbeiten, ob sie eine Änderungsmotivation aufweisen usw. *Diese* Merkmale werden erfaßt, weil genau diese Merkmale therapeutisch relevant sind: Der Therapeut muß verstehen, was der Klient in der Therapie tut, was der Klient mit dem Therapeuten tut, wie der Klient aktuell arbeitet, ob der Klient eine Klientenrolle einnimmt usw. Diese Merkmale muß der Therapeut erkennen, beachten und verarbeiten. Denn das Erkennen und Verarbeiten *dieser* Merkmale führt zu therapeutischen Indikationsentscheidungen, gibt dem Therapeuten Ansatzpunkte für Strategien und Interventionen, ermöglicht also die Ableitung therapeutischen Vorgehens. Dagegen thematisieren die Klienten (aufgrund fehlender Änderungsmotivation) die Symptomaspekte der Persönlichkeitsstörungen in der Therapie kaum oder gar nicht: Will man die Diagnose an diesen inhaltlichen Kriterien festmachen, hat man in der Regel große diagnostische Probleme: genau *die* Aspekte, die man für die Diagnose braucht, kommen kaum vor!

Daher geht das prozeßanalytische Vorgehen einen anderen Weg: Es analysiert systematisch *die* relevanten Aspekte, die im Therapieprozeß *mit hoher Wahrscheinlichkeit vorkommen*. Damit richtet sich die Analyse auf Merkmale, die auch tatsächlich beobachtbar sind. Und die Analyse richtet sich auf *solche* Merkmale, die therapeutisch *unmittelbar handlungsrelevant* sind. Daher ist die hier abgeleitete Prozeßdiagnostik praktisch-therapeutisch von sehr viel höherem Stellenwert als eine symptombezogene, kategoriale Diagnostik (obwohl beide Perspektiven sich selbstverständlich ergänzen können).

Ein weiterer Vorteil der hier vorgeschlagenen Prozeßdiagnostik besteht darin, daß diese "nicht-reaktiv" ist: Der Therapeut führt seine therapeutischen Maßnahmen durch "wie immer" und der Klient reagiert darauf bzw. der Klient realisiert sein Interaktionsverhalten "wie immer" und der Therapeut reagiert darauf. Durch ein Rating-Verfahren kann dann analysiert werden, wie der Klient die Interaktion gestaltet, wie er arbeitet usw., ohne daß der Therapeut bestimmte inhaltliche Information abfragen muß, ohne daß der Klient weiß, was eigentlich erfaßt wird u.ä. Die hier eingenommene Perspektive erlaubt daher, die therapierelevanten Informationen aus dem Therapieprozeß selbst abzuleiten.

1.3 Problematik und Relevanz des Störungsbildes "Persönlichkeitsstörungen"

1.3.1 Zur Problematik des Begriffs "Persönlichkeitsstörung"

Der offiziell in der Klinischen Psychologie eingeführte Begriff der Persönlichkeitsstörung (personality disorder) bereitet vielen Therapeuten und Therapeutinnen Unbehagen. Das Unbehagen resultiert daraus,

- daß einerseits die im DSM IV (Saß et al., 1996) oder ICD beschriebenen Symptommerkmale durchaus sinnvolle und relevante Klassifikationen darstellen;
- daß Klienten, die so klassifiziert werden, ganz bestimmte Beziehungsprobleme im Alltag wie in der Therapie zeigen;
- daß eine "Diagnose" für die Therapie durchaus eine heuristische Relevanz hat;
- daß man jedoch andererseits bezweifeln kann, ob es sich um "Persönlichkeitsstörungen" (also Störungen der "Person", der "Gesamtpersönlichkeit", des "Charakters" o.ä.) handelt;
- und daß eine Bezeichnung als "Interaktionsstörung" zutreffender wäre;
- daß die Bezeichnung Persönlichkeitsstörung abwertend, stigmatisierend wirken kann und manchmal wohl auch so gemeint ist.

Trotz aller Bedenken wird es im Augenblick jedoch wohl wenig sinnvoll sein, den eingeführten Begriff "Persönlichkeitsstörung" abzuschaffen: Der Begriff ist in der Klinischen Psychologie eingeführt und wird als solcher in offiziellen Klassifikationen verwendet; eine "Umbenennung" könnte leicht zu terminologischer Verwirrung und noch größerer Unklarheit führen, als sie bereits besteht. Verwendet man den Begriff weiter, dann sollte man sich jedoch klar machen

- was man tatsächlich damit meint;
- wie man damit umgeht;
- daß man jede Art von Stigmatisierung oder Schädigung des Klienten vermeiden sollte.

Dieses Begriffsproblem wird in diesem Buch in dreifacher Weise "entschärft":

1. Persönlichkeitsstörungen werden hier eindeutig *nicht* als "Persönlichkeits"-Störungen, sondern als Beziehungsstörungen aufgefaßt.

2. Daher wird hier auch so gut wie gar nicht von Persönlichkeitsstörungen gesprochen, sondern von "Handlungsregulationen", "interaktionellen Zielen", "Strategien" usw.

3. Es wird angenommen, daß die Arten von Beziehungsgestaltung, die in extremer Form zu sog. "Persönlichkeitsstörungen" führen, in milderer Art universelle Umgangsformen sind: Es gibt also keine dichotome Abgrenzung von "normal" zu "gestört", sondern fließende Übergänge.

Wenn hier von "Persönlichkeitsstörungen" gesprochen wird, dann ist damit immer die "offizielle" Diagnostik-Ebene des DSM oder ICD gemeint: Der Begriff dient dabei der *Kommunikation zwischen Fachkollegen*, die wissen, was diagnostisch mit dieser Kategorie gemeint ist. Theoretisch wird hier jedoch von "Interaktionsproblemen" ausgegangen, von unflexiblen, dysfunktionalen, d.h. die Person selbst beeinträchtigenden Formen der Interaktion. In der Kommunikation zwischen Kollegen sollte daher klar sein, daß mit dem Begriff "Persönlichkeitsstörung" spezifische Formen des Handelns, der Verarbeitung usw. gemeint sind und *nicht* implizite Abwertungen wie "Charakterschwäche" oder "Unreife" usw. Daher ist der Begriff m.E. ein reiner Fachbegriff, der zum "internen Gebrauch" bestimmt ist, weil er im Fachgebrauch eindeutig und nicht-abwertend verwendet werden kann. Nur in diesem Sinne soll der Begriff hier verwendet werden.

Es soll hier auch sehr deutlich gemacht werden, daß mit dem Begriff "Persönlichkeitsstörung" *keine* Pathologisierung verbunden sein soll. Die Anwendung diagnostischer Kriterien wird hier verstanden als *therapeutische Leitheuristik*: Sind bestimmte diagnostische Kriterien erfüllt, dann bedeutet das, daß bestimmte Arten von Interaktionsproblemen beim Klienten vorliegen können. Diese Interaktionsprobleme sind, falls sie vorliegen, für den Klienten sowohl außerhalb als auch innerhalb der Therapie von großer Relevanz: *Sie dürfen vom Therapeuten nicht übersehen werden.*

Der Therapeut sollte daher auf bestimmte Informationen achten. Er sollte, falls diese vorliegen, Interaktionsprobleme des Klienten verstehen und daraus therapeutische Konsequenzen ziehen. Die Funktion der Diagnostik ist daher in diesem Ansatz überhaupt nicht, den Klienten zu "labeln", sondern als Therapeut aufmerksam zu werden für wichtige Aspekte des Klienten-Problems. Daher beschäftigt sich dieses Buch auch nicht mit Fragen der Diagnostik, sondern mit der Frage, welche *therapeutische Relevanz* das Vorliegen einer Persönlichkeitsstörung hat.

Damit einher geht auch die hier vertretene Auffassung, daß die Feststellung einer "Störung" lediglich Folge einer Kosten-Nutzen-Rechnung sein sollte. Folgt man der Konzeption von "Persönlichkeitsstilen" bei Kuhl u. Kazén (1996), dann wird deutlich, daß praktisch jede Person "Persönlichkeitsstörungen in einem gewissen Ausmaß" aufweist: Diese "leichten" Ausprägungen werden von Kuhl als "Persönlichkeitsstile" bezeichnet.

Diese Auffassung impliziert,
- daß es keinen klar definierten Übergang gibt von "Stil" zu "Störung" (und tatsächlich sind die DSM und ICD-Kriterien arbiträr);
- daß man von "Störung" nur dann sprechen kann, wenn die realisierten Interaktionsmuster der betreffenden Person mehr schaden als nutzen;
- daß es unsinnig ist, von einem willkürlichen Punkt an von "pathologisch" zu sprechen. Ein solcher Punkt ist nicht bestimmbar; eine solche Klassifikation zerlegt ein Kontinuum in ein dichotomes Muster; die Kriterien sind willkürlich;
- daß es unsinnig ist, eine Person für das Vorliegen bestimmter Interaktionsmuster abzuwerten, denn in gewissem Sinne hat fast jeder eine "Persönlichkeitsstörung" und wer sollte sich dann noch "erdreisten", andere als "unreif", "charakterschwach" o.ä. zu bezeichnen?

Daraus folgt: Alles, was man mit "Persönlichkeitsstörung" meinen sollte, ist die Beschreibung definierter Handlungs- und Verarbeitungsmerkmale einer Person, die den Therapeuten veranlassen sollte, bestimmte Arten von Information sorgfältig und systematisch zu verarbeiten, um die Probleme des Klienten genau und umfassend zu verstehen und dem Klienten so therapeutisch möglichst effektiv helfen zu können (vgl. zur Diskussion der Begriffsproblematik auch Tölle, 1980; Jaspers, 1976; Fydrich et al., 1996).

1.3.2 Notwendigkeit einer Störungstheorie

Wie in anderen Bereichen von Klinischer Psychologie und Psychotherapie, so benötigt man auch im Bereich der Persönlichkeitsstörungen eine psychologische Störungstheorie, um therapeutische Ansatzpunkte, Ziele, Strategien oder Interventionen ableiten zu können: Man benötigt eine Theorie für das psychologische "Funktionieren" der Störung, um zu wissen, welche Aspekte relevant sind, an welchen Aspekten man wie ansetzen muß, um welche möglichen Ziele zu erreichen.

In einem wissenschaftlich fundierten Therapievorgehen können Strategien und Interventionen nicht einfach auf "Störungen" angewandt werden; vielmehr muß inhaltlich begründet (und im nächsten Schritt empirisch nachgewiesen) werden, wieso bestimmte Strategien und Interventionen konstruktive Effekte bei einer bestimmten Störung erzeugen sollten oder können.

Dies kann inhaltlich aber nur begründet werden, wenn

- es zu der betreffenden Störung eine Störungstheorie gibt, die das psychologische Funktionieren der Störung erklärt, die angibt, welche Aspekte und Variablen zentral sind usw.;
- es zu einer Therapie eine Therapietheorie gibt, die angibt, wie diese Therapie funktioniert;

  und

- wenn Störungstheorie und Therapietheorie kompatibel sind, d.h. wenn die Therapietheorie Aussagen macht über die Vermittlung *solcher* Veränderungen, die nach Aussagen der Störungstheorie für eine konstruktive Veränderung der Störung relevant sind.

Nimmt man z.B. in der Störungstheorie an, daß "depressive Schemata" eine zentrale Rolle spielen bei der Entstehung und Aufrechterhaltung einer Depression, und nimmt man in der Therapietheorie an, daß die kognitiven Interventionsmethoden depressive Schemata modifizieren, dann hat man eine Indikation von kognitiver Therapie für die Störung "Depression" begründet (vgl. Beck et al., 1981, Beck u. Greenberg, 1979). Man hat diese Indikation begründet, weil Störungstheorie und Therapietheorie bezüglich zentraler Aspekte kompatibel sind; die Therapietheorie besagt, daß diejenigen Funktionsaspekte der Störung modifiziert werden, die nach Aussage der Störungstheorie für die Aufrechterhaltung der Störung zentral sind.

Eine solche Störungstheorie soll hier dargestellt werden: Es ist eine Theorie, die Persönlichkeitsstörungen als spezielle Form von Beziehungs- oder Interaktionsstörungen auffaßt und die

- erklären kann, warum Therapeuten mit diesen Klienten extreme Probleme haben;
- deutlich machen kann, wie diese Probleme aussehen;

- die Ableitung prozeßdiagnostischer Verfahren erlaubt, mit deren Hilfe erkannt werden kann, was die Klienten tun und welche Schwierigkeiten sie konkret haben oder dem Therapeuten bereiten;
- die Ableitung therapeutischer Strategien ermöglicht, welche dem Klienten eine effektive Veränderung ermöglichen *und* den Therapeuten ihre Handlungsmöglichkeiten zurückgeben.

1.3.3 Der Störungsbereich "Persönlichkeitsstörungen" ist therapeutisch von sehr großer Relevanz

Für Klienten mit Persönlichkeitsstörungen ist die Ableitung therapeutischer Strategien und Interventionen wesentlich. Dies liegt daran, daß bei diesen Klienten im Therapieprozeß zwei Arten von Problemen vorliegen, die zwar beide Ausdruck und Teil der Störung sind, die jedoch für den Therapeuten zwei unterscheidbare Problemaspekte darstellen:

1. Klienten mit Persönlichkeitsstörungen sind therapeutisch schwer zu behandeln;

2. Klienten mit Persönlichkeitsstörungen bereiten den Therapeuten Probleme auf der Beziehungsebene.

In einer Befragung mit 100 therapeutisch tätigen Psychotherapeutinnen und Therapeuten (Scharmann, 1996) stellten wir fest, daß die Therapeuten angaben, daß im Durchschnitt 43% ihrer Klienten eine Persönlichkeitsstörung in relevantem Ausmaß aufwiesen und daß 58 % der Therapeuten Klienten mit Persönlichkeitsstörungen als schwierig und belastend einstuften. Diese Störungsgruppe beanspruchte bei den Therapeuten durchschnittlich 59% der Supervisionszeit. Von den befragten Therapeuten gaben 43% an, durch ihre Ausbildung auf den Umgang mit diesen Klienten schlecht oder sehr schlecht vorbereitet worden zu sein. Die Belastungen durch das Interaktionsverhalten betrafen dabei zwei Aspekte:
- Handlungsschwierigkeiten: Die Therapeuten wissen zum großen Teil nicht, wie sie ganz konkret mit dem Verhalten der Klienten umgehen sollen, es fehlen ihnen Möglichkeiten der Analyse und Intervention.
- Persönliche Belastungen: Die Therapeuten fühlen sich durch das Klienten-Verhalten, aber auch durch die eigene Hilflosigkeit emotional stark belastet; sie zweifeln an ihrer Kompetenz, ärgern sich über Klienten, können schlecht abschalten usw.
Vergleicht man hier erfahrene und unerfahrene Therapeuten, dann weisen die erfahrenen Therapeuten zwar signifikant weniger Handlungsschwierigkeiten auf als die unerfahrenen; dennoch weisen sie absolut immer noch ein hohes Ausmaß an Handlungsschwierigkeiten auf (im Vergleich zu anderen Klienten). Bezüglich der emotionalen Belastung besteht interessanterweise *kein* Unterschied zwischen erfahrenen und unerfahrenen Therapeuten: Auch die erfahrenen Therapeuten fühlen sich durch Klienten mit Persönlichkeitsstörungen immer noch sehr hoch emotional belastet. Die hauptsächliche emotionale Belastung der Therapeuten besteht dabei in einer "persönlichen Verstrickung": Die Therapeuten fühlen sich von den Klienten entweder "sabotiert", "angegriffen",

"mattgesetzt" o.ä.; und dies löst Gefühle wie Ärger, Ablehnung, Resignation u.ä. aus. Dies bedeutet: Die Therapeuten verlieren früher oder später (manchmal erst nach Phasen von Mitleid und Solidarisierung) ihre Akzeptierung und ihre Empathie. Sie verlieren die Fähigkeit, das Klienten-Handeln als Teil des Klientenproblems wahrzunehmen; sie verlieren aber auch ihre Fähigkeit, genau zu beachten, was in der Interaktion passiert: Sie verlieren hochgradig ihre therapeutische Distanz. Oder aber die Therapeuten fühlen sich von den Klienten "in das System eingebaut", als Stütze und Stabilisator des Klienten: Auch hier haben sie die Distanz verloren, wenn auch (noch) nicht ihre Empathie. In aller Regel kippt dieser Zustand aber nach einiger Zeit in Ärger und Ablehnung gegenüber dem Klienten um.

Dies zeigt, daß es noch relevant ist, Therapeuten Interventionsmöglichkeiten zu vermitteln, Möglichkeiten, um mit den spezifischen interaktionellen Schwierigkeiten von Klienten konstruktiv umgehen zu können. Dies soll in diesem Buch geschehen. Und eine ganz zentrale therapeutische Strategie, die hier vorgeschlagen wird, besteht darin, dem Therapeuten zuerst wieder Distanz zu ermöglichen, dem Therapeuten die Möglichkeit zu geben, das Problem wieder zu analysieren und zu verstehen und ihn dann, über diesen Weg, wieder für Empathie und Akzeptierung zu öffnen.

1.3.3.1 Klienten mit Persönlichkeitsstörungen gelten als "schwer behandelbar"

Klienten mit Persönlichkeitsstörungen bringen von ihrer Motivation, Problemdefinition und Problembearbeitung her ihre Eingangsvoraussetzungen in die Therapie mit, die "normale" therapeutische Strategien und Interventionen leicht aushebeln und Therapeuten hilflos machen. Dabei treten vielfältige therapeutische Probleme auf, von denen hier nur einige exemplarisch erwähnt werden sollen (sie werden dann im Folgenden genau beschrieben und analysiert):

1. Klienten mit Persönlichkeitsstörungen weisen meist keine "Änderungsmotivation", sondern eine "Stabilisierungsmotivation" auf: Sie kommen in Therapie, um ihr System mit Hilfe des Therapeuten zu stabilisieren.

2. Therapeuten haben oft große Schwierigkeiten, dies zu erkennen; einerseits, weil es von den Klienten nicht explizit gemacht wird, und andererseits, weil die Therapeuten gar nicht wissen, wie man die Motivation der Klienten im Prozeß analysieren kann.

3. Die Klienten sind aufgrund ihrer Stabilisierungsintention zwar zur Therapie motiviert: Sie kommen in Therapie und "loben" den Therapeuten. Sie sind aber nicht motiviert, an Veränderung ihrer Annahmen, Motive, Ziele usw. zu arbeiten.

4. Strebt der Therapeut eine solche Bearbeitung an, wird er vom Klienten blockiert: Klienten verfügen über eine Reihe von Strategien, um Bearbeitung systematisch zu vermeiden und Therapeuten systematisch zu blockieren.

5. Kennt und versteht ein Therapeut diese Strategien nicht, fühlt er sich mattgesetzt, hilflos und reagiert oft ärgerlich auf den Klienten; seine Interventionen verschlimmern dann in aller Regel das Problem.

6. Klienten thematisieren ihre Beziehungsprobleme meist nicht; der Therapeut kann sie daher oft nur schwer erkennen. Er versteht dann nicht, daß das Problem des Klienten eben nicht nur in "Panik" o.ä. besteht, sondern daß es sich um ein massives Interaktionsproblem handelt.

7. Da ein Therapeut oft nicht erkennt, worum es sich bei dem Problem handelt und/oder keine geeigneten Interventionen hat, um das Problem deutlich zu machen, ist er hilflos, blockiert und langfristig frustriert.

8. Therapeuten konzentrieren sich dann oft auf die Probleme und Ziele, die die Klienten explizit angeben: z.B. Panik, Abhängigkeiten, Somatisierungsstörungen usw..

9. Der Therapeut wendet dann spezifische Methoden zur Behandlung dieser Störungen an und stellt fest, daß diese nicht so wirken, wie sie "normalerweise" wirken (gar nicht; sie verschlimmern das Problem; es tauchen ständig neue Probleme auf; der Klient wendet die Methode gar nicht an usw.).

10. Der Therapeut, der nur ein eingeschränktes Modell vom Klientenproblem hat, versteht diese inner-therapeutischen Probleme nicht; er kann sich nicht auf den Klienten einstellen; manchmal fordert er vom Klienten, daß sich dieser auf den Therapeuten/die Therapie einstellt; dies ist jedoch meist wenig erfolgreich.

11. Selbst wenn ein Therapeut erkennt, daß der Klient eine Persönlichkeitsstörung aufweist, dann weiß er sehr oft *nicht*, welche therapeutischen Konsequenzen daraus resultieren sollen, da er kein spezifisches Analyse- und Handlungs-Wissen für diese Klienten besitzt.

12. Auf diese Weise kann diesen Klienten sehr oft nicht effektiv therapeutisch geholfen werden.

1.3.3.2 Klienten mit Persönlichkeitsstörungen bereiten Therapeuten unmittelbar interaktionelle Probleme

Klienten mit Persönlichkeitsstörungen sind jedoch nicht nur deshalb schwierige Klienten, weil sie einige Eingangsvoraussetzungen nicht mitbringen, die sich für die Therapie als hilfreich erweisen, diese Aspekte sind sogar für die Therapie insgesamt die weniger schwierigen. Das Hauptproblem für die Therapeuten besteht darin, daß die Klienten *Beziehungsprobleme* aufweisen und diese in der Beziehung zum Therapeuten aktuell in der Therapie "agieren": Sie thematisieren oder bearbeiten diese Probleme nicht, sie "leben" diese Probleme in der Therapie. Damit wird der Therapeut unvermittelt, ohne daß er dies verhindern kann und oft auch ohne daß er dies richtig versteht, vor einem Partner in einem Therapieteam zu einem Teil des Problems.

1. Klienten mit Persönlichkeitsstörungen "verwickeln" ihre Therapeuten in dysfunktionale Interaktionen: Die Therapeuten werden für die Ziele und Intentionen der Klienten funktionalisiert (der Therapeut soll trösten, bestätigen, Verantwortung übernehmen usw.).

2. Diese Arten von Interaktionen sind für Therapeuten z.T. nur schwer erkennbar. Sehr oft erkennen Therapeuten die Probleme zu spät, nämlich erst dann, wenn sie das System des Klienten bereits stabilisieren, wenn sie anfangen, sich über den Klienten zu ärgern u.ä.

3. In vielen Fällen fühlen die Therapeuten sich gegenüber diesen Interaktionen hilflos: Sie wissen nicht, wie sie damit umgehen sollen, wenn sie von Klienten massiv kritisiert, ausgefragt, kontrolliert werden.

4. Die Therapeuten haben daher bezüglich dieser Interaktionsprobleme
   – keine prozeßdiagnostischen Methoden zur Verfügung, um festzustellen, was die Klienten tun und wo genau das Problem liegt;
   – sie haben keine Wissensbestände über Interaktionsprobleme um den Klienten zu verstehen und relevante Modelle vom Klienten zu bilden;
   – sie haben (auf der Beziehungsebene) keine wirksamen Strategien oder Interventionen, um mit dem Problem konstruktiv umzugehen.

5. Aufgrund der Involvierung des Therapeuten in die Interaktionen des Klienten, des mangelnden Wissens über die Analyse dieser Prozesse und der mangelnden Kompetenzen, mit spezifischen Beziehungsproblemen *in* der Therapie umzugehen, verschlechtert sich (meist innerhalb kurzer Zeit) die Therapeut-Klient-Beziehung so stark, daß keine konstruktive Arbeit mehr stattfinden kann.

6. Auf diese Weise führt die spezifische Problematik des Klienten dazu, daß Therapeuten diesem Klienten nicht wirksam helfen können, und dessen dysfunktionalen Interaktionsstil sogar stabilisieren.

Es ist daher bei der Entwicklung einer effektiven Therapiekonzeption für Klienten mit Persönlichkeitsstörungen von zentraler Bedeutung, *den Therapeuten Möglichkeiten zum Umgang mit den unmittelbar im Therapieprozeß auftretenden Interaktionsproblemen* an die Hand zu geben. Eine effektive Therapie für diese Klienten muß daher in sehr hohem Ausmaß eine prozeßorientierte, interaktionsorientierte Therapie sein.

1.4 Ein veränderter Fokus: Persönlichkeitsstörungen als Beziehungs- oder Interaktionsstörungen

Grundlage des hier vorgestellten störungstheoretischen Modells, das als "Modell der doppelten Handlungsregulation" bezeichnet werden soll, ist die Grundannahme, daß Persönlichkeitsstörungen als *Beziehungs- oder Interaktionsstörungen* aufgefaßt werden können. Zwar sind Persönlichkeitsstörungen komplexe Störungen, die Handeln, Denken, Fühlen, spezifische Formen der Informationsverarbeitung usw. einschließen. Dennoch kann man annehmen, daß dysfunktionale Überzeugungen über Beziehungen, dysfunktionale interaktionelle Intentionen, dysfunktionale Arten der Beziehungsgestaltung *den Kern* der Störung bilden.

Fiedler (1994a) geht davon aus, daß es sich bei Persönlichkeitsstörungen "um komplexe Störungen des zwischenmenschlichen Beziehungsverhaltens" (S.93) handelt. Auch Ecker (1996, S. 382) ist der Ansicht, daß den Persönlichkeitsstörungen gemeinsam ist, daß es sich immer auch um Störungen der zwischenmenschlichen Interaktion bzw. "Beziehungsstörungen" mit "sozial unflexiblem und wenig angepaßten Verhaltensauffälligkeiten" handelt, die der betreffende als ich-synton, d.h. zu sich gehörig, erlebt (vgl. auch Fiedler, 1993, 1994b, 1994c, 1994d, 1995; Schmitz et al., 1996; Schmitz, 1996)

Die Auffassung, daß es sich bei Persönlichkeitsstörungen um Beziehungsstörungen handelt, setzt sich zunehmend durch.

Im DSM IV (Saß et al., 1996) nehmen Merkmale der Beziehungsgestaltung und Interaktion bei der Definition von Persönlichkeitsstörungen einen zentralen Stellenwert ein. Bei der Kurzdefinition von Persönlichkeitsstörungen werden Merkmale angegeben wie

- Mißtrauen und Argwohn;
- Distanziertheit in sozialen Beziehungen;
- starkes Unbehagen in nahen Beziehungen;
- Mißachtung der Rechte anderer;
- Instabilität in zwischenmenschlichen Beziehungen;
- Heischen nach Aufmerksamkeit;
- Bedürfnis danach, bewundert zu werden;
- soziale Hemmung;
- anklammerndes Verhalten.

Alle diese Definitionsmerkmale von Persönlichkeitsstörungen sind Merkmale der Beziehungs- oder Interaktionsgestaltung. Auch in den Beschreibungen und diagnostischen Kriterien der Persönlichkeitsstörungen spielen Merkmale der Interaktion eine zentrale Rolle. So gibt das DSM z.B. an, daß Personen mit paranoider Persönlichkeitsstörung "ein hohes Ausmaß von Kontrolle über Mitmenschen" benötigen; daß Personen mit schizoider Persönlichkeitsstörung "der Wunsch nach intimen Beziehungen fehlt", daß Personen mit schizotypischer Persönlichkeitsstörung "glauben, magische Kontrolle über andere zu besitzen"; daß Personen mit antisozialer Persönlichkeitsstörung "kein Mitgefühl und mangelnde Empathie Mitmenschen gegenüber zeigen"; daß sich Personen mit Borderline Persönlichkeitsstörung bemühen, "Verlassenwerden zu vermeiden"; daß sich Personen mit histrionischer Persönlichkeitsstörung bemühen, "im Mittelpunkt der Aufmerksamkeit zu stehen"; daß Personen mit narzißtischer Persönlichkeitsstörung "von anderen bewundert, geliebt, anerkannt werden wollen"; daß Personen mit selbstunsicherer Persönlichkeitsstörung "von anderen deutliche Beweise benötigen, daß sie angenommen werden, bevor es ihnen gelingt, Kontakt aufzunehmen"; daß Personen mit dependenter Persönlichkeitsstörung "möchten, daß andere Verantwortung übernehmen und eine völlig verläßliche Beziehung anbieten"; daß Personen mit zwanghafter Persönlichkeitsstörung "zwischenmenschliche Kontrolle ausüben".

Diese Beispiele machen bereits deutlich, daß Persönlichkeitsstörungen sich wesentlich in der Interaktion mit anderen Personen manifestieren: in dem Versuch, Kontrolle auszuüben, Aufmerksamkeit zu erhalten, Anerkennung zu bekommen, Personen auf

Distanz zu halten usw. Persönlichkeitsstörungen können damit aufgefaßt werden als bestimmte Arten, zwischenmenschliche Beziehungen zu gestalten; dabei geschieht diese Gestaltung allerdings so, daß für die Person hohe Kosten entstehen, sowohl internal (z.B. Einsamkeit, Verunsicherung, Selbstzweifel u.a.) als auch interaktionell (z.B. Isolierung, Verlassenwerden usw.). Persönlichkeitsstörungen sind daher *dysfunktionale* Arten von Beziehungsgestaltung, Strategien, die der Person selbst kurz- oder langfristig schaden.

Faßt man Persönlichkeitsstörungen als Beziehungsstörungen auf, dann liefert die Anwendung interpersoneller Theorien auf diesen Störungsbereich Möglichkeiten, die Art der Störung genauer zu spezifizieren.

Die Grundlage interpersoneller Theorien ist der "Interpersonal Circle" von Leary (1957): In ihm werden interaktionell relevante Persönlichkeitseigenschaften nach zwei Achsen kreisförmig angeordnet. Eine Achse repräsentiert die Dimension Dominanz - Unterwürfigkeit und die andere die Dimension Haß - Liebe. Kiesler (1983, 1986) modifizierte die Theorie von Leary; auf dieser Modifikation baut das Modell der Structural Analysis of Social Behaviour (SASB) von Benjamin (1974) auf. Benjamin erweiterte das zweidimensionale "Circumplex-Modell" um eine Focus-Dimension: Die Dimension Liebe - Haß, wie auch die Dimension Dominanz - Unterwürfigkeit, können sich auf "sich selbst" oder auf "andere" beziehen. Neben den Foci "selbst" und "andere" führt Benjamin nun den Focus "Introjekt" ein, um innerpersönliche Regulations- und Normierungsprozesse abbilden zu können. Dadurch entsteht ein komplexes Analyse-System zur Beurteilung sozialer Interaktionen (Benjamin, 1974, 1977, 1979, 1982, 1984; Benjamin et al., 1986; Berlin u. Johnson, 1989), das auch auf die Analyse von Therapieprozessen angewandt werden kann (Grawe-Gerber, 1992; Benjamin, 1987b; Henry et al., 1986).

Benjamin (1987a, 1992, 1996) wendet das SASB-Modell auf Persönlichkeitsstörungen an. Benjamin (1993) entwickelt den Ansatz zu einer systematischen, interaktionellen Theorie der Persönlichkeitsstörungen weiter. Dabei arbeitet sie für jede einzelne Persönlichkeitsstörung eine interpersonale Interpretation aus und erweitert die DSM IV-Kriterien systematisch um interaktionelle Aspekte.

So lautet z.B. die interaktionelle Interpretation der Histrionischen Persönlichkeitsstörung (S. 174): "Es gibt eine starke Furcht davor, ignoriert zu werden, zusammen mit einem starken Wunsch, von einer anderen, mächtigeren Person geliebt und versorgt zu werden, wobei diese Person durch Charme und Attraktivität ("entertainment skills") kontrollierbar sein soll. Eine Grundhaltung von freundlichem Zutrauen wird begleitet durch heimliche Strategien, die andere zwingen, der Person die gewünschte Fürsorge und Liebe zu geben. Unangemessen verführerisches Verhalten und manipulative Selbstmordversuche sind Beispiele für solche Nötigungen".

Das hier vorgestellte psychologische Störungsmodell der Persönlichkeitsstörung geht grundlegend von einem interaktionellen Verständnis aus: Persönlichkeitsstörungen werden verstanden als komplexe Interaktionsstörungen, als Störungen der interaktionellen Regulation. Basierend auf dieser Grundannahme werden nun psychologische Theorien, Konzepte und Ergebnisse herangezogen, um zu spezifizieren, was mit "Interaktionsstörung" genau gemeint sein soll; damit soll eine psychologische Störungstheorie abgeleitet werden, die sowohl die Interaktionsprobleme von Klienten mit Persönlichkeitsstörungen im allgemeinen als auch die spezifischen innertherapeutischen interaktionellen Schwierigkeiten erklären kann.

1.5 Theoretische Grundlagen einer Störungstheorie

Das hier entwickelte "Modell der doppelten Handlungsregulation", das eine psychologische Störungstheorie der Persönlichkeitsstörungen darstellt, basiert theoretisch auf einigen Theorien und Modellen, die hier kurz skizziert werden sollen.

1.5.1 Kognitive Theorie der Persönlichkeitsstörung

Die Arbeitsgruppe um Beck (vgl. Beck u. Freeman 1993; Freeman, 1988a, 1988b; Freeman u. Leaf, 1989; Pretzer, 1996) postuliert als Voraussetzung für die Entwicklung einer Persönlichkeitsstörung, ebenso wie das Diathese-Streß-Modell, eine diathetisch und psychosozial prädisponierte Vulnerabilität. Zur Manifestation einer Persönlichkeitsstörung kommt es aber erst dadurch, daß die Betroffenen in spezifischer Weise mit ihrer Verletzlichkeit umgehen.

Prädisponiert vulnerable Menschen neigen dazu, eine Vielzahl zwischenmenschlicher Situationen als bedrohlich wahrzunehmen und sie zu vermeiden, um sich selbst zu schützen. Dieses Vermeidungsverhalten hat jedoch zur Folge, daß wenig neue interaktionelle Erfahrungen gemacht und adäquate Umgangsformen nicht gelernt werden.

Die Basis, auch für diese fehlerbehaftete Wahrnehmung und Einschätzung der Realität, sind kognitive Schemata (vgl. Neisser, 1979; Schank u. Abelson, 1977). Bei persönlichkeitsgestörten Menschen werden in sozialen Situationen bestimmte Schemata aktiviert, die eine systematische Verzerrung in der Informationsverarbeitung bewirken.

Beck hat für die im DSM konzeptualisierten Persönlichkeitsstörungen charakteristische Annahmen und Schemainhalte des jeweiligen Störungsbildes aufgelistet. Entsprechend diesen störungsspezifischen Annahmen resultieren unterschiedliche Strategien im zwischenmenschlichen Verhalten:

"Bei persönlichkeitsgestörten Menschen sind bestimmte Verhaltensmuster hypertrophisch bzw. überentwickelt und andere wiederum unterentwickelt. [...]

Eine zwischenmenschliche Strategie scheint dann überentwickelt zu sein, wenn sie die ausgleichende Strategie nicht vernünftig entwickelt hat. Es ist anzunehmen, daß die Entwicklung adaptiver Verhaltensweisen überschattet und eventuell behindert wird, wenn eine vorherrschende Verhaltensweise bei einem Kind übersetzt ist". (Beck u. Freeman, 1993).

Ebenso wie die Schematheorie von Grawe (1987a, 1987b, 1988a, 1988b) spielt in der Theorie von Beck der Schemabegriff eine zentrale Rolle. Während Grawe allgemein auf Entstehung und Entwicklung von Schemata sowie ihre Veränderung in der Psychotherapie eingeht, spezifiziert Beck zusätzlich Schemainhalte für die einzelnen Persönlichkeitsstörungen. Gemeinsame Annahme beider Ansätze ist, daß sich Schemata verhaltenssteuernd auswirken und somit auch das interaktionelle Verhalten beeinflussen. In dieser Gemeinsamkeit spiegelt sich die interaktionelle Sichtweise psychischer Störungen wider, die beide Autoren vertreten.

1.5.2 Vertikale Verhaltensanalyse und Plananalyse

Die "Vertikale Verhaltensanalyse" (Caspar, 1984, 1986; Caspar u. Grawe, 1982a, 1982b; Grawe, 1982, 1986; Grawe u. Caspar, 1984) oder (wie sie später bezeichnet wird) Plananalyse (Caspar, 1989) dient der Identifikation zugrundeliegender, vor allem interaktionell relevanter Schemata oder Pläne.

Besonders wesentlich dabei ist die Identifikation dysfunktionaler Pläne, also solcher, die einer Person hohe "Kosten" verursachen, durch die sie andere wesentliche Ziele selbst behindert und blockiert u.ä. Die Plananalyse ermöglicht eine individuelle Fallkonzeption, wobei das Hauptaugenmerk auf das interaktionelle Verhalten und auf die instrumentellen Bezüge des Verhaltens gerichtet ist, also auf die Frage, welchen Zielen ein bestimmtes Verhalten dient. Damit werden Motivationsaspekte explizit in die "Verhaltensanalyse" einbezogen. Nach Caspar (1989) dient die Funktion des Plananalyse-Konzeptes dazu, für einen Klienten eine Momentaufnahme vorzunehmen, und zwar aus einer instrumentellen Perspektive (zu Schematheoretischen Fallkonzeptionen vgl. auch Caspar u. Grawe, 1996; Grawe et al., 1996; Heiniger et al., 1996).

Der Begriff "Plan" geht ursprünglich auf Miller, Galanter u. Pribram (1960) zurück, die ihn als Kern einer allgemeinen psychologischen Theorie menschlichen Verhaltens konzipiert haben. Ein Plan besteht aus einer Zielkomponente und einer Operationskomponente, also Verhaltensweisen oder Mitteln, die dazu dienen, diese Ziele zu erreichen. Pläne sind hierarchisch organisiert, d.h. ein Plan kann Mittel für einen übergeordneten Plan sein. Menschen versuchen, ihre Bedürfnisse und Ziele mit verschiedenen Mitteln bzw. instrumentellen Verhaltensweisen zu verwirklichen. Die Planhierarchie eines Menschen kann dabei verstanden werden als Gesamtheit der Strategien, die eine Person im Laufe ihres Lebens für diese Zwecke entwickelt hat.

Pläne als zentrale Einheit des Plananlyse-Ansatzes stellen die unmittelbar handlungssteuernde Komponente aktivierter Schemata dar. Plan und Schema sind somit ganz eng verwandte Konzepte. Auch wenn beide Begriffe aus verschiedenen theoretischen "Wurzeln" hervorgegangen sind (Neisser, 1979; Piaget, 1936; Miller, Galanter u. Pribram, 1960), so unterscheiden sie sich nicht in ihrer interaktionistisch ausgerichteten Konzeption. Beide Konzepte sind nur zu verstehen, wenn man sowohl Umwelt- als auch Personenfaktoren betrachtet (Caspar, 1984).

Neben der interaktionellen Sicht wird im Plananlyse-Ansatz davon ausgegangen, daß der Mensch ein zielgerichtet handelndes Wesen ist (vgl. auch Aebli, 1980, 1981). Dementsprechend entwickeln sich Pläne im Verlauf der individuellen Lebensgeschichte durch das Bestreben des Individuums, seine Ziele und Bedürfnisse in seiner konkreten gesellschaftlichen Umwelt zu verwirklichen. Sie sind Strategien für die Auseinandersetzung mit der Umwelt. Somit bestimmen die Pläne einer Person ihre individuelle Lebensgestaltung. Der ganze Bereich zwischenmenschlichen Verhaltens ist demzufolge ebenfalls im Sinne von Planstrukturen organisiert.

Solche interaktionellen Pläne steuern auch das Verhalten des Klienten in der Therapie. Die Therapie ist unmittelbar von den Plänen des Klienten "betroffen" (umgekehrt natürlich auch von den Plänen des Therapeuten), da sie ja in einer Beziehung stattfindet. Probleme des Beziehungsverhaltens in der Therapie werden somit im Zusammenhang mit den allgemeinen zwischenmenschlichen Strategien des Klienten gesehen. Dysfunktionale Pläne und Strategien, die im Alltag des Klienten zu interaktionellen Problemen führen, werden sich daher auch in der Therapie manifestieren.

Der Grundgedanke dabei ist, daß die Therapeut-Klient-Beziehung als dyadische Interaktion (vgl. Leary, 1957; Argyle, 1972) aufgefaßt wird. In dyadischen Interaktionen versuchen beide Partner mit ihrem Verhalten den anderen so zu steuern, daß eine Realisierung der eigenen interaktionellen Ziele möglich wird. Beide versuchen, reziprokes oder komplementäres Verhalten beim Interaktionspartner zu provozieren, d.h. Verhalten, das zu eigenen Plänen "paßt" und es ermöglicht, die eigenen Ziele zu verwirklichen. Eine wichtige Rolle dabei spielt das nonverbale Verhalten der Interaktionspartner. Es kommt zu einem wechselseitigen Abstimmungs- und Beeinflussungsprozeß, den Argyle (1972) als interaktionelles Problemlösen bezeichnet. Für die Therapie bedeutet dies, daß der Therapeut die interaktionellen Ziele und Möglichkeiten des Klienten erkennen muß, um so diesem interaktionellen Problemlöseprozeß zu begegnen. Er muß die Gestaltung der therapeutischen Beziehung an den interaktionellen Plänen des Klienten ausrichten, ihn auf der Beziehungsebene "da abholen, wo er steht".

Entstehung und Aufrechterhaltung der Problematik des Klienten werden im Zusammenhang mit der Gestaltung seiner zwischenmenschlichen Beziehungen gesehen. Es wird die Ansicht vertreten, daß psychische Störungen in funktionalem Zusammenhang mit den die Beziehungsgestaltung bestimmenden Schemata bzw. Plänen stehen.

Verschiedene Merkmale der interaktionellen Planstrukturen können die Manifestation einer psychischen Störung begünstigen. Psychische Störungen können also als "Nebenwirkungen" einer dysfunktionalen Planstruktur verstanden werden. Dabei ist aber immer zu beachten, daß sowohl Umgebungs- als auch Personenfaktoren mitbestimmen, ob sich eine Störung etabliert.

Störungsanfällig sind Planstrukturen, die sehr rigide und inflexibel sind. Hierbei spielt die Anpassungsfähigkeit der Strukturen eine entscheidende Rolle. Eine Anpassungsleistung kann auf unterschiedliche Art und Weise verwirklicht werden. Eine Person kann versuchen, eine vorgefundene Situation zu verändern, um sie im Sinne ihrer Bedürfnisse zu verändern. Ist eine Veränderung der Situation gemäß den eigenen Zielen aus "objektiven" Gründen nicht möglich, kann eine Person eine solche Situation verlassen. Vielfach ist es weder möglich, eine Situation zu verändern, noch sie zu verlassen. Die Anpassung kann dann in der Modifikation der eigenen Ziele, Standards und Ansprüche an die vorhandenen Möglichkeiten bestehen. Gerade im zwischenmenschlichen Bereich, wo die Ansprüche zweier Menschen "zusammenprallen", spielt die Anpassung und Regulation des Anspruchsniveaus eine wichtige Rolle. Eine entscheidende Anpassungsleistung besteht auch darin, die Mittel bzw. instrumentellen

Verhaltensweisen, mit denen ein Ziel zu verwirklichen versucht wird, den Merkmalen der Situation anzupassen. Nicht jedes mögliche Verhalten erweist sich in einer bestimmten Situationskonstellation als günstiger oder angemessener Weg, die Situation positiv für sich zu nutzen. Inflexibles, enges Verhalten kann gerade in zwischenmenschlichen Situationen zu Problemen führen. Möglicherweise ziehen sich die Interaktionspartner dann aufgrund solch eines Verhaltens aus der Beziehung zurück.

Die Anfälligkeit für psychische Störungen aufgrund dysfunktionaler Pläne bzw. Schemata kann auch lebensgeschichtlich betrachtet werden. So kann ein Verhalten in der Vergangenheit instrumentell im Hinblick auf bestimmte Ziele gewesen sein. "Dieser Bezug kann aber durch eigendynamische Weiterentwicklungen der Planstruktur oder aber durch Veränderung in der Umwelt verlorengehen" (Caspar, 1989).

Ein wichtiger Gesichtspunkt ist die Tatsache, daß das interaktionelle, plangesteuerte Verhalten des Klienten automatisiert abläuft. Die Klienten kostet es somit keine Ressourcen, in der Therapiebeziehung die gleichen interaktionellen Strukturen zu verwirklichen, die "draußen" seine Störung mitbedingen. Wohl aber ist dieses Klientenverhalten für den Therapeuten stark kapazitätsbelastend: Er muß die therapeutische Beziehung nämlich auch als diagnostische Situation nutzen, um die dysfunktionalen Pläne bzw. Schemata zu identifizieren. Der Therapeut muß dabei aus den beobachtbaren "Daten", dem verbalen und nonverbalen Verhalten des Klienten auf zugrundeliegende Planstrukturen schließen. Dieser Rekonstruktionsprozeß ist schwierig: Er erfordert hohe Fähigkeiten bezüglich der Beobachtung, der Anwendung von Wissen und der äußerst "disziplinierten" Informationsverarbeitung, die eine ständige Bildung, Überprüfung und Modifikation von Hypothesen einschließt.

Eine Vielzahl von spezifischen psychischen Störungen kann anhand "typischer" interaktioneller Pläne bzw. Strukturen beschrieben werden. Nach Caspar können Persönlichkeitsstörungen erscheinen als "Produkt frustrierter Versuche, mit der sozialen Umwelt in "normale" Beziehungen zu treten, mit dem Resultat, sich entweder davon unabhängig zu machen oder durch ganz "besondere" Strategien doch noch eine Art von Einflußnahme zu gewinnen." (Caspar, 1989).

Insgesamt dient die Schema- bzw. Plananalyse dazu, dem Therapeuten zu helfen, sich ein differenziertes Fallverständnis vom Klienten zu erarbeiten, das ihm insbesondere eine individuelle Gestaltung der Therapiebeziehung ermöglichen soll. Therapiebeziehung wird dabei als hochspezifischer Wirkfaktor für das Zustandekommen problemrelevanter Veränderungen begriffen, woraus sich die Notwendigkeit eines klientenspezifischen Verständnisses der interaktionellen Strukturen ergibt. Das hier vorgestellte Modell der "doppelten Handlungsregulation" greift in hohem Maße auf die von Caspar und Grawe entwickelte Konzeption interaktioneller Pläne und Schemata zurück; es führt dabei einen Unterschied ein zwischen solchen Plänen und Schemata, die eine "authentische, transparente Handlungsregulation" ermöglichen und solchen Plänen und Schemata, die eine intransparente, manipulative Handlungsregulation bedingen. Diese Unterscheidung ist in diesem Ansatz für das Verständnis des Interaktionsverhaltens von Klienten mit Persönlichkeitsstörungen zentral, da angenommen wird, daß diesen beiden Handlungsregulationen unterschiedliche Zielstrukturen, unterschiedliche Handlungsstrategien und unterschiedliche Kompetenzen zugrunde liegen. Die explizite Unterscheidung transparenter und intransparenter Zielstrukturen usw. erleichtert es, die scheinbaren Inkonsistenzen und Paradoxien im Handeln der Klienten zu verstehen und ermöglicht es auch, das spezifische "schwierige Interaktionsverhalten" der Klienten zu verstehen und spezifische therapeutische Prinzipien daraus abzuleiten.

1.5.3 Transaktionsanalyse

Der in dem Modell der doppelten Handlungsregulation verwendete Begriff des "Interaktionsspiels" oder "Spiel" ist aus der Transaktionsanalyse entlehnt (wird hier jedoch in einer etwas modifizierten und im folgenden genau definierten Bedeutung verwendet).

Die Transaktionsanalyse (TA) definiert sich selbst als eine Persönlichkeitstheorie, in Ansätzen aber auch als eine Kommunikations- und auch Theorie der Psychopathologie (Stewart u. Joines, 1992). Schlegel (1984) faßt TA aber eher als eine Vielzahl von Einzelkonzepten auf, die sich um die zentralen Konzepte "Autonomie" und "Lebensskript" gruppieren.

In der TA wird von der Vorstellung ausgegangen, daß die Verhaltens- und Erlebensmuster einer Person auf den Einfluß zurückgehen, den primäre Bezugspersonen in der Kindheit auf die Person hatten. Berne (1961) geht davon aus, daß sich aufgrund dieses Einflusses bestimmte "Ich-Zustände" bilden, die für die Verarbeitung von Situationen, das Erleben und Handeln relevant sind: das Erwachsenen-Ich, das Eltern-Ich und das Kinder-Ich.

Unter dem Einfluß früher Beziehungen bildet eine Person auch ein sog. "Lebensskript", einen Lebensplan, der wesentliche Ziele und Standards enthält. Dieses Lebensskript ist für die Person eine wichtige Grundlage zur Entscheidung, wobei sich die Person der Existenz dieses Skripts in der Regel nicht bewußt ist.

In diesem Skript liegt auch die Grundlage für Interaktionsspiele: Spiele sind ständig wiederholte Abfolgen von Transaktionen bzw. Interaktionen, die als Kind gelernt wurden, weil sie funktional und zielführend waren. Heute sind sie dagegen dysfunktional und führen zu hohen psychologischen Kosten. Die Beziehung einer Person zu einem Partner kann sehr stark durch solche Spiele gekennzeichnet sein, d.h. durch die ständige Wiederholung alter Transaktionsmuster, die heute nur noch begrenzt funktional sind.
Stewart und Joines (1992) definieren "Spiel" als
- einen Ablauf, bei dem etwas getan wird,
- das einem verdeckten Motiv entspricht,
- das dem klaren Bewußtsein nicht zugänglich ist,
- und das erst in dem Augenblick offenbar wird, in dem die Beteiligten ihr Verhalten plötzlich ändern,
- und das dazu führt, daß jeder Beteiligte sich verwirrt und mißverstanden fühlt und den anderen dafür tadeln möchte.

Spiele haben unterschiedliche Funktionen
- sie dienen der Erlangung von Zuwendung (Brown et al., 1983.);
- sie dienen dazu, psychische Stabilität aufrecht zu erhalten (English, 1981; Waiblinger, 1989);

- sie dienen der Vermeidung, der Zurückweisung von Verantwortung, der Umdeutung von Realität, dem Ausweichen von Problemen (Schlegel, 1984).

Spiele haben damit einen stark manipulativen Charakter (Berne, 1963; James u. Jongeward, 1971). Klienten, die in Therapie kommen, können die gleichen Arten von Spielen mit ihren Therapeuten spielen, die sie auch sonst mit Interaktionspartnern realisieren (Berne, 1961).

Ein Aufdecken des Spiels kann dem Klienten die Funktion des Spiels bewußt machen und so zukünftige Spiele verhindern (Korpmann, 1968).

Nach English (1981) entstehen Spiele aus "Ersatzgefühlen" und sie sind damit eine Wiederholung von kindlichen Verhaltensmustern. Ersatzgefühle entstehen als Vertreter ursprünglicher Gefühle, wenn diese in der Kindheit nicht gezeigt werden durften; ihr Ausdruck sichert dem Kind die notwendige Zuwendung.

Stewart (1991) vermutet ebenfalls, daß den Spielen Ersatzgefühle zugrunde liegen; er definiert Spiele als Übernahme von Rollen.

Waiblinger (1989) sieht sie als einen gescheiterten Versuch an, Zuwendung zu erhalten.

In dem im zweiten Kapitel vorgestellten "Modell der doppelten Handlungsregulation" wird eine sog. "Spielebene" postuliert: Dabei wird angenommen, daß Klienten aufgrund bestimmter biographischer Erfahrungen Überzeugungen aufweisen, die sie dazu veranlassen, interaktionelle Ziele auf intransparente und manipulative Weise zu verfolgen, ohne daß sie eine Repräsentation dieser Überzeugungen, Ziele und Verhaltensweisen besitzen. Diese intransparenten Handlungen führen zu negativen Ergebnissen in Interaktionen, aber auch zu selbsterfüllenden Prophezeiungen, die das System immer wieder stabilisieren. Im Modell der doppelten Handlungsregulation wird diese "Spielebene" aus bestimmten Erfahrungen der Personen mit der Befriedigung interaktioneller Motive, aus resultierenden Überzeugungssystemen (Schemata) sowie aus verfügbaren interaktionellen Lösungen abgeleitet.

1.5.4 Das "Testkonzept"

Für das hier vorgestellte Konzept von "Persönlichkeitsstörungen als Beziehungsstörungen" ist das von der "Mount-Zion-Psychotherapy-Research-Group" entwickelte "Testkonzept" von Interesse. Die Grundannahme dieses Konzeptes besteht darin, daß Klienten bestimmte Arten gelernter Interaktionsmuster in die Therapeut-Klient-Interaktion einbringen und daß sie dabei den Therapeuten ebenso wie andere Beziehungspartner beziehungsmäßig "testen".

Grundlage der von der Mount-Zion Gruppe entwickelten Konzepte ist die Master Control Theorie von Weiss (vgl. Weiss 1986; Weiss u. Sampson, 1986). Diese geht von einem interaktionellen Verständnis der therapeutischen Beziehung aus, also von der Annahme, daß sich die interaktionellen Probleme des Klienten auch in der Beziehung zwischen Therapeut und Klient manifestieren.

Die Theorie geht davon aus, daß Personen im Laufe ihrer Sozialisation lernen, bestimmte individuelle Ziele und Wünsche nicht mehr zu verfolgen, da wichtige

Bezugspersonen negativ auf die Äußerung ihrer Wünsche reagiert haben. Durch derart konsistent negative Behandlung kann das Kind zu der Überzeugung gelangen, daß es eine schlechte Behandlung verdient und daß es besser ist, seine Ziele nicht zu verwirklichen. Diese pathogenen Überzeugungen können nach Ambühl (1992) verstanden werden als kognitive Strukturen, die auf gemachten Erfahrungen basieren (vgl. Caston, 1986)

Die Mount-Zion-Gruppe nimmt an, daß sich ein Klient aus zwei Gründen in die Therapie begeben kann. Zum einen hofft er, seine negativen Überzeugungen zu widerlegen, um somit seine unterdrückten Ziele und Wünsche verwirklichen zu können. Zum anderen sucht er einen Ausweg aus den sich wiederholenden Beziehungskonflikten, da sich die in der Kindheit gelernten dysfunktionalen Interaktionsmuster immer wieder in seinen Beziehungen manifestieren.

Um diese Therapieziele zu erreichen, wird der Klient, sobald er sich in der therapeutischen Beziehung einigermaßen sicher fühlt, den Therapeuten auf die Probe stellen:

"A patient suffers a great deal unconsciously from his problems and, indeed, from the pathogenic beliefs; he is frightened, weakened, constricted, weighed down, or made to feel guilt, shame, or remorse by them. Therefore he unconsciously wishes to disconfirm them by testing them in relation to the analyst." (Weiss, 1971; Weiss et al., 1986; Silberschatz, 1986; Silberschatz et al., 1986, 1989, 1990; Ambühl u. Dollies, 1991).

Bei diesen Tests handelt es sich um eine unbewußte bzw. automatisiert ablaufende Strategie. Bei den sog. "Übertragungstests" provoziert der Klient den Therapeuten, ihn genauso schlecht zu behandeln, wie es vormals seine Eltern getan haben, wenn er sich im Sinne seiner Wünsche verhalten hat. Nach Engel u. Ferguson (1990) versucht der Klient dadurch Antwort auf folgende Fragen zu bekommen:

1. Wird mich der Therapeut genauso wie meine Eltern seelisch verletzen oder mache ich mit ihm positive Erfahrungen?

2. Bin ich tatsächlich ein so schlechter Mensch, der keine bessere Behandlung verdient?

3. Waren nur meine Eltern kritisierend, kontrollierend, mißbrauchend etc. oder sind alle Menschen so?

Damit hat der Übertragungstest primär die Funktion, die pathogenen Überzeugungen des Klienten zu überprüfen. Der Therapeut "besteht" den Test, wenn er sich vom Klienten nicht zu dem erwarteten Verhalten provozieren läßt und der Klient somit seine Überzeugungen revidieren kann.

Die pathogenen Überzeugungen und Interaktionsmuster haben in der Regel eine lange Sozialisationsgeschichte, so daß für dauerhafte Veränderungen in diesem Bereich neben neuen Erfahrungen auch ein neues Bewußtsein geschaffen werden muß. Somit müssen kognitive Repräsentationen für die pathogenen Überzeugungen und Interaktionsstrukturen, die sich eben auch in der Therapeut-Klient-Beziehung manifestieren, gebildet werden. Dem Klienten wird es dadurch möglich, automatisiert ablaufende Interaktionsmuster bewußt zu kontrollieren. In der Psychoanalyse geschieht eine solche

Repräsentationsbildung zumeist in Form von Übertragungsdeutungen. Ambühl spricht dagegen von einem "Prozeß der reflektierenden Abstraktion, der hier das Ziel verfolgt, die Abläufe auf der Beziehungsebene zwischen Patient und Therapeut der Reflexion zugänglich zu machen" (Ambühl, 1992). Voraussetzung für dauerhafte Veränderungen in Bewußtsein und Verhalten des Klienten ist jedoch, daß der Prozeß der reflektierenden Abstraktion von Emotionen begleitet wird. In dem hier entwickelten Konzept, der "Theorie der doppelten Handlungsregulation", wird angenommen, daß Klienten ihre Therapeuten testen; es wird hier jedoch eine andere "Test-Intention" angenommen als bei der Mount-Zion-Gruppe. Diese Tests, so wird hier angenommen, resultieren aus einem internalen Dilemma, das gebildet wird aus interaktionellen Zielen und Bedürfnissen einerseits und einem Überzeugungssystem andererseits, welches diese Bedürfnisse nicht für realisierbar hält. So kann ein Klient z.B.

• den starken Wunsch haben, anerkannt zu werden;
• aber gleichzeitig auch die Überzeugung aufweisen, nicht akzeptabel zu sein.

Ein Klient kann auch

• den Wunsch nach einer verläßlichen Beziehung haben;
• aber gleichzeitig die Überzeugung, daß verläßliche Beziehungen unmöglich sind.

Diese Dilemmata von Wünschen und Überzeugungen bestimmen dann auch, so wird hier angenommen, die therapeutische Beziehung: Der Klient hat den Wunsch, vom Therapeuten akzeptiert zu werden, kann aber, aufgrund seiner negativen Überzeugungen nicht glauben, daß er tatsächlich akzeptiert werden kann. Sind seine Zweifel an seiner Akzeptierbarkeit nun sehr groß, dann kann er ein akzeptierendes Handeln des Therapeuten nicht einfach annehmen: Es erscheint ihm, trotz aller Wünsche nicht vorstellbar, daß das Handeln des Therapeuten "echt" ist. Um sicher zu sein, und um seine Angst zu reduzieren, er könnte (wieder) verletzt und enttäuscht werden, wenn er dem Therapeuten einfach glaubt, kann er nun durch ein "Testverhalten" versuchen, Sicherheit herzustellen. Er kann z.B. versuchen, den Therapeuten zu provozieren, zu kritisieren, zu verärgern usw. und dann (sehr genau) beobachten, wie der Therapeut reagiert: Bleibt der Therapeut dann akzeptierend und zugewandt oder reagiert er abweisend, aggressiv?

Bleibt der Therapeut zugewandt, dann hat er den Test "bestanden": Er wird nun als "vertrauenswürdig" eingeschätzt. Sind die Zweifel des Klienten groß, dann reicht aber u.U. ein Test nicht aus: Der Therapeut muß mehrmals, vielleicht mit zunehmenden "Schwierigkeitsgraden" getestet werden, bevor sich der Klient traut, das Handeln des Therapeuten als "echt" zu betrachten.

In diesem Konzept ist ein Testverhalten damit eine Klientenhandlung, die primär Unsicherheit reduzieren soll: Die wesentliche Testfrage des Klienten ist: Ist der Therapeut "echt", vertrauenswürdig, verläßlich? Kann ich der Beziehung, die er anbietet, trauen?

Hier wird daher *nicht* angenommen, daß ein zentrales "Testmotiv" darin besteht, Überzeugungen zu testen, sondern darin, Zweifel zu reduzieren, um so den interaktionellen Wünschen folgen zu können. Es wird daher nicht angenommen, daß der Klient herausfinden will, ob der Therapeut so reagiert, wie der Klient selbst früher reagiert hat:

Wenn dies die Intention des Klienten ist, dann wäre das auch eher kein "Test", sondern die Suche nach einem konstruktiven Modell.

1.5.5 Internale Determinanten, affektive Schemata und therapeutische Ebenen

Ein wesentlicher therapeutischer Ansatzpunkt, auf dem das vorliegende Buch aufbaut, ist die Konzeption der "Zielorientierten Gesprächspsychotherapie" (vgl. Sachse, 1992a). Diese Konzeption soll hier im Detail vorgestellt werden, es sollen jedoch als Grundlage der weiteren Ausführungen einige zentrale Annahmen dieser Konzeption vorgestellt werden. Dabei geht es um die Konzepte

- internale Determinanten;
- affektive Schemata;
- Ebenen des Therapieprozesses.

1.5.5.1 Internale Problemdeterminanten und idiosynkratische Verarbeitungssysteme

Übersicht über die Konzeption

Für die Zielorientierte Gesprächspsychotherapie ist die Annahme zentral, daß Personen in ihrer Biographie bestimmte kognitive und affektive Schemata lernen und daß diese Schemata wesentlich die Art und Weise determinieren, wie eine Person ihre Umwelt auffaßt: Sind diese Schemata dysfunktional, dann erzeugen sie problematische Interpretationen und problematische Emotionen und Handlungen. Ein wesentlicher therapeutischer Ansatzpunkt ist daher die Klärung und Veränderung dieser Schemata (Sachse, 1996a).

Idiosynkratische Verarbeitung

Rogers (1959) ging davon aus, daß Klienten aufgrund ihrer spezifischen Erfahrungen Situationen in ganz spezifischer Weise auffassen und konstruieren und damit in einer eigenen, idiosynkratischer Welt leben. Diese Auffassung wird allgemein in der Psychologie und Psychotherapie geteilt (z.B. vgl. Kuhl, 1994c; Lazarus, 1981; Caspar, 1989; Grawe, 1982). So geht Beck (vgl. Beck u. Greenberg, 1979; Beck et al., 1981; Beck u. Freeman, 1993) davon aus, daß Klienten aufgrund spezifischer Schemata Situationen in bestimmter (voreingenommener) Weise interpretieren und aufgrund dieser Interpretationen bestimmte Emotionen und Handlungen realisieren.

Psychologisch kann man davon ausgehen, daß eine Person eine Situation in für sie spezifischer, idiosynkratischer Weise verarbeitet. Daß sie eine Situation als ängstigend, als herausfordernd, als kränkend usw. erlebt, hängt im wesentlichen davon ab, was die Person in die Situation mitbringt: Verschiedene Personen (mit unterschiedlichen Voraussetzungen) verarbeiten die gleiche Situation auf völlig unterschiedliche Weise. Daher können Interpretationen und Reaktionen nicht nur auf die Situation zurückgehen: Sie müssen spezifisch mit der Person zu tun haben.

Wie eine Person eine bestimmte Situation interpretiert, hängt wesentlich von internalen Strukturen ab: Von eigenen Motiven, Erwartungen, Kompetenzeinschätzungen usw. Eine Person bringt somit psychische Komponenten in die Situation mit, die Verarbeitung, Erleben und Handeln ganz wesentlich determinieren: Sie weist daher "internale Determinanten" der Verarbeitung, des Erlebens und Handelns auf. Diese internalen Determinanten gehen (weitgehend) auf spezifische Erfahrungen der Person zurück, sie sind theoretisch als (kognitive oder affektive) Schemata konzipierbar (Sachse, 1992a; Beck u. Freeman, 1993).

Relevante, d.h. für ein persönliches Problem eines Klienten bedeutsame internale Determinanten können dabei sehr unterschiedlicher Natur sein:
- es kann sich um eigene Motive, Werte, Ziele der Person handeln;
- es kann sich um Überzeugungs- und Glaubenssysteme handeln;
- es kann sich um Konstruktionen über "die Realität" handeln;
- es kann sich um Einschätzungen der eigenen Kompetenz, Ressourcen usw. handeln und vieles mehr.

In jedem Fall bestimmen diese Determinanten der Person in hohem Maße mit,
- welche Interpretation einer Situation die Person vornimmt (z.B. als bedrohlich, kränkend, herausfordernd usw.);
- welche Emotionsprozesse ausgelöst werden (Traurigkeit, Scham, Freude usw.);
- welche affektiven Reaktionen oder "felt senses" ausgelöst werden (z.B. ein diffuses Gefühl von Unbehagen, das die Person zwar spüren kann, jedoch ohne zu wissen, was es genau bedeutet);
- welche Handlungsimpulse ausgelöst werden.

Therapeutische Ansatzpunkte

Therapeutisch kann man daher davon ausgehen, daß eine Klärung dieser internalen Determinanten ein zentrales Ziel der Therapie ist: Wenn internale Determinanten dieser Art problematisches Erleben und Handeln wesentlich mitbestimmen, dann müssen diese Determinanten auch im Zentrum der therapeutischen Arbeit stehen.

Aus diesen Überlegungen läßt sich Klärungsziel der Therapie ableiten:

1. Eine Person weist ein persönliches Problem auf, d.h. sie reagiert in einer bestimmten Art und Weise, z.B. mit Angst, Niedergeschlagenheit o.ä.

2. Diese Reaktion entsteht jedoch nicht durch die Situation selbst: Die gleiche Situation kann bei anderen Personen völlig andere Reaktionen auslösen.

3. Daß die Person genau so und nicht anders reagiert (z.B. mit Angst), hängt ganz spezifisch von ihren Schemata, Motiven, Konstruktionen usw. ab.

4. Die problematischen Erlebens- und Verhaltensweisen der Person gehen also auf spezifische, idiosynkratische internale Determinanten zurück.

5. Diese internalen Determinanten stellen damit einen zentralen therapeutischen Ansatzpunkt dar: Sie müssen geklärt, repräsentiert und verändert werden, d.h. sie müssen therapeutisch bearbeitbar werden.

1.5.5.2 Schematheoretische Konzeption

Folgt man störungstheoretischen Positionen von Grawe (vgl. 1982, 1987a, 1987b, 1988b) und Sachse (1992a), dann können problemrelevante internale Determinanten auch schematheoretisch konzipiert werden. Eine solche Konzeption hat Vorteile, da dadurch bestimmte Charakteristika psychischer Probleme sehr gut verstanden werden können, z.B.

- daß Personen bestimmte Erlebnis- und Handlungsweisen feststellen oder ausführen, obwohl sie diese gar nicht wollen und sie "eigentlich" als unsinnig, schädlich oder unangemessen empfinden;
- daß Personen Handlungen ausführen, die an wichtigen eigenen Zielen und Motiven "vorbeigehen", ja sogar das Erreichen wichtiger Ziele systematisch verhindern und hohe emotionale oder soziale "Kosten" erzeugen;
- daß Personen solche Erlebensweisen und Handlungen zuverlässig, hoch automatisiert zeigen und selbst kaum Kontrolle darüber haben;
- daß sie selbst die Gründe ihres Erlebens und Handelns nicht verstehen.

Es lassen sich verschiedene Arten von Schemata unterscheiden. Wesentlich sind insbesondere drei Arten von Schemata

- Schemata, die Person-Umwelt-Bezüge bestimmen;
- Bearbeitungsschemata;
- Beziehungsschemata.

Schemata, die Person-Umwelt-Bezüge bestimmen

Schemata, die in ganz allgemeiner Weise den Umgang der Person mit alltäglichen Situationen oder Personen bestimmen, können in hohem Maße problemrelevant sein. Es sind Schemata, die die "Person-Umwelt-Bezüge" einer Person determinieren (vgl. Heckhausen, 1963, 1977, 1980).

Hier sind bedeutsam

- Motive und Ziele einer Person: was will eine Person erreichen? Spielen Leistungsaspekte für sie eine zentrale Rolle?
- Überzeugungen und Glaubenssysteme: z.B. die Überzeugung, man werde von anderen Personen geschädigt, hintergangen und betrogen.
- Selbstkonzepte oder Selbstwertüberzeugungen: z.B. die Überzeugung, im Grunde inkompetent und wertlos zu sein usw.

Hier spielen, wie deutlich wird, nicht nur kognitive, sondern auch *affektive Schemata* eine Rolle (vgl. Beck u. Freeman, 1993; Sachse, 1992a). Erfahrungen der Person "verdichten" sich auch zu affektiven Schemata, die in Situationen ausgelöst werden und die zu unspezifischen Empfindungen führen können, z.B. zu der Empfindung von Unbehagen, diffusem Unwohlsein o.ä. oder die sich auch in körperlichen Reaktionen niederschlagen können, die Gendlin (1978a, 1978b, 1970) "felt sense" nennt: Dies sind körperliche Reaktionen, die die Person darüber informieren, daß etwas für sie Bedeutsames passiert, dessen Bedeutung jedoch noch nicht hinreichend geklärt ist (vgl. Sachse et al., 1992). Hier laufen damit affektive Verarbeitungsprozesse auf sehr elementarem Niveau ab, die von kognitiven Analysen weitgehend unabhängig sein können (Zajonc, 1980, 1984).

Somit bestimmen derartige Schemata in hohem Maße, wie eine Person eine Situation auffaßt, was sie empfindet und wie sie handelt oder handeln kann. Und somit bestimmen Schemata auch in hohem Maße problematische, dysfunktionale Erlebens- und Verhaltensweisen einer Person mit.

Bearbeitungs-Schemata

Klienten lernen in ihrer Biographie auch Strategien, wie man mit persönlichen Problemen umgeht oder nicht umgeht. Auch diese Strategien verdichten sich zu automatisierten Schemata, die (als meta-kognitive Operationen) bestimmen, wie eine Person mit Problemaspekten umgeht: ob sie eigene Gefühle als wichtige Informationsquelle über eigenes Befinden auffaßt oder ob sie eigene Gefühle als störend, das eigene Funktionieren beeinträchtigend einschätzt und somit Gefühle weitestgehend ignoriert; ob sie Probleme in Teilaspekte aufgliedern kann, die sich sukzessiv bearbeiten lassen oder ob sie versucht, "alles auf einmal zu machen" usw.

Solche Problembearbeitungen können hoch automatisiert und der Person somit als spezifische Strategien gar nicht mehr bewußt sein: Die Person bemerkt gar nicht mehr, daß ihre Problemlösung hochgradig voreingenommen ist, daß sie die Lösung selbst überprüfen und revidieren müßte (weil sie u.U. selbst zum Problem geworden ist (Watzlawick, Weakland u. Fish, 1992).

Prinzipiell können die bei einer Person vorhandenen Problemlösestrategien *funktional* sein. Sie können sinnvoll genutzt werden, um bestehende Probleme konstruktiv zu bearbeiten. Die Person hat jedoch u.U. noch nicht erkannt, daß bestimmte Strategien auf bestimmte Probleme angewandt werden können. In diesem Fall stellen diese Strategien eine wichtige Ressource im Therapieprozeß dar: Therapeuten können diese Ressourcen aktivieren und Klienten anleiten, sie sinnvoller als bisher zu nutzen.

Bearbeitungsstrategien können jedoch auch dysfunktional sein: Dann führen sie dazu, daß Probleme gerade *nicht* geklärt oder verändert werden können; diese Strategien können das Problem sogar konservieren oder verschlimmern. In diesem Fall "sitzen" die Klienten in ungünstigen Strategien fest: Sie stellen sich immer die gleichen Fragen, entwickeln die gleichen Erklärungen, nehmen die gleiche Perspektive ein, entwickeln Lösungen, ohne daß sie das Problem verstanden haben usw. Ist dies der Fall, dann müssen die Bearbeitungsstrategien selbst zum Gegenstand der Therapie werden: Bevor Person-Umwelt-Schemata überhaupt verändert werden können, müssen die Strategien der Problembearbeitung geändert werden.

Beziehungsschemata

Personen entwickeln aufgrund umfangreicher Interaktionen mit anderen Personen auch Schemata bezüglich der Interaktion mit anderen Personen (diese Schemata könnte man auch als "Skripte" bezeichnen, vgl. Schank u. Abelson, 1977).

Solche "Beziehungsschemata" enthalten

• Ziele und Intentionen in bezug auf andere Personen: was will ich von anderen Personen? was sollen die für mich, im Hinblick auf mich tun?

- Strategien, wie ich diese interaktionellen Ziele erreichen kann, mit welchen Arten von Verhaltensweisen ich andere Personen dazu bringen kann, bestimmte Dinge für mich zu tun.
- Annahmen darüber, wie andere Personen mit mir umgehen, was sie von mir wollen, wie sie mich behandeln, auf welche meiner Verhaltensweisen sie wie reagieren werden.

Auch Beziehungsschemata können funktional oder dysfunktional sein. Dysfurktional sind sie insbesondere dann,

- wenn eine Person Interaktionsintentionen hat, die andere Personen in der Regel nicht teilen: Ich möchte z.B. eine andere Person kontrollieren, aber in der Regel wird eine andere Person sich das nicht lange gefallen lassen.

  und
- wenn meine Handlungen und Strategien, mit deren Hilfe ich meine Intentionen realisiere, intransparent und manipulativ sind (ich z.B. die Person dadurch kontrolliere, daß ich mich schwach stelle, anstatt meine Intention offen vorzutragen).

  und
- wenn meine Handlungen inflexibel sind, ich Interaktionen praktisch *nur* nach einem Schema gestalte (z.B. ohne es selbst zu wissen) und mich somit nicht mehr situationsangemessen verhalten kann.

  und
- wenn damit Beziehungen nicht mehr reziprok verlaufen (d.h. wenn ich ständig meine Intentionen durchsetze, die Intentionen des Interaktionspartners jedoch "auf der Strecke bleiben").

Derartige Schemata führen zu einem Interaktionsverhalten, das wir in Anlehrung an den transaktionsanalytischen Begriff als "Spiel" bezeichnet wird.

Es wird hier davon ausgegangen, daß die drei Arten von Schemata bei verschiedenen Klienten eine unterschiedlich große Rolle spielen: Es gibt Klienten, deren Probleme hauptsächlich auf "Person-Umwelt-Schemata" zurückzuführen sind, deren Bearbeitungsstrategien (im wesentlichen) funktional sind und die keine Beziehungsschemata aufweisen, die intransparente Interaktionsmuster determinieren.

Es gibt jedoch auch Klienten, die neben problematischen Person-Umwelt-Schemata sehr ungünstige Bearbeitungsstrategien aufweisen, die in dysfunktionalen Bearbeitungen "festsitzen" usw. Und es gibt Klienten, die (neben anderen) Schemata aufweisen, die manipulative, intransparente Interaktionsmuster zur Folge haben.

Dies bedeutet, daß die Ausgangsbedingungen von Klienten keineswegs einheitlich sind: Verschiedenen Klienten kann damit nicht das gleiche therapeutische Angebot gemacht werden.

Weist ein Klient "nur" problematische Person-Umwelt-Schemata auf, dann kann sich die therapeutische Arbeit auf diese konzentrieren: es ist nicht notwendig, die dysfunktionale Problembearbeitung als solche zu bearbeiten und auch eine Klärung dysfunktionaler Interaktionsmuster steht nicht an (in diesem Fall gibt es auch keine "Übertragung" und daher sind Bearbeitungen von Übertragung sinnlos und eher schädlich, vgl. Orlinsky, Grawe, u. Parks, 1994). Weist eine Person jedoch in hohem Maße Bearbeitungsprobleme auf, dann ist eine therapeutische "Bearbeitung der Bearbeitung" nötig, parallel oder vor der Bearbeitung der inhaltlich bestimmbaren Schemata: ansonsten behindern diese dysfunktionalen Bearbeitungsschemata eine konstruktive therapeutische Arbeit in hohem Maße.

Weist die Person Interaktionsprobleme auf, dann müssen die entsprechenden Schemata in der Therapie *vorrangig* bearbeitet werden, da ansonsten dieses Interaktionsverhalten sowohl die Entwicklung einer therapeutischen Allianz als auch eine konstruktive Problembearbeitung massiv "sabotiert" (ohne daß dem Klient diese Absicht bewußt ist!).

1.5.5.3 Das Konzept der therapeutischen Ebenen

Sachse (1986a) und Sachse u. Maus (1991) haben ein Drei-Ebenen-Modell des Psychotherapeutischen Prozesses vorgeschlagen.
Sie unterscheiden
- Inhaltsebene;
- Bearbeitungsebene;
- Beziehungsebene.

Nach diesem Konzept kann der therapeutische Prozeß auf diesen drei Ebenen betrachtet werden:
- worum geht es inhaltlich?
- wie werden Inhalte, Problemaspekte bearbeitet?
- wie gestaltet eine Person die Beziehung?

Dabei kann einmal das *Klientenverhalten* in der Therapie *analysiert* werden, z.B.:
- worüber spricht der Klient?
- wie bearbeitet der Klient seine Probleme?
- wie gestaltet der Klient die therapeutische Beziehung?

Es kann jedoch genauso das Handeln des Therapeuten analysiert werden, z.B.
- auf welche Inhalte bezieht sich der Therapeut?
- welche Art von Problembearbeitung regt der Therapeut beim Klienten an?
- welche Art von Beziehungsangebot macht der Therapeut dem Klienten?

Jede dieser drei "Betrachtungsebenen" definiert spezifische Analyse-Aspekte, unter denen das therapeutische Geschehen betrachtet werden kann. Jede Ebene macht damit eine spezifische Perspektive auf, jede Ebene stellt andere Arten von Fragen an das Therapiegeschehen. Damit werden auch unter jeder Perspektive andere Aspekte des Therapiegeschehens sichtbar. Alle drei ergänzen sich: Um das therapeutische Geschehen zu verstehen, ist es daher nötig, alle drei Ebenen zu berücksichtigen.

Die drei Ebenen machen es möglich, das Therapiegeschehen aus drei unterschiedlichen Perspektiven heraus zu betrachten. Jede Betrachtung liefert andere Daten, ermöglicht einen etwas anderen Zugang zum Geschehen. Damit stellt das Drei-Ebenen-Modell ein sehr sinnvolles *Analyse-Raster* für den Therapieprozeß dar.

Verbindet man nun aber das Drei-Ebenen-Modell mit der dargestellten Schematheorie internaler Determinanten, dann lassen sich die drei Ebenen nicht nur als Analyse-Ebenen auffassen, sondern als *Ebenen des Therapieprozesses selbst*.

Die drei Ebenen werden damit zu "konzeptuellen Ebenen": Man kann theoretisch annehmen, daß sich der Therapieprozeß auf diesen Ebenen abspielen kann und daß er sich zu einem gegebenen Zeitpunkt schwerpunktmäßig auf einer dieser Ebenen abspielt. Das Drei-Ebenen-Modell erhält damit den Status eines theoretischen Konstruktes, und, da es z.B. Prozesse wie Interaktionsschwierigkeiten zwischen Therapeuten und Klienten erklären kann, den Status eines explikativen Konstruktes im Sinne von Herrmann (1969).

Aufgrund der dargestellten Schematheorie kann angenommen werden, daß ein Klient je nach Art seiner Problematik überwiegend auf Inhalts-, Bearbeitungs- *oder* Beziehungsebene "arbeitet" oder "agiert". Je nachdem, welche Arten von Schemata aktiv sind und die aktuelle Verarbeitung und das aktuelle Handeln bestimmen, ist das Verhalten des Klienten entweder überwiegend auf bestimmte Inhalte (Problemaspekte) zentriert oder es ist auf Bearbeitungsaspekte zentriert (z.B. darauf, die Konfrontation mit bestimmten Selbstaspekten zu vermeiden), oder es ist zentriert auf Beziehungsaspekte (z.B. darauf, den Therapeuten zu bestimmten Handlungen zu bewegen). Man kann damit sagen: *Ein Klient bewegt sich zu einem gegebenen Zeitpunkt aufgrund der Aktivierung bestimmter Schemata (schwerpunktmäßig) auf einer dieser Ebenen.*

Das gleiche gilt für den Therapeuten: Je nach Art seiner Annahmen und Hypothesen seines Klientenmodells realisiert der Therapeut überwiegend Interventionen, die auf eine Klärung, Bearbeitung und Veränderung von Inhaltsaspekten, Problembearbeitungsstrategien *oder* Beziehungsgestaltungshandlungen abzielen.

Auch der Therapeut bewegt sich somit zu einem gegebenen Zeitpunkt (schwerpunktmäßig) auf einer dieser Ebenen.

Die drei Ebenen können daher nicht nur aufgefaßt werden als drei mögliche Analyse-Perspektiven, sondern als drei mögliche Handlungs- und Verarbeitungsebenen, auf denen das therapeutische Geschehen schwerpunktmäßig stattfindet (wobei ein Wechsel der Ebenen jederzeit stattfinden kann!).

Wenn dies zutrifft, dann ist es natürlich von ganz essentieller Bedeutung für den Therapeuten, daß er versteht, was die relevanten Determinanten bei einem spezifischen Klienten sind und auch welche Arten von Schemata im Augenblick im Vordergrund stehen: Der Therapeut muß nämlich verstehen, auf welcher dieser Ebenen sich der Klient schwerpunktmäßig hier und jetzt bewegt. Nur dann ist er in der Lage, seine eigene Informationsverarbeitung und Handlung auf die gleiche Ebene auszurichten.

Inhaltsebene

Betrachtet man die Schemata eines Klienten, die die Interaktion der Person mit der Umwelt bestimmen bzw. betrachtet man das daraus resultierende Handeln, Erleben oder die relevanten Verarbeitungsprozesse, dann bewegt man sich auf der *Inhaltsebene* der Psychotherapie. Bezüglich der relevanten internalen Determinanten geht es hier z.B. um relevante Motive, Werte, Ziele, Überzeugungssysteme, Selbstkonzepte usw. der Person. Diese bestimmen, wie eine Person eine Situation auffaßt, bewertet, wie sie empfindet und handelt.

Auf der Inhaltsebene kommunizieren Therapeuten und Klienten über bestimmte Probleme und Problemaspekte des Klienten, darüber, welche Gefühle eine Situation beim Klienten auslöst, wie der Klient sich selbst und seine Fähigkeiten einschätzt usw.

Therapeuten und Klienten können auch über die Ressourcen des Klienten sprechen, über Lösungen und Lösungsansätze, über den Transfer von Lösungen in den Alltag usw. Therapeuten und Klienten bewegen sich auf der Inhaltsebene, wenn über derartige Aspekte gesprochen wird, ohne daß der Klient (oder der Therapeut!) mit Vermeidungsstrategien beschäftigt ist und ohne daß intransparent-manipulative Interaktionen ablaufen: Die therapeutische Kommunikation ist auf Inhalte fokalisiert und *kann* auf Inhalte fokalisiert sein (es gibt keine Aspekte in der Interaktion, die dies massiv erschweren oder unmöglich machen).

Bewegt sich der therapeutische Prozeß auf der Inhaltsebene (oder wird der Prozeß unter dem Aspekt der Inhaltsebene analysiert) dann geht es darum, *worüber* gesprochen wird.

Die Inhaltsebene bezieht sich daher auf Fragen wie:

• Welche Probleme hat der Klient?
• Wie sieht (konstruiert) der Klient seine Probleme?
• Was möchte er in welcher Richtung verändern (Ziele)?

Bewegen sich Therapeut und Klient auf der Inhaltsebene, dann sind *Explizierungsprozesse* möglich: Der Klient kann, mit aktiver Unterstützung durch den Therapeuten, eigene relevante Motive, Ziele, affektive Schemata klären, explizit bewußt machen, mit anderen Erfahrungen integrieren und verändern. Der Therapeut kann diese Prozesse durch entsprechende Interventionen, z.B. auch durch Focusing unterstützen. Explizierungsprozesse im Sinne einer Motivklärung sind jedoch *nur dann* möglich, wenn sich die Therapie auf der Inhaltsebene bewegt. Sind Bearbeitungs- oder Beziehungsebene relevant, erweisen sich diese Prozesse als sehr stark erschwert oder nicht möglich (vgl. Sachse, Atrops, Wilke u. Maus, 1992).

Bezüglich der therapeutischen Arbeit auf der Inhaltsebene ist ZGT überwiegend eine *klärungsorientierte Psychotherapie* (Grawe, Donati u. Bernauer, 1994): Die Therapie zielt darauf ab, daß Klientinnen und Klienten eigene Selbstaspekte klären und verändern, die relevante persönliche Probleme determinieren oder mit-determinieren: eigene Motive, Werte, Ziele, Normen; eigene Überzeugungen und Glaubenssysteme; eigene Konstruktionen über sich und die "Realität"; eigene Verarbeitungs- und Interpretationsprozesse; kognitive und affektive Schemata, die sie zur Situationsinterpretation der Handlungssteuerung benutzen usw.

Bearbeitungsebene

Betrachtet man die Schemata eines Klienten, die die Problembearbeitung determinieren bzw. betrachtet man die daraus resultierende Problembearbeitung, dann bewegt man sich auf der *Bearbeitungsebene* von Psychotherapie.

Auf der *Bearbeitungsebene* steht der Umgang mit dem Inhalt im Fokus der Betrachtung: Wie geht der Klient mit Problemen, Lösungen usw. um? Möchte er einen Inhalt klären oder hält er ihn für nicht klärungsbedürftig? Betrachtet er eigene Motive und Handlungen oder betrachtet er externe Situationskomponenten?

Die Frage ist hier, wie sich der Klient Problemen annähert, welche Strategien der Klient anwendet, um mit den Problemen umzugehen. Die Frage ist auch, ob diese

Strategien funktional sind, zu einer Lösung führen können oder ob sie dysfunktional sind, also eine Lösung eher behindern oder verhindern.

Die Bearbeitungsebene bezieht sich daher auf Fragen wie:
- Wie geht ein Klient selbst mit seinen Problemen um?
- Ist der Umgang mit eigenen Problemen funktional oder dysfunktional?
- Trägt der eigene Umgang mit Problemen zur Problemstabilisierung bei?

Die Bearbeitungsebene umfaßt weiterhin Fragen wie:
- Nimmt der Klient bei der Betrachtung eigener Probleme eine internale oder externale Perspektive ein?
- Nimmt der Klient eigene Gefühle als wichtige Informationsquelle wahr und ernst?
- Vermeidet der Klient die Konfrontation mit unangenehmen Selbstaspekten?
- Hat der Klient selbst Fragestellungen in Bezug auf eigene Problemaspekte?

Im Therapieprozeß ist es sehr wesentlich, daß ein Therapeut versteht, wie ein Klient mit seinen Problemen umgeht:
- zeigt er bereits konstruktive Ansätze, die in der Therapie genutzt oder weiter ausgebaut werden können?
- stabilisiert er durch ungünstige Problembearbeitungen sein Problem?
- Ist die Problembearbeitung so ungünstig, daß sie selbst verändert werden muß, bevor das (inhaltlich definierbare) Problem angegangen werden kann?

Beziehungsebene

Betrachtet man *die* Schemata eines Klienten, die speziell die Beziehungsgestaltung und Interaktion mit anderen Personen determinieren bzw. das daraus resultierende Interaktionsverhalten, dann bewegt man sich auf der *Beziehungsebene* von Psychotherapie. Der Fokus liegt hier auf der Frage, wie der Klient Beziehungen, auch die Beziehung zum Therapeuten, gestaltet. Dabei kann und sollte man hier zwei Arten von Beziehungsaspekten unterscheiden:

1. den Aspekt der therapeutischen Arbeitsbeziehung: Dieser Aspekt tangiert die Grundlage der therapeutischen Arbeit, er tangiert jedoch noch nicht (notwendigerweise) problematisches Interaktionsverhalten des Klienten selbst.

2. den Aspekt des Interaktionsspiels: Hier trägt der Klient problematische Interaktionsmuster in die Therapie hinein, die mit der therapeutischen Arbeitsbeziehung nichts zu tun haben: Hier werden vielmehr Interaktionelle Schemata (oder "Pläne") des Klienten in der therapeutischen Interaktion aktiviert, die den Klienten dazu führen, Verhaltensweisen dem Therapeuten gegenüber zu realisieren, die er auch anderen Personen gegenüber realisiert.

Arbeitsbeziehung

Bezüglich der *Arbeitsbeziehung* (oder "therapeutischer Allianz", vgl. Bordin, 1976, 1980; Marziali et al., 1981; Marziali, 1984; Morgan et al., 1982; Morgan, 1978) wird einmal die Frage erörtert, durch welche Handlungen ein Therapeut zum Aufbau einer tragfähigen Therapeut-Klient-Beziehung beitragen kann. Zum anderen wird bezüglich des Klienten analysiert, ob dieser eine Arbeitsbeziehung zum Therapeuten aufnimmt und, falls nicht, was dem im Wege steht, bzw. was die Beziehungsaufnahme-Probleme bedeuten.

Bei der therapeutischen Beziehung oder "Arbeitsbeziehung" zwischen Therapeut und Klient geht es um Fragen wie:

- Besteht eine vertrauensvolle Beziehung zwischen Therapeut und Klient?
- Schätzt der Klient den Therapeuten als kompetent ein?
- Nimmt der Klient eine Klientenrolle ein? u.ä.

Die Arbeitsbeziehung zwischen Therapeut und Klient kann als eine Grundlage therapeutischer Arbeit angesehen werden. Jede Selbstöffnung des Klienten, jeder Explizierungsprozeß setzt voraus, daß der Klient eine vertrauensvolle, "tragfähige" Beziehung zum Therapeuten hat: Andernfalls läßt sich der Klient auf einen solchen Prozeß gar nicht ein. Die therapeutische Beziehung in diesem Sinne ist der fundamentalste Faktor von Psychotherapie, ohne den praktisch keine erfolgreiche Therapie möglich ist (vgl. Orlinsky, Grawe u. Parks, 1994).

Interaktionsspiele

Wie ausgeführt, können Klienten Schemata (Strukturen) aufweisen, nach denen sie Beziehungen in manipulativer, intransparenter Weise gestalten. Diese Schemata wenden sie auf sehr unterschiedliche Interaktions-Situationen und Interaktionspartner an. Sie wenden sie auch auf den "Interaktionspartner Therapeut" an: Sie realisieren damit diese intransparenten Interaktionsmuster auch in der Therapie. Damit entstehen für den Therapeuten massive Probleme:

- Der Therapeut kann nicht mehr mit dem Klienten "über" ein Problem sprechen: das Problem wird nicht nur thematisiert, es *passiert* (manchmal wird es gar nicht thematisiert).
- Der Therapeut wird hier von einem Supervisor, der gemeinsam mit den Klienten an dessen Problemen arbeitet, zu einem Teil des Problems: Er wird in das Problem involviert, ob er will oder nicht und benötigt daher meist dringend selbst einen Supervisor, um den Prozeß zu verstehen.

Derartige Interaktionsmuster sind typisch für Klienten mit Persönlichkeitsstörungen: Diese Klienten bringen bestimmte Interaktionsmuster in die Therapie mit; damit bewegen sich diese Klienten ausschließlich auf Beziehungsebene. Will der Therapeut den Prozeß verstehen und beeinflussen, muß er sich ebenfalls auf Beziehungsebene bewegen: Er muß seine Verarbeitung darauf ausrichten, was nun aktuell zwischen ihm und dem Klienten geschieht und muß seine Interventionen darauf ausrichten, dies transparent zu machen (vgl. Sachse, 1987).

1.6 Gestaltung und Aufbau des Buches

Die hier darzustellende Konzeption beginnt mit einer psychologischen Störungstheorie, die die spezifischen Interaktionsprobleme von Klienten mit Persönlichkeitsstörungen konzeptualisiert. Aus dieser Theorie wird dann abgeleitet, welche interaktionellen

Schwierigkeiten bei diesen Klienten im Therapieprozeß zu erwarten sind: Dies reicht von Schwierigkeiten in der Problembearbeitung bis zu Verwicklung der Therapeuten in intransparente interaktionelle Strategien der Klienten. Aus der Theorie und den beschriebenen Interaktionsmerkmalen werden spezifische diagnostische Verfahren abgeleitet, die es dem Therapeuten ermöglichen, das Vorliegen der Interaktionsprobleme und deren Art zu erkennen. Aus der Theorie werden spezifische therapeutische Ansatzpunkte abgeleitet welchen therapeutische Strategien zugeordnet werden, die es dem Therapeuten ermöglichen, den Klienten konstruktiv bei der Änderung der dysfunktionalen Interaktionsmuster zu helfen.

Bei dem Aspekt der Diagnostik oder dem Verstehen der Klienten-Problematik wird deutlich werden, daß Therapeuten mehrere Ebenen des Problems verstehen müssen: Sie müssen verstehen

- was auf der Ebene der intransparenten Handlungsregulation geschieht;
- was auf der Ebene der Annahmen und Überzeugungen relevant ist;
- welche grundlegenden interaktionellen Motive und Bedürfnisse ein Klient aufweist;
- welche Interaktionsaspekte des Klienten authentisch sind.

Diese unterschiedlichen Ebenen lassen sich verstehen wie Folien, die hintereinander stehen: Auf jeder Folie steht relevante Information; erst alle Informationen auf allen Folien zusammen erlauben es, den Klienten und seine Problematik zu verstehen. Der Therapeut ist aber nie in der Lage, alle Folien gleichzeitig zu sehen; er sieht die Information auf einer bestimmten Folie immer nur dann, wenn er seine Informationsverarbeitung auf diese bestimmte Folie einstellt; daher muß er in der Lage sein, von einer Folie auf eine andere umzuschalten; er muß (sukzessiv) alle Folien betrachten und alle relevanten Klienteninformationen zu einem Klientenmodell zusammenfügen. Erst wenn ihm das gelingt, versteht er den Klienten; erst, wenn ihm das gelungen ist, kann er dem Klienten wirklich empathisch, akzeptierend und kongruent begegnen.

Diese Aufgabe ist jedoch äußerst komplex, nicht nur wegen der Komplexität der Information, sondern auch , weil der Therapeut seinen Verarbeitungsfokus, seine Leitfragen usw. flexibel *ändern* muß, um alle relevanten Informationen überhaupt bekommen zu können. Aber die Aufgabe ist noch aus einem anderen Grund schwierig: Der Klient gibt viele Informationen gar nicht explizit; viele Aspekte sind "getarnt", verdeckt, implizit; der Therapeut wird in das System des Klienten verstrickt; er kann dann oft bestimmte Aspekte gar nicht mehr erkennen, weil ihm diese als plausibel, zwingend o.ä. erscheinen. Der Therapeut entwickelt aufgrund der spezifischen Interaktionsmuster des Klienten sehr schnell "blinde Flecke": Damit aber fehlen im Klientenmodell des Therapeuten relevante Informationen zum Verstehen des Klienten.

Die Wahrscheinlichkeit, daß ein Therapeut derartige "blinde Flecke" entwickelt, ist bei den intransparenten Handlungen des Klienten am größten: Sie ist gering, wenn es um Überzeugungen oder grundlegende Motive des Klienten geht, sie ist jedoch extrem groß, wenn um die sog. "Spielebene" geht. Aus diesem Grunde wird in diesem Buch diese Ebene vergleichsweise drastisch, pointiert, streckenweise sogar etwas überzeichnet dargestellt: Dies ist beabsichtigt, um Therapeuten damit sehr deutlich auf bestimmte Aspekte aufmerksam zu machen. So wird hier von "Spielebene" und "Spielhandeln" gesprochen, um den intransparenten Charakter der Interaktion völlig klar zu machen.

So wird z.B. bei der systematischen Spielanalyse vom "Armen-Schwein-Spiel" gesprochen, um die Merkmale und Ziele dieser Interaktion möglichst plastisch, anschaulich, deutlich, unübersehbar zu machen. *Damit soll keineswegs eine Abwertung und Respektlosigkeit gemeint sein, vielmehr dient die z.T. drastische Darstellung dazu, die Information auf einer auf einer leicht zu übersehenden Folie völlig klar erkennbar zu machen!* Dieses Vorgehen resultiert aus ganz konkreter Supervisionserfahrung: Aus der Erfahrung,

- daß Therapeuten sich innerlich erst von dem distanzieren müssen, was in der Interaktion passiert, bevor sie wieder in der Lage sind, sich dem Klienten zuzuwenden;
- daß Therapeuten erst verstehen müssen, was in der Interaktion passiert, bevor sie wieder beginnen können, den Klienten empathisch zu verstehen;
- daß Therapeuten gegen eine starke eigene Tendenz angehen müssen, um wahrzunehmen, daß Klienten sie manipulieren;
- daß Klienten nicht z.T. änderungsmotiviert sind;
- daß Klienten z.B. weinen, um den Therapeuten von unangenehmen Fragen abzuhalten;
- daß Therapeuten die eigenen blinden Flecke am besten dann überwinden, wenn sie *vorübergehend* eine analytische, distanzierte, kritische und vollständig nicht-beschönigende Haltung einnehmen.

Diese vorübergehende Haltung soll den Therapeuten helfen, zu erkennen, was in der Interaktion geschieht; dies soll dem Therapeuten helfen zu verstehen,

- daß das Interaktionsverhalten des Klienten *nicht* intentional und nicht bewußt ist;
- daß der Klient *nicht* den Therapeuten sabotieren will;
- daß das Klientenhandeln ein Teil des Klientenproblems ist.

Und damit soll es dem Therapeuten helfen, empathisch, akzeptierend und kongruent zu sein bzw., - falls er bereits begonnen hat, sich über den Klienten zu ärgern -, wieder zu werden. Eine sehr klare, ja geradezu drastische Analyse der Spielhandlungen soll daher immer nur eine *Durchgangsphase des Klärungsprozesses* sein, deren Ziel es immer ist, dem Therapeuten (wieder) zu Empathie, Akzeptierung und Kongruenz zu verhelfen. Eine solche klare und drastische Analyse erscheint jedoch notwendig, um den Therapeuten zu veranlassen, blinde Flecken zu vermeiden oder zu verlassen, ungünstige Annahmen zu korrigieren usw. Die Analyse der Spiele erscheint oft sehr distanziert und weit weg vom Klienten; sie soll und muß jedoch

- nicht den Klienten, sondern spezifische Aspekte seiner Interaktion und des Interaktionssystems verstehbar machen;
- gerade *nicht* das "innere Bezugssystem", sondern spezifische Ziele und Strategien erfassen um dann anschließend diese Strategien gemeinsam mit Klienten aus dessen Biographie verstehen zu können;
- den Therapeuten daran hindern, in das System des Klienten verwickelt zu werden;
- dem Therapeuten erlauben, eine ganz bestimmte "Folie" des Problems mit ganz spezifischen Vorgehensweisen zu analysieren.

Diese, so gewonnene Information dient dann im gesamten Klientenmodell wieder dazu, den Klienten besser zu verstehen und dem Klienten gerecht zu werden. Der Leser wird daher gebeten, die z.T. scheinbar "respektlosen" Analysen der Spielstruktur unter diesen

Aspekten zu betrachten und zu sehen, daß es sehr wesentlich darum geht, dem Therapeuten Möglichkeiten zu geben, zeitweise aus einem System herauszutreten, in das er ansonsten leicht involviert werden kann.

Ohne jeden Zweifel muß der Therapeut diese Ebene der Analyse auch wieder *verlassen*, um zu einem vollständigen Bild vom Klienten zu kommen (denn die "Spiele" sind immer nur *ein* Aspekt) und der Therapeut muß wieder zu Kongruenz, Empathie und Akzeptierung finden; ohne diese Aspekte ist die therapeutische Arbeit gerade mit diesen Klienten sinnlos. Aber darum genau geht es hier: Durch diese Art der Klärung, sowohl der Interaktion als auch der eigenen Anteile des Therapeuten soll genau das wieder ermöglicht werden. Der Therapeut muß sehr umfassend verstehen, was geschieht, denn was er nicht versteht, wird er auch nicht akzeptieren können.

2. Ein Modell der doppelten Handlungsregulation

2.1 Einleitung

In dem nun folgenden Kapitel soll eine psychologische Störungstheorie entwickelt werden, die auf der Grundannahme basiert, daß Persönlichkeitsstörungen als Beziehungs- oder Interaktionsstörungen aufgefaßt werden können: als unflexible, dysfunktionale, kostenintensive Interaktionsmuster, die die Person gar nicht oder nur unzureichend repräsentiert hat, die sie als (mehr oder weniger) "ich-synton" empfindet und deren negative Effekte sie meist external attribuiert.

Zur Ableitung des "Modells der doppelten Handlungsregulation" wird auf die im ersten Kapitel beschriebenen theoretischen Ansätze zurückgegriffen: Das Modell integriert kognitive Aspekte (Schemata, Überzeugungen), Aspekte von interaktionellen Zielen und Motiven (Plänen), Aspekte intransparenten Handelns, von Beziehungstests usw.

Das Modell soll damit deutlich machen, wie eine derartige, persistente Beziehungsstörung entstehen kann und wie sie psychologisch "funktioniert". Das Modell soll somit eine theoriegeleitete Diagnostik und eine theoriegeleitete Therapie ermöglichen: Aus dem Modell läßt sich ableiten, welche Arten von therapeutischen Schwierigkeiten zu erwarten sind und wie ein Therapeut diese schon früh im Prozeß analysieren kann. Dazu wird ein spezielles Rating-Verfahren vorgestellt, die "Bochumer Bearbeitungs- und Beziehungsskalen" (BBBS). Aus dem Modell läßt sich aber auch eine Reihe therapeutischer Strategien ableiten, die den Klienten effektiv und konstruktiv helfen können.

Ganz wesentlich ist dabei, daß aufgrund des Modells sowohl die Probleme der Klienten im Alltag, die "allgemeinen Beziehungsprobleme", als auch ganz speziell die Interaktionsprobleme, die der Klient *in der Therapie* bereitet, verstanden werden können und daß auch dafür aus dem Modell spezifische therapeutische Strategien zum Umgang mit den innertherapeutischen Schwierigkeiten abgeleitet werden können. Das Modell erlaubt damit ein integriertes Verständnis des außer- und inner-therapeutischen Handelns des Klienten und es erlaubt integrierte Strategien, die dem Therapeuten die Möglichkeit geben, das "schwierige" Interaktionsverhalten des Klienten sehr konstruktiv zu nutzen, um dem Klienten relevante Lernerfahrungen zu vermitteln, die der Klient auch außerhalb der Therapie nutzen kann.

2.2 Zur Funktion des Modells

Das hier beschriebene Modell der "doppelten Handlungsregulation" interaktionellen Handelns soll dazu dienen, das zum Teil schwer verständliche, intransparente, paradoxe Handeln von Personen mit sog. "Persönlichkeitsstörungen" verständlich zu machen: Es soll deutlich machen, daß diese Personen aus psychologisch gut nachvollziehbaren Gründen ein für Interaktionspartner (und damit auch letztlich für sich) problematisches interaktionelles Handeln zeigen. Es soll auch deutlich und verständlich machen, daß sie dies nicht konsistent tun, daß sie selbst in ihren Konstruktionen "festsitzen" und sich allein kaum davon lösen können, daß sie selbst ihre Konstruktionen höchstens ansatzweise verstehen; daß diese Konstruktionen in sich durchaus plausibel sind und von den Personen akzeptiert werden (damit "ich-synton" sind); daß die Personen aber dennoch, zumindest zeitweise, selbst darunter leiden.

Das Modell soll jedoch vor allem *therapeutische Ansatzpunkte* liefern um mit den als sehr schwierig geltenden Klienten konstruktiv therapeutisch umgehen zu können. Ohne daß ein Therapeut versteht, wie ein Problem "funktioniert", ohne daß er versteht, was sich in der therapeutischen Interaktion ereignet, findet er weder sinnvolle therapeutische Ziele, noch wirksame therapeutische Ansatzpunkte. Das vorliegende Modell soll als Grundlage dazu dienen, das problematische Interaktionsverhalten von Klienten mit sog. "Persönlichkeitsstörungen" zu verstehen, therapeutische Ansatzpunkte abzuleiten und therapeutische Strategien zu entwickeln.

2.3 Übersicht über das Modell der doppelten Handlungsregulation

Das hier beschriebene Handlungsmodell ist ein Modell *interaktionellen Handelns:* es beschäftigt sich mit Intentionen und Handlungen von Personen, *die auf andere Personen gerichtet sind.*

Es beschäftigt sich mit Motiven, die durch interaktionelles Handeln befriedigt werden können, für deren Befriedigung demnach *Beziehungen* zu anderen Personen erforderlich sind. Es beschäftigt sich mit *interaktionellen Intentionen* (also mit Intentionen, die auf andere Personen gerichtet sind) und mit *interaktionellen Handlungen* (also Handlungen, die auf andere Personen abzielen): Handlungen, mit denen die Person etwas für eine andere Person tut oder mit denen sie erreichen will, daß eine andere Person etwas für *sie* tut.

Das Modell beschreibt dabei zwei unterschiedliche Ebenen von Interaktion: eine Ebene, die als "Motivebene" und eine, die als "Spielebene" bezeichnet werden soll. Diese beiden Ebenen enthalten unterschiedliche interaktionelle Ziele, interaktionelle Strategien und interaktionelle Handlungen.

Die *"Motivebene"* beschreibt die "normale" oder "authentische" Handlungsregulation: Hier weist die Person interaktionelle Ziele auf, die sie in für einen Partner transparente Handlungen umsetzt, welche dann zur Realisierung der Ziele mehr oder weniger effektiv sind (vgl. Abbildung 1). Dabei sind der Person übergeordnete Motive meist selbst nicht repräsentiert; interaktionelle Ziele ("was will ich von einer Person?") sind der Person jedoch meist repräsentiert oder gut zugänglich.

Die *Spielebene* dagegen enthält interaktionelle Ziele, die der Person nur ansatzweise oder gar nicht repräsentiert sind. Diese Ziele werden mit Hilfe von Handlungen verfolgt, die *intransparent* sind: Der Interaktionspartner kann nur schwer erkennen, worum es der Person geht; er wird zu Handlungen veranlaßt, die seinen interaktionellen Motiven nicht entsprechen, kann sich jedoch dagegen nicht in angemessener Form abgrenzen.

Diese interaktionellen "Spielhandlungen" sind in der Regel auch nur eine Zeitlang erfolgreich. Der Interaktionspartner verhält sich zwar eine Zeitlang so, wie die Person dies möchte, also komplementär zu den interaktionellen Zielen der "Spielebene"; je mehr er jedoch den Eindruck hat, dadurch seine eigenen interaktionellen Ziele zu vernachlässigen, desto weniger ist er bereit, sich komplementär zu verhalten. Das System "kippt um": Der vorher aus der Sicht der Person "nette" (weil komplementär handelnde) Partner wird nun als abweisend, ja sogar aggressiv erlebt. Das "Spiel-Handeln" hat damit zwar kurzfristig positive, langfristig jedoch negative Konsequenzen.

Das Modell enthält außerdem eine *"Ebene der Annahmen"*: Dies soll verdeutlichen, daß interaktionelles Handeln einer Person von Grundannahmen gesteuert wird, die die Person über sich selbst oder ihre Wirkungen auf andere hat; es soll auch verdeutlichen, daß interaktionelles Handeln und seine Konsequenzen auch auf diese Grundannahmen zurückwirken: Wenn ich von mir annehme, daß ich nicht liebenswert bin und sich eigentlich keine Person für mich interessieren kann, dann folgt daraus, daß ein "normales" Interaktionsverhalten erfolglos sein wird. Wenn ich mich authentisch verhalte, werde ich abgelehnt oder nicht beachtet. Die "Lösung" liegt dann darin, daß ich mich nicht mehr authentisch verhalte, daß ich meine Ziele tarne und versuche, Interaktionspartner zu "manipulieren". Wenn ich damit Erfolg habe, z.B. dadurch, daß ich Aufmerksamkeit erhalte, ändert dies jedoch mein Selbstkonzept kaum, da ich nicht "als Person" Aufmerksamkeit erhalte, sondern "nur" aufgrund meines Verhaltens. Werde ich dagegen abgelehnt oder weiterhin ignoriert, bestätigt das hingegen meine Annahmen voll: es passiert genau das, was ich vorausgesagt habe.

Die Ebene der Annahmen ist daher in dem Modell wesentlich und stellt auch einen wesentlichen therapeutischen Ansatzpunkt dar.

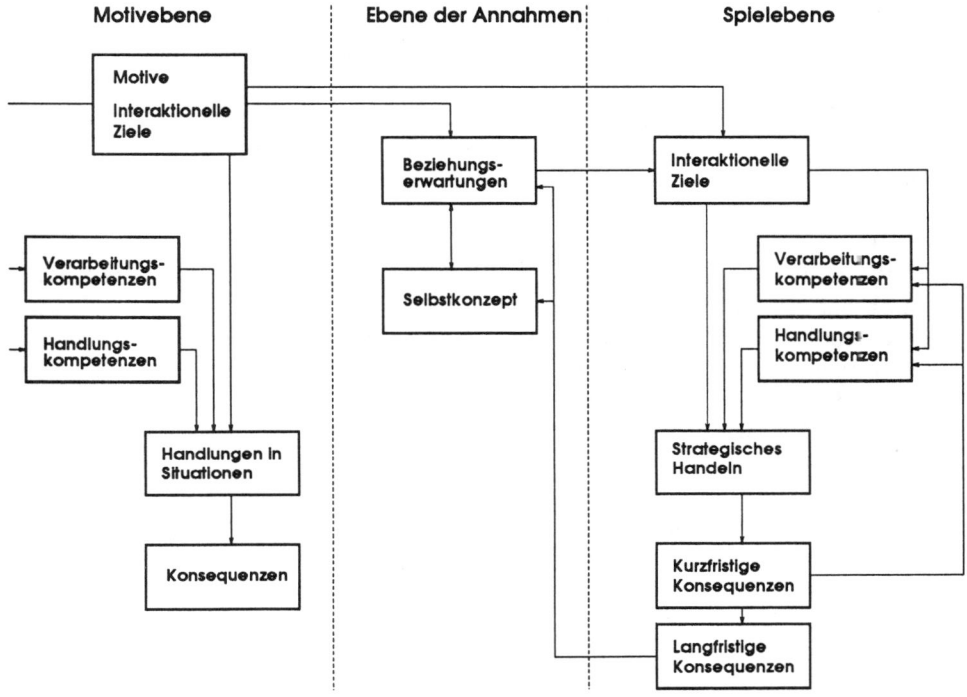

Abbildung 1: Das Modell der doppelten Handlungsregulation

2.4 Motivebene

Die "Motivebene" beschreibt die "normale" Regulation interaktionellen Handelns. In der Beschreibung dieser Regulationsebene folge ich hier weitgehend Vorstellungen der vertikalen Verhaltensanalyse oder "Plananalyse" (vgl. Kapitel 1). Es wird hier davon ausgegangen, daß eine Person eine Reihe interaktioneller Grundbedürfnisse aufweist, wie z.B. das Bedürfnis nach Anerkennung, das Bedürfnis, als Person geliebt und geschätzt zu werden, das Bedürfnis nach Autonomie u.ä. Diese interaktionellen Grundbedürfnisse stellen die höchste Hierarchieebene interaktioneller Pläne dar. Die Erfüllung interaktioneller Motive und Pläne ist für die Person von zentraler Bedeutung. In der Hierarchie niedriger liegende Ziele sind diesen interaktionellen Bedürfnissen untergeordnet und dienen letztlich der Realisation der übergeordneten Motive.

Die übergeordneten Motive werden konkretisiert in interaktionellen Zielen, der nächst-niedrigeren Ebene der "Pläne": dem Ziel, von bestimmten Personen bestimmte Arten von Anerkennung und Zuwendung zu erhalten usw.

Interaktionelle Ziele bilden selbst eine Hierarchie von relativ globalen, abstrakten, weiten Zielen (z.B.: "Anerkennung erhalten") bis zu ganz konkreten, auf Handlung bezogenen Intentionen ("Zeige Dich kompetent"). Dabei "vernetzen" die Ziele immer stärker, je tiefer sie in der Hierarchie stehen: Konkrete Intentionen dienen in aller Regel nicht nur mehr einem übergeordnetem Motiv, sondern stehen, mehr oder weniger, mit mehreren Motiven in Zusammenhang. So kann die Intention "zeige Dich kompetent" dem Motiv "Akzeptiert werden" dienen, aber auch dem Motiv "autonom sein" (vgl. hier die Ausführungen von Grawe, 1987b, 1988b; Grawe u. Caspar, 1984; Caspar, 1986, 1989).

(Wesentlich ist dabei die Annahme, daß, wenn sich Motive über mehrere Hierarchieebenen in konkreten Intentionen und schließlich in konkretem Handeln ausdrücken, diese Motive prinzipiell aus dem Handeln einer Person auch wieder *erschlossen*, rekonstruiert werden können. So kann man, insbesondere aus längeren Beobachtungen der Handlungen einer Person z.B. erschließen, welche Motive sie in ihrem interaktionellen Handeln besonders realisiert, welche "Beziehungsziele" ihr damit besonders wesentlich sind.)

Zur Umsetzung von Intentionen in konkrete Handlungen sind Kompetenzen notwendig: Hier werden Handlungs- und Verarbeitungskompetenzen unterschieden. Die Person weist dabei in mehr oder weniger großem Ausmaß *Verarbeitungs- und Handlungskompetenzen* auf, konkrete Handlungen auszuführen, die der Erreichung solcher Ziele dienlich sind.

Verarbeitungskompetenzen beziehen sich auf die Fähigkeiten der Person, zu beurteilen, ob in einer Situation eine Zielerreichung möglich ist oder nicht und, falls ja, welche Arten von Interaktionsverhalten sinnvoll sind.

Dazu muß eine Person z.B. in der Lage sein

- zu beurteilen, um welche Art von Situation es sich handelt (z.B. eine persönliche Interaktionssituation, eine formale Arbeitssituation usw.);
- zu beurteilen, welche Ziele die anderen Interaktionspartner haben;
- zu beurteilen, welche eigenen Handlungen von den Interaktionspartnern positiv oder negativ beurteilt werden.

Die Person muß damit nicht nur in der Lage sein, Situationen einzuschätzen: Sie muß auch andere Personen einschätzen können und sie muß die Wirkung ihres Handelns antizipieren können, also eine Fähigkeit zur Perspektivübernahme aufweisen (vgl. Core et al., 1978; Batson et al., 1981, 1983, 1989; Archer et al., 1981; Sachse, 1993, 1996c; Neub, 1996).

Handlungskompetenz bedeutet, daß die Person über verschiedene Handlungsstrategien verfügen muß, mit deren Hilfe interaktionelle Ziele erreichbar sind, so daß sie flexibel auf unterschiedliche Situationsanforderungen sowie auf die resultierenden Handlungen der Interaktionspartner reagieren kann.

Diese Aspekte sollen hier nicht näher ausgeführt werden: Verarbeitungs- und Handlungskompetenzen beschreiben Aspekte sozialer Kompetenz, die bereits ausführlich beschrieben worden sind (vgl. Fliegel et al., 1981; Echelmeyer, 1983; Pfirpten, 1996, 1991).

Eine Person kann nun auf sehr unterschiedliche Weise ihre interaktionellen Ziele anstreben und erreichen: durch einfaches Handeln, durch komplexe zeitlich ausgedehnte Handlungsstrategien, durch Einbezug verschiedener Personen usw..

Immer geht man aber davon aus, daß das Handeln Motive reflektiert, oder "diagnostisch" gesprochen, daß aus dem Handeln prinzipiell auf die Motive geschlossen werden kann. Es wird damit angenommen, daß das Handeln *authentisch* ist: Die Person hat nicht (durchweg und prinzipiell) die Intention, ihre Ziele zu verbergen oder sie zu tarnen. Die Handlungsregulation auf der Motivebene ist damit eine *authentische Handlungsregulation*.

2.5 Ebene der Annahmen

Um das komplexe Interaktionsverhalten von Personen mit sog. "Persönlichkeitsstörungen" zu verstehen, muß man jedoch über die Betrachtung des "normalen" Interaktionsverhaltens hinausgehen. Man muß annehmen, daß es "neben" den normalen, transparenten und reziproken Interaktionsmustern noch andere Arten von Interaktionsverhalten gibt: Neben der "normalen", authentischen Handlungsregulation, so wird hier angenommen, gibt es noch eine zweite Handlungsregulationsebene, die nach anderen Prinzipien funktioniert.

Grundlage dieser zweiten Ebene der Handlungsregulation sind bestimmte, aus der biographischen Erfahrung der Person stammende *Grundannahmen* der Person.
Diese Grundannahmen beziehen sich vor allem auf zwei Bereiche:
• Annahmen über das Selbst, vor allem im Hinblick auf andere;
• Annahmen über Beziehungen.
Diese Ebene der Grundannahmen wird vor allem von Beck u. Freeman (1993) in ihrer kognitiven Konzeption von Persönlichkeitsstörungen behandelt.
Personen mit sog. Persönlichkeitsstörungen weisen überwiegend negative Annahmen über sich selbst in Relation zu anderen auf. Sie haben Annahmen wie
• ich bin nicht liebenswert;
• ich bin für andere nicht akzeptabel;
• ich bin für andere nicht wertvoll; ob ich da bin oder nicht, spielt für andere keine Rolle.
Diese Personen weisen jedoch nicht nur negative Annahmen über sich selbst auf; sie weisen auch Annahmen darüber auf, wie "Beziehungen" funktionieren bzw. welche Erfahrungen in Beziehungen zu erwarten sind.
Es sind Annahmen wie
• Beziehungen sind nicht verläßlich;
• Beziehungen stören nur;
• Beziehungen sind gefährlich;
• in Beziehungen wird man ausgebeutet;
• in Beziehungen wird man kontrolliert.

2.6 Biographische Grundlagen von Annahmen

Man kann theoretisch davon ausgehen, daß sich derartige Annahmen über das Selbst und über Beziehungen biographisch aufgrund bestimmter Erfahrungen herausbilden. Die folgenden Annahmen sind im wesentlichen aus therapeutischen Erfahrungen abgeleitet; sie müssen daher im Augenblick als hypothetisch angesehen werden. Es gibt jedoch entwicklungspsychologische Befunde, die diese Annahmen stützen (vgl. Grossmann et al., 1989; Del Carmen et al., 1993; Bohlin et al., 1989).

Hypothetisch kann man ableiten, daß bestimmte Arten von Nicht-Realisierbarkeit bestimmter grundlegender Motive zur Ausbildung bestimmter Annahmen oder Erwartungen führen (Erwartungen oder Schemata vgl. Beck u. Freeman, 1993; Beck et al., 1981; Fiedler, 1994a; Kuhl, 1983a; Benjamin, 1993; Anderson, 1988). Eine Person macht konsistent und über einen längeren Zeitraum immer wieder ähnliche Erfahrungen damit, wie mit ihr und mit grundlegenden Motiven umgegangen wird. Aus diesem Erfahrungswissen bilden sich *Schemata*, in denen sich die einzelnen Erfahrungen zu generellen Schlußfolgerungen verdichten: Es bilden sich Schemata darüber, "wie man ist", wie wertvoll man ist, was man anderen bedeutet oder nicht bedeutet usw.. Und es bilden sich Schemata darüber, was "Beziehungen" sind, wie Beziehungen funktionieren und was man von Beziehungen erwarten kann.

Diese Annahmen bilden sich insbesondere dann heraus, so kann man annehmen, wenn eine Person bestimmte Arten von Erfahrungen bezüglich bestimmter *Motive* macht, d.h. bezüglich der Erfüllung oder Nichterfüllung grundlegender interaktioneller Bedürfnisse: Die relevanten Interaktionspartner "frustrieren" bestimmte Motive (wohl nicht immer alle!) in bestimmter Weise. Dieses Verhalten der Interaktionspartner wird von der Person verarbeitet und verdichtet: *Wie* sie es verarbeitet, hängt dabei wieder von einer Reihe von Randbedingungen ab (z.B. von bisherigen Erfahrungen, verfügbaren Ressourcen, sozialer Unterstützung u.ä.). Daher ist es schwer möglich anzugeben, unter welchen Bedingungen welche Art von Schlußfolgerung gezogen wird: Es ist nur möglich, *Hypothesen* darüber anzugeben, welche Art von Annahme aus welcher Konstellation entstehen kann. Einige solche Hypothesen sollen hier angegeben werden, im wesentlichen, um zu *illustrieren,* wie Personen zu derartigen Überzeugungen gelangen können.

Deutlich wird dabei auch, daß Personen aus ihren Erfahrungen nicht nur Annahmen und Überzeugungen ableiten, sondern auch z.T. schon *Intentionen*: Sie schließen aus ihren Erfahrungen, was sie tun können, tun könnten oder tun sollten, um Ziele doch noch zu erreichen, um sich zu schützen usw.. Einige der möglichen Schlußfolgerungen sollen nun exemplarisch dargestellt werden.

Es wird, wie gesagt, davon ausgegangen, daß eine Person Annahmen ableitet aus bestimmten Erfahrungen im Hinblick auf zentrale interaktionelle Motive. Daher werden hier Schlußfolgerungen bezüglich solcher Motive angegeben, die nach therapeutischer Erfahrung von großer Bedeutung sind (vgl. auch Kapitel 19).

Wenn eine Person bezüglich des *Bedürfnisses nach Liebe und Akzeptierung* die Erfahrung macht, konsistent abgelehnt, zurückgewiesen und abgewertet zu werden, dann können Überzeugungen entstehen wie
• ich bin nicht akzeptabel;
• ich kann nicht gemocht werden;
• ich bin nicht in Ordnung;
• ich sollte nicht so sein, wie ich bin.
Wenn die Person bezüglich dieses Bedürfnisses die Erfahrung macht, daß sie nur dann akzeptiert wird, wenn sie sich in bestimmter Weise verhält, dann resultiert z.B. die Annahme
• ich kann gemocht werden, wenn ich X tue.
Wenn eine Person bezüglich des *Bedürfnisses, für andere Personen wichtig zu sein,* die Erfahrung macht, daß ihre Existenz für andere unwichtig ist (es ist gleichgültig, ob sie da ist oder nicht), dann kann eine Überzeugung resultieren wie
• ich bin wertlos;
• ich bin unwichtig;
• ich bin bedeutungslos.
Macht sie die Erfahrung, daß sie nur dann wichtig ist, wenn sie etwas für andere *tut*, wenn sie für andere eine Funktion erfüllt, dann resultiert z.B.:
• ich bin nur wichtig, wenn ich etwas für andere tue.
Wenn eine Person bezüglich des *Bedürfnisses nach verläßlicher Beziehung* die Erfahrung macht, daß eine Beziehung jederzeit elementar in Frage gestellt werden kann, dann resultieren Annahmen wie
• Beziehungen sind nicht verläßlich;
• Beziehungen können jederzeit unvorhergesehen enden.
Macht die Person die Erfahrung, daß Beziehungen bei "falschem" Verhalten in Frage gestellt werden können, dann kann resultieren
• ich muß sehr vorsichtig sein mit dem, was ich tue, sonst kann die Beziehung kaputtgehen;
• wenn ich genau tue, was andere von mir wollen, dann ist die Beziehung stabil.
Macht eine Person bezüglich des *Bedürfnisses nach solidarischer Beziehung* (danach, geschätzt und gestützt zu werden) die Erfahrung, daß es bei Angriffen von außen keine Solidarität, keinen Schutz gibt, dann kann resultieren:
• in Beziehungen kann man sich nicht sicher fühlen;
• Beziehungen bringen nichts.
Macht die Person die Erfahrung, daß Solidarität nur dann gezeigt wird, solange man sich "richtig" verhält, daß man aber "ausgeliefert" wird, sobald man etwas falsch macht, dann kann resultieren
• ich muß mir die Solidarität anderer verdienen.
Macht eine Person bezüglich des *Motives nach Autonomie und Selbstbestimmung* die Erfahrung, daß andere sich ständig einmischen (wenn auch mit der Behauptung, nur das "Beste" zu wollen), dann kann resultieren
• in Beziehungen wird man bevormundet;

- in Beziehungen verliert man seine Freiheit (gleichzeitig können Schlußfolgerungen bezüglich der eigenen Kompetenz erfolgen, denn die Einmischung signalisiert ja auch, daß "man es nicht allein schafft").

Macht eine Person die Erfahrung, daß das *Motiv nach Unverletzlichkeit der eigenen Domäne* frustriert wird, indem andere Grenzen überschreiten, indem sie Bereiche kontrollieren, die sie nicht kontrollieren dürfen oder indem sie Dinge tun, die sie nicht tun dürfen oder indem sie kritisieren und abwerten, dann können Annahmen resultieren wie

- ich muß mich schützen;
- ich muß andere auf Distanz halten;
- Beziehungen sind gefährlich.

Wie deutlich wird, kann eine Person somit bezüglich elementarer interaktioneller Bedürfnisse negative Erfahrungen machen; diese finden ihren Niederschlag in negativen Annahmen über das Selbst und/oder über Beziehungen.

2.7 Positive und negative Kontrolle

Damit aber ist die Geschichte noch nicht zu Ende: denn die Person kann daneben noch eine andere Art von Erfahrung machen: *Sie kann lernen, daß es Möglichkeiten gibt, mit dieser negativen Erfahrung umzugehen.*

Prinzipiell gibt es zwei Möglichkeiten, die die Person hier entdecken kann:

1. Sie kann entdecken, daß bestimmte Arten von Zielen unter bestimmten Bedingungen doch erreichbar sind.

2. Sie kann entdecken, daß sie sich gegen negative Rückmeldung, Kontrolle u.a. abschotten und abgrenzen kann.

Diese beiden Möglichkeiten sollen hier als *positive und negative Kontrolle* bezeichnet werden.

Diese Annahmen enthalten prinzipiell eine wesentliche Implikation: Die Person kann so, wie sie ist, von anderen Personen nicht ohne weiteres akzeptiert werden. Dies bedeutet aber, daß die Person sich anderen nicht so zeigen kann, wie sie "wirklich" ist: Denn wenn sie dies tut, dann erkennen andere nur unangenehme Eigenschaften; die Konsequenz ist Zurückweisung. Dies bedeutet aber nun, daß die Person ihrer Erfahrung nach, wenn sie sich authentisch verhält, wesentliche interaktionelle Ziele, elementare interaktionelle Bedürfnisse nicht befriedigen kann: Sie wird nicht geliebt, akzeptiert, wertgeschätzt werden.

Aus diesem Dilemma gibt es nur zwei mögliche Auswege:

1. Die Person verzichtet auf die Befriedigung interaktioneller Ziele und verhält sich weiterhin authentisch nach ihrem Motivsystem (was wohl für Erwachsene möglich, für Kinder jedoch äußerst schwierig ist).

2. Die Person versucht, interaktionelle Ziele dadurch zu erreichen, daß sie sich nicht mehr authentisch, sondern "manipulativ" verhält.

Manipulativ kann sich eine Person jedoch im Sinne positiver und negativer Kontrolle verhalten.

Im Sinne *positiver Kontrolle* versucht die Person "aktiv einzugreifen", andere Personen aktiv zu bestimmtem Handeln zu bringen, aktiv für eigene Ziele "einzuspannen" u.a.. Im Sinne *negativer Kontrolle* versucht eine Person andere "von sich wegzuhalten", auf Distanz zu halten, ihre Domäne zu sichern, die eigene Autonomie zu wahren u.a..

Es wird hier angenommen, daß Personen z.B. mit sog. Histrionischen Persönlichkeitsstörungen eine Lösung im Sinne der "positiven Kontrolle" "gewählt" haben: Sie haben Strategien entwickelt, um mit Hilfe manipulativen Handelns interaktionelle Ziele zu erreichen. Diese Lösungen gelten auch für Personen mit sog. narzißtischen Persönlichkeitsstörungen.

Dagegen haben Personen mit schizoider oder passiv-aggressiver Persönlichkeitsstörung Lösungen im Sinne negativer Kontrolle erarbeitet. Sie haben die Annahmen entwickelt, daß Beziehungen negative emotionale Konsequenzen haben, daß sie "stören" oder aber daß sie "gefährlich" sind, daß Interaktionspartner sich intrusiv, kontrollierend, abwertend verhalten. Sie haben die "Lösung", daß es besser ist, andere auf Distanz zu halten, anderen nicht zu vertrauen u.ä..

Diese Annahmen haben aber dann sozialen Rückzug und Abkapselung zur Folge. Die Personen entwickeln hier andere interaktionelle Ziele als Klienten, die positive Kontrolle ausüben, nämlich Ziele, sich abzugrenzen, abzuschotten, Personen auf Distanz zu halten. Und zur Erreichung dieser interaktionellen Ziele entwickeln sie manipulative interaktionelle Strategien. Diese Vorgehensweisen sind auch kennzeichnend für die sog. paranoide, teilweise auch für die zwanghafte Persönlichkeitsstörung. Klienten mit sog. "Borderline"-Störungen weisen sowohl positive als auch negative Kontrolle auf, wobei sie sehr schnell und unvorhersehbar von einer Strategie in die andere wechseln können.

2.8 Spielebene

2.8.1 Die Entwicklung positiver und negativer Kontrolle

2.8.1.1. Positive Kontrolle

Eine Person, die z.B. die Erfahrung macht, von wichtigen Interaktionspartnern nicht akzeptiert, nicht beachtet zu werden, kann bemerken, daß es aus diesem Problem einen "Ausweg" gibt. Sie kann z.B. bemerken, daß sie für bestimmte Verhaltensweisen Aufmerksamkeit erhält: Sie lernt damit, daß sie bestimmte Ziele durch bestimmte Aktionen doch erreichen kann, obwohl die Rückmeldungen sonst eher negativ sind. So kann die Person z.B. bemerken, daß sie immer dann Aufmerksamkeit erhält, wenn sie gute Leistungen zeigt: Sie wird beachtet, gelobt, man beschäftigt sich mit ihr, zumindest für einen bestimmten Zeitraum. Oder die Person bemerkt, daß sie Aufmerksamkeit erhält, wenn sie besonders "spaßig", "aufgeweckt", keß o.ä. ist: Sie kann etwas tun, um gesehen, beachtet zu werden, um Aufmerksamkeit und Anerkennung zu bekommen. Die Person entwickelt somit für ihr Problem aktive Lösungen, sie entwickelt Strategien zum "Überleben" in einer pathogenen Umgebung (vergl. Fiedler, 1996).

Sie kann diese wirksamen Verhaltensweisen zufällig entdecken, nach "Versuch und Irrtum", sie kann sie aber auch von anderen modellhaft lernen, indem sie beobachtet, daß andere damit erfolgreich sind. Die Interaktionspartner können diese "Lösungen" aber auch nahelegen: Sie können z.B. äußern, daß sie sich bestimmte Verhaltensweisen wünschen ("Wenn Du doch nur etwas braver wärest!") bzw., daß sie auf bestimmte Handlungen oder Ergebnisse positiv reagieren würden.

Was die Person dabei lernt ist, daß sie, trotz der allgemeinen Frustration wichtiger Motive, ganz bestimmte Effekte mit ganz bestimmten Handlungen erzielen kann. Sie lernt über ihre Umwelt *Kontrolle* auszuüben: Da sie die Kontrolle so einsetzt, daß sie doch noch einen Teil ihrer Bedürfnisse positiv befriedigen kann, soll dies als "positive" Kontrolle bezeichnet werden.

Man muß sehen, daß diese Kontrolle eine Art von "Lösung" für die unangenehme, pathogene Interaktionssituation ist, in der die Person steckt; es ist jedoch immer nur eine unvollkommene Lösung, denn es ändert an der grundlegenden Erfahrung und an den Rückmeldungen wenig: Die Person bekommt eben nur *dann* Aufmerksamkeit, wenn sie sie "erkauft" oder "erarbeitet"; tut sie es nicht, ist die Situation genauso wie vorher. An der grundlegenden Rückmeldung von Nicht-Akzeptierung der Person ändert sich wenig.

Diese Art von Lösung, sich durch bestimmte Handlungen doch noch etwas von dem zu holen, was man dringend braucht, eignet sich vor allem bei solchen Motiven wie dem nach Anerkennung, Wichtigkeit, Verläßlichkeit und Solidarität.

Hier kann man versuchen, die Interaktionspartner durch bestimmte Arten von Handlungen dazu zu veranlassen, einem etwas von dem zu geben, was man in der Beziehung haben will, was man jedoch ohne Ausführung dieser Handlungen nicht bekäme.

2.8.1.2 Negative Kontrolle

Bei den Bedürfnissen nach Autonomie und Verläßlichkeit der Grenzen, der eigenen Domäne, geht es einer Person nicht darum, daß eine andere ihr etwas *gibt* (Zuwendung, Anerkennung o.ä.), sondern es geht darum, daß eine Person die eigenen Handlungen der Person zuläßt, sich also *nicht einmischt*. Die Frustration liegt hier also nicht darin, zu wenig zu bekommen, sondern darin, *zu viel* zu bekommen: zu viel Reglementierung, zu viel Einmischung, zu viel Kritik, zu viele Übergriffe usw..

Für diese Situation benötigt eine Person daher andere Lösungen: Die Person muß sich hier *schützen*, sie muß andere Personen von sich fernhalten. Wenn die Person ständig kritisiert wird, dann muß sie z.B. versuchen, dem Interaktionspartner keine relevante Information mehr zu geben: Hat dieser nämlich keine Information, kann er auch nicht kritisieren.

Wenn die Person ständig Vorschriften bekommt, kann sie versuchen, die Ausführung zu sabotieren, aber so, daß sie für die Nicht-Ausführung "nichts kann": Sie hat ja alles versucht, aber leider ist XY dazwischen gekommen. Wenn die Person ständig kontrolliert wird, muß sie versuchen, die anderen auf Distanz zu halten: keine engen Kontakte, so wenig wie möglich zeigen, "nicht in die Karten gucken lassen" usw.

Auch durch diese Handlungen übt die Person Kontrolle aus: Da sie aber mit ihrem Handeln eher erreicht, daß etwas *nicht* eintritt, soll hier von *negativer Kontrolle* gesprochen werden.

2.8.1.3 Besondere Strategien sind nötig

Positive und negative Kontrolle implizieren, daß Personen *spezielle Arten von Handlungen entwickeln müssen, um die angestrebten Effekte zu erzielen.*

Jemand, der als Person nicht akzeptiert wird, verwendet ja nur deshalb Leistungserfolge, um Aufmerksamkeit zu bekommen, weil er für anderes Handeln, für seine bloße Anwesenheit und sein Dasein, *keine* Aufmerksamkeit bekommt. Jemand, der andere auf Distanz hält, tut dies, weil andere sonst seine Autonomie und Domäne *nicht* beachten oder respektieren. Die Personen leben somit in pathogenen Situationen, die sich durch eines auszeichnen: die "normalen", "authentischen", alltäglichen Handlungen der Personen sind *nicht* ausreichend, um die zentralen Bedürfnisse zu befriedigen. Wenn die Person sich normal, authentisch verhält, bekommt sie keine Anerkennung, sondern wird ignoriert; sie wird nicht wichtig genommen, ob sie da ist oder nicht, macht keinen Unterschied; sie wird kontrolliert, bevormundet oder, ihre Grenzen werden verletzt.

Positive und negative Kontrolle sind und werden nur dann notwendig, wenn die normalen, alltäglichen, authentischen Handlungen nicht mehr ausreichen. Die Person muß statt dessen spezielle Handlungen und Handlungsstrategien entwickeln, um noch wenigstens einen Teil dessen zu bekommen, was sie braucht. Sie benötigt für diese Art von Problemsituation spezielle Arten von *Lösungen*.

2.8.1.4 Intransparentes Handeln

Es wird deutlich, daß diese Lösungen immer darin bestehen, Interaktionspartner zu Handlungen zu veranlassen, die diese "normalerweise" nicht tun würden: Der Interaktionspartner *gibt* ja unter normalen Bedingungen keine Anerkennung; er soll durch spezielles Handeln dazu *veranlaßt* werden. Der Interaktionspartner übt normalerweise Kontrolle aus; er soll mit speziellen Handlungen davon *abgehalten* werden. Die Handlungen üben immer Kontrolle aus, d.h.: Ein Interaktionspartner soll zu etwas gebracht werden, was sonst seinen Zielen, Motiven usw. gar nicht entspricht. Damit aber ist das Handeln eindeutig *manipulativ*: der Interaktionspartner wird "veranlaßt", "gezwungen" o.ä..

(Um Mißverständnissen vorzubeugen, sollte deutlich sein, daß mit "manipulativ" *keine* Wertung oder gar Abwertung gemeint ist. Manipulativ ist die Handlung, weil der Interaktionspartner eindeutig über die relevanten Motive der Person im Unklaren bleibt.

Dies ist eine schlichte Tatsache, die als solche nicht ignoriert werden kann und auch nicht ignoriert werden sollte. Wir sollten als Forscher wie als Therapeuten bemüht sein, Dinge zu sehen, wie sie sind (falls wir das können) und uns keinesfalls unsere Wahrnehmung dadurch verzerren zu lassen, daß eine Beschreibung möglicherweise als Wertung mißverstanden werden könnte. Als Forscher wie als Therapeut muß ich in der Lage sein, Fakt und Bewertung zu trennen. Eine manipulative Handlung muß ich eine manipulative Handlung nennen können; dennoch kann ich dafür Verständnis aufbringen und muß eine Person dafür keineswegs abwerten. Mein Bemühen um Wertschätzung darf mir aber nicht mein Urteilsvermögen "verkleistern".)

Diese Manipulation macht es nun in der Regel erforderlich, daß das Handeln, mit dem der Partner zu bestimmten Aktionen "veranlaßt" werden soll, intransparent ist: Die tatsächlichen Ziele, die die Person mit diesem Handeln verfolgt, dürfen gar nicht transparent werden.

Wenn eine Person z.B. keine Anerkennung und Aufmerksamkeit erhält, sich aber durch Leistung diese Aufmerksamkeit holt, dann ist es besser, wenn der Interaktionspartner *nicht* weiß, daß die Leistung im wesentlichen dazu dient, ihn dazu zu veranlassen, der Person Zuwendung zu geben. Dies könnte sehr wohl dazu führen, daß der Partner seine Aufmerksamkeit wieder abzieht und die Strategie damit scheitert.

Benutzt eine Person die Produktion von "Symptomen" (z.B. Kopfschmerzen) dazu, Aufmerksamkeit zu bekommen, dann ist die Tarnung noch wichtiger: denn sollte der Interaktionspartner merken, daß die Kopfschmerzen gar nicht "echt" sind, oder sollte er bemerken, *daß* er manipuliert wird, dann kann diese Strategie das genaue Gegenteil bewirken: die Person wird erst recht abgelehnt, kritisiert, abgewertet usw..

Wenn die Person, um Übergriffe und Einmischungen zu vermeiden, Aufgaben "passiv-aggressiv" sabotiert, dann ist es absolut zentral, daß der Interaktionspartner glaubt (der zumindest nicht das Gegenteil beweisen kann), daß die Person für die Nicht-Ausführung von Aufgaben nichts kann: denn sonst könnte das die Kontrolle und Einmischung extrem verschlimmern!

Es wird deutlich, daß bei verschiedenen Problemen das Ausmaß der Intransparenz *unterschiedlich* wichtig ist, aber: wichtig ist es in jedem Fall.

Die Lösung besteht darin, intransparente Strategien zu entwickeln, die die Interaktionspartner zuverlässig dazu veranlassen, sich gemäß der interaktionellen Ziele der Person zu verhalten: Die Handlungen dürfen damit nicht mehr offen und authentisch sein (denn das ist erfolglos oder führt zu aversiven Konsequenzen), sondern sie müssen vielmehr getarnt, intransparent sein und dem Partner möglichst wenig Wahlfreiheit lassen.

Die Person muß daher verdeckte, intransparente Strategien entwickeln, um wesentliche Ziele zu erreichen; und diese Strategien müssen möglichst *zwingend* sein, d.h. sie müssen den Interaktionspartner mit hoher Wahrscheinlichkeit dazu veranlassen, sich im Sinne der Ziele zu verhalten.

Die resultierenden intransparenten, manipulativen Strategien können daher als (Not)-*Lösungen* bezeichnet werden: Die Personen entwickeln sie nicht, weil sie gerne andere Personen manipulieren oder weil sie bösartige interaktionelle Motive aufweisen. Die Personen entwickeln diese Strategien vielmehr, weil sie keine andere Möglichkeit sehen, in der gegebenen Konstellation wichtige interaktionelle Ziele erreichen zu können.

Diese intransparenten Handlungen sind nun aber keine Handlungen auf der Motivebene mehr: es sind Handlungen, wie noch deutlich werden wird, die

- ganz speziellen interaktionellen Zielen dienen;
- in ganz bestimmter, intransparenter Weise ausgeführt werden;
- für die Personen ganz bestimmte Kompetenzen benötigen und
- die zu ganz bestimmten Konsequenzen führen.

Mit diesen Handlungen bewegen wir uns damit auf der zweiten Handlungs-Regulationsebene: *Der Spielebene.*

2.8.1.5 Schematisierung

Man muß annehmen, daß derartige Strategien nicht ad hoc geplant werden können; sie können sich vielmehr nur langsam entwickeln: durch Versuch und Irrtum, durch Modellernen u.ä.. Derartige interaktionelle Muster werden sich sehr wahrscheinlich über Jahre hinweg herausbilden und elaborieren. Und sie werden sich durch vielfältige Übung hochgradig automatisieren und schematisieren: Man muß daher annehmen, daß interaktionelle Strategien auf der Spielebene (wie andere Handlungskompetenzen) als Schemata vorliegen, die sehr schnell aktivierbar sind und die das Handeln ohne großen Kapazitätsaufwand steuern können. Eine Person, die über ein entsprechendes Schema verfügt, braucht in einer Interaktionssituation nicht lange nachzudenken, um zu handeln: Sie kann aufgrund des Schemas vielmehr schnell und mühelos handeln (vgl. Bartlett, 1932; Langer u. Abelson, 1974; Pichert u. Anderson, 1977; Frederiksen, 1975a, 1975b; Spiro, 1980; Beck et al., 1981; Schwarz, 1985).

2.8.2 Mangelnde Repräsentation

Sowohl aus der Annahme, daß die Interaktionsstrategien auf der Spielebene langsam und ungeplant entstehen als auch aus der Annahme, daß sie später schematisch funktionieren, resultiert die Schlußfolgerung, daß eine Person in der Regel über ihre Handlungsintentionen und über ihr Handeln nur *wenig bewußte Repräsentation* aufweisen sollte. Die Person weiß in der Regel nicht, nach welchen Prinzipien sie handelt und sie weiß auch nicht, daß ihr Handeln eine besondere Art des Handelns ist: Für sie ist das Handeln zwingend, notwendig und in sich völlig plausibel. Dies ist ein wesentlicher Grund dafür, warum das interaktionelle Handeln der Person auf der Spielebene *"ich-synton"* ist (vgl. Fiedler, 1994a): Sie empfindet es als "ihr Handeln", als zu sich gehörig, als Teil ihrer Person und nicht als Fremdkörper.

2.8.3 Interaktionelle Ziele auf der Spielebene

Die Entwicklung der Spielebene ist auf der einen Seite eine Lösung und bringt der Person somit Gewinne. Diese Lösung hat auf der anderen Seite jedoch hohe Kosten.

Ein wesentlicher Kostenfaktor ist der, daß wesentliche interaktionelle Bedürfnisse durch diese Form des Interaktionsverhaltens nicht befriedigt werden können.

Interaktionelle Ziele unterscheiden sich grundlegend darin, in welchem Ausmaß sie "einforderbar" sind, d.h. in welchem Ausmaß man andere Personen dazu veranlassen oder zwingen kann, sich gemäß dieser Ziele zu verhalten. Ich kann eine andere Person dazu zwingen, mir Aufmerksamkeit zu schenken, z.B. dadurch, daß ich leide: Im sozialen Normsystem muß ein Interaktionspartner sich mir zuwenden, wenn ich krank bin, da er ansonsten als brutal, unempathisch, kalt o.ä. beurteilt wird. In bestimmten sozialen Kontexten kann ich daher durch geeignete Maßnahmen einen Interaktionspartner dazu veranlassen, sich mit mir zu beschäftigen: Dieses Interaktionsverhalten des Partners ist prinzipiell einforderbar (ob es im Einzelfall einforderbar ist, hängt vom genauen Kontext und der psychischen Verfassung des Interaktionspartners ab!).

Ich kann jedoch einen Interaktionspartner nicht dazu zwingen, mich zu lieben oder wertzuschätzen. Wenn mich jemand nicht mag, gibt es keine Möglichkeit, ihn dazu zu zwingen, mich zu mögen. Und dies klappt schon gar nicht durch manipulatives Handeln (Bill Murrays Versuche in dem Film "Täglich grüßt das Murmeltier" sind dazu eine sehr gute Illustration).

Das hat eine sehr wesentliche Konsequenz: Eine Person, die beginnt, interaktionelle Ziele manipulativ zu verfolgen, kann dies *nicht* mit jedem beliebigen Ziel oder Bedürfnis tun. Die grundlegenden interaktionellen Bedürfnisse wie Liebe, Zuneigung, Anerkennung und Wertschätzung der Person usw. zeichnen sich alle dadurch aus, daß sie *nicht einforderbar* sind: man kann einen Interaktionspartner prinzipiell nicht zwingen oder veranlassen, diese Bedürfnisse zu befriedigen. Entweder der Interaktionspartner gibt der Person Anerkennung und Liebe oder er tut es nicht: er kann nicht im Hinblick auf solche interaktionellen Ziele manipuliert werden. Die unangenehme Konsequenz daraus ist: realisiert eine Person manipulative Interaktionsformen, dann muß sie auf die Befriedigung elementarer interaktioneller Bedürfnisse verzichten. *Sie muß sich begnügen mit interaktionellen Zielen, die einforderbar sind*: Aufmerksamkeit, Lob, Bewunderung für gutes Aussehen, Anwesenheit des Partners usw.

Da sich die "Spielebene" sehr wahrscheinlich nur langsam, ungeplant, mehr nach Versuch und Irrtum ausbildet, muß man annehmen, daß der Person der "Wechsel" in den interaktionellen Zielen ebenfalls nicht repräsentiert ist: Die Person hat sich ja keineswegs bewußt dafür entschieden, wenigstens Aufmerksamkeit zu bekommen, wenn sie schon Liebe nicht haben kann. Sie hat eher verschiedene Handlungen getestet und diejenige angenommen und elaboriert, die "funktioniert" hat. Ebenso wie bezüglich der interaktionellen Strategien, so muß man auch bezüglich der interaktionellen Ziele auf der Spielebene davon ausgehen, daß die Person *keine Repräsentation davon hat, nach welchen Prinzipien ihr Handeln funktioniert.*

Die interaktionellen Ziele auf der Spielebene sind, wie deutlich wird, *nicht* identisch mit den übergreifenden Motiven der Motivebene: Die interaktionellen Ziele auf der Spielebene sind immer weniger elementar, weniger grundlegend, stehen in der Motivhierarchie immer tiefer. Die Verfolgung und Befriedigung dieser Ziele ist zwar wichtig, aber: Die Person befriedigt damit nicht die grundlegenden interaktionellen Bedürfnisse.

Motivational gesehen ist der Übergang von übergeordneten Motiven (der Motivebene) zu interaktionellen Zielen geringerer Bedeutung (auf der Spielebene) ein hoher
psychischer Kostenfaktor: Die Person kann so zwar interaktionell durchaus etwas
erreichen (wie z.B. Aufmerksamkeit), verfehlt dabei jedoch gleichzeitig die Befriedigung elementarer Bedürfnisse. Metaphorisiert gesprochen kann man sagen: Die Person
bekommt zwar immer wieder etwas Leckeres zu trinken (Aufmerksamkeit); das
schmeckt gut und stillt vorübergehend auch den Hunger; aber satt macht es nicht. Die
grundlegenden Bedürfnisse bleiben bestehen und werden weiterhin frustriert. Die
Strategie geht an den wesentlichen Bedürfnissen vorbei; diese bleiben unbefriedigt. Und
dies kann die Person manchmal durchaus wahrnehmen (oft allerdings nur diffus): Sie
spürt, daß "etwas nicht stimmt", daß "etwas nicht in Ordnung ist", daß "sie alles hat und
doch nicht zufrieden ist" u.ä. (vgl. hier Atkinson u. Birch, 1974; Kuhl, 1983a, 1983b;
Kuhl u. Kazén, 1996), was u.U. sogar zu einer Steigerung des Spielverhaltens (mehr
desselben) führen kann.

Diese Nicht-Befriedigung wesentlicher Bedürfnisse kann sich auch in diffuser
Unzufriedenheit, einem Gefühl von Leere und Sinnlosigkeit ausdrücken. Auf eine
unspezifische Art leidet die Person somit unter ihrem System; nur kann das Leiden nicht
identifiziert, nicht benannt und damit auch nicht angegangen werden. Das Leiden kann
jedoch u.U. so groß werden, daß sich daraus eine Therapiemotivation entwickelt: eine
Motivation, daß "sich etwas ändern muß", ohne daß die Person weiß, wo sie ansetzen
soll.

Eine wesentliche Konsequenz aus der Annahme, daß interaktionelle Ziele auf der
Spielebene nicht identisch sind mit wesentlichen Motiven und daß daher das Handeln
auf der Spielebene diese übergeordneten Motive *nicht* befriedigt, ist "Unstillbarkeit":
Das intransparente Spielhandeln macht nicht zufrieden, nicht glücklich, nicht stolz u.ä..
Daher muß die Person, selbst wenn sie "Erfolge" hatte, nach kurzer Zeit wieder neu
anfangen. Ein Klient mit einer "narzißtischen Persönlichkeitsstörung", der ein Lei-
stungsziel erreicht hat, kann sich kurze Zeit darüber freuen: dann aber setzt erneut
Unzufriedenheit ein und er versucht, diese mit neuem Leistungsstreben zu bekämpfen:
diese Strategie ist aber nicht erfolgreich, wenn das zentrale Motiv "Anerkennung" und
"Wichtigkeit" heißt. Die Person verfehlt immer wieder die Befriedigung des zentralen
Motives, ohne dies zu bemerken und wendet immer wieder die "falsche Lösung" an;
aber zufrieden wird sie damit nicht, ein Ziel erreicht sie nicht, sie lebt "an ihren
Bedürfnissen vorbei" (vgl. Kuhl u. Kazén, 1996).

2.8.4 Unterschiede von Motiv- und Spielebene

Damit unterscheidet sich die Spielebene von der Motivebene in zwei wesentlichen
Aspekten:

1. Die verfolgten interaktionellen Ziele sind auf der Spielebene andere als auf der
   Motivebene. Auf der Spielebene handelt es sich immer um interaktionell einforder-

bare Ziele. Diese sind, gemessen an den Zielen der Motivebene aber immer nur "Ersatzziele", sie stehen tiefer in der Motivhierarchie der Person.

2. Die interaktionellen Strategien auf der Spielebene sind intransparent: Die Person macht in ihrem Verhalten die "eigentlich" angestrebten Ziele nicht deutlich. Der Interaktionspartner hat Schwierigkeiten, diese Ziele zu erkennen. Und auch die Person hat selbst diese Ziele nur wenig repräsentiert.

Dagegen sind interaktionelle Ziele und Strategien auf der Motivebene transparent: Ein Interaktionspartner kann diese Ziele und Strategien prinzipiell erfassen und verstehen.

2.8.5 Kompetenzen

Wie auf der Motivebene, so benötigt die Person auch auf der Spielebene Verarbeitungs- und Handlungskompetenzen, um zielführendes Interaktionsverhalten realisieren zu können.

Die *Verarbeitungskompetenzen* bestehen im wesentlichen darin, zu erkennen, welche Person in welchen Kontexten mit welchen Mitteln zu komplementärem Verhalten veranlaßt werden kann. Wenn eine Person z.B. durch die Produktion von Symptomen Aufmerksamkeit gewinnen möchte, muß sie abschätzen können, ob ein Interaktionspartner darauf reagieren wird: Es muß ein Partner sein, der empathisch und hilfsbereit ist, der bereit ist, seine Bedürfnisse zurückzustellen u.ä.

Die Frage der *Handlungskompetenzen* betrifft vor allem die Elaboration und Flexibilität verfügbarer Handlungsstrategien. Eine Person kann über eine große Anzahl von Strategien verfügen, um Aufmerksamkeit zu erringen. Dazu können *positive Strategien* gehören wie z.B. sich attraktiv zu kleiden, zu flirten, charmant zu sein u.ä.

Dazu können aber auch *negative Strategien* gehören wie sich als hilflos als leidend darzustellen. Die Person kann körperliche Symptome produzieren usw.

Eine Person kann jedoch auch ein sehr eingeschränktes Repertoire von Strategien haben, was sie zwingt, die gleiche Strategie immer wieder anzuwenden.

Flexibilität bezieht sich auf die Fähigkeit, Strategien den Anforderungen der Situation bzw. den Möglichkeiten der Interaktionspartner anzupassen: Manche Personen sind hier sehr kreativ und wandeln ihre Strategien je nach Situation ab, andere setzen in allen Situationen die gleiche Strategie ein.

Eine wesentliche Handlungskompetenz bezieht sich auf die *Intransparenz der Strategie*. Manche Personen schaffen es nicht gut, ihre interaktionellen Ziele zu tarnen. Eine Person, die immer dann Kopfschmerzen hat, wenn sie Pflichten übernehmen soll, macht dem Interaktionspartner schnell klar, daß es eigentlich nicht um Kopfschmerzen geht, sondern darum, daß der Partner Verantwortung übernimmt. Die Strategie ist schnell "durchschaubar" und wird damit auch schnell wirkungslos, da die Interaktionspartner sich abgrenzen können, sobald sie erkannt haben, worum es wirklich geht. Andere Personen können dagegen ihre interaktionellen Ziele sehr gut tarnen; dies ist besonders gut möglich, wenn die Strategien sehr elaboriert und flexibel sind. Dies macht es dem Interaktionspartner dann besonders schwer, sich abzugrenzen.

Auch bezüglich der Verarbeitungs- und Handlungskompetenzen kann man annehmen, daß sie in schematisierter Form vorliegen: Eine Person hat aufgrund langer Übung automatisierte Verarbeitungen und schnell und gut verfügbare Handlungsregeln. Dies ist auch, wie wir noch sehen werden, ein besonderes Problem für den Therapieprozeß: Der Therapeut muß das Spiel des Klienten mühsam analysieren und Handlungsstrategien entwickeln; der Klient aber kann das Spiel mühelos, weitgehend kapazitätsfrei spielen. Daher ist es auch wesentlich, im Therapieprozeß *solche* Interventionen zu realisieren, für die der Klient in seinem Schema *keine* vorgeplanten Strategien mehr hat: Der Therapeut muß es dem Klienten weitgehend unmöglich machen, das Spiel nach seinen Regeln zu spielen.

2.8.6 Konsequenzen

Was die Konsequenzen des interaktionellen Handelns auf der Spielebene betrifft, so muß man zwischen kurzfristigen und langfristigen Konsequenzen unterscheiden.

In der Regel sind die Strategien *kurzfristig* erfolgreich. Die Interaktionspartner verhalten sich zunächst eine Zeitlang erwartungsgemäß: Sie befriedigen die interaktionellen Ziele der Person, verhalten sich also komplementär (insbesondere, wenn die Person die Interaktionspartner sorgfältig ausgewählt hat). Sie geben der Person Aufmerksamkeit und Lob, sie nehmen ihr Verantwortung ab usw.

Mit der Zeit haben die Partner jedoch den Eindruck, daß sie bezüglich ihrer eigenen interaktionellen Ziele zu kurz kommen: sie müssen immer Aufmerksamkeit geben, bekommen selbst aber nur wenig Aufmerksamkeit; sie müssen Verantwortung übernehmen, erhalten selbst aber kaum Entlastung usw. Dies führt mit der Zeit zu einer Frustration des Partners und zu abnehmender Motivation, für den anderen "immer da zu sein". Nach einiger Zeit reagieren die Partner dann verärgert: das komplementäre Verhalten kippt um in ein aggressives und ablehnendes Verhalten. *Langfristig* hat das Verhalten auf der Spielebene daher negative Konsequenzen.

Außerdem kann dem Partner nach einiger Zeit auch dämmern, daß ein "Spiel" läuft: der Partner hat den Verdacht, daß die Symptome "nicht echt" sind, daß er manipuliert und ausgenutzt wird, daß es der Person um etwas anderes geht usw. Dieser Verdacht verstärkt in der Regel das Gefühl von Frustration und damit das aggressive Handeln noch: der Partner hat nach einiger Zeit "die Schnauze voll".

2.8.7 Selbststabilisierendes System

Diese Konsequenzen sind sehr wesentlich, wenn man verstehen will, wie das System aufrechterhalten wird.

Zum einen folgen die aversiven, negativen Konsequenzen immer erst langfristig auf die positiven. Das System wird immer *erst* bekräftigt und *dann* bestraft. Verhaltenstheoretisch sollte aus einer solchen Abfolge eine hohe Löschungsresistenz des Verhaltens folgen (vgl. Fliegel et al., 1981; Kaufer u. Phillips, 1975; Ehlers, 1996).

Die positiven Folgen, die zunächst eintreten, bekräftigen die Person auch in zweifacher Hinsicht. Sie zeigen, daß das Handeln effektiv ist: Es ist offenbar sinnvoll und zielführend, sich in dieser (manipulativen) Weise zu verhalten; die Person erreicht dadurch ihre interaktionellen Ziele. Dies stärkt die Erfolgserwartung und, durch Versuch und Irrtum, verbessert es auch die Handlungskompetenz.

Es bestätigt implizit aber auch die Grundannahmen: Die Person nimmt ja an, daß authentisches Verhalten sinnlos ist oder aversive Folgen hat und macht nun die Erfahrung, daß manipulatives Verhalten zielführend ist. Dadurch werden die Grundannahmen aus der Sicht der Person verifiziert: man muß sich eben so verhalten, dann bekommt man, was man will (wenn auch nicht, was man braucht, s.o.).

Leider hat im Verarbeitungssystem der Person die langfristig negative Konsequenz *keine* Revision des Handelns zu Folge.

Denn daß der Partner sich nun anders verhält als vorher, kann ja nur am Partner liegen: Man selbst hat sich ja nicht anders verhalten als bisher. Die Person hat wenig Möglichkeiten zu erkennen, daß sie ein Teil des Problems ist: Die Situation legt eine externale Attribution des Problems ebenso nahe wie die Tatsache, daß die Person von ihren Zielen und Strategien nur eine allenfalls vage Repräsentation hat. Auf diese Weise sieht die Person sich nicht als Agenten des Problems, sondern als *Opfer*: Mein Partner war bisher so freundlich und nett, plötzlich und ohne erkennbaren Grund wird er feindselig.

Durch diese Attribution kann eine Revision des Systems *nicht* stattfinden, im Gegenteil: Das Scheitern der Beziehung wird als Bestätigung der Grundannahmen gesehen, das plötzlich aggressive Verhalten des Partners zeigt,
• daß Beziehungen nicht verläßlich sind;
• daß man nicht als Person gemocht wird;
• daß man Beziehungen kontrollieren muß; usw.
Damit wird deutlich: Ist das System erst einmal etabliert, bestätigt es sich selbst, es hält sich selbst aufrecht. Damit ist aber mit einer "Spontanremission" kaum zu rechnen, sondern mit einer großen Zeitstabilität und großen Änderungsresistenz.

2.8.8 *"Übertragung": Die Anwendung des Schemas auf Interaktionspartner*

Wenn man annimmt, daß eine Person interaktionelle Ziele und Strategien auf der Spielebene entwickelt hat und wenn man darüber hinaus annimmt, daß diese Strategien schematischen Charakter haben und ihre Grundlage im Selbstwert, dann folgt daraus, daß sie auf beliebige "passende" Interaktionspartner angewandt werden können und angewandt werden. Diese Ziele und Strategien sind ja nicht an bestimmte Personen gebunden, sondern werden auf *alle* Interaktionspartner angewandt, insbesondere auf solche, die nach Einschätzung der Person in hohem Maße komplementäres Handeln erwarten lassen.

Damit ist aber auch klar, daß das Spielhandeln auch auf den Therapeuten in der Therapiesituation angewandt wird: Der Therapeut ist ein Interaktionspartner, ein besonders wichtiger sogar (von dem man sich besondere Bestätigung u.a. erhoffen kann) und es ist ein Interaktionspartner, der sich schon aus professionellen Gründen empathisch (und das heißt in der Logik des Klienten: komplementär) verhalten muß.

Damit muß man annehmen: *Weist ein Klient eine Spielebene auf, dann besteht eine extrem hohe Wahrscheinlichkeit, daß dieses Handeln auch dem Therapeuten gegenüber realisiert wird.* Und es besteht eine sehr hohe Wahrscheinlichkeit dafür, daß dieses Handeln sehr schnell, wahrscheinlich sogar von Anfang des Kontaktes an, realisiert wird. Da der Klient die relevanten biographischen Schemata auch in der Therapiesituation anwendet, kann man im Sinne von Grawe et. al. (1994) von "Übertragung" sprechen, womit die Anwendung biographisch erworbener Schemata auf "prototypische Interaktionspartner" gemeint sein soll (und nicht mehr!).

Damit aber wird die therapeutische Situation im Hinblick auf Spielhandlungen des Klienten *zu einer sehr wesentlichen diagnostischen Situation*: Gibt es eine Spielstruktur, dann wird sie auch in der Therapie sichtbar und damit analysierbar und dies wahrscheinlich gleich von Anfang an.

2.8.9 Alle Ebenen sind wesentlich

Im Modell wird davon ausgegangen, daß eine Person mit sog. Persönlichkeitsstörungen alle drei der genannten Ebenen aufweist:
* es gibt (nach wie vor) wesentliche interaktionelle Bedürfnisse und Ziele und es gibt auch (mehr oder weniger) authentisches Handeln;
* es gibt Annahmen über das Selbst und/oder über die Effekte interaktioneller Handlungen;
* und es gibt eine Ebene intransparenter Interaktion, eine Ebene der Interaktionsspiele.
Alle drei Ebenen müssen im Therapieprozeß berücksichtigt, analysiert und verstanden werden. Und alle drei Ebenen müssen durch therapeutische Strategien bearbeitet werden.

2.8.10 Ausprägung der Interaktionsstörung

Die relative Ausprägung der drei Ebenen kann sehr unterschiedlich sein (danach richtet sich auch das therapeutische Vorgehen).

Es wird hier angenommen, daß die relative Ausprägung von Motiv- und Spielebene die Stärke oder Ausprägung der Beziehungsstörung (der sog. Persönlichkeitsstörung) bedingt: je stärker die Motivebene im Vergleich zur Spielebene ausgeprägt ist, desto leichter ist die Störung; je stärker die Spielebene im Vergleich zur Motivebene ausgeprägt ist, desto schwerer ist die Störung.

Eine Person mit eher leichter Beziehungsstörung hat nur eine geringe Ausprägung der Spielebene. Man kann sogar annehmen, daß alle Personen in leichter Ausprägung "Spiele" spielen, also in bestimmten Situationen gegenüber bestimmten Partnern gelegentlich manipulatives Verhalten zeigen (Kuhl u. Kazén, 1996, würden hier von "Persönlichkeitsstil" und nicht von "Persönlichkeitsstörung" sprechen). Solange sie das flexibel tun, solange sie sich ausreichend authentisch verhalten können und so lange sie Beziehungen reziprok gestalten können, ist das wohl kein übermäßiges Problem. Wenn ich gelegentlich ein interaktionelles Ziel auf intransparente Weise verfolge, ist dies so lange kein ernsthaftes Beziehungsproblem, solange mein Partner mich auch gelegentlich manipulieren darf und solange wir im wesentlichen eine authentische Beziehung haben. Ein gewisser Anteil von Spielhandlungen ist für die Beziehung wohl nicht "toxisch". Wahrscheinlich muß man den flexiblen Einsatz manipulativen Verhaltens sogar unter dem Bereich sozialer Kompetenz abbuchen. Auch in der Therapie ist daher ein gelegentliches und vorübergehendes Auftreten von Spielinteraktionen noch kein Zeichen dafür, daß man dafür besondere therapeutische Interventionen benötigt, oder daß man die therapeutische Arbeit auf der Beziehungsebene ansiedeln muß.

Damit muß es den auch kein therapeutisches Ziel sein, einem Klienten die Spielebene komplett zu "nehmen": Vielmehr kann die Therapie darin bestehen, die Motivebene zu stärken, dem Klienten seine Spiele transparent zu machen und ihm so zu ermöglichen, selbst (-regulativ) über sein Handeln zu bestimmen, statt sein Handeln durch automatisierte Schemata bestimmen zu lassen.

Wenn eine Person sich jedoch überwiegend oder ausschließlich in manipulativer Weise verhält, dann liegt eine deutliche Beziehungsstörung vor (wie auch Selbstwertproblematik, s.o.): Die Person kann sich nicht mehr in ausreichendem Maße authentisch verhalten. Sie kann eine Beziehung zu einem Partner nicht mehr reziprok gestalten, der Partner wird nach einiger Zeit nicht mehr motiviert sein, sich komplementär zu verhalten usw.

Auch in der Therapie wird die Person überwiegend auf der Spielebene handeln: Damit entsteht ein Problem auf Beziehungsebene, das auf Beziehungsebene angegangen werden muß. Aber selbst dann, wenn ein Klient überwiegend auf der Spielebene handelt, werden seine grundlegenden Bedürfnisse der Motivebene weiterhin vorhanden sein; und sie werden im Therapieprozeß erkennbar sein und können therapeutisch genutzt werden. Und diese Nutzung der Motivebene ist von sehr großer Bedeutung, auch bei Klienten, die sich fast ausschließlich intransparent und manipulativ verhalten.

2.8.11 Komplementarität

Die Tatsache, daß in dem vorliegenden Modell zwei Ebenen der Handlungsregulation unterschieden werden, macht es auch notwendig, zwei Ebenen von komplementärem Verhalten zu unterscheiden. Auf diese, bei der Konzeption therapeutischer Maßnahmen sehr wichtige Unterscheidung soll hier bereits hingewiesen werden.

Wenn ein Interaktionspartner sich einer Person gegenüber komplementär verhält, dann bedeutet dies, daß er sich bezüglich ihrer interaktionellen Ziele befriedigend verhält: Er verhält sich so, daß die Person (zumindest) *ein* interaktionelles Ziel in der Beziehung erreichen kann. Damit verhält sich der Interaktionspartner "bedürfnisbefriedigend" und bestätigend.

Wenn man betrachtet, daß es auf der Motivebene und auf der Spielebene unterschiedliche interaktionelle Ziele gibt, die unterschiedliche Bedeutungen und Funktionen haben, dann kann und muß man zwei Arten von Komplementarität unterscheiden:

- Komplementäres Handeln zur Motivebene;
- Komplementäres Handeln zur Spielebene.

Komplementäres Handeln zur Motivebene realisiert ein Interaktionspartner z.B. dann, wenn er die Person als Person akzeptiert und wertschätzt: Dies befriedigt das grundlegende Bedürfnis der Person, akzeptiert zu werden. Komplementär zur Spielebene verhält sich ein Interaktionspartner z.B. dann, wenn er für die Person Verantwortung übernimmt, weil diese angeblich zu schwach ist, Entscheidungen für sich selbst zu treffen.

Komplementäres Verhalten zur Motivebene befriedigt ein grundlegendes interaktionelles Bedürfnis der Person: das Bedürfnis, akzeptiert zu werden, das Bedürfnis, in der eigenen Autonomie anerkannt zu werden o.ä.. Die Person, die ein derartiges Bedürfnis hat, fühlt sich durch das komplementäre Verhalten des Interaktionspartners grundsätzlich "richtig behandelt", bestätigt und damit in der Beziehung aufgehoben. Das gleiche gilt, wenn es sich um hierarchisch niedrigere, jedoch authentische interaktionelle Ziele auf der Motivebene handelt, z.B. das Ziel, vom Interaktionspartner ernst genommen zu werden. Die Person hat bei diesem komplementärem Verhalten des Interaktionspartners den Eindruck

- daß der Partner sich auf sie einstellt;
- daß dem Partner die Beziehung wichtig ist;
- daß sie nicht um die Erfüllung wichtiger Ziele "kämpfen" muß;
- daß sie akzeptiert wird, wie sie ist u.ä.

Komplementäres Verhalten auf der Motivebene hat daher immer eine Verbesserung der Beziehung zu Folge. Und im Therapieprozeß hat eine Verbesserung der therapeutischen Beziehung eine Reihe weiterer, sehr wichtiger Konsequenzen:

- der Klient gewinnt Vertrauen zum Therapeuten;
- dem Klienten wird es erleichtert, sich zu öffnen und unangenehme Inhalte zur Sprache zu bringen;
- der Klient muß sich nicht mehr um den Therapeuten kümmern, sondern kann sich auf sich selbst konzentrieren.

Gerade der letzte Aspekt ist von besonderer therapeutischer Bedeutung: Eine gute, vertrauensvolle therapeutische Beziehung, in der der Klient sich angenommen fühlt, ist die Voraussetzung dafür, daß die Therapeut-Klient-Beziehung aus dem Focus der therapeutischen Arbeit *verschwinden* kann (vgl. Sachse, 1986b; 1987). Nur wenn die Therapeut-Klient-Beziehung in Ordnung ist, muß sich der Klient nicht mehr um diese Beziehung kümmern: Der Klient kann sich dann um sich selbst und seine Klärung oder Bewältigungsprozesse usw. kümmern. Daher muß man auch davon ausgehen, daß eine konstruktive Arbeit auf Inhaltsebene (z.B. im Sinne von Explizierungsprozessen, Focusing usw.) *nur* dann möglich ist, wenn die Therapeut-Klient-Beziehung gut ist und das heißt, wenn sie *nicht* mehr im Fokus des therapeutischen Geschehens steht (vgl. Sachse et al., 1992). Die Therapeut-Klient-Beziehung muß als eine Art "Hintergrundvariable" oder als ein tragendes Fundament vorhanden sein, um inhaltlich arbeiten zu können, muß jedoch die "Therapeut-Klient-Beziehung" den Arbeitsfocus der Therapie räumen und anderen relevanten Themen und Bearbeitungen Platz machen. Daher muß man auch annehmen, daß bei Arbeit auf der Inhaltsebene Prozesse, die in der Psychoanalyse als "Übertragung" bezeichnet werden, gerade *keine* Rolle spielen: Es ist völlig unsinnig und kontraindiziert, einer inhaltlichen Klärungsarbeit ein Übertragungskonzept zu unterlegen. Eine genaue Analyse zeigt, daß inhaltliche Klärungsarbeit und Arbeit an Übertragung sich vielmehr gegenseitig ausschließen: Im ersten Fall *darf* die Therapeut-Klient-Beziehung thematisch gar keine Rolle spielen, im zweiten Fall ist sie thematisch zentral!

Völlig anders verhält es sich mit *komplementärem Verhalten auf der Spielebene*. Dabei geht ein Interaktionspartner nicht nur auf die "Ersatzziele" der Person ein, sondern er geht auch auf das nicht authentische, manipulative Handeln der Person ein. Wenn eine Person z.B. sagt, sie sei zu hilflos, um für sich selbst zu sorgen und der Partner möge doch Verantwortung übernehmen, dann läßt sich der Partner in dem Augenblick manipulieren, in dem er die Verantwortung für die Person übernimmt. *Damit wird der Partner aber zu einem Teil des Spiels*: Der Partner wird in das Spiel integriert, er nimmt der Person Verantwortung ab und *stabilisiert so das System*.

Komplementarität auf der Spielebene bedeutet daher immer, daß der Partner in das manipulative System der Person eingebunden wird: Er wird für die interaktionellen (Ersatz-) Ziele funktionalisiert. In dem Maße, in dem er sich funktionalisieren läßt, *stützt* er jedoch das System der Person: Er trägt dazu bei, daß das manipulative Verhalten funktioniert, er bekräftigt die Person in ihrem dysfunktionalen Handeln und stabilisiert so daß pathologische System.

Außerdem tut er auch nichts, was die Beziehung tatsächlich oder authentisch verbessern würde: Er zeigt der Person ja keine Wertschätzung, Anerkennung o.ä., er übernimmt lediglich die ihm zugeschriebene Verantwortung. Der Partner verbessert durch die Art des komplementären Handelns die Beziehung *nicht*, die Person fühlt sich *nicht* stärker angenommen und ist daher *nicht* veranlaßt, die Beziehung als tragfähige Grundlage in den Hintergrund treten zu lassen, im Gegenteil: *Da der Partner in das Beziehungsspiel verwickelt ist, bleibt Beziehung implizit Thema der Interaktion.*

Das komplementäre Handeln hat hier die Bedingungen keineswegs verbessert, ganz im Gegenteil: Der Partner hat das pathologische System der Person bekräftigt und stabilisiert und ist nun selbst in das Beziehungsspiel verstrickt; die Situation ist deutlich *schlimmer* als vorher!

Die grundlegende Schlußfolgerung daraus ist:

• Komplementäres Handeln zur Motivebene verbessert die Beziehung und führt zu konstruktiven Effekten.

• Komplementäres Handeln zur Spielebene verbessert die Beziehung nicht und führt zu destruktiven Effekten.

Daher gilt: *Ein Therapeut sollte sich nicht zur Spielebene komplementär verhalten!*

3. Images und Appelle: Die Verfolgung interaktioneller Ziele auf der Spielebene

3.1 Einleitung

Auf der Spielebene geht es darum, daß die Person einen Interaktionspartner dazu veranlaßt, etwas Bestimmtes zu tun, das ihren interaktionellen (Ersatz-) Zielen entspricht, und zwar so, daß der Partner möglichst nicht erkennt, worum es "eigentlich" geht. Um dies zu erreichen, verwenden Personen unter anderem zwei Vorgehensweisen, die hier als *Images* und *Appelle* bezeichnet werden sollen.

3.2 Images

Damit Interaktionspartner etwas für die Person tun, was eigentlich gar nicht ihren eigenen Interessen entspricht, ja möglicherweise sogar ihren eigenen Interessen widerspricht, müssen sie von der Person vorbereitet werden: Der Partner muß in einen Zustand versetzt werden, in dem er bereit ist, den interaktionellen Zielen der Person zu dienen. Eine solche Vorbereitung wird durch die Vermittlung sog. "Images" geleistet. Ein Image ist etwas, was die Person im Interaktionspartner entstehen läßt, aufbauen will: Der Interaktionspartner soll sich ein ganz bestimmtes Bild von der Person machen. Dieses Bild soll nur ganz bestimmte Komponenten enthalten und es soll ganz bestimmte Komponenten nicht enthalten: Der Partner soll also ganz bestimmte Glaubens- oder Überzeugungssysteme ausbilden.

So kann die Person z.B. das Image vermitteln: "Ich bin schwach und hilflos". Dieses Image ist eine gute Vorbereitung dafür, wenn die Person möchte, daß der Partner Verantwortung übernimmt; denn für jemanden, der schwach und hilflos ist muß eine verantwortungsbewußte, hilfsbereite (!) Person Verantwortung übernehmen! So kann eine Person sich also darum bemühen, daß der Partner die Überzeugung entwickelt, die Person

- komme allein nicht klar;
- wisse sich selbst nicht mehr zu helfen;

- leide jedoch unter dem augenblicklichen Zustand;
  - so daß dieser dringend verändert werden muß;
  - jedoch von ihr selbst nicht verändert werden kann.
  Um dieses Überzeugungssystem im Partner aufzubauen, gibt die Person dem Partner systematisch Information, die entsprechende Schlußfolgerungen nahelegt, ja geradezu erzwingt:
  - Sie stellt ausführlich Situationen dar, in denen sie hilflos ist, die sie nicht bewältigen kann;
  - Sie stellt dabei ausführlich ihre eigene Hilflosigkeit dar: ihre gescheiterten Versuche, die Situation zu bewältigen, ihre Ängste, ihr Gefühl, paralysiert zu sein, ihre Einsamkeit usw.;
  - Sie stellt ausführlich dar, wie unerträglich der Zustand für sie ist: wie stark sie leidet, daß "es immer schlimmer wird" usw.;
  - Sie stellt ausführlich dar, wie wichtig es ist, daß der Zustand sich ändert, und zwar schnell;
  - und sie stellt dar, daß sie selbst keinen Ausweg weiß.

Um das Image nicht zu verwässern, gibt die Person jedoch Information in *sehr selektiver* Weise: Alle Erfahrungen mit eigener Kompetenz, alle Situationen, in denen sie gut klargekommen ist, alle konstruktiven Lösungsansätze usw. werden *nicht* mitgeteilt oder zumindest in ihrer Bedeutung stark relativiert. Im Image des Partners soll ja gerade nichts vorkommen, das die Person als stark, kompetent, autonom u.ä. erscheinen lassen könnte.

Images werden meist nicht nur über Text vermittelt: Das Image wird nicht nur dadurch aufgebaut, *was* der Klient sagt, sondern auch dadurch, *wie* er es sagt. Die gesamte Darstellungsform, die Art der Gesten, der Mimik, der Betonung, der Pausen usw. unterstreicht das jeweils an den Partner transportierte Image. Eine Person, die das Image "ich bin hilflos" transportiert, gibt sich dem Therapeuten auch nicht stark, gefaßt, kraftvoll, sondern sie

- spricht mit gebrochener, weinerlicher Stimme;
- unterbricht ihre Aussage durch Pausen, in denen sie deutlich um Fassung ringt;
- sitzt vorgebeugt, die Stirn in die Hand gestützt usw. (Durch diese Darstellung könnte hier leicht der Eindruck entstehen, daß hier angenommen wird, die Person agiere so in ganz bewußter, intentionaler Weise, im Sinne einer gut überlegten Strategie: Diese Annahme wird hier *nicht* gemacht. Das Verhalten der Person wird vielmehr als automatisiert, als der Person selbst schlecht repräsentiert angenommen. Und es wird davon ausgegangen, daß die Person selbst glaubt, "Opfer" zu sein: der Person selbst sind ihre Annahmen, Ziele und Handlungsweisen plausibel und stimmig. Daher ist das Verhalten der Person in Einklang mit ihren Überzeugungen, sie spielt dem Therapeuten keineswegs etwas vor, was sie nicht selbst auch glaubt).

Eine Person dagegen, die das Image vermitteln möchte "ich bin kompetent und komme mit allem klar", wird eher

- mit kraftvoller Stimme sprechen,
- den Partner unverwandt ansehen,
- raumfordernde Gesten realisieren, die die kraftstrotzende Stärke illustrieren usw.

Die Vermittlung eines Images ist daher nicht nur eine Frage der Produktion der richtigen Texte; die Vermittlung eines Images ist eher ein Gesamtkunstwerk, bei dem verbale, paraverbale und nonverbale Ausdruckskomponenten eingesetzt werden, um die jeweils fokale Bedeutung zu illustrieren und zu unterstreichen.

Wenn eine Person ein Image vermitteln möchte, dann möchte sie, daß der Interaktionspartner genau dieses *übernimmt*: Sie möchte, daß das Bild der Person beim Partner genau so entsteht, wie die Person es vermittelt. Und sie möchte, daß der Partner dieses Bild akzeptiert, also genauso "kauft", wie die Person es vermittelt. Sie möchte dagegen *keinesfalls*, daß der Partner dieses Bild in irgendeiner Weise anzweifelt oder hinterfragt; denn das würde die Erreichung ihrer interaktionellen Ziele deutlich gefährden. Daher vermittelt die Person das Image auch in ganz bestimmter Weise:

- sie macht deutlich, daß das was sie sagt, *"die Realität"* ist und keineswegs "nur" eine subjektive Sichtweise. Wenn die Person sagt, sie sei hilflos, dann *ist* sie hilflos und sie hat keineswegs "nur" die Einschätzung, hilflos zu sein;
- sie macht oft auch deutlich, daß ihre Aussagen völlig objektiv sind und nicht "nur" subjektive Sichtweisen. Sie versucht dies z.B. dadurch, daß sie "Zeugen" heranzieht, die die Sichtweise bestätigen: "Meine Frau sieht das genauso". Die Logik der Argumentation ist: "Wenn andere das bestätigen, dann ist meine Aussage objektiv und keineswegs "nur" mein Eindruck;"
- sie macht oft auch deutlich, daß sie vom Interaktionspartner *erwartet*, daß dieser das Image akzeptiert. Sie macht das z.B. deutlich durch Fragen wie "Das sehen Sie doch auch so", oder durch Einbezug des Partners als Experten: "Sie als Experte können das doch sicher bestätigen?";
- damit ist manchmal auch implizit eine interaktionelle Drohung verbunden, derart: "Wenn Sie das nicht bestätigen, dann muß ich ernsthaft fragen, ob sie überhaupt ein Experte sind!"

Das bedeutet: Ein Image wird von der Person *so* vorgetragen, daß es vom Interaktionspartner mit hoher Wahrscheinlichkeit übernommen wird. Dazu

- wird der Text sehr *konsistent* auf das Image zugeschnitten
- wird die Information *selektiv* gegeben: Inkonsistente Information wird ausgeblendet;
- wird die Information stark *zugespitzt*, auf die Übermittlung *bestimmter* Information konzentriert;
- paraverbale und nonverbale Darstellungen *unterstreichen* das Image;
- wird an den Partner implizit oder explizit die Erwartung herangetragen, das Image zu übernehmen;
- wird sogar Druck auf den Partner ausgeübt, das Image zu übernehmen.

Im Therapieprozeß kommen alle diese Aspekte vor: Auch der Therapeut bekommt ein Image auf diese Weise "vorgesetzt". Dabei wird noch ein weiterer Aspekt deutlich: Ein Klient, der darauf konzentriert ist, dem Therapeuten ein Image zu vermitteln, *ist auf den Therapeuten konzentriert und nicht auf sich*. Dem Klienten geht es dabei intentional nicht darum, eigene Anteile zu klären oder an Fragestellungen zu arbeiten; es geht dem Klienten vielmehr zentral darum, *dem Therapeuten* etwas zu vermitteln. Während der Vermittlung eines Images (das gleiche gilt auch für den Transport von Appellen!)

- nimmt der Klient keine internale Perspektive ein;
- arbeitet der Klient nicht an inhaltlicher Klärung, hat daher *keinen* Arbeitsauftrag;

- arbeitet der Klient nicht an einer Fragestellung;
- und zeigt der Klient auch keine Explizierung/Klärung eigener Gefühle oder Schemata.

Das bedeutet: *Ein Klient, der ein Image vermittelt, kann nicht gleichzeitig konstruktiv klärend arbeiten!*

Er ist vielmehr mit seiner Aufmerksamkeit nach außen, auf den Therapeuten gerichtet (manchmal auch auf den Kassettenrecorder oder die Videokamera!) und ist darauf fokalisiert,

- das Image richtig zu transportieren und
- die Aufnahme/Akzeptanz des Images durch den Therapeuten zu überwachen.

Der Klient muß sich einmal darauf konzentrieren, das Image richtig darzustellen: er darf keine inkonsistente Information geben, sich nicht in Widersprüche verwickeln, er muß die Darstellung mit dem Text abstimmen usw. Diese Aktion wird wahrscheinlich schon einen Teil der verfügbaren kognitiven Ressourcen verbrauchen.

Der Klient muß aber darüber hinaus auch prüfen, ob und wie das Image beim Therapeuten ankommt; denn die interaktionellen Ziele lassen sich nur dann erreichen, wenn der Therapeut das Image übernimmt. Der Klient muß daher die Übernahme des Images sicherstellen: Er muß überwachen, wie der Therapeut die Information aufnimmt, ob er sie akzeptiert oder in Frage stellt, ob dem Therapeuten etwas unplausibel vorkommt usw. Abhängig von dieser Einschätzung der Image-Übernahme muß der Klient dann u.U. mehr Informationen geben, andere Information nachliefern, die Dramatik der Darstellung erhöhen, mehr Druck auf den Therapeuten ausüben usw. Diese Überwachungs- und Regulationsfunktion ist bei der Vermittlung des Images sehr wesentlich: denn nur so kann der Erfolg der Aktion sichergestellt werden.

3.3 Appelle

3.3.1 Der Interaktionspartner soll handeln

Der Transport von Images ist für die Erreichung interaktioneller Ziele noch nicht ausreichend; denn der Interaktionspartner soll ja nicht nur etwas glauben, er soll etwas tun (oder nicht tun). Der Transport von Images ist daher eine *Vorbereitung* für den Transport von Appellen: Der Interaktionspartner soll eine bestimmte Überzeugung über die Person entwickeln und dann auf der Grundlage dieser Überzeugung in bestimmter Weise handeln.

Bei Appellen kann man unterscheiden zwischen

- der Art, wie der Appell *transportiert* wird und
- der Art *des Appells selbst*, also dem, was der Partner tun soll.

3.3.2 Transport von Appellen

Ein Appell kann eher *implizit* transportiert werden, also so, daß der Partner sich zwar angesprochen fühlen kann, sich aber nicht angesprochen fühlen muß. Er kann aber auch direkt und *explizit* transportiert werden, so daß klar ist, daß der Partner gemeint ist, oder er kann mit Druck bis hin zu Erpressung transportiert werden (vgl. Schulz von Thun, 1983).

Ein *impliziter Appell* ist so formuliert, daß es nicht eindeutig ist, ob der Partner nun gemeint ist oder nicht. Eine Person kann z.B. einen impliziten Appell realisieren, indem sie eine allgemeine Aussage macht, z.B.: "Ich brauche dringend Unterstützung". Der Partner kann sich hier angesprochen fühlen, in dem er den Satz interpretiert als "die Person braucht dringend Unterstützung von mir". Der Partner kann aber den Appell auch prinzipiell überhören, in dem er die Aussage nur als Information und nicht als Aufforderung wahrnimmt: "Die Person braucht Hilfe" (vgl. auch die Ausführungen von Herrmann (1982) zu unterschiedlichen "Aufforderungsvarianten").

Indirekte Appelle haben Vor- und Nachteile. Der Nachteil liegt darin, daß der Partner sie, wenn er will, ignorieren kann: Diese Appelle haben wenig Durchschlagskraft. Der Vorteil liegt darin, daß die Partner, wenn sie den Appell aufnehmen, die Illusion der freien Entscheidung aufrechterhalten können: "Ich mußte der Person ja nicht helfen, ich habe es aus freien Stücken getan". Dies ist natürlich sehr vorteilhaft für die Beziehung, denn der Partner hat gar nicht den Eindruck, manipuliert worden zu sein. Er kann so nicht verärgert reagieren und hat sogar noch den Eindruck, etwas besonders Edles getan zu haben. Dies ist zweifellos die hohe Kunst der Manipulation: den Partner für eigene Ziele einzuspannen, aber ihm die Illusion zu vermitteln, alles freiwillig zu tun und auch noch ein besonders gutes Werk zu tun.

Ein weiterer Vorteil des impliziten Appells liegt darin, daß die Person sich eine Rückzugsmöglichkeit offenhält. Sollte der Partner nämlich die Manipulation wittern und darauf verärgert reagieren, kann man alles als bedauerliches Mißverständnis (oder sogar als böswillige Unterstellung, ganz wie man will) hinstellen. Sagt der Partner nämlich: "Was verlangst Du von mir!? Soll ich etwa die Verantwortung übernehmen?", dann kann man sagen "Davon habe ich doch gar nichts gesagt! Ich habe doch gar nichts von Dir verlangt!" Stimmt, gesagt hat man es nicht, nur *gemeint*; aber darauf kann man nicht festgelegt werden (vgl. Hörmann, 1976; Herrmann 1982; Herrmann u. Grabowski, 1994).

Explizite Appelle sind solche, bei denen die Person deutlich macht,
- daß der Partner gemeint ist;
- daß der Partner etwas tun soll;
- was der Partner tun soll.

So kann die Person z.B. sagen
- "Ich brauche dringend einen Rat von Ihnen".
- "Bitte reden Sie mal mit meiner Frau; auf mich hört sie nicht mehr", o.ä.

Der Vorteil expliziter Appelle ist der, daß die Anforderungen klar sind: Es kann hinterher niemand sagen, er sei nicht gemeint gewesen. Explizite Appelle üben daher deutlich höheren Druck auf Partner aus als implizite Appelle. Sie sind jedoch auch gefährlicher;

denn nun kann der Partner sich direkt darauf beziehen, falls er nicht geneigt ist, sich einspannen zu lassen: The partner may strike back.

Reicht eine direkte Formulierung eines Appells nicht aus, um den Partner dazu zu bewegen, sich zielkonform zu verhalten, dann kann die Person *Druck* ausüben: man kann an die Verantwortung des Partners appellieren; man kann dem Partner ein schlechtes Gewissen machen; man kann ein Nicht-Reagieren als moralisch verwerflich hinstellen usw.

So kann die Person z.B. sagen
• "Wenn Sie mir nicht helfen, bin ich verloren"
• "Mich einfach so hängen zu lassen, ist unverantwortlich"
• "Es ist ihre Aufgabe als Therapeut, mich zu unterstützen".
  usw.

Hier versucht die Person nun, den Partner *offen und direkt zu kontrollieren*: Die Manipulation ist nun wenig subtil und damit gut als solche zu erkennen; sie ist jedoch, da der Druck steigt, trotzdem nicht leicht zurückzuweisen. Während die impliziten Appelle ihre Wirkung im wesentlichen dadurch entfalten, daß die Partner in das Spiel verwickelt werden, weil sie nicht merken, was tatsächlich läuft, wirken die Druck-Appelle dadurch, daß sie dem Partner ein Ausweichen unmöglich machen. Wenn der Partner nicht tut, was die Person will, dann ist er schlecht, unmoralisch, inkompetent u.ä.

Man kann somit sagen: *Subtile Appelle wirken durch Verlockung, Druck-Appelle wirken durch Abschreckung*.

Wenn der Druck dieser Art noch nicht ausreicht, kann die Person, sozusagen als letzte Eskalationsstufe, eine *Erpressung* einführen. Dies passiert in der Regel durch eine Selbstmorddrohung (wobei diese wiederum nur angedeutet sein kann oder massiv vorgetragen wird). Die Aussagen können dann lauten:
• "Wenn ich keine Hilfe bekomme, werde ich mich nur noch umbringen können".
• "Wenn ich im Stich gelassen werde, weiß ich nicht, was ich tue" o.ä.

Diese Form des Appells ist in der Regel sehr wirksam: Kaum ein Interaktionspartner will die Verantwortung dafür übernehmen, daß die Person sich umbringt.

3.3.3 Art der Appelle

Man kann grob zwei Arten von Appellen unterscheiden:
• Positive Appelle: Bei diesen sollen die Partner etwas tun;
• Negative Appelle: Bei diesen Appellen sollen die Partner etwas unterlassen.

3.3.3.1 Positive Appelle

Bei *positiven Appellen* sollen Interaktionspartner etwas tun, was den interaktionellen Zielen der Person dienlich ist. Hier gibt es sehr viele unterschiedliche Möglichkeiten. Der Partner soll z.B.
• die Sichtweise der Person bestätigen,
• der Person bestätigen, daß sie "normal" ist

- der Person bestätigen, daß sie ganz toll ist, ganz arm dran ist, hilflos ist usw.
- sich mit der Person gegen eine andere Person solidarisieren
- für die Person (rund um die Uhr) verfügbarer sein
- der Person Ratschläge geben
- für die Person Aufgaben übernehmen
- für die Person Verantwortung übernehmen
  usw.

Positive Appelle, die ein Klient in der Therapie dem Therapeuten gegenüber vorträgt betreffen in aller Regel Handlungen des Therapeuten, die

- den therapeutischen Rahmen überschreiten

oder

- die den therapeutischen Regeln entgegengesetzt sind.

Der Therapeut soll damit durch Appelle veranlaßt werden, sich entweder untherapeutisch oder antitherapeutisch zu verhalten.

Ein typischer Appell, der den therapeutischen Rahmen überschreitet, ist der Appell, "verfügbar" zu sein: Der Klient, der das Image aufgemacht hat, daß es ihm ganz schlecht geht und daß er sich nicht zu helfen weiß, möchte, daß der Therapeut ihm mehr entgegenbringt als nur eine Therapiestunde pro Woche.

Der Klient kann ausführen,

- daß er mehr Stunden pro Woche braucht, weil es ihm so schlecht geht,
- daß er längere Sitzungen braucht, weil er mit 50 Minuten nicht auskommt,
- daß er dringend die Möglichkeit braucht, den Therapeuten privat anzurufen, wenn es ihm mal ganz schlecht geht usw.

Der Therapeut soll hier die Funktion des Lebenshelfers, des Freundes o.ä. übernehmen; auf alle Fälle soll der Therapeut viel mehr tun, als nur eine therapeutische Rolle einzunehmen.

Ein typischer antitherapeutischer Appell ist der Appell, sich mit dem Klienten zu solidarisieren. Ein Klient, der das Image aufgemacht hat, daß er von seiner Frau schlecht behandelt wird, daß seine Frau an dem Problem schuld ist, daß er gar nichts dafür kann und ein Opfer der Partnerin ist, möchte, daß der Therapeut die Meinung des Klienten teilt: Der Therapeut soll bestätigen,

- daß die Frau schuld ist,
- daß der Klient unschuldig ist,
- daß die Frau unmöglich ist.
  usw.

Tut der Therapeut dies, dann verläßt er seine Rolle als Therapeut und nimmt die Rolle eines Freundes ein, der sich mit dem Klienten verbündet. Jedoch tut er noch mehr: Dadurch, daß er die Sichtweise des Klienten bestätigt, nimmt er sich die Möglichkeit, das Problem zu klären; er nimmt dem Klienten die Möglichkeit, seine eigenen Anteile an dem Problem zu klären; er bestätigt und stabilisiert das System des Klienten, er gibt dem Klienten Gelegenheit, sich für einen verschärften Ehekrieg zu munitionieren usw.

Kurz: Der Therapeut verhält sich, folgt er dem Appell des Klienten, *hochgradig antitherapeutisch.*

73

3.3.3.2 Negative Appelle

Bei *negativen Appellen* sollen die Interaktionspartner etwas *nicht* tun, das, wenn sie es täten, den interaktionellen Zielen der Person abträglich wäre. Auch dies spielt in der Therapie eine große Rolle. So versuchen Klienten z.B. den Therapeuten dazu zu veranlassen

• ihre Sichtweise nicht in Frage zu stellen,

• unangenehme Themen nicht zu berühren,

• keine vertiefenden Fragen zu stellen,

• auf Distanz zu bleiben,
usw.

Die Bedeutung negativer Appelle ist schwerer einzuschätzen als die positiver Appelle. Folgt der Therapeut einigen dieser Appelle, dann verhält er sich, ebenso wie bei positiven Appellen, eindeutig untherapeutisch oder antitherapeutisch. Dies tut er z.B. dann, wenn er sich dazu veranlassen läßt, dem Klienten keine Fragen mehr zu stellen, den Klienten zu schonen, Konstruktionen nicht mehr zu hinterfragen usw. All dies sollte ein Therapeut nicht tun: Er sollte vielmehr all diese Appelle aufdecken und transparent machen, ihnen jedoch nicht folgen (siehe Kapitel "Therapie").

Es gibt jedoch auch negative Appelle, die ein Therapeut *nicht ignorieren darf*: Signalisiert z.B. ein Klient mit einer sog. schizoiden Persönlichkeitsstörung, daß der Therapeut auf Distanz bleiben soll, dann ist dies ein Signal, das der Therapeut beachten muß. Stellt der Therapeut hier eine zu große Nähe her, dann kann das auf den Klienten bedrohlich wirken und so die Entwicklung einer Therapeut-Klient-Beziehung behindern. Natürlich kann der Therapeut auch diesen Appell transparent machen; anders als bei anderen Appellen, bei denen er sich nicht die Regeln der Therapie vorschreiben läßt, muß er jedoch auf diesen Appell eines solchen Klienten reagieren: Er muß die Distanz wahren, die der Klient als notwendig vorschreibt.

Daher sollte ein Therapeut bei Appellen negativer Art *immer* prüfen, ob sie auf eine "negative" Kontrolle zurückgehen, die typischerweise im Rahmen der sog. schizoiden, schizotypischen, passiv-aggressiven oder paranoiden Persönlichkeitsstörung auftritt. Ist dies der Fall, dann sollte der Therapeut diese Appelle sehr ernst nehmen, denn sie signalisieren Grenzen, die ein Interaktionspartner ohne Genehmigung des Klienten nicht überschreiten sollte.

Derartige Appelle sind z.B.,

• halte Distanz!

• überschreite auf keinen Fall meine Grenzen!

• respektiere mein Tempo!

• erweise Dich erst als vertrauenswürdig, bevor Du etwas von mir verlangst!

4. Definition von Spiel-Handeln

Nach den bisherigen Ausführungen soll nun genauer definiert werden, was unter einem Handeln auf der Spielebene verstanden werden soll, bzw. unter welchen Bedingungen man von "Spiel" sprechen kann.

Von einem Interaktionsspiel (oder kurz: Spiel) soll gesprochen werden, wenn folgende Komponenten vorliegen:

I. Interaktionelle Ziele

1. Die Person hat in einer Beziehung zu einem Interaktionspartner interaktionelle Ziele im Hinblick auf diesen Partner.

2. Sie möchte, daß dieser Partner etwas Bestimmtes glaubt oder nicht glaubt, etwas Bestimmtes tut oder nicht tut usw. was die Person betrifft (Images).

3. Sie führt in der Interaktion bestimmte Handlungen aus, die der Erreichung dieser interaktionellen Ziele (bzw. dieses Ziels) dienen: Diese Handlungen sollen beim Partner bestimmte Effekte erreichen, dieser soll sich in bestimmter Weise verhalten (Appelle).

II. Transparenz der interaktionellen Ziele

4. Die Person macht ihre interaktionellen Ziele dem Partner gegenüber nicht transparent.

5. Die Person realisiert im Gegenteil Handlungen und Strategien, die ihre Ziele tarnen, verschleiern, schwer erkennbar machen.

6. Die Person realisiert darüber hinaus Handlungen, die dem Partner nahelegen, andere als die tatsächlichen Ziele zu vermuten.

III. Manipulation des Partners

7. Dem Interaktionspartner werden die interaktionellen Ziele der Person nicht oder nicht ohne weiteres (ohne besondere Anstrengung, Beratung usw.) erkennbar und deutlich.

8. Er kann daher das Handeln der Person nicht valide beurteilen; diese schränkt seine Wahl- und Entscheidungsmöglichkeiten deutlich ein.

9. Der Partner wird damit manipuliert: er durchschaut nicht, was passiert, seine Entscheidungsfreiheit ist eingeschränkt, er wird zu Handlungen veranlaßt, ohne daß er Alternativen zu diesen erkennen kann usw.

IV. Kontrolle des Partners

10. Die Handlungen der Person haben einen zwingenden Charakter: Wenn der Partner nicht in vorgegebener Weise handelt, bekommt er ein schlechtes Gewissen, blamiert sich sozial, steht als verständnislos, wenig einfühlsam, rüde da usw.

11. Dies schränkt die Wahl- und Handlungsmöglichkeiten des Partners ebenfalls stark ein (vgl. Kapitel 8).

12. Der Partner wird damit in seinem Denken und Handeln kontrolliert.

V. Fehlende Reziprozität

13. Auf diese Weise muß der Partner in bestimmter Weise handeln. Er hat jedoch keine Möglichkeit, für das, was er tut, Ausgleich zu schaffen: Die Person erhält mehr Aufmerksamkeit und Zuwendung als der Partner; der Partner muß sich stärker bemühen als die Person.

14. Die Beziehung wird damit asymmetrisch und ist nicht mehr reziprok.

Definition

Nach dieser Bestimmung kann man ein Spiel folgendermaßen definieren: Bei einem Interaktionsspiel handelt es sich um eine intransparente, manipulative, kontrollierende und nichtreziproke Verfolgung interaktioneller Ziele in einer Beziehung.

5. Komplexe Spielstrukturen

5.1 Einleitung

In der Regel realisieren Personen weder im Alltag noch in der Therapie einzelne, isolierte Images und Appelle; sie realisieren vielmehr *komplexe Spielstrukturen* von Images und Appellen. Daher ist es zwar wesentlich, wenn ein Therapeut das *Vorhandensein* von Images und Appellen erkennt; denn dies weist auf das Vorliegen einer Spielebene hin. Es ist jedoch darüber hinaus hilfreich, nicht nur einzelne Images und Appelle zu verstehen, sondern auch die *Struktur* verschiedener, miteinander verbundener Images und Appelle zu analysieren. Therapeuten sollten daher nicht nur versuchen, die Elemente des Spiels zu verstehen, sondern darüber hinaus die *Spielstruktur*.

Spielstrukturen können bei verschiedenen Klienten sehr unterschiedlich komplex sein und sie können sehr unterschiedliche Inhalte betreffen. Um Therapeuten die Analyse zu erleichtern, sollen hier nun einige typische, im Therapieprozeß häufig vorkommende Spielstrukturen dargestellt werden. Die hier dargestellten Spielstrukturen oder "Spiel-Typen" sollen dabei nicht als distinkte Kategorien, sondern als Prototypen aufgefaßt werden. Sie sollen von Therapeuten im Sinne *heuristischer Modelle* verstanden werden: Ihre Funktion ist es, Therapeuten für das Vorliegen von Spielstrukturen zu sensibilisieren, die Analyse zu erleichtern und ein Begriffssystem für derartige Strukturen zu schaffen. Im Einzelfall muß für jeden Klienten ein individuelles Klientenmodell erarbeitet werden, das die jeweils vom Klienten realisierte Spielstruktur abbilden sollte (vgl. Becker u. Sachse, 1997). Dazu sollen die hier dargestellten Spieltypen eine Hilfestellung sein.

5.2 Spieltypen

Man kann bei der Analyse von komplexen Spieltypen grob zwischen Image-Spielen und Appell-Spielen unterscheiden. Image-Spiele dienen dazu, beim Therapeuten (aber nicht nur bei ihm, auch bei anderen Interaktionspartnern!) ein komplexes Überzeugungssystem über den Klienten entstehen zu lassen; dies immer als Vorbereitung für entsprechende Appelle. Appell-Spiele dienen dazu, auf der Basis von Images den Therapeuten (wie auch andere Personen!) zu komplexen Handlungen zu veranlassen.

5.3 Image-Spiele

Image-Spiele sind komplexe Handlungsmuster zur Erzeugung bestimmter Überzeugungen beim Interaktionspartner.

Exemplarisch behandelt werden hier die Spiele
- "Armes Schwein"
- "Heroisches armes Schwein"
- "Opfer der Umstände"
- "Opfer anderer Personen"
- "Märtyrer"
- "Immer-Ich"
- "Mords-Molly"
- "Regel-Setzer"

5.3.1 Armes Schwein

Das Image "Armes Schwein" beinhaltet, daß der Klient sich als besonders problembeladen, hilflos und gebeutelt darstellt. Es kann verschiedene Komponenten umfassen:
- Der Klient ist besonders arm dran: er hat besonders schwerwiegende Probleme, leidet mehr darunter als andere, hat besonders langandauernde Probleme usw.;
- Er ist selbst hilflos: Alle bisherigen Lösungsversuche sind gescheitert, u.U. auch schon Therapien; der Klient weiß keinen Rat mehr, er "hat schon alles probiert, aber nichts hat geholfen";
- Lösungsversuche verschlimmern eher den Zustand: Bisherige Versuche, das Problem zu lösen, haben Katastrophen ausgelöst; daher ist es besser, jetzt gar nichts mehr zu tun;
- er braucht dringend Hilfe von anderen, denn "es muß etwas geschehen"; aber andererseits kann er selbst nichts tun.

Diese Strategie spricht unmittelbar das Helfer-Syndrom des Interaktionspartners an: der Klient leidet, leidet schon lange und leidet intensiv. Es muß ihm geholfen werden und zwar dringend. Da er selbst hilflos ist, ist es verständlich, daß er selbst die Verantwortung für eine Veränderung nicht mehr übernehmen kann. Diese muß ein Experte übernehmen. Und dieser muß sich gehörig anstrengen; denn das Problem ist schwierig und schwerwiegend, es kann daher keinesfalls routinemäßig angegangen werden. Außerdem muß der Experte sehr sorgfältig sein; denn Lösungsversuche können das Problem verschlimmern und das darf tatsächlich nicht vorkommen. Außerdem muß der Therapeut sehr behutsam und schonend mit dem Klienten umgehen: denn dieser ist schon extrem belastet und labil; falsche Interventionen, zu hohe Anforderungen o.ä. könnten ihn vollends aus der Bahn werfen.

Damit stellt das "Arme-Schwein-Spiel" extreme Anforderungen an den Therapeuten, die eine "normale" Therapie praktisch unmöglich machen. Was bleibt, wenn der Therapeut sich darauf einläßt, ist ein bestätigender Schonraum, der dem Klienten letztendlich auch nicht recht ist, denn in diesem ändert sich ja nichts. Der Therapeut, der dieses Spiel nicht erkennt und auflöst, ist damit in einer Falle: Hält er sich an die Regeln des Klienten, dann ändert sich nichts, und das darf natürlich nicht sein; hält er sich nicht an die Regeln des Klienten, dann verschlimmert er den Zustand, und das darf auch nicht passieren. Der Therapeut sitzt in einem paradoxen Auftrag fest: Was immer er tut, es ist falsch.

Auf der Klientenseite ist auch interessant, daß dieses Spiel, wie andere Image-Spiele, einen stark lageorientierten Aspekt der "preoccupation", (vgl. Kuhl, 1994a, 1994b, 1994c) aufweist: Die Klienten beschäftigen sich ausgiebig und ausschließlich mit Mißerfolgen, negativen Selbstaspekten, eigener Hilflosigkeit usw. Sie beschäftigen sich dagegen überhaupt nicht damit, was sie tun oder ändern könnten. Das dürfen sie natürlich auch nicht, denn das würde ja dem angestrebten Image widersprechen. Auf diese Weise führt jedoch die interaktionelle Intention, schwach und hilflos zu erscheinen, auch zu einer Art von Problembearbeitung, die in der Tat schwach und hilflos macht.

Die Klienten "wälzen" sich in Problemen und ihrer Hilflosigkeit und können gar nicht mehr konstruktiv über Probleme nachdenken: Wer konsequent hilflos erscheinen will, macht sich letztlich hilflos. Nur sind hier keineswegs des Schicksals dunkle Mächte im Spiel, sondern der Klient produziert schlicht eine selbsterfüllende Prophezeiung.

Das "Arme-Schwein-Spiel" ist ein Jammer-Spiel: Man hat den Eindruck, die Klienten sitzen mit dem Hintern auf einem spitzen Stein, jammern darüber, daß es weh tut, nehmen jedoch ihren Hintern nicht hoch. Um zu jammern, bewegen sich viele der Klienten statt auf der Problemebene auf der Meta-Bewertungsebene: Sie betrachten nicht das Problem selbst oder seine Komponenten, sondern sie betrachten, wie schlimm es ist, "als Erwachsener noch so ein Problem zu haben". Die Meta-Ebene hat einige Vorteile:

- der Klient kann sich über das Problem beklagen;
- der Klient kann pausenlos auf das Vorliegen eines Problems hinweisen;
- er kann dies, ohne das Problem selbst anzuschauen oder sich zu stellen.

Der Klient, der diesem Spiel folgt, hat (wie bei anderen Image-Spielen auch)

- eine externale Perspektive: Er beschreibt die "furchtbare Situation". *Oder* er hat eine losgelöste Perspektive: er beschreibt sich als völlig passiv, als jemand, der Opfer des Elends ist,
- keinen erkennbaren Arbeitsauftrag: Er macht nicht deutlich, an welchem Problem mit welchem Ziel eigentlich gearbeitet werden soll,
- keine Fragestellung: er will nichts klären oder verstehen, vielmehr ist alles plausibel,
- eine Auffassung von seiner Situation als "Realität": Er *sieht* es nicht so, es *ist* so!

Auf diese Weise gelingt es dem Klienten, ein Problem gleichzeitig auf Distanz zu halten, von einer Bearbeitung abzuschotten *und* ständig auf das Problem hinzuweisen und somit deutlich zu machen, daß etwas getan werden muß: Das Ziel des Spiels kann auf diese Weise sehr gut realisiert werden.

5.3.2 Heroisches Armes Schwein

In dieser Spielvariante wird das Arme-Schwein-Spiel noch um eine Komponente bereichert. Der Klient macht nicht nur deutlich, daß er ganz besonders arm dran ist usw. Er macht außerdem noch deutlich, daß er mit seinem Leben bisher trotz der geballten Katastrophen fertig geworden ist: Er hat sich durchgeschlagen und behauptet, obwohl sein Zustand extrem desolat war. Dem Leben zäh standgehalten zu haben, verdient die Bezeichnung *"heroisch"*.

Dieses Spiel zielt damit nicht nur auf Verantwortungsübernahme und Schonung ab: Es zielt außerdem auf Bewunderung. Der Therapeut soll es toll finden, daß der Klient sich in einer solchen Lage, mit derartigen Handicaps noch hat behaupten können.

5.3.3 Opfer der Umstände

Das Spiel "Opfer der Umstände" zielt darauf, Verantwortung abzugeben. Der Klient macht deutlich, daß er für seine augenblicklichen Probleme, sein Handeln, seine "Persönlichkeit" nichts kann. Daß er so geworden ist oder daß der Zustand heute so ist, liegt an einer Kette unglücklicher Umstände; es liegt an seiner miserablen Biographie (und diese haben die Eltern zu verantworten); oder es liegt an der "Gesellschaft" usw.

Der Klient hatte, so macht er deutlich, nie eine wirkliche Wahl, hat nie eigene Entscheidungen treffen können, alles war zwangsläufig. Er selbst ist das Opfer, das Opfer seiner Eltern, der Zeit, der Konjunktur o.ä. Heute ist er nun in einer Situation die (ohne sein Verschulden) völlig verfahren ist: Er kann nichts mehr tun, "der Zug ist abgefahren".

Der Klient macht deutlich,
- daß diese Umstände sein Leben bestimmen;
- daß er für diese Umstände nichts kann;
- daß er diesen Umständen ausgeliefert ist und sie nicht beeinflussen kann;
- daß diese Umstände seine Probleme *zwangsläufig* bedingen;
- daß er selbst keine Wahl und keine Kontrolle hatte;
- daß er auch jetzt keine Kontrolle hat.

Der Sinn dieser Strategie liegt im wesentlichen in einer Exkulpierung: Der Therapeut soll diese Konstruktion bestätigen und den Klienten damit von jeder Verantwortung freisprechen.

Eine Sabotage der therapeutischen Arbeit wird von Spiel-Klienten oft mit einer milden Variante des Spiels "Opfer der Umstände" kombiniert. Macht ein Klient z.B. seine Hausaufgaben nicht, weil er gar nicht will, daß sich therapeutisch etwas tut, dann möchte er nicht, daß dies dem Therapeuten klar wird. Denn dann könnte der Therapeut anfangen, unangenehme Fragen zu stellen, könnte die Sabotage der Therapie zum

Thema der Therapie machen, könnte den Sinn der Therapie in Frage stellen. Daher sagt er nicht, warum er die Hausaufgaben nicht macht, sondern er sagt, daß er für das Nicht-Handeln nicht verantwortlich ist, daß leider "Umstände" ihn daran gehindert haben: beim ersten Mal war es der Besuch seiner Schwiegermutter, beim zweiten Mal hatte sich der Hund die Pfote verletzt, und er mußte ständig beim Tierarzt sitzen; beim dritten mal war er leider selbst noch krank usw.

Der Sinn dieser Strategie ist klar: der Klient kann die Therapie sabotieren, ohne dafür jedoch die Verantwortung zu übernehmen.

Auch ein Klient, der eine Frage des Therapeuten nicht beantworten will, ohne daß seine Verweigerung deutlich wird, kann dieses Spiel spielen: Er kann sagen "ich habe leider den Faden verloren" oder "ich weiß nicht". Ein Klient sagte mir mal: "Wissen sie, das ist gerade mein Problem: Jedesmal, wenn ich mir diese Frage stelle, tut sich ein schwarzes Loch auf und ich weiß gar nichts mehr": Astronomische Dimensionen in der Psychotherapie. Die Klienten erreichen damit, daß sie für ihr Vermeiden nicht verantwortlich gemacht werden können: Es liegt an ihrem schlechten Gedächtnis oder ist schlicht Folge "ihres Problems".

Resultierende Appelle dieses Spiels sind:

- Mach mich nicht verantwortlich!
- Stell keine Anforderungen!
- Zwing mich nicht, mich mit mir zu beschäftigen!
- Übernimm Du Verantwortung!
- Tu Du etwas für mich, denn ich kann es nicht!

An diesem Spiel zeigt sich sehr gut die zweischneidige Struktur der Spiele. Die Klienten, die dieses Spiel anwenden, haben damit kurzfristig deutlich Gewinne: Sie können es erreichen, nicht zur Verantwortung gezogen zu werden. Wer auf dieses Spiel hereinfällt, kann dem Klienten keinen Vorwurf machen: Aus dem Ankläger wird vielmehr jemand, der sogar noch Mitleid mit dem Klienten haben muß.

Langfristig hat dieses Spiel aber einen gravierenden, ja geradezu verheerenden Nachteil: *Eine Person, die keine Verantwortung mehr für ihr Handeln übernimmt, kann auch nichts mehr verändern.* Jede Klärung, jede Problembearbeitung, jede Handlung in Richtung Veränderung setzt voraus, daß ich zumindest einen Teil des Problems bei mir selbst sehe, daß ich mich als Verursacher erlebe, und damit auch als jemanden, der die Macht hat, etwas zu verändern (vgl. De Charms, 1968; Bandura, 1977, 1978). Nur wenn ich mich als jemanden definiere, der zumindest Teile des Problems oder seiner Determinanten unter Kontrolle hat, kann ich mich als Agenten meiner Veränderung wahrnehmen. Lehne ich jedoch die Verantwortung für mein Handeln, meine Probleme ab, dann sehe ich mich auch nicht als jemanden, der etwas verändern kann: dann bin ich nicht nur das Opfer der Umstände, ich bin auch jemand, der Hilfe *nur* von außen bekommen kann. Damit habe ich mich aber selbst festgesetzt, mich handlungsunfähig gemacht: *Wer Verantwortung abgibt, paralysiert sich selbst.* Auf diese Weise führt das Spiel zu immensen Kosten.

Natürlich ist es auch möglich, sich mit übermäßiger Übernahme von Verantwortung zu paralysieren, wie es depressive Klienten oft tun: Ein Klient muß natürlich nicht für alles und jedes Verantwortung übernehmen. Jedoch ist es eine Grundvoraussetzung einer therapeutischen Veränderung, die *Bereitschaft* zu zeigen, für eigenes Handeln, eigene Ziele usw. Verantwortung zu übernehmen: Nur so kann man vom Opfer, vom "pawn", zum "origin", zum Gestalter des eigenen Lebens werden (De Charms, 1968).

5.3.4 Opfer anderer Personen

Das Spiel "Opfer anderer Personen" funktioniert prinzipiell ähnlich wie das Spiel "Opfer der Umstände". Nur macht der Klient nun für seinen Zustand, sein Verhalten, seine Probleme usw. nicht anonyme "Umstände" verantwortlich, sondern konkrete Personen: Diese haben ihn behindert, benachteiligt, geschädigt usw. Es sind nun ganz konkrete Personen die ganz konkret negativ in sein Leben eingegriffen haben (und so kann ein Klient "Eltern" einmal eher im Sinne unspezifischer "Umstände" ansprechen und einmal eher als konkrete Personen benennen, z.B. "mein Vater hat verhindert, daß ich eine bessere Schule besucht habe").

Der Sinn des Spiels ist prinzipiell der gleiche wie bei "Umständen": Der Klient macht deutlich, daß er nichts für seine Probleme kann, keine Wahl hatte usw.

Das Spiel "Opfer anderer Personen" hat zwei Varianten:

• "Schicksal"
• "Intentionale Schädigung".

In der Variante *"Schicksal"* stellt der Klient die Sachlage so dar, daß andere Personen ihn zwar beeinträchtigt haben, daß sie das aber nicht mit Absicht getan haben: die Beeinträchtigung ist zufällig erfolgt, die anderen wollten das gar nicht, können selbst nichts dafür o.ä. Es geht dem Klienten hier somit nur darum, die Problemursache und damit die Verantwortung an andere zu delegieren: Das Ziel des Spiels ist Exkulpierung. Damit ergeht auch der Appell an den Therapeuten: "Bestätige meine Sichtweise", und

• entschuldige mich!
• stell keine Anforderungen!
• übernimm Verantwortung! u.a.

Die "anderen Personen" haben hier eher eine Statistenrolle: Sie sind "Träger der Verantwortung", ohne aber selbst von Bedeutung zu sein; im Prinzip sind sie sogar austauschbar.

In der Variante *"intentionale Schädigung"* geht es dem Klienten um mehr: Hier betont der Klient, daß andere Personen ihn *intentional* schädigen oder behindern. Andere wollen, daß es ihm schlecht geht, daß er nicht weiterkommt, daß er scheitert usw. (dies ist die paranoide Variante dieses Spiels).

Damit hat diese Art des Spiels auch nicht nur exkulpierende Funktion: Der Klient möchte nicht nur, daß der Therapeut wahrnimmt, daß der Klient nichts für seine Probleme kann. Der Therapeut soll auch akzeptieren und bestätigen, daß der Klient aktiv verfolgt wird.

Damit erwartet der Klient über Bestätigung hinaus auch *Solidarisierung* vom Therapeuten: Der Therapeut soll die Partei des Klienten ergreifen und sich aktiv mit dem Klienten gegen die bösartigen Angreifer solidarisieren.

Die Appelle an den Therapeuten sind daher

- bestätige meine Sichtweise!
- solidarisiere Dich mit mir!
- hilf mir aktiv in meinem Kampf gegen die anderen!

Diese Spielvariante hat in der Regel auch eine aggressivere Dynamik als die Variante "Schicksal": Da der Klient sich intentional und ungerechtfertigt geschädigt fühlt, löst dies Ärger in ihm aus. Während die "Schicksalsvariante" des Spiels eher einen resignativen Touch hat, ist der Klient hier aktiv verärgert und aggressiv: er hat ein *Recht*, verärgert zu sein, er hat ein Recht, sich zu wehren, er hat ein Recht, sich aggressiv zu verhalten. Und er hat auch ein Recht, vom Therapeuten Solidarität in aggressiver Weise einzufordern bzw. er hat ein Recht, den Therapeuten, wenn dieser die Solidarität verweigert, aggressiv zu behandeln.

Interaktionell kann es auf diese Weise sehr schnell zu einer selbsterfüllenden Prophezeiung kommen, die von der Person so jedoch nicht wahrgenommen werden kann:

- die Person "interpretiert" das (objektiv harmlose) Verhalten eines Interaktionspartners als intentional schädigend, ablehnend usw.;
- sie reagiert auf diesen Partner aggressiv und hält dies für gerechtfertigt;
- daraufhin reagiert der Partner tatsächlich ablehnend und aggressiv;
- dies wiederum wird nun der Person als Bestätigung ihrer Ausgangsinterpretation gedeutet.

Auf diese Weise kann sich das Spiel selbst bestätigen: Die Person hat Unmengen an Beweisen dafür, daß andere aggressiv, mißgünstig, ablehnend sind (Beck u. Freeman, 1994).

Interaktionell steht der Therapeut in großer Gefahr, ebenfalls in diese Kategorie zu fallen: Fängt er an, sich über den Klienten zu ärgern, z.B. weil dieser ihn manipuliert, kann dieser Ärger vom Klienten als persönliche Ablehnung interpretiert werden: "der Therapeut gehört auch zu denen, die gegen mich sind". Diese Interaktionsstruktur ist daher besonders heikel, insbesondere, wenn der Therapeut nicht sehr früh erkennt, welche Art von Spiel der Klient realisiert.

5.3.5 Märtyrer

Das Spiel "Märtyrer" ist eine Fortsetzung des Spiels "Opfer anderer Personen": In diesem Spiel macht der Klient deutlich, daß er nicht nur von anderen beeinträchtigt wird, sondern daß er trotz all dieser Beeinträchtigungen noch viel erreicht und vollbracht hat.

Meist verbindet sich der Aspekt des "das habe ich alles trotzdem geschafft" mit der intentionalen Variante des "Opfer-Spiels": Andere Personen, so macht der Klient deutlich, versuchen ihm das Leben schwer zu machen, ihn zu behindern usw. Und trotz dieser geballten Widrigkeiten hat der Klient es so weit gebracht, hat dies und das in seinem Leben geschafft, allerdings unter immensen Kosten.

Der Appell geht damit über Bestätigung und Solidarisierung hinaus, er umfaßt außerdem Aspekte wie

- finde toll, was ich alles geleistet habe!
- würdige meine Mühen und Schmerzen!

5.3.6 "Immer Ich!"

Das Spiel "Immer Ich" ist eine Kombination von Armes-Schwein, Opfer und (manchmal) Märtyrer. Der Klient macht deutlich, daß er sich vom Leben betrogen und beeinträchtigt fühlt. An dieser Beeinträchtigung sind sowohl andere Personen als auch Umstände beteiligt. Die Ursache dafür liegt nach Sicht des Klienten weniger in der bösartigen Intention anderer, sondern eher im "Schicksal": Der Klient hat einen magischen Schicksalsglauben, daß immer er betroffen ist. Immer geht ihm etwas schief; wenn eine Panne passiert, dann passiert sie ihm; wenn einer erwischt wird, dann wird er erwischt; wenn jemand bei der Beförderung übergangen wird, dann er usw.

Der Klient ist wegen dieser konsequenten Benachteiligung stark frustriert und geladen. Er reagiert auf alles, was nach einer neuerlichen Beeinträchtigung aussieht, aggressiv.

Ein Klient von mir machte das schon in den ersten Minuten der Therapie deutlich: Ich wurde in sehr aggressiver Weise dafür verantwortlich gemacht, daß man an der Ruhr-Universität keinen Parkplatz findet, daß die Räume schlecht gekennzeichnet sind, daß die Uni ein Labyrinth ist (was alles zutreffend ist, jedoch wirklich nicht in meiner Verantwortung liegt). Der Klient machte mir deutlich, daß es eine Unverschämtheit von mir ist, ihm das alles zuzumuten. Im Laufe der Therapie wurde dann noch weit mehr von dieser Struktur deutlich:

- ausgerechnet er wurde beruflich versetzt und ausgerechnet weiter weg;
- ausgerechnet ihm passiert es, daß seine Tochter auszieht, gerade jetzt, wo er eh schon so belastet ist;
- ausgerechnet er hat ständig unfähige Mitarbeiter usw.

Und ausgerechnet bei ihm passiert es, daß er versehentlich eine Rechnung mit falschem Rechnungsbetrag erhält: daraufhin werde ich (der ich dafür gar nichts kann) von ihm aggressiv angegangen; er hält das für eine Frechheit, etwas Derartiges darf nicht passieren usw. Eine Erklärung und Entschuldigung nimmt er nicht an; mit einer derartigen Institution will der Klient nichts zu tun haben.

Die Ereignisse sind für den Klienten keine eigenständigen Ereignisse: Sie sind in seinem Schema neuerliche Beweise dafür, daß er beeinträchtigt wird. Und daraufhin muß er sich abgrenzen, verteidigen und schützen. Daher kann der Klient auch irgendwelche Pannen nicht auf sich beruhen lassen oder "fünfe gerade sein lassen": es ist ja nicht nur diese einzelne Panne, es ist eine Panne in einer Serie von Pannen. Und es ist nicht nur eine zufällige Panne, sondern es ist wieder etwas, das *ihn* beeinträchtigt. Das Schema führt dazu, daß der Klient notwendigerweise in jeder Mücke einen Elefanten sehen muß und entsprechend handelt.

Die in dem Schema enthaltenen *Grundannahmen* sind:

- mir passieren ständig unangenehme Dinge;
- ich werde häufig benachteiligt;

- mir passiert das häufiger als anderen;
- das "kommt über mich", ich bin dabei passiv, ich kann nichts dafür;
- die Gründe dafür liegen *nicht* in meiner Person, meinem Verhalten usw.;
- über diese Gründe habe ich keine Kontrolle;

Die Appelle an den Interaktionspartner sind

- ich will, daß mein Klagen beachtet und gehört wird;
- nimm zur Kenntnis, daß ich benachteiligt bin;

also

- tue mir ja nichts!
- wehe, Du beeinträchtigst mich!
- geh ja vorsichtig mit mir um!
- achte sorgfältig darauf, wie Du mich behandelst!

Die interaktionelle Konsequenz wird nicht angenehm sein: Interaktionspartner können diese Ansprüche gar nicht erfüllen und werden sie auf die Dauer auch nicht erfüllen wollen. Sie werden es auf die Dauer auch nicht akzeptieren, wegen jeder Kleinigkeit "angemacht" zu werden; sie werden auch keine Lust haben, sich ständig zu kontrollieren, um Konflikte zu vermeiden; sie werden es wohl auch nicht schätzen, sich ständig zu rechtfertigen usw. Sie werden sehr wahrscheinlich langfristig nur eine Möglichkeit sehen, mit der Person klar zu kommen: Sie müssen sie meiden, so gut sie können. Die Botschaft, "geh sorgfältig mit mir um", führt dazu, daß keiner mehr mit dieser Person umgeht. Damit schützt sich die Person auch: Aber um welchen Preis?

5.3.7 Mords-Molly

Diesen Begriff hat einer meiner Klienten geprägt: Das Spiel impliziert das Image, "ganz toll" zu sein. Der Klient baut das Image auf, daß er etwas Besonderes ist: er reflektiert mehr als andere; er interessiert sich für avantgardistische Kunst, während die anderen in verstaubten Museen vor sich hin dümpeln; er reist natürlich nicht nach Mallorca, sondern nach Mexiko usw. Der Klient möchte hier vor allem persönlich bestätigt werden: der Therapeut soll es großartig finden, was der Klient macht.

"Mords-Molly" ist damit ein beliebtes Spiel einigermaßen erfolgreicher Narzißten.

Der Klient kann schon zugestehen, daß er ein Problem hat: Ansonsten wäre das Aufsuchen eines Therapeuten auch nur schwer verständlich. Das Problem, so macht der Klient deutlich, ist jedoch sehr umgrenzt und spielt angesichts der sonstigen Großartigkeit auch nur eine untergeordnete Rolle. Der Klient kommt in die Therapie, weil er durch die Lösung des Problems eigentlich noch toller werden kann: Für ihn ist die Therapie damit der Weg zur Vollendung. Der Klient hat daher die Therapie eigentlich nicht nötig; er nutzt sie aber, um "weiterzukommen", um seine Entwicklung zu fördern.

Der Klient möchte damit, daß sich die therapeutische Arbeit auf einen Bereich, ein Thema beschränkt: Dies gibt er dem Therapeuten genau vor. Der Therapeut ist keineswegs berechtigt, über diesen Bereich hinauszugehen, Fragen nach anderen Lebensbereichen zu stellen u.a.: der Klient hat einen eingeschränkten Arbeitsauftrag und setzt diesen auch durch, alle anderen Lebensbereiche sind "thematisch gesperrt". Der Klient will damit die Kosten seines Systems reduzieren, das System ansonsten aber unangetastet lassen.

Er möchte somit, daß der Therapeut ihn selbst, seine Konstruktionen und Sichtweisen *nicht* hinterfragt: Im Gegenteil, der Therapeut soll den Klienten in dessen Konstruktionen bestätigen und bestärken. Der Therapeut soll bestätigen,

- daß der Klient "eigentlich" gar keine Probleme hat;
- daß der Klient die Dinge richtig sieht;
- daß der Klient im Grunde großartig, kompetent u.a. ist.

Dieses Spiel hat damit gleichzeitig zwei Gewinne

- Kostenreduktion

und

- Bestätigung.

Der Klient kann sich vom Therapeuten die Art von Bestätigung holen, die er möglicherweise in seinem sonstigen Umfeld nicht (mehr) bekommt; gleichzeitig kann er ein umgrenztes Problem beseitigen und zwar so, daß er nach dessen Beseitigung alles beim Alten lassen kann: Das Problem ist im augenblicklichen System des Klienten eine Störung und diese soll beseitigt werden. Das System soll als solches jedoch nicht revidiert werden: es soll vielmehr lebbar gemacht werden.

Ein ähnliches Image, das den Therapeuten nachvollziehbarerweise stark verblüffte, machte ein Alkoholklient in stationärer Therapie auf: Er sei nicht in die Klinik gegangen, weil er Alkoholiker sei. Dies sei nicht der Fall und außerdem komme er mit seinem Leben bestens klar. Er sei vielmehr hier, weil er so einsichtig sei und aufgrund der geringen konsumierten Alkoholmengen gewarnt: Er komme prophylaktisch in die Therapie, damit erst gar nichts passieren könne (diese Prophylaxe ist bei einer Person, die mit einem Alkoholspiegel von 1,8 Promille noch in der Lage war, unfallfrei Auto zu fahren, sicher mehr als überfällig). Der Klient hat aber hier das Rezept gefunden, aus Mist Gold zu machen: Er hat nicht nur kein Problem, er ist sogar ein *besonders* einsichtiger Klient.

5.3.8 Regel-Setzer

Bei diesem Spiel zeigt der Klient eine ausgeprägte Tendenz, soziale Regeln zu bestimmen: er möchte bestimmen, was moralisch ist und was nicht; er möchte bestimmen, was gut ist und was nicht; er möchte bestimmen, was andere zu tun und zu lassen haben. Dabei verschleiert er jedoch systematisch, daß es sich um *seine* Ansprüche, seine Ziele, Motive und Normen handelt. Er argumentiert daher in der Art

- "das versteht sich doch von selbst",
- "das tut man nicht",
- "das ist unmoralisch",
- "wenn man Verkäuferin ist, hat man sich so zu verhalten",
- "das behindert doch andere",
- "das gefährdet doch andere",
- "das ist einfach eine Frechheit" usw.

Die Argumentation wird so aufgebaut, daß der Interaktionspartner kaum widersprechen kann, es sei denn, er nimmt es in Kauf, selbst als unmoralisch, rüde, unsozial o.ä. zu gelten.

In der Therapie geht es dem Klienten vor allem um Bestätigung und Solidarisierung: Der Therapeut soll die Regel als solche bestätigen und er soll bestätigen, daß der Klient Personen, die die Regeln brechen, "bestrafen" darf. Es geht somit um eine Legitimation des eigenen Handelns. Auch hier ist die Legitimation durch einen *Experten* von hohem Wert: Der Therapeut kann bestätigen, daß es sich nicht einfach um eine Marotte des Klienten handelt, sondern um ein legitimes Anliegen, das im Dienste der Allgemeinheit steht.

Man kann einen Unterschied feststellen zwischen dem Regel-Setzer-Spiel, das Klienten mit einer sog. "narzißtischen Persönlichkeitsstörung" spielen und dem, welches Klienten mit einer sogenannten "zwanghaften Persönlichkeitsstörung" spielen.

Klienten mit narzißtischer Persönlichkeitsstörung setzen Regeln meist so, daß sie *ihren Interessen dienen*: die Regeln dienen dazu, daß andere Personen besonders gut funktionalisiert werden können. Genau diese Funktionalität ist dann aber oft erkennbar: Die Regel ist ein ins Allgemeine gehobenes interaktionelles Ziel. So kann ein Chef die Regel setzen, daß es wichtig sei, pünktlich zu sein; es ist aber deutlich, daß es eigentlich wichtig ist, daß alle für ihn verfügbar sind. Die Regeln der "narzißtischen" Regelsetzer sind daher oft sehr funktional, zielgerichtet, konkret und sehr deutlich mit der Person des Regelsetzers verbunden.

Dagegen argumentiert ein zwanghafter Regelsetzer eher allgemein, prinzipiell, moralisch: Er "verkündet" eine Regel, die von ihm unabhängig ist, die allgemeingültigen, ja moralischen Charakter hat. Er beruft sich dabei auf "allgemeine Moral", Religion usw. Damit löst der zwanghafte Regelsetzer die Regel noch weiter von seiner Person ab als der Narzißt: Die Regeln werden damit auch weniger diskutierbar, starrer; ihre Nichteinhaltung kann damit auch strenger geahndet werden, denn bei der Nichtbefolgung handelt es sich nicht um ein Versehen, sondern um ein Vergehen. Damit, so wird deutlich, kann der zwanghafte Regelsetzer auch weit mehr und weit schneller Reaktanz in seiner Umwelt provozieren als der narzißtische.

5.4 Appell-Spiele

Appellspiele sind Spielstrukturen, die über Images hinausgehen, die jedoch z.T. Images systematisch zu ihrer Durchsetzung nutzen. Bei Appellen geht es nicht nur darum, daß der Therapeut etwas glaubt, bei Appellen geht es darum, daß der Therapeut konkret etwas tut oder etwas Bestimmtes nicht tut. Der Klient versucht hier also, *Kontrolle* über das Handeln des Therapeuten auszuüben: Der Therapeut soll zu bestimmten Handlungen veranlaßt werden (Handlungs-Evokation). Dabei handelt es sich um Handlungen, die der Therapeut im Rahmen der Therapie normalerweise *nicht* ausführen würde; daher muß der Therapeut mit Hilfe intransparenter Strategien dazu gebracht werden, sein eigenes Regelsystem zu überschreiten.

Behandelt werden hier die Spiele

- Verfügbarkeit
- Solidarisieren
- Dornröschen.

5.4.1 Verfügbarkeit

Ein für die Therapie sehr wesentliches Appell-Spiel ist "Verfügbarkeit". Der Klient möchte hier, daß der Therapeut für den Klienten verfügbar ist, und zwar weit über das normale therapeutische Angebot hinaus.

Dies kann umfassen:

- Sondertermine: der Klient kommt angeblich mit der eingeräumten einen Therapie-stunde nicht aus: er benötigt mehr Termine.
- Sonderzeiten: Er benötigt auch Termine zu Zeiten, an denen normalerweise keine stattfinden, weil es ihm gerade so schlecht geht, z.B. abends, am Wochenende usw.
- Sonderlange Termine: Der Klient fühlt sich außerstande, die Therapie nach einer Stunde zu verlassen: Er ist dann so aufgewühlt, daß er in diesem Zustand nicht "in die Woche gehen kann". Er benötigt daher längere Termine oder solche, die man je nach Bedarf ausweiten kann.
- Telefonnummern: der Klient möchte die Privatnummer des Therapeuten, denn es könnte ja sein, daß er am Wochenende plötzlich suizidal wird, und dann kann es lebensrettend sein, den Therapeuten nur mal kurz anzurufen.
- Krisenintervention: In ganz schweren Krisen kann es auch schon einmal nötig sein, daß der Therapeut die Nacht mit dem Klienten verbringt bzw. daß der Klient den Therapeuten im Urlaub aufsucht (ein exzellentes Beispiel dafür ist der Film "Was ist mit Bob?").

Der Klient vermittelt dem Therapeuten somit

- daß er den Klienten besonders wichtig nehmen muß;
- daß er sich in besonderer Weise für den Klienten engagieren muß;
- daß er den Klienten keinesfalls so behandeln kann wie andere Klienten.

Ist der Therapeut dazu nicht bereit, dann wird der Therapeut unter Druck gesetzt, z.B. indem er vom Klienten bezeichnet wird als

- kalt
- verständnislos
- ablehnend
- unverantwortlich
- unprofessionell.

Der Therapeut wird hier vor die Wahl gestellt: Entweder Du behandelst mich, wie ich es verdiene oder Du disqualifizierst Dich als Therapeut.

Der Klient macht dem Therapeuten damit deutlich, daß dieser Verantwortung für den Klienten übernehmen muß: Und dazu gehört es auch, daß der Therapeut für den Klienten da ist, wenn dieser Hilfe braucht; das ist schließlich die Aufgabe eines Experten.

Zur Durchsetzung dieses Spiels ist das "Arme-Schwein-Spiel" nützlich: der Klient macht dem Therapeuten unmißverständlich deutlich, wie extrem schlecht es ihm geht und daß er nun wirklich fachliche Hilfe in hohem Ausmaß benötigt. Daraus läßt sich logisch ableiten, daß der Therapeut für den Klienten Verantwortung übernehmen muß: Also muß er auch für den Klienten verfügbar sein.

5.4.2 Solidarisieren

Der Appell an den Therapeuten, sich zu solidarisieren, impliziert nicht nur eine Bestätigung, sondern erfordert vom Therapeuten, mit dem Klienten eine aktive Allianz gegen eine andere Person (meist den Partner des Klienten) einzugehen.
Das Spiel "Solidarisieren" hat zwei Ziele:
- *Exkulpierung*
  Der Klient macht deutlich, daß er *nicht* an dem Problem, der Misere schuld ist, er kann nichts dafür: Schuld ist der andere, er selbst ist entlastet.
- *Verbündete finden*
  Der Klient macht deutlich, daß er gegen den "anderen" einen (starken) Verbündeten braucht bzw. ihm (moralisch) ein Verbündeter zusteht, der ihm in der Auseinandersetzung hilft oder ihn zumindest berät.

Um das zu erreichen, gibt der Klient dem Therapeuten zunächst sehr selektiv Information: Der Klient stellt die Problematik systematisch so dar, daß der Partner der Verantwortliche ist: Dieser bricht Regeln, ist unverschämt, gewalttätig, unverständig usw. Der Klient selbst kann für das ganze Problem nichts: Er ist das Opfer des problematischen Partners und dessen pathologischen Verhaltens.

Um den Therapeuten zu Solidarisierung zu veranlassen, kann ein Klient unterschiedliche Strategien verwenden:
- Der Klient gibt selektive Informationen: Diese lassen den Klienten in möglichst günstigem, den "Anderen" in möglichst ungünstigem Licht erscheinen.
- Der Klient gibt *Bewertungen* ab: Der Klient berichtet nicht neutrale Ereignisse, sondern diese werden sofort negativ bewertet, kommentiert usw. Bericht und Bewertung lassen sich kaum noch trennen.
- Der Klient macht deutlich, daß der Therapeut eigentlich gleicher Meinung sein müßte: Jeder vernünftige Mensch, der diese Geschichte hört, muß erkennen, daß der Klient der "Gute" ist.
- Der Klient macht deutlich, daß er vom Therapeuten *erwartet*, daß er auf seiner Seite ist: schließlich ist der Therapeut ja der Experte, der besonders deutlich erkennen muß, wer der "Gute" ist; und außerdem ist der Therapeut verpflichtet, dem Klienten zu helfen; und überhaupt ist der Klient ja so schwach, daß ihm schon allgemein Hilfe zusteht usw.

Hier muß man allerdings sehen, daß es allgemein nicht zu den Tugenden von Klienten zählt, bei der Bearbeitung von Partnerproblemen die eigenen Anteile zu betonen: In aller Regel blendet ein Klient die Tatsache aus, daß "zu dem Spiel immer zwei gehören", daß auch der Klient etwas zu dem Partnerproblem beigetragen hat und beiträgt, daß auch sein Anteil berücksichtigt und geklärt werden muß usw. Klienten ist es natürlich lieber, die Dinge so zu sehen, daß der andere den schwarzen Peter hat; z.T. ist es aber auch nicht leicht für Klienten, das Interaktionssystem zu durchschauen und den eigenen Anteil zu analysieren, wenn man selbst ein Teil des Systems ist. Daher ist bei diesem Thema eine einseitige, voreingenommene Darstellung eher die Regel als die Ausnahme und ist damit noch kein Hinweis auf ein Interaktionsspiel.

Zu einem Spiel wird es erst dann, wenn der Klient keine andere Sichtweise *zuläßt*: wenn er darauf besteht, daß er an dem Problem unbeteiligt ist und der Partner Schuld hat, wenn er darauf besteht, daß der Therapeut diese Sichtweise zu akzeptieren hat. Ein Spiel ist es auch dann, wenn der Klient vom Therapeuten nicht nur Bestätigung seiner Sichtweise erwartet, sondern eine Solidarisierung. Der Therapeut soll bestätigen, daß der Partner Schuld hat, daß eigentlich der Partner in Therapie gehört und daß der Klient berechtigt ist, etwas gegen diesen Partner zu unternehmen. Der Klient möchte sich dadurch "für den Ehekrieg munitionieren". Er möchte nach Hause gehen und sagen können: "Der Therapeut hat auch gesagt, Du bist schuld, Du hast die Macke, Du mußt Dich ändern".

Der Klient hat damit ganz klar *nicht* die Intention etwas bei sich zu ändern: Er will nicht eigene Anteile an dem Problem klären oder sein Verhalten modifizieren. Er möchte seine Sichtweise und sein Verhalten beibehalten können. Und er möchte die Auseinandersetzung gewinnen, recht behalten, dem anderen den schwarzen Peter zuschieben. Diese Konstellation ist sehr günstig, denn nun

- ist der Partner schuld;
- muß sich der Partner ändern;
- kann der Klient alles beim alten lassen.

5.4.3 Dornröschen

Ein interessantes Appellspiel ist "Dornröschen": Im Anschluß an ein "Armes-Schwein-Spiel" oder ein "Opfer-der-Umstände-Spiel" kann der Klient deutlich machen, daß er selbst keinerlei Möglichkeit hat, sich selbst zu helfen. Er hat absolut keine Ideen, alles schon ausprobiert oder aber jeder Lösungsversuch hat alles nur verschlimmert. Das einzige, was der Klient nun noch tun kann, ist, auf den Erlöser zu warten: Jemand muß durch die Hecke brechen und den Klienten wachküssen. Der Therapeut als Experte könnte nun ein derartiger Erlöser sein: Von ihm erhofft sich der Klient neue, bahnbrechende Lösungsvorschläge.

Der Anspruch an den Therapeuten ist hoch, er lautet:

- Du mußt die Verantwortung für mich übernehmen, denn ich bin dazu nicht mehr in der Lage;
- Du mußt meine Probleme lösen, denn daran bin ich gescheitert;
- Du mußt Dir etwas ausdenken, entwickeln, erfinden, das mir hilft;
- Du mußt Dich anstrengen, denn es ist klar, daß mein Problem nicht so leicht zu lösen ist (ansonsten wäre ich schon längst darauf gekommen);
- Du mußt Dich beeilen, denn mein Zustand ist nicht länger zu ertragen.

Übernimmt der Therapeut diesen Auftrag, dann ist er verloren; denn der Klient macht eine Unlösbarkeitskonstruktion nach der anderen auf. Hat der Therapeut einen neuen Vorschlag, dann beweist ihm der Klient, daß dieser nicht umsetzbar ist (leider hat der Therapeut diese oder jene Aspekte übersehen). Der Therapeut gerät dabei ins Schwitzen, während der Klient ganz gelassen bleiben kann: denn der Therapeut arbeitet für den Klienten und der Klient erhält Therapiestunden mit hohem Unterhaltungswert. Diese Struktur ist jedoch für *beide* sehr frustrierend: für den Therapeuten, der sich abrackert und keinen Fortschritt sieht und für den Klienten, dem damit letztlich auch nicht geholfen werden kann.

Eine beliebte Teilstrategie des Dornröschen-Spiels ist das Argument: Früher war alles besser, heute ist alles anders und keiner weiß warum. Der Kontrast, den der Klient hier aufmachen kann, kann sowohl den Aspekt "es geht mir schlecht" als auch den Aspekt "ich bin hilflos und muß erlöst werden" gut illustrieren: Im Vergleich zu früher geht es dem Klienten nun wirklich miserabel und das wird dem Klienten auch ganz deutlich, wenn er sich klarmacht, wie toll früher alles war. Und alles hat sich geändert, ohne daß der Klient weiß, wieso: Vor allem weiß der Klient auch nicht, wie er den alten Zustand wieder herstellen soll. Das kann offenbar nur der Experte.

6. Auswirkungen von Spielstrukturen auf den Therapieprozeß

Nach den bisherigen Analysen muß man davon ausgehen, daß das Vorliegen eines Spiels, insbesondere einer ausgeprägten Spielstruktur, den Therapieprozeß, den ein Therapeut mit einem Klienten gestalten kann, in ganz erheblichem Ausmaß beeinflußt. *Die Spielstruktur wird gravierende Auswirkungen darauf haben, wie ein Klient im Prozeß arbeitet, welche Themen er behandelt, wie er die therapeutische Allianz gestaltet und wie er mit dem Therapeuten umgeht.* Die Spielstruktur wird Auswirkungen haben

- auf die Art der Therapie- und Änderungsmotivation, die ein Klient "in die Therapie" mitbringt; und diese hat wieder Auswirkungen auf die Bearbeitung, die ein Klient realisiert;

- auf die Art, wie ein Klient im Prozeß seine Probleme grundlegend bearbeitet: ob er einen Arbeitsauftrag definiert, Fragestellungen formuliert, Prozeßverantwortung übernimmt usw.

- auf die Art, wie er Inhalte bearbeitet: ob er zentrale Inhalte auswählt, ob er diese konkret und stringent darstellt usw.

- auf das Ausmaß seiner Vermeidung: ob er sich der Bearbeitung problematischer Inhalte stellt oder ob er ihr ausweicht; ob er Interventionen des Therapeuten annimmt oder den Therapeuten "auflaufen" läßt usw.,

- auf die Art der Problemkonstruktion, die er in der Therapie anbietet: ob er eigene Überlegungen als hinterfragbare Konstruktionen wahrnehmen kann oder ob er sie für "die Realität" oder gar für zwangsläufig oder unlösbar hält;

- auf die Art, wie er die Beziehung zum Therapeuten gestaltet: ob er in eine therapeutische Allianz einwilligt oder ob er versucht, den Therapeuten zu kontrollieren; ob und in welchem Ausmaß er seine Probleme in der Beziehung zum Therapeuten "agiert".

Diese Einflüsse der Spielebene auf den Therapieprozeß sollen nun genauer betrachtet werden (siehe zur Beschreibung der Bearbeitungsaspekte auch Sachse, 1992a, 1996a, 1996b).

7. Konsequenzen der Spielebene für die Therapiemotivation

7.1 Einleitung

Aufgrund der bisherigen Analysen muß man davon ausgehen, daß es massive therapeutische Konsequenzen hat, wenn ein Klient in Therapie kommt, der eine Handlungsregulation auf der Spielebene aufweist.

Derartige Konsequenzen sind deshalb zu erwarten, da man davon ausgehen muß, daß Personen, die eine Spielebene aufweisen, die entsprechenden Handlungen auch in der therapeutischen Interaktion zeigen werden. Das bedeutet: *Eine bei einem Klienten vorliegende Spielebene wird immer in der Therapie relevant.*

Dies folgt aus den Grundannahmen des Modells, daß Personen, die eine Handlungsregulation auf der Spielebene aufweisen, die entsprechenden Handlungen *allen* relevanten Interaktionspartnern gegenüber realisieren. Daraus folgt, daß sie diese Handlungen auch in der therapeutischen Beziehung gegenüber dem Therapeuten realisieren werden. Man kann sogar annehmen, daß ein Therapeut als ein besonders relevanter Interaktionspartner eingeschätzt wird; als eine Person,

- deren Rückmeldung und Bestätigung aufgrund ihres Expertenstatus besonders "wertvoll" sind;
- von der aufgrund ihrer Rolle angenommen werden kann, daß sie sich besonders empathisch und fürsorglich verhalten wird und von der daher komplementäres Verhalten auf der Spielebene in besonders hohem Maße erwartet werden kann.

Es besteht daher eine *besonders hohe Wahrscheinlichkeit* dafür, daß Personen ihr Handeln auf der Spielebene gegenüber Therapeuten realisieren werden.

Und es besteht eine hohe Wahrscheinlichkeit, daß der Klient das Handeln auf der Spielebene *von Anfang an realisiert*, also vom ersten Augenblick des therapeutischen Kontaktes an. Denn wenn der Klient interaktionelle Ziele auf der Spielebene verfolgt, dann ist es äußerst sinnvoll, von Anfang an an der Bildung relevanter Images zu arbeiten und dem Therapeuten keine Möglichkeit zu geben, image-inkonsistente Information zu erhalten: Würde ein Klient sich selbst öffnen, dem Therapeuten Einblick in sein System gewähren oder an der Klärung internaler Determinanten arbeiten, dann würde er zweifellos die Verfolgung interaktioneller Ziele auf der Spielebene selbst sabotieren.

Wenn eine Spielebene aber immer in der Therapie auftaucht, dann ist die entscheidende Frage: *Welche Konsequenzen hat eine Spielstruktur eines Klienten für die therapeutische Arbeit?* Diese Konsequenzen sind vielgestaltig und sollen nun im einzelnen analysiert werden.

7.2 Therapieziele des Klienten

Die erste und vielleicht wesentlichste Konsequenz aus dem Vorliegen einer Spielebene beim Klienten ist die, daß ein Klient ganz bestimmte Ziele im Hinblick auf die Therapie aufweist, und zwar Ziele, die den Therapiezielen des Therapeuten in aller Regel *nicht* entsprechen.

Ein Therapeut verfolgt in der Therapie im wesentlichen Ziele, die auf eine *konstruktive Veränderung* des Klienten abzielen: Der Klient soll sich und sein System so verändern, daß er eine neue Selbstregulation entwickelt, die ihm eine höhere Lebensqualität ermöglicht. Und er verfolgt das Ziel, daß der Klient letztlich vom Therapeuten unabhängig wird, daß er sein Leben ohne Hilfe und Unterstützung bewältigen kann und daß er Kompetenzen in der Therapie entwickelt, mit neuen Krisen allein konstruktiv fertig zu werden ("Psychotherapieziel Selbstbehandlung", Fiedler, 1981; Fiedler u. Konz, 1981; Maiwald u. Fiedler, 1981).

Der Therapeut möchte daher,
- daß der Klient sich mit sich selbst auseinandersetzt;
- daß der Klient die Bereitschaft zeigt, eigene Problemanteile wahrzunehmen und zu bearbeiten;
- daß der Klient, trotz aller Ambivalenz die Bereitschaft zeigt, sich und sein System zu verändern;
- daß der Klient sich bereit zeigt, sich mit den Interventionen des Therapeuten auseinanderzusetzen usw.

Ein Klient, der eine Spielstruktur aufweist, verfolgt diese Ziele jedoch nicht: Die interaktionellen Ziele und Handlungsstrategien auf der Spielebene zielen darauf ab, andere Personen so zu manipulieren, daß sie den eigenen Zielen dienlich sind und daß diese Ziele möglichst wenig verändert werden müssen. Der Klient verfolgt somit Ziele, die im wesentlichen auf *Bestätigung und Stabilisierung seines Systems* hinauslaufen und die das interaktionelle Ziel implizieren, *Kontrolle über den therapeutischen Prozeß zu erlangen.*

Der Klient möchte z.B.
- daß der Therapeut seine Sichtweise bestätigt;
- daß der Therapeut sich mit ihm solidarisiert;
- daß der Therapeut Verantwortung für ihn übernimmt;
- daß der Therapeut für ihn arbeitet (Ratschläge gibt, Arbeit abnimmt usw.);
- daß der Therapeut die Konstruktionen des Klienten *nicht* hinterfragt;
- daß der Therapeut den Klienten schont;

- daß der Therapeut keine unangenehmen Themen, die der Klient vermeiden möchte anspricht;
- daß der Therapeut den Klienten nicht mit seinen eigenen Handlungen konfrontiert.

Alle diese Ziele laufen darauf hinaus, *daß der Therapeut für die interaktionellen Ziele des Klienten funktionalisiert werden soll.* Dies ist genau das, was der Klient auch im Alltag mit anderen Interaktionspartnern tut: Er versucht, sie für die eigenen Ziele zu funktionalisieren. Damit versucht der Klient aber, den Therapeuten *in sein System einzubauen: Der Therapeut soll als Stabilisator verwendet werden, als eine Person, die das System des Klienten stützt, stabilisiert und aufrechterhält.*

Der Therapeut soll dem Klienten helfen, seine Ansichten zu stabilisieren, ihn bei Auseinandersetzungen mit dem Partner zu unterstützen, ihn zu exkulpieren. Aber auch Symptome zu reduzieren, psychische Entlastung zu schaffen usw. Das bedeutet aber: Die interaktionellen Ziele auf der Spielebene bedeuten nicht, daß der Klient in Therapie kommt, um sich und sein System zu ändern; *sie bedeuten vielmehr, daß der Klient in Therapie kommt, um sein System mit Hilfe des Therapeuten zu stabilisieren.* Der Klient kommt in Therapie, um sein System mit Hilfe des Therapeuten *lebbar* zu machen, d.h. *er kommt in Therapie, um sich und sein System nicht ändern zu müssen!*

Ein Therapeut kann jedoch diese Ziele des Klienten *keinesfalls übernehmen*: Denn nach diesen Zielen zu handeln, würde bedeuten, daß dysfunktionale System des Klienten zu bestätigen, zu stabilisieren und zu elaborieren. Würde ein Therapeut diesen zielen folgen, dann würde er sich in höchstem Maße *antitherapeutisch* verhalten.

7.3 Therapiemotivation statt Änderungsmotivation

Aufgrund dieser Analyse ist es auch äußerst wesentlich, zwischen Therapiemotivation und Änderungsmotivation zu unterscheiden.

Änderungsmotivation bedeutet, daß ein Klient willens und bereit ist, sich im und durch den Therapieprozeß zu verändern. Natürlich ist diese Motivation immer ambivalent (Grawe, 1982, 1987a; Caspar, 1982; Sachse, 1992a, 1996a): Ein Klient hat immer neben der Tendenz, sich zu ändern, auch die Tendenz, das System beizubehalten und zu "reparieren": Ein Klient hat immer neben der Hoffnung auf konstruktive Änderungen auch Angst vor der Veränderung, Angst davor, Stabilität zu verlieren, auf unangenehme Inhalte zu stoßen usw.

Daher muß man Änderungsmotivation immer als Resultierende aus verschiedenen Tendenzen verstehen; aus Annäherungstendenzen und aus Vermeidungstendenzen. Änderungsmotivation bedeutet dann in dieser Sicht, daß die Tendenzen zur Änderung größer sind als die Tendenzen zur Vermeidung oder zu Stabilisierung.

Therapiemotivation ist dagegen lediglich die Tendenz, eine Therapie aufzusuchen. Und hier muß man sich sehr deutlich klar machen, daß Änderungsmotivation nur *ein* möglicher Grund ist, in Therapie zu kommen. Ein Klient kann nämlich auch eine ganze Reihe von Gründen haben, in Therapie zu kommen, wenn er *nicht* änderungsmotiviert ist. Ein Klient kann, wie ausgeführt, eine Therapie aufsuchen, um sein System mit Hilfe des Therapeuten zu stabilisieren. Das bedeutet im Extremfall: *Ein Klient kann in Therapie gehen, um sein System nicht ändern zu müssen.* Die Intention, das eigene System zu stabilisieren, kann ebensogut ein Grund sein, in Therapie zu gehen wie die Intention, das eigene System zu verändern.

Für Therapeuten ist es sehr wesentlich zu erkennen, daß die Tatsache, daß ein Klient in Therapie kommt, keineswegs zwangsläufig impliziert, daß der Klient änderungsmotiviert ist: Sie kann ebensogut implizieren, daß der Klient sein System *nicht* ändern will, jedoch den Therapeuten zur Stabilisierung seines Systems benötigt.

7.4 Unterschiedliche Arten von Therapiemotivation

Man muß nach den bisherigen Analysen annehmen, daß das Vorliegen einer Spielebene bei einem Klienten immer auch impliziert, daß der Klient in der Therapie eine Motivation aufweist,
• den Therapeuten für seine Ziele zu funktionalisieren;
• sein System mit Hilfe des Therapeuten in irgendeiner Weise zu stabilisieren.
Man kann auch annehmen, daß das Ausmaß dieser Stabilisierungsmotivation um so größer ist, je stärker die Spielebene gegenüber der Motivebene ausgeprägt ist: Klienten mit sehr ausgeprägter Spielebene werden auch in sehr hohem Maße versuchen, Interaktionspartner zu funktionalisieren; und sie werden dies ebenfalls mit dem Therapeuten versuchen. Sie werden daher versuchen, den Therapeuten "in ihr System einzubauen".

Bezüglich der Arten und Gründe für eine stabilisierende Therapiemotivation kann es Unterschiede geben: Die Klienten könnten unterschiedliches vom Therapeuten wollen und sie können dies auch aus Unterschiedlichen Gründen wollen. Im folgenden sollen einige der m.E. besonders häufigen intentionalen Strukturen aufgezeigt werden, die Klienten mit Spielstrukturen aufweisen können. Wiederum handelt es sich nur um eine Beschreibung von Prototypen, die dem Therapeuten eine Analyse des Problems erleichtern soll.

7.4.1 Therapie als Alibi

Die Intentionsstruktur "Therapie als Alibi" resultiert dann, wenn ein Klient von einem Partner (oder einer anderen relevanten Bezugsperson) "in Therapie geschickt wird", selbst jedoch kein Interesse an einer Veränderung hat.

Der Klient empfindet sein eigenes Verhalten selbst als in Ordnung oder als nicht störend: wie er lebt, wie er handelt, seine Ziele, Überzeugungen und Regeln sind für ihn stimmig; er möchte das alles so lassen oder hat zumindest nicht den Eindruck, es müßte sich daran etwas ändern. Möglicherweise würde er eine Veränderung sogar als Beeinträchtigung, Verlust, Einschränkung o.ä. erleben. Dieses Handeln geht dabei in aller Regel auf eine Spielebene zurück: Es ist ein intransparentes, den Partner manipulierendes Handeln. Der Partner setzt den Klienten in aller Regel auch erst dann unter

Druck, sich zu verändern, wenn er selbst nicht mehr bereit ist, sich komplementär zu verhalten. Die Botschaft ist dann oft: "Entweder Du änderst Dich oder ich verlasse Dich!"

Der Partner ist bezüglich der Problemdefinitionen jedoch anderer Meinung als der Klient: Er leidet unter dem Verhalten des Klienten, empfindet bestimmte Überzeugungen oder Handlungen als störend, einschränkend, abstoßend usw. Möglicherweise hat sich der Partner eine ganze Zeitlang damit arrangiert, in der Hoffnung, daß der Klient sich ändert oder daß der Partner ihn ändern kann. Doch irgendwann kommt der Partner an den Punkt, an dem "es reicht": Er ist nicht länger bereit, das Verhalten des Klienten zu akzeptieren und er glaubt auch nicht mehr, daß es sich ohne gezielte Interventionen ändert. Daher beginnt er nun, den Klienten unter Druck zu setzen: Entweder der Klient unternimmt etwas Konkretes, geht in Therapie und zeigt so eine Bereitschaft zur Veränderung, oder der Partner muß die Konsequenz ziehen und ihn verlassen. Möchte der Klient jedoch nicht, daß die Beziehung beendet wird, dann beginnt an dieser Stelle das Alibi-Spiel.

Der Klient ist hier in einer Zwangslage: Er muß einerseits aktiv werden, handeln und muß sich in Therapie begeben. Damit kann der Partner zufriedengestellt werden, denn der Klient signalisiert: "Guck mal, was ich für Dich tue! Ich unternehme etwas und ändere mich!"

Tatsächlich will sich der Klient jedoch durch die Therapie nicht ändern, und dafür hat er meistens zwei gewichtige Gründe:

1. Er findet sein Verhalten nicht änderungsbedürftig, sondern hat u.U. sogar Sorge, daß eine Änderung ihm Nachteile bringt. Und dies ist wohl auch korrekt: Denn der Klient müßte seine interaktionellen Ziele und Strategien auf der Spielebene aufgeben, die er bisher (einigermaßen!) erfolgreich eingesetzt hat.

2. Eine Veränderung seiner Person würde dem Partner Recht geben: Wenn der Klient sich ändert, dann erkennt der Klient die Definition des Partners an, daß er an dem Problem schuld ist. Wenn er sich ändert und das Interaktionsproblem daraufhin verschwindet, dann hatte sein Partner recht. Er, der Klient hatte die Verantwortung für die Misere, er war "schuld". Wenn er diese Definition seines Partners nicht akzeptieren will, resultiert daraus, daß er sich auch nicht ändern darf.

Aus dieser Konstellation resultiert für den Klienten in der Therapie eine doppelte Aufgabe:

1. Auf der einen Seite darf die Therapie nicht erfolgreich sein: Der Klient darf nicht in die Gefahr geraten, sich durch Therapie zu ändern.
   Daraus resultiert die Aufgabe, in der Therapie möglichst wenig effektiv zu arbeiten: Der Klient muß die therapeutische Arbeit so weit wie möglich sabotieren, er darf Interventionen des Therapeuten nicht umsetzen, er darf sich möglichst nicht mit der Klärung eigener Aspekte beschäftigen, kein neues Verhalten ausprobieren usw.

2. Andererseits muß der Klient jedoch eine Zeitlang in der Therapie bleiben, um dem Partner gegenüber guten Willen zu zeigen. Wäre die Therapie nach wenigen Stunden schon zu Ende, wäre das fatal: der Partner wäre verärgert, könnte dem Klienten

mangelnde Änderungsbereitschaft vorwerfen und seine Trennungsdrohung wahr machen. Der Klient muß daher in Therapie bleiben.

Angesichts seiner Arbeitssabotage riskiert er jedoch, vom Therapeuten aus der Therapie geworfen zu werden. Daher muß er etwas tun, was den Therapeuten gütlich stimmt, er muß den Therapeuten "füttern". Dies kann er tun, indem er

- dem Therapeuten gegenüber betont, wie wichtig Therapie für ihn ist und wie toll es ist, endlich einen Therapieplatz gefunden zu haben;
- wie wohl er sich in der Therapie fühlt und wie gerne er jedesmal zur Therapiestunde kommt;
- wie groß seine Erkenntnis ist: daß ihm nun Dinge deutlich werden, die er so noch gar nicht kannte usw.;
- wie groß schon jetzt der therapeutische Fortschritt ist und welche deutlichen Veränderungen er schon gemacht hat;
- den Therapeuten für einzelne Interventionen lobt ("das ist eine sehr gute Frage");
- den Therapeuten überhaupt für seine Kompetenz lobt ("sie verstehen mich viel besser als mein früherer Therapeut")
  usw.

Das Problem besteht jedoch darin, daß diese Art von Balanceakt nicht stabil sein kann. Der Partner, der den Klienten zur Therapie getrieben hat, will letztlich ja nicht, daß der Klient sich weiter Therapie in Therapie befindet: Letztlich will er *Veränderungen* sehen. Da der Klient die Therapie sabotiert, sind Veränderungen aber gar nicht möglich: Der Partner wird daher mit der Zeit ungehalten werden und den Klienten erneut unter Druck setzen. Hier kann der Klient eine Lösung anbringen, die funktional ist: Er muß dem Therapeuten den schwarzen Peter für den Mißerfolg zuschieben. Dann kann er seinem Partner gegenüber folgendes Argument aufmachen:

- du hast ja gesehen, wie motiviert ich war, mich zu verändern;
- ich bin immer zur Therapie gegangen;
- ich habe hohe Erwartungen in die Therapie gesetzt;
- leider zeigt sich nun, daß der Therapeut nicht kompetent ist;
- daher breche ich jetzt besser den untauglichen Versuch ab;
- ich bin aber motiviert, es mit einem neuen Therapeuten erneut zu versuchen.

Auf diese Weise kann der Klient auf Zeit spielen: Wie lange ihm das gelingt, hängt entscheidend vom Partner ab.

Die inner-therapeutische Konsequenz dieser Strategie kann sehr dramatisch sein, insbesondere, wenn der Therapeut nicht bemerkt hat, daß im Therapieprozeß etwas nicht stimmt. Dann ist der Therapeut über Stunden gelobt worden und dann setzt sich der Klient zu Beginn einer Stunde hin und sagt: "Ich bin mit unserer Arbeit leider völlig unzufrieden. Ich habe den Eindruck, daß sich im Grunde doch gar nichts getan hat. Ich glaube, sie haben mich bis jetzt noch nicht richtig verstanden. Das richtet sich nicht gegen Sie persönlich, aber ich glaube, sie sind für mein Problem nicht kompetent genug. Ich hatte gleich den Eindruck, daß sie noch so jung sind, aber ich wollte Ihnen eine Chance geben".

Der Therapeut, der sich stundenlang im Lob des Klienten gesonnt hatte, bekommt nun unvermittelt einen Kübel Jauche über den Kopf. Leider hat der Klient hier dann auch nicht ganz unrecht: Die Tatsache, daß der Therapeut die immer vorhandenen Warnsignale übersehen hat, zeigt, daß er tatsächlich nicht kompetent genug war.

Das erste, was einen Therapeuten beim Vorliegen eines Alibi-Spiels warnt, ist in der Regel die Empfindung von *Diskrepanzen*: Der Klient behauptet, die Therapie sei für ihn wichtig, aber er arbeitet nicht; der Klient sagt, es habe sich schon viel verändert, aber der Therapeut kann nicht sehen, was; der Klient macht das Image auf, ein kooperativer Klient zu sein, der Therapeut fühlt sich jedoch statt dessen sabotiert, hilflos, mattgesetzt; der Klient sagt, er arbeite so intensiv, aber der Therapeut kann kaum ein Thema benennen, an dem der Klient kontinuierlich arbeitet usw. Die Aussage des Klienten stimmt nicht mit dem Eindruck überein, den der Therapeut hat: Der Therapeut kann die Aussagen des Klienten nicht nachvollziehen, nicht auf Daten beziehen.

7.4.2 Umgrenzte Probleme: Co-Morbidität mit Achse-I-Störungen

Klienten, die eine Spielstruktur aufweisen, können ihre eigenen Verhaltens- und Erlebensweisen, ihre Ansichten und Motive in Ordnung finden und der Meinung sein, daß diese nicht zu verändert werden brauchen bzw. daß sie nicht verändert werden sollten.

Sie können jedoch andere Probleme aufweisen, die keineswegs "ich-synton" sind, sondern die den Klienten in hohem Maße stören und die nach Ansicht des Klienten dringend verändert werden sollten, und zwar möglichst schnell. Diese Probleme sind in der Regel Co-Morbiditäten mit sog. "Achse-I-Störungen" (des DSM IV, vgl. Fydrich et al., 1996; Shea et al., 1987; Alnaes u. Torgersen, 1988, 1991; Sanderson et al., 1992, 1994; Flick et al., 1993; Fydrich, Schmitz et al., 1996; Mavissakalian et al., 1993; Rossiter et al., 1993), z.B.:
*   Panik: Der Klient zeigt ein Paniksyndrom, das sehr unangenehm und belastend ist, das die Lebensqualität erheblich einschränkt;
*   Depression: der Klient leidet unter einem dysphorischen Zustand, der Aktivitäten lähmt und schwer auszuhalten ist;
*   Somatisierungs-Störung: Der Klient zeigt eine hohe Zahl (wechselnder) körperlicher Beschwerden, die ihn beeinträchtigen und veranlassen, Ärzte aufzusuchen;
*   Sexuelle Schwierigkeiten: Störungen der Appetenz oder Beeinträchtigungen der Sexualfunktionen motivieren den Klienten dazu, therapeutische Hilfe in Anspruch zu nehmen.

In allen diesen Fällen hat der Klient aus seiner eigenen Perspektive den Eindruck, ein klar umgrenztes, isoliertes Problem zu haben: Er hat eine Panikstörung, das ist nicht in Ordnung. Der "Rest" seiner Person ist jedoch in Ordnung.

Daraus folgt
*   daß die Panik mit seiner Person oder Persönlichkeit nichts zu tun hat;
*   daß daher in der Therapie andere Inhaltsaspekte auch nicht berücksichtigt werden müssen;
*   daß daher die Panik isoliert behandelt werden kann und behandelt werden muß.

Prominent ist daher in diesem Fall ein *eingeschränkter Arbeitsauftrag*:

Es soll in der Therapie an der Panik gearbeitet werden und nur daran. Die Bearbeitung aller anderen Aspekte der Person, des Lebens, sollen aus der Bearbeitung ausgeklammert werden. Dabei kann die Eingrenzung als solche heftig vorgetragen werden.

Der Klient

- kann bereits zu Therapiebeginn betonen, daß nur das von ihm explizit thematisierte Problem behandelt werden soll
- daß er nicht über andere Inhaltsbereiche sprechen möchte, weil "alles in Ordnung ist": Der Klient macht damit *thematische Sperren* auf.

In der Regel reagiert der Klient auf ein Überschreiten der thematischen Sperre mit *direkter Kontrolle* des Therapeuten (siehe Kapitel 15 und 16). Thematisiert der Therapeut doch andere Inhalte (z.B. weil er meint, daß diese bei der Analyse des explizit genannten Problems eine Rolle spielen), dann kann sich der Klient explizit wehren oder den Therapeuten strafen.

Besonders beliebt ist das *Verschlimmerungsargument*:

- der Klient betont, daß es ihm nun nach der (unerlaubten) Intervention des Therapeuten schlecht gehe: Die Frage des Therapeuten habe "alles aufgewühlt", den Klienten völlig hilflos gemacht u.ä.;
- der Klient kann auch am Ende der Stunde deutlich machen, daß es ihm psychisch sehr schlecht geht: Er weiß gar nicht, wie er mit diesem Zustand "über die Woche kommen soll"; alles ist schlimmer als vorher; der Therapeut hat durch seine Fragen alles wieder hochgeholt, ohne jedoch dem Klienten wirksame Hilfe anzubieten u.ä.;
- oder aber der Klient bringt dieses Argument zu Beginn der nächsten Stunde: nach der letzten sei er "völlig aufgelöst gewesen", "habe sich gar nicht beruhigen können", habe eine "entsetzliche Woche durchgemacht" usw.

Der Sinn dieses Vorgehens ist klar: Folgt der Therapeut nicht den Regeln des Klienten, dann muß er diszipliniert werden. Der Klient signalisiert somit, daß die Vorgehensweise des Therapeuten nicht nur nicht hilfreich, sondern im Gegenteil, geradezu antitherapeutisch sei: Der Therapeut stürzt den Klienten in Verzweiflung, er gibt ihm keine Hilfe, er verschlimmert den Zustand, er erkennt nicht einmal, was er tut. So hat sich der Klient die Therapie wirklich nicht vorgestellt; das Vorgehen ist geradezu verantwortungslos; es weist auch auf geringe Kompetenz, mangelndes Einfühlungsvermögen hin.

Der Klient erwartet hier vom Therapeuten

- daß dieser hier ein schlechtes Gewissen wegen seiner Handlungen bekommt;
- daß er Angst bekommt, von dem Klienten weiter abgewertet zu werden;
- daß er sich für sein ungebührliches Vorgehen entschuldigt;
- und, vor allem, daß er verspricht, derartige Interventionen nie mehr zu verwenden und sich statt dessen an die Regeln des Klienten zu halten.

7.4.3 Kostenreduktion

Ein Klient kann bemerken, daß seine Lebensweise, seine Ziele, seine Handlungen u.a. hohe Kosten erzeugen und den Eindruck haben, daß diese Kosten nicht mehr tragbar sind. Dabei kann es sich um sehr unterschiedliche Arten von Kosten handeln:

- der Klient kann bemerken, daß seine Gesundheit leidet: Er bekommt ernsthafte Herzprobleme, Bluthochdruck u.ä., die gesundheitlichen Probleme beginnen u.U., ein gefährliches Ausmaß anzunehmen;

- die Leistungsfähigkeit kann abnehmen: der Klient bemerkt, daß er erschöpft ist, daß seine Konzentrationsfähigkeit abnimmt, daß er die "Kontrolle über sich verliert";

- der Klient fühlt sich psychisch belastet: Er hat den Eindruck, niedergeschlagen, bedrückt zu sein, er fühlt sich unwohl, angespannt, unruhig; er kann dies aber an keinem speziellen Problem festmachen;

- der Klient kann bemerken, daß er durch sein Verhalten zunehmend Probleme mit anderen Menschen bekommt: Andere reagieren negativ, ziehen sich zurück usw.

In diesen Fällen kann ein Klient in Therapie kommen, *um seine Kosten zu reduzieren.* Der Klient möchte dabei die Kosten seines Handelns, seines Systems reduzieren, *damit* er ansonsten alles beim alten lassen kann. Die intentionale Struktur dieses Spiels besteht also gerade darin, *nicht* an einer Veränderung der eigenen Person, eigener Ziele, Motive, Überzeugungen usw. zu arbeiten, sondern diese beizubehalten, die dysfunktionalen Aspekte des Systems, die Kosten, Belastungen usw. jedoch abzubauen. Der Auftrag an den Therapeuten lautet daher *"Machen sie mein System lebbar!"* .

Daraus resultiert ein *eingeschränkter Arbeitsauftrag*: Es soll an der Reduktion der Kosten gearbeitet werden (an den Symptomen, an dem Streß, an der "mangelnden Leistungsfähigkeit" usw.) und an sonst gar nichts. Eine Bearbeitung anderer persönlicher Aspekte, Motive, Ziele, Überzeugungen, kommt nicht in Frage (ist sogar "verboten").

Aus dem System resultiert aber nicht nur ein eingeschränkter, sondern auch ein *paradoxer Arbeitsauftrag*: Der Klient will "streßresistenter" gemacht werden, die eigentlichen Ursachen des Streß, die Ziele, Verarbeitungen usw. dürfen aber nicht angegangen werden. Der Klient will seine Symptome beseitigt haben, die psychischen Grundlagen dieser Symptome dürfen aber nicht bearbeitet werden. Dies ist ungefähr so, als würde ein Patient zum Arzt gehen und sagen: "Ich habe Magenschmerzen und die will ich weghaben. Aber Schlauchschlucken ist mir unangenehm, Röntgen belastet meinen Körper usw. Und Tabletten nehme ich auch nicht, denn das lehne ich ab. Aber behandeln Sie mich ja richtig, und tun sie es schnell!" Dies ist die klassische Struktur von "wasch mir den Pelz, aber mach mich nicht naß": es soll etwas geändert werden, aber ohne Kosten, ohne Mühe, ohne, daß man dafür etwas aufgeben muß.

Nun muß man dazu aber sagen: könnte man zaubern, wäre man wahrscheinlich kein Therapeut geworden, sondern könnte in anderen Kontexten wesentlich mehr Geld verdienen: Möchte der Klient einen Schamanen, ist er hier an der falschen Adresse. Dies muß man sich selbst und gegebenenfalls auch einem Klienten klar machen. Man kann hier wunderbar Schiller zitieren (Jungfrau von Orleans): "Kann ich Armeen aus dem Boden stampfen? Wächst mir ein Kornfeld auf der flachen Hand?" Nicht daß ich wüßte!

7.4.4 Gesundheitskostenreduktion

Klienten, die einen Herzinfarkt hinter sich haben und in Rehabilitation kommen, zeigen gute Beispiele für den Auftrag "mach mein System lebbar, aber laß es ansonsten unangetastet". Sie möchten, daß der Therapeut sie "wieder fit macht", daß sie möglichst schnell wieder möglichst leistungsfähig werden, damit alles so weitergehen kann wie bisher (das erinnert mich immer an den Huxley-Spruch aus "Schöne neue Welt": "Lieber Ford mach mich schnell, wie dein erstes T-Modell").

Diese Klienten zeigen meist wenig Bereitschaft, sich und ihr System zu ändern: Sie halten ihre Leistungsziele für angemessen, sie benötigen diese zur Definition ihrer Identität (es sind Identitätsziele im Sinne Gollwitzers, 1986, 1987a, 1987b, 1989). Es wäre für sie die Arbeit an einer neuen Identität, würden sie wirklich ihre Normen, Standards und Ziele überdenken, klären und verändern. Dies ist jedoch mit großer Angst verbunden und wird systematisch vermieden: Die Vermeidung ist dadurch möglich, daß diese Ziele als angemessen, nicht klärungs- oder veränderungsbedürftig definiert werden. Damit macht der Klient an dieser Stelle deutlich thematische Sperren auf: Der Therapeut soll ja nicht auf die Idee kommen, Ziele, Motive oder Normen zu hinterfragen. Statt dessen wird ein klarer und eingeschränkter Arbeitsauftrag an den Therapeuten gegeben: Machen sie mich wieder fit! Stellen sie mich wieder so weit her, daß ich genau dort weitermachen kann, wo ich vor dem Herzinfarkt war!

Teilaufträge dieses Arbeitsauftrages können sein:

- Machen sie mich streßresistenter!
- Bringen sie mir Entspannungstraining bei, damit ich mich schnell und effektiv regenerieren kann!
- Sorgen Sie dafür, daß ich leistungsfähiger bin als vorher.

Es ist aus psychologischem Verständnis heraus wohl völlig klar, daß ein Therapeut derartige Aufträge nicht ausführen kann: So ist z.B. "Streß" ein komplexer Vorgang, bei dem Ziele, Motive, Interpretationen, Coping-Ressourcen usw. eine Rolle spielen und in komplexer Weise interagieren (vgl. Eiff 1979; Laux, 1983; Lazarus, 1981; Nitsch, 1981; Sachse, 1995; Schwarzer, 1987). Man wird es daher wohl kaum fertigbringen, den Klienten "streßresistenter" zu machen, ohne die komplexen Ursachen des Streß zu analysieren (zumindest wird man es nicht auf Dauer schaffen). Aber selbst wenn man es könnte, sollte man sich m.E. als Therapeut genau überlegen, ob man es tun sollte. Denn dem Auftrag des Klienten zu folgen bedeutet letztlich, ein pathologisches, ungesundes System zu stabilisieren. Ich bezweifle, daß unsere Aufgabe als Therapeuten darin besteht, dysfunktionale Systeme zu stabilisieren (vielleicht von wenigen Ausnahmen abgesehen: z.B., wenn man einen schwerkranken Krebspatienten in seinem System stabilisiert); ich persönlich habe massive Probleme mit einem solchen Arbeitsauftrag. Und ich glaube, daß die Übernahme eines solchen Auftrages, zumindest bei der Reduktion von Gesundheitskosten, den Klienten *gefährdet*: Ein Herzinfarkt-Rehabilitations-Patient, den ich "streßresistent" mache, wird dies nutzen, um so zu arbeiten wie bisher, ja er wird vielleicht sogar, streßresistent wie er nun ist, noch mehr arbeiten. Dann aber kann ich die Tür der Intensivstation gleich offenlassen, denn der nächste Herzinfarkt ist absehbar. Es fragt sich daher, ob ich es wirklich therapeutisch verantworten will, den Klienten ungewarnt diesen Weg gehen zu lassen.

7.4.5 "Mach' mich gelassen"

Ein interessanter, eingeschränkter Arbeitsauftrag ist auch, "gelassener" zu werden. Der Klient hat den Eindruck, ständig von eigenen Gefühlen gestört, irritiert, abgelenkt, beeinträchtigt zu werden. Er ärgert sich zuviel, regt sich zu viel auf, ist "emotional labil" usw.

Der Klient betrachtet diese Gefühle nicht als persönlich relevante Informationen, die etwas Wichtiges über ihn aussagen und die man vielleicht ernst nehmen sollte, sondern nur als "lästiges Rauschen", das die Erreichung von Zielen stört und das dringend "abgestellt" werden muß. Der Klient will daher mit Hilfe des Therapeuten lernen, seinen Ärger zu kontrollieren, gelassener zu werden, sich weniger aufzuregen. Dies impliziert aber, daß der Therapeut auf keinen Fall Motive, Ziele, Überzeugungen usw. hinterfragt oder analysiert, denn dies würde den Klienten ja noch mehr aufregen, noch instabiler machen, würde Gefühle evozieren zu kontrollieren.

7.4.6 Mülleimer

Klienten können in Therapie kommen, um sich mit Hilfe des Therapeuten zu entlasten: Sie haben niemanden, mit dem sie reden können, dem sie ihr Leid klagen können, niemanden, der ihnen zuhört. Dazu nutzen sie dann einen Therapeuten. Ihre Intention ist dabei nicht, sich oder ihr System zu verändern und daher in der Therapie systematisch zu arbeiten; ihre Intention ist vielmehr, die Therapiestunde zur seelischen Entlastung zu nutzen. Sie kommen in die Therapie um, "sich auszukotzen", sie benutzen den Therapeuten als eine Art Mülleimer, der allen seelischen Krempel aufnimmt, der sich die Woche über angesammelt hat. Ihre Intention ist daher ganz klar systemstabilisierend: Sie möchten sich mit Hilfe des Therapeuten so weit entlasten, daß ihr System lebbar wird. Die Mülleimer-Strategie reduziert die Kosten und reduziert damit gleichzeitig die Motivation des Klienten in der Therapie konstruktiv-verändernd zu arbeiten.

Das Mülleimer-Spiel macht sich im wesentlichen dadurch bemerkbar, daß der Klient nicht an einem Problem oder Thema arbeitet: Der Klient zeigt vielmehr ein ausgeprägtes "thematisches Vagabundieren" (Dörner, 1988; Dörner et al., 1983; Vogel, 1993; Vogel u. Schulte, 1991). Der Klient erzählt dabei Geschichten. Er erzählt, was sich die Woche über ereignet hat, was sich früher ereignet hat, was ihn daran stört usw. Dabei wechseln die Inhalte im Sinne eines freien Assoziierens. Der Klient weist damit (oft zur Verzweiflung des Therapeuten) keine thematische Stringenz auf: Er kommt von einem Aspekt auf den anderen, verliert sich in völlig irrelevanten Details, walzt Nebenaspekte exzessiv aus usw. Diese Art von Gesprächen bezeichnen wir als *"Friseur-Gespräche"*. Das Gespräch könnte ohne weiteres in der gleichen Form außerhalb der Therapie stattfinden: beim Friseur, an der Bar, im Zug. Das Gespräch hat damit jede Spezifität verloren, die es als therapeutisches Gespräch ausweisen könnte: Der Klient hat die Therapie in eine Alltagskommunikation verwandelt (und der Therapeut hat das zugelassen!).

Der Klient hat kein vordringliches Thema oder Problem, das er behandeln möchte oder behandeln muß: Es ist eigentlich alles wichtig.

Damit hat der Klient auch keinen Arbeitsauftrag: Der Therapeut weiß nicht, woran oder woraufhin der Klient eigentlich arbeiten will:

- es wird kein Problem klar;
- die idiosynkratische Problematik bleibt unklar: Was genau belastet *den Klienten* eigentlich?
- das Ziel bleibt unklar: was genau will der Klient eigentlich erreichen?

Der Klient hat auch *keinerlei Fragestellungen* hinsichtlich bestimmter Problemaspekte oder Inhalte. Es werden keine Inhalte als wichtig, zentral oder relevant erkennbar. Dem Therapeuten bleibt damit unklar, warum der Klient eigentlich in Therapie kommt: Was der Klient inhaltlich vom Therapeuten will ist nicht identifizierbar. Trotzdem ist dem Klienten die Therapie wichtig und er hält seine Termine immer ein: Der Therapeut fragt sich jedoch zunehmend, was der Klient überhaupt bearbeiten, erreichen, tun will.

Der Therapeut versucht hier manchmal, um Struktur in den Prozeß zu bringen, den Klienten auf ein Thema festzulegen: Er bittet den Klienten, bei einem bestimmten Aspekt zu bleiben und diesen dann ganz genau zu betrachten. Die Standardentgegnung des Klienten ist dann, daß er dem Therapeuten im Prinzip zustimmt: Sicher ist dieses Thema wichtig, und man sollte schon dabei bleiben. Jedoch sei leider in der letzten Woche so viel passiert, es habe sich soviel "angestaut", darüber müsse der Klient zunächst reden, das belaste ihn ansonsten zu stark. Das sei nur ganz kurz nötig, allenfalls fünf Minuten: Die fünf Minuten dauern dann jedoch fünfzig und in der nächsten Stunde setzt sich diese Struktur ungebrochen fort. Der "Wochenspiegel" dominiert das therapeutische Geschehen.

Bei dieser Interaktion wird besonders drastisch deutlich, daß eine Analyse der Inhalte, ein Verstehen auf der Inhaltsebene nicht weiterführt: die Inhalte sind trivial, irrelevant, leer. Auf der Inhaltsebene greift das Verstehen ins Leere.

Erst wenn man die Inhaltsebene verläßt und sich ansieht, *welche Funktionalität das Handeln des Klienten hat*, versteht man, was im Prozeß passiert. Man versteht das Verhalten des Klienten, wenn man sich fragt:

- Was will der Klient vom Therapeuten?
- Worum geht es dem Klienten *eigentlich*?
- Was will er mit seinem Verhalten erreichen?
- Was soll der Therapeut für ihn tun?

Diese Fragen beziehen sich im wesentlichen auf *interaktionelle Intentionen* des Klienten, es sind daher *Fragen auf der Beziehungsebene*. Sobald man den Fokus der Analyse von der Inhalts- auf die Beziehungsebene "verlegt", versteht man, was passiert: das vorher rätselhafte, konfuse Klientenverhalten wird dann plötzlich sinnvoll und zielorientiert.

7.4.7 Therapie in "Ich-dystoner Phase"

Klienten, die ansonsten ihr Verhalten, ihre Ziele und Überzeugungen gut und funktional finden, können Phasen haben, in denen es ihnen nicht gut geht (Fiedler, 1994). So kann ein Klient mit einer sog. "Narzißtischen Störung" im allgemeinen mit sich und seinen Standards zufrieden sein. Eine Phase von Mißerfolgen und Kritik kann das System jedoch völlig umkippen: Der Klient ist depressiv, hält sich für einen völligen Versager, glaubt, völlig unattraktiv zu sein usw. In dieser Phase kann das Bedürfnis nach therapeutischer Hilfe groß sein.

Die hervorstechende Intention ist jedoch auch hier nicht, das System grundlegend zu hinterfragen, zu klären und zu verändern: Die Intention ist vielmehr, in den positiven Zustand zurückzukehren, und diesen Zustand dann zu stabilisieren. Auch hier sollen somit die Kosten des Systems reduziert werden: der Klient möchte "nicht mehr abstürzen", möchte "gegen Kritik unempfindlich werden", möchte sich selbst besser unter Kontrolle haben.

Der Arbeitsauftrag an den Therapeuten ist damit deutlich eingeschränkt. Der Therapeut soll ganz bestimmten Zielen folgen und anderen nicht, der Klient bestimmt damit die Regeln des therapeutischen Arbeitens. Die Aufgabe des Therapeuten besteht hier - nach Meinung des Klienten - auch wesentlich darin, den Klienten zu betätigen und zu bestärken; dem Klienten zu bestätigen wie toll er eigentlich ist, daß seine Ansichten richtig sind, daß sie jedoch von anderen verkannt werden usw.

7.5 Therapeutische Konsequenzen aus den unterschiedlichen Motivationen von Therapeut und Klient

7.5.1 Analyse der Änderungsmotivation

Eine sehr wesentliche Konsequenz, die aus der bisherigen Analyse gezogen werden muß, ist die, daß Therapeuten sich der Tatsache bewußt sein sollten, daß Klienten völlig andere Intentionen haben können als die Therapeuten, ja, daß sie Intentionen haben können, die den therapeutischen Zielen diametral entgegengesetzt sind. Therapeuten müssen Abschied nehmen von der naiven Annahme, daß Klienten in die Therapie kommen, "um zu wachsen" oder um das therapeutische Angebot begeistert aufzunehmen. Therapeuten müssen vielmehr dafür sensibilisiert sein, "daß es ganz anders sein kann". Daraus aber folgt: *Ein Therapeut muß in jedem Einzelfall sehr sorgfältig klären, wie die Motivation des Klienten beschaffen ist.*

Er kann keinesfalls eine bestimmte Art von Motivation a priori voraussetzen: *es muß vielmehr ein integraler Bestandteil der therapeutischen Prozeßanalyse werden, die Änderungsmotivation des Klienten zu erfassen.*

Hier sollte ein Therapeut allerdings nicht einer zweiten naiven Annahme aufsitzen: der Annahme nämlich, man könnte die Änderungsmotivation des Klienten dadurch erfassen, daß man den Klienten danach fragt (entweder direkt oder mit Hilfe von Fragebögen). Denn zum einen sind Klienten in aller Regel so klug, daß sie durchaus beurteilen können, was in der Therapie von ihnen erwartet wird: Sie wissen, daß eine Therapie im Prinzip nicht dazu da ist, das eigene System mit Hilfe des Therapeuten zu stabilisieren. Und folglich werden sie etwas Entsprechendes auch nicht angeben. Vielmehr werden sie angeben, daß sie sich ändern wollen, daß sie dies sehr wichtig finden usw.

Desweiteren muß man auch nach der bisherigen Analyse davon ausgehen, daß sie von ihren intentionalen Zielen und Strategien auf der Spielebene nur ansatzweise eine Repräsentation besitzen: Damit aber *können* sie zum großen Teil gar nicht angeben, was ihre Intentionen in der Therapie "wirklich" sind. Es macht daher herzlich wenig Sinn, den Klienten nach seiner Motivation zu fragen: Die Antwort kann kaum als valide gelten.

Ebensowenig hilfreich ist es, mit dem Klienten Ziele der Therapie zu erarbeiten und zu glauben, man habe damit einen Indikator für Änderungsmotivation in der Hand: Denn der Klient kann auch hier entweder seine tatsächlichen interaktionellen Ziele gar nicht nennen, weil er sie nicht repräsentiert hat, oder aber er wird nicht naiv genug sein, dem Therapeuten zu sagen, daß er die Absicht hat, diesen zu mißbrauchen.

Änderungsmotivation kann man nur erfassen, indem man den Klienten einem realen *Test* aussetzt und betrachtet, was der Klient tatsächlich tut. Wenn man den Klienten in eine reale therapeutische Situation bringt und wenn der Therapeut Anforderungen an den Klienten stellt, dann kann man beobachten, ob der Klient das tut, was ein änderungsmotivierter Klient tun würde. Und zwar würde ein änderungsmotivierter Klient z.B.

- einen Arbeitsauftrag definieren,

- Fragestellungen aufwerfen,

- eine internale Perspektive einnehmen,

- Verantwortung für den Therapieprozeß übernehmen usw.

(Auf all diese Aspekte wird später noch ausführlich eingegangen). Indem man also bereits relativ früh im Therapieprozeß erhebt, ob diese grundlegenden *Merkmale der Bearbeitung* vorliegen oder nicht kann man erfassen, ob eine Änderungsmotivation vorliegt oder nicht. Diese Argumentation folgt der Erkenntnis, daß reale Interaktionstests valider sind als Fragebogenerhebungen, wenn die erhobenen Informationen

1. schlecht repräsentiert und

2. einem Trend zur Antwort nach sozialer Erwünschtheit unterliegen (vgl. z.B. die Ergebnisse zur prädiktiven Validität von Fragebogen vs. Verhaltenstests beim sog. "Typ-A-Verhalten"; Rosenman et al., 1964; Jenkins et al., 1974; Weinstein et al., 1986; Rosenman et al., 1975).

7.5.2 Erarbeitung einer Änderungsmotivation

Eine weitere Konsequenz aus den angestellten Überlegungen ist die, daß bei Klienten mit einer Spielstruktur eine therapeutische Änderungsmotivation im Therapieprozeß erst *erarbeitet* werden muß. Wenn der Klient nicht mit deutlicher Änderungsmotivation in die Therapie kommt, dann muß es ein primäres Ziel sein, eine solche Motivation zu erarbeiten. Genauer gesagt, müssen die Klienten durch die Therapie in die Lage versetzt werden, eine *Entscheidung* zu treffen: entweder eine Entscheidung dafür, an einer Klärung und Veränderung ihres Systems zu arbeiten oder eine Entscheidung, ihr System so beizubehalten, wie es ist. Sollten sie die Entscheidung treffen, ihr System so beizubehalten, wie es ist, dann muß der Therapeut dies akzeptieren: Nur der Klient hat über sein Leben zu entscheiden. Hier allerdings kann (und sollte) der Therapeut ebenfalls eine Entscheidung treffen: die Entscheidung, sich nicht im System des Klienten funktionalisieren zu lassen, nicht als Stabilisator des dysfunktionalen Klientensystems zu agieren. Der Therapeut kann und sollte dann eine weitere "Therapie" unter diesen Prämissen ablehnen, da sie ansonsten gegen alle Regeln verantwortungsvollen therapeutischen Handelns verstoßen würde.

Entscheidet sich der Klient für eine Veränderungsarbeit, hat man eine wesentliche Grundlage zur Therapie geschaffen: Und damit ist man dann meist schon aus der schwierigsten therapeutischen Phase heraus.

8. Konsequenzen der Spielebene in bezug auf zentrale Bearbeitungsindikatoren im Therapieprozeß

8.1 Einleitung

Wenn Klienten eine Handlungsregulation auf der Spielebene aufweisen und somit nur eine *begrenzte Änderungsmotivation* im Hinblick auf den Therapieprozeß zeigen, jedoch eine ausgeprägte Motivation, ihren Zustand mit Hilfe des Therapeuten zu stabilisieren und "lebbar" zu machen, dann sollte dies gravierende Auswirkungen auf die therapeutische Arbeit haben.

In einem solchen Fall muß man annehmen, daß die Klienten
*   keinen Arbeitsauftrag definieren;
*   oder, wenn, dann nur einen eingeschränkten Arbeitsauftrag;
*   keine Fragestellungen aufwerfen, denen sie im Therapieprozeß folgen wollen, um Probleme und Problemaspekte zu klären und zu verstehen;
*   keine oder nur wenig Verantwortung für die therapeutische Arbeit übernehmen;
*   eine externale oder von sich selbst "losgelöste" Perspektive einnehmen, sich also so mit sich selbst beschäftigen, als ginge es um eine andere Person;
*   und, vom Explizierungsniveau aus betrachtet (vgl. Sachse, 1988a; 1990a; 1990b; 1990c; 1991a; 1991b; 1992a; 1992b; 1992c; Sachse u. Maus, 1987), nur auf Berichtebene arbeiten, intellektualisierende oder allenfalls zuschreibende Bewertungen abgeben.

8.2 Der Arbeitsauftrag

8.2.1 Definition von "Arbeitsauftrag"

Wenn Klienten in Therapie kommen und nicht nur "therapiemotiviert" sind, sondern auch, bei allen bestehenden Ambivalenzen, *änderungsmotiviert*, dann haben sie eine Idee, woran und woraufhin in der Therapie gearbeitet werden soll.

Ein Klient, der unter einem gegebenen Zustand leidet und diesen verändern will, hat in aller Regel schon über vier Aspekte nachgedacht, kann und wird diese in der Therapie angeben und sie nutzen, um die Therapie zu strukturieren.

Diese Aspekte sind:

a. Problemdefinition

b. Problembewertung

c. Zielperspektive

d. Veränderungsmittel

a. Problemdefinition:

Der Klient kann sein Problem beschreiben, definieren; er kann angeben, worin sich das Problem zeigt, in welchen Situationen es auftritt, welche Personen daran beteiligt sind usw.

Er kann *Beispiele* für sein Problem angeben. Der Hörer kann sich so ein Bild von dem Problem machen (Verhalten des Klienten, Ort, Zeit, agierende Personen u.ä.). Auf Grund der Problembeschreibung wird deutlich, um was für ein Problem es sich handelt und somit, was das (Ober-) Thema der Therapie sein soll (woran gearbeitet werden soll).

b. Problembewertung

Eine reine Problembeschreibung genügt nicht, um einen therapeutischen Arbeitsauftrag zu definieren. Eine Person kann ein Problem beschreiben (z.B. "Ich habe große Angst, auf einen Turm zu steigen"), dieses Problem jedoch als so irrelevant bewerten ("was soll ich auf dem Turm?"), daß eine therapeutische Bearbeitung dieses Problems als unnötig erscheint.

Um einen therapeutischen Arbeitsauftrag zu definieren, muß eine Problembewertung hinzukommen, die deutlich macht,

* daß das Problem den Klienten stört;
* daß das Problem mit wichtigen Zielen und Bedürfnissen des Klienten unvereinbar ist;
* und zwar in solchem Ausmaß, daß es geändert oder beseitigt werden soll.

Es ist in jedem Fall notwendig, im Therapieprozeß neben der Beschreibungsdimension auch die Bewertungsdimension des Problems zu kennen. Denn es ist die *Bewertung*, die ein Problem überhaupt erst zum Problem macht; die definiert, was eine Person überhaupt *belastet*, stört, beeinträchtigt.

c. Zielperspektive

Man kann und muß davon ausgehen, daß ein Klient, der unter einem Problem leidet, sich Gedanken darüber gemacht hat, wie ein Zustand ohne Problem aussehen würde: er denkt darüber nach, wie es anders und besser sein könnte; er hat Phantasien über einen Idealzustand u.ä. Dies bedeutet *nicht*, daß ein Klient so konkrete Zielvorstellungen haben muß, daß diese schon zu Beginn der Therapie völlig klar sind. Es bedeutet auch nicht, daß die Zielvorstellungen des Klienten so realisiert sind, daß man sie in der Therapie übernehmen und verfolgen kann. Viele der Klientenziele werden vielmehr diffus, unkonkret, unrealistisch sein. Dennoch *hat* ein Klient Ziele: Und daß er sie hat zeigt, daß er motiviert ist, den augenblicklichen Zustand in einen anderen, besseren Zustand zu überführen. Das Vorhandensein von Zielen kann daher als ein Indikator von Änderungsmotivation angesehen werden. Dagegen wird ein Klient, der seinen Zustand gar nicht ändern, sondern stabilisieren will, auch keine Ziele angeben: Er denkt gar nicht über Zielzustände nach, weil er den Zustand gar nicht verlassen will. Das Fehlen von Zielen, von Phantasien über Idealzustände u.a. kann daher als Indikator für eine Stabilisierungsmotivation angesehen werden.

d. Veränderungsmittel

Das gleiche gilt für Veränderungsmittel: Ein Klient, der einen Zustand als unangenehm empfindet, der den Zustand ändern und verlassen will, hat nicht nur über Ziele nachgedacht, sondern auch über Mittel, den Ist-Zustand in einen Soll-Zustand zu überführen. Er hat vielleicht schon verschiedene Möglichkeiten ausprobiert (die erfolglos waren). Zumindest aber hat er schon über Lösungswege nachgedacht. Wiederum können diese Lösungswege unkonkret, diffus, unsinnig sein; wiederum geht es hier nicht um die Qualität der Lösung, sondern darum zu sehen, daß der Klient sich *bemüht* hat. Denn nur ein Klient, der den augenblicklichen Zustand nicht verlassen will, hat noch nie über Möglichkeiten der Veränderung nachgedacht.

Das gleiche gilt auch, wenn Klienten sagen, sie hätten schon "alles versucht", und nun gebe es keine Lösung mehr: In diesem Fall signalisiert der Klient, daß er nicht gewillt ist, sich hier und jetzt um eine Lösung zu bemühen. Auch dies weist auf eine geringe Änderungsmotivation hin, denn wenn ich den Zustand wirklich ändern will, dann werde ich jede sich bietende Gelegenheit ergreifen, um nach Lösungen zu suchen.

8.2.2 Fehlender Arbeitsauftrag

Erkennt man in einem gegebenen Therapieabschnitt *keinen* Arbeitsauftrag, dann muß man die Frage aufwerfen, ob ein Klient überhaupt *änderungsmotiviert* ist: Stört den Klienten ein Aspekt seines Zustandes überhaupt so, daß er diesen verändern will? Hat er überhaupt die Intention, sich von einem gegebenen Zustand weg- und auf einen Zielzustand zuzubewegen?

Hat der Klient keine Änderungsmotivation, dann kann er andere Motivationen haben, um in Therapie zu kommen oder zu bleiben, d.h. der Klient ist *therapiemotiviert*: Er kann die Intention haben, ein Image zu "verkaufen" (z.B. besonders belastet zu sein); Solidarität zu erhalten, sein System mit Hilfe des Therapeuten zu stabilisieren usw. An der *Änderungsmotivation* des Klienten bestehen jedoch Zweifel.

Dies ist dann ein *sehr wichtiger diagnostischer Hinweis*: Findet man keinen Arbeitsauftrag, dann begründet das bereits einen "Spielverdacht". Es *beweist* noch *nicht*, daß ein Interaktionsspiel vorliegt, es begründet aber immer eine sorgfältige und ausführliche Analyse in dieser Richtung. Das Fehlen eines Arbeitsauftrages ist einer der wichtigsten

Indikatoren, die eine Spielanalyse begründen. Und es ist bereits *ein* Indikator, ein Puzzle-Stück in einer umfassenden Analyse.

8.2.3 Eingeschränkter Arbeitsauftrag

Ein eingeschränkter Arbeitsauftrag liegt vor, wenn ein Klient

- einen bestimmten Ist-Zustand angibt, an dem gearbeitet werden soll und der auf einen bestimmten Soll-Zustand hinauslaufen soll und
- gleichzeitig definiert, daß in der Therapie *nur* daran und daraufhin und an sonst gar nichts gearbeitet werden soll oder darf.

Der Arbeitsauftrag ist damit nicht nur *spezifisch* in dem Sinne, daß der Klient weiß, woran er arbeiten will: Dies wäre wohl eher ein wünschenswerter Zustand, denn es erleichtert die Arbeit, wenn Klienten schon wissen, woran sie arbeiten wollen und was sie erreichen wollen. Das Problematische an dieser Art von Arbeitsauftrag ist die *Einschränkung*, daß *nur dieser* Problemaspekt bearbeitet werden soll und nur *dieses* Ziel angestrebt werden darf. Damit setzen die Klienten gleichzeitig (implizit oder explizit) Grenzen. Sie definieren, daß bestimmte Lebensbereiche nicht behandelt werden dürfen, daß andere Aspekte ihrer Person nicht verändert werden sollen, daß bestimmte Ziele gar nicht diskutiert werden dürfen usw.(vgl. den Abschnitt "thematische Sperren")

Ein eingeschränkter Arbeitsauftrag weist darauf hin, daß der Klient nur eine *eingeschränkte Änderungsmotivation* hat: Der Klient will bestimmte Aspekte ändern, andere aber konstant halten. Damit liegt der Verdacht nahe, daß hier systemstabilisierende Intentionen eine Rolle spielen: Der Klient will u.U. seine Kosten reduzieren, aber ansonsten sein System unangetastet lassen. Daher müssen auch eingeschränkte Arbeitsaufträge immer zu weiteren, ausführlicheren Analysen Anlaß geben.

8.3 Fragestellungen

Wenn, wie in der Zielorientierten Gesprächspsychotherapie, die Repräsentation und Umstrukturierung internaler Problemdeterminanten ein wesentliches Therapieziel ist (Sachse, 1996), dann ist es günstig, wenn ein Klient selbst *Fragestellungen* in dieser Richtung aufwirft. So kann dem Klienten z.B. selbst auffallen, daß er sich seinem Vater gegenüber sehr unterwürfig, vorsichtig und zurückhaltend verhält, ansonsten aber sicher und assertiv ist. Diesen Widerspruch bemerkend, kann sich der Klient selbst fragen, was ihn zu einem solchen Verhalten veranlaßt, das ansonsten gar nicht "zu ihm paßt". Er fragt sich selbst, welche Gründe bei ihm selbst vorliegen, die ihn zu einer solchen Handlung veranlassen.

Solche Fragestellungen, die ein Klient selbst aufwirft, sind für den Therapieprozeß aus drei Gründen positiv:

- Sie weisen auf eine Motivation des Klienten hin, sich mit internalen Determinanten auseinanderzusetzen: der Klient ist neugierig, will selbst an dieser Stelle Klarheit und Veränderung herstellen.
- Der Klient nimmt bereits eine für einen Klärungsprozeß günstige Perspektive ein: Er betrachtet bereits vom "Ich" aus internale Determinanten. Damit muß der Klient vom Therapeuten nicht mehr in eine "Ausgangsposition" zur Klärung geführt werden, sondern er nimmt diese schon selbst ein.
- Fragestellungen strukturieren den Therapieprozeß: Ein Klient, der einer Fragestellung folgt, bleibt bei einem Thema, analysiert Information gezielt, geht zielgerichtet vor im Klärungsprozeß. Daher sind Fragestellungen ein wesentlicher "Motor" konstruktiver therapeutischer Arbeit.

Findet man bei Klienten schon zu Beginn des therapeutischen Prozesses derartige Fragestellungen, ist dies ein günstiges Zeichen hinsichtlich einer konstruktiven Bearbeitung.

Findet man jedoch bei einem Klienten durchweg keinerlei Fragestellungen, dann ist dies ebenfalls ein Indikator für geringe Änderungsmotivation: Denn Klienten, die sich intensiv mit einem Problem auseinandersetzen um es zu verändern, werden bei komplexeren, emotionalen, persönlichen Problemen mit sehr hoher Wahrscheinlichkeit auf Aspekte stoßen, die sie nicht verstehen: Sie reagieren emotional und wissen nicht warum, sie können ihr Verhalten nicht kontrollieren und verstehen nicht, wieso usw. Daher führt eine intensive Auseinandersetzung mit persönlichen Problemen fast zwangsläufig zu Fragestellungen: zu Aspekten, die man nicht versteht, aber verstehen möchte und verstehen muß, um Ansatzpunkte für eine Problemlösung finden zu können. Ein Fehlen von Fragestellungen deutet daher darauf hin, daß der Klient sich kaum mit seinem Problem auseinandersetzt; und dies deutet auf eine geringe Änderungsmotivation hin.

8.4 Verantwortung für den Prozeß

Im Therapieprozeß muß man davon ausgehen, daß Therapeut und Klient ein "Arbeitsteam" bilden, das sich zeitweise zusammenschließt, um etwas Bestimmtes zu bearbeiten und zu erreichen. In der Therapie bilden Klient und Therapeut ein Team, das an dem Problem des Klienten arbeitet.

In dieses Team bringt jeder der Teilnehmer spezifische Kompetenzen ein: der Klient seine Kompetenzen als Inhalts-Experte und der Therapeut seine Kompetenzen als Prozeß-Experte (vgl. Gerl, 1981; Sachse, 1984; 1986a; Sachse u. Maus, 1991).

Beide haben damit auch spezifische *Verantwortungen*. Dies gilt auch für den Klienten: Auch der Klient muß für bestimmte Prozeßaspekte Verantwortung übernehmen. Da nur der Klient Informationen über sich geben kann, muß er Verantwortung dafür übernehmen, daß relevante Information bereitgestellt wird. Da nur er seine Schemata usw. aktiv verändern kann, muß er die Verantwortung dafür übernehmen, daß er dies tut. Wie er das tun kann, die Bearbeitungsanregungen usw., kann er vom Therapeuten erhalten. Aber *umsetzen* muß der Klient diese Aspekte selbst: Kein Therapeut kann einen Klienten ändern, sondern er kann nur Impulse zur Änderung geben, die der Klient umsetzen muß.

Klienten können nun diese Verantwortung für den Therapieprozeß dem Therapeuten übergeben: Der "Experte" soll nun nicht nur dem Klienten helfen, sondern Entscheidungen treffen, Anweisungen geben, Hilfen, Ratschläge usw.

Diese *Übergabe von Prozeß-Verantwortung an den Therapeuten* kann in unterschiedlicher Weise auftreten:

- Es gibt Klienten, die dem Therapeuten sagen: "Ich gebe Ihnen jetzt Informationen, damit sie sich ein möglichst genaues Bild machen können und dann sagen sie mir, was ich tun muß". Hier hat der Klient ein "medizinisches Modell" von Psychotherapie im Kopf. Nach der Diagnose wirft man eine Pille ein und damit ist es getan. Im wesentlichen, so impliziert das Modell, arbeitet der Therapeut. Der Klient ist eher ein unbeteiligter Statist an dieser Vorstellung.

- Klienten teilen dem Therapeuten mit, daß ihr Problem gerade darin besteht, daß sie selbst gar nichts tun können, und daß sie deshalb "getragen" oder "erlöst" werden müssen; und der Therapeut möge sich doch bitte eine dementsprechende Methode überlegen, mit der das zu erreichen ist.

- manche Klienten geben nicht mal von sich aus Information, sondern erwarten, daß der Therapeut sagt, was er wissen will. Das Gespräch läuft nur, wenn der Therapeut es in Gang hält, von sich aus trägt der Klient nichts zur Kommunikation bei. Der Therapeut muß hier, will er ein Gespräch "am Laufen halten", sich ständig neue Impulse und Fragen ausdenken, die den Klienten anregen, etwas zu sagen. Er hat damit für das Fortschreiten der Kommunikation die alleinige Verantwortung. Dies macht sich dann in der sog. *FAP-Struktur* (Frage-Antwort-Pause) bemerkbar:

– Therapeut stellt eine Frage oder gibt eine Anregung

– Klient gibt ein kurzes Statement

– Pause

– Therapeut stellt eine Frage oder gibt eine Anregung

– Klient gibt ein kurzes Statement

– Pause, usw.

Auch mangelnde Prozeß-Verantwortung auf Seiten des Klienten ist ein Zeichen für geringe Änderungsmotivation: denn ein Klient, der unter einem Zustand leidet, wird auch versuchen, diesen Zustand *aktiv* zu ändern: d.h. er wird tun, was immer er kann, um den Zustand zu verlassen. Lediglich bei depressiven Klienten ist die Abgabe der Verantwortung ein Symptom der Störung selbst: Hier geht der Klient von seiner eigenen Hilflosigkeit aus und daraus resultiert logischerweise die Abgabe von Verantwortung. Außerhalb des Störungsbereiches der Depression kann man davon ausgehen, daß Verantwortungsabgabe eher ein Zeichen einer Stabilisierungs-Intention ist: der Therapeut soll den Zustand reparieren, er soll den Klienten bestätigen, führen; der Therapeut soll ein Bestandteil des Klienten-Systems werden.

8.5 Perspektive

8.5.1 Arten von Perspektive

Klienten nehmen in ihrer Aufmerksamkeit immer eine bestimmte Perspektive ein: Sie betrachten etwas von einem bestimmten Standpunkt aus (vgl. hierzu Konzepte und Ergebnisse der Theorie der objektiven Selbstaufmerksamkeit: z.B. Duval u. Wicklund, 1972; Fenigstein, 1987; Frey et al., 1984; Sachse, 1995). Perspektive läßt sich damit als ein Vektor betrachten, der gekennzeichnet ist durch

- den Ausgangspunkt der Betrachtung und
- den Betrachtungsgegenstand.

Hier ist es wesentlich, zwischen drei Arten der Perspektive zu unterscheiden:

- der internalen,
- der externalen,
- der losgelösten.

8.5.2 Internale Perspektive

Bei der internalen Perspektive betrachtet die Person sich selbst. Sie nimmt eigenes Handeln, eigene Emotionen, eigene Gedanken, eigene Überzeugungen usw. in den Fokus ihrer Aufmerksamkeit.

Diese Perspektive ist die Voraussetzung für jede Art von Klärungsarbeit: Um eigene Problemanteile, automatische Gedanken, Gefühle, Überzeugungen zu erkennen, zu klären, zu verstehen und zu repräsentieren ist es notwendig, daß ein Klient eine solche Perspektive einnimmt und über längere Zeit hinweg aufrechterhält. Ohne die Einnahme einer solchen Perspektive ist eine Klärung eigener Problemdeterminanten unmöglich (vgl. Turner, 1978, 1980; Mc Farland u. Sparks, 1985; Scheier, Buss u. Buss, 1978).

8.5.3 Externale Perspektive

Der Klient betrachtet hier externale Aspekte: Die Situation, das Verhalten anderer Personen, deren Emotionen, auch deren Handlungen ihm gegenüber usw.

Der Klient hat hier *nicht* eigene Aspekte, sondern "Fremdaspekte" im Fokus seiner Aufmerksamkeit.

Die (gelegentliche) Einnahme einer externalen Perspektive ist für jede therapeutische Arbeit wesentlich: Ein Klient muß oft erst eine Situation *beschreiben*, bevor er eigene emotionale Reaktionen auf diese Situation klären kann. Ein Klient muß auch Erkenntnisse über sich wieder auf konkrete Situationen beziehen: Wie will ich nun mit dieser Situation umgehen? Für eine klärungsorientierte Therapie ist es daher wesentlich, daß ein Klient zwischen einer externalen und internalen Perspektive "hin und her" schalten kann.

Ein Problem tritt erst dann auf, wenn der Klient ausschließlich oder überwiegend eine externale Perspektive einnimmt: dann kann er Situationen nicht mehr oder kaum noch auf sich beziehen; eine Klärung eigener Problemanteile kommt zu kurz.

Klienten, die ihren Zustand gar nicht verändern wollen, sind auch nicht motiviert, eigene Problemanteile zu klären. Damit entfällt für sie auch die Notwendigkeit, eine internale Perspektive einzunehmen. Das durchgängige Fehlen einer internalen Perspektive, insbesondere das *Nicht-Einnehmen* einer solchen Perspektive nach einer entsprechenden therapeutischen Intervention, deutet daher auf geringe Änderungsmotivation hin.

8.5.4. Losgelöste Perspektive

"Losgelöste Perspektive" bedeutet, daß ein Klient sich so betrachtet und beschreibt, als betrachtete er eine andere Person: Er ist distanziert, unbeteiligt, neutral. Er signalisiert, daß er mit den beschriebenen Verhaltensweisen, Emotionen usw. im Grunde nichts zu tun hat.

Eine solche Perspektive wird manchmal (aber keineswegs notwendigerweise) durch den Gebrauch von "man" erkennbar: "Man fühlt sich schlecht in einer solchen Situation". Der Klient kann aber durchaus das Wort "Ich" gebrauchen, und trotzdem so sehr von den Ereignissen distanziert sein, daß er "abgelöst" ist: Das Ganze geschah einem anderen.

Diese Perspektive dient in hohem Maße dazu, das ganze Problem auf Distanz zu halten; damit zeigt der Klient jedoch keine Intention, sich "dem Problem zu stellen", es zu bearbeiten. Daher paßt eine losgelöste Perspektive zu einer mangelnden Änderungsmotivation.

8.6. Explizierung

Explizierung ist der Prozeß, durch den ein Klient eigene Motive, Ziele, Schemata, emotionale Verarbeitungen klärt, versteht und repräsentiert. Da dieser Prozeß bereits mehrfach ausführlich erläutert wurde (siehe Sachse, 1992a), soll dies hier nicht wiederholt werden.

Es soll hier lediglich betont werden, daß Klienten, die keine Änderungsmotivation aufweisen, mit sehr hoher Wahrscheinlichkeit gerade *nicht* an der Klärung eigener Motive, Ziele, Emotionen arbeiten werden. Sie werden sich daher kaum auf eigene Gefühle als wesentliche Informationsquelle über eigene Motive beziehen; und sie werden kaum versuchen, eigene Gefühle, Motive, affektive Schemata zu verstehen: Sie werden daher keinen Explizierungsprozeß aufweisen.

Sie werden sich statt dessen überwiegend auf der Berichtebene bewegen. Oder aber, sie werden versuchen, ihr Problem theoretisch zu verstehen, ohne es wirklich zu analysieren, also eine Intellektualisierung vornehmen.

Aufkommende Gefühle sollten sie eher anderen Personen zuschreiben: "Ich ärgere mich über X, weil X bescheuert ist" und nicht: "ich ärgere mich über X, weil ich enttäuscht bin". Es ist daher mit einer zuschreibenden Bewertung zu rechnen.

9. Konsequenzen der Spielebene für die Inhaltsbearbeitung

9.1 Einleitung

Ein Klient, der sich in der Therapie befindet, der jedoch sich und sein System nicht verändern möchte, steht in einem Dilemma. Auf der einen Seite muß er dem Therapeuten etwas mitteilen: er muß irgendwie deutlich machen, warum er überhaupt in Therapie ist und er muß die Therapiezeit irgendwie füllen.

Auf der anderen Seite möchte er aber nicht an der Klärung und Veränderung eigener Problemaspekte und Problemdeterminanten arbeiten. Und er möchte dem Therapeuten auch keine Anhaltspunkte dafür geben, Interventionen zu realisieren, die den Klienten in Schwierigkeiten bringen. Denn wenn der Therapeut die Motivation wirklich versteht, dann

- kann er die Konstruktionen des Klienten hinterfragen,
- kann er dem Klienten deutlich machen, daß eine Veränderung unabdingbar ist.

Daher möchte der Klient den Therapeuten möglichst nicht "in seine Karten" gucken lassen.

Eine mögliche Lösung für dieses Dilemma besteht darin, dem Therapeuten zwar Informationen zu geben, jedoch in einer Weise, daß der Therapeut mit diesen Informationen kaum etwas anfangen kann.

Dieses Ziel kann man realisieren, indem

- die gegebenen Informationen so unkonkret sind, daß der Therapeut nicht oder nicht richtig versteht, worum es eigentlich geht. Kann der Therapeut das Problem nicht richtig rekonstruieren, dann kann er auch keine weiterführenden oder vertiefenden Fragen stellen. Die Unkonkretheit paralysiert den Therapeuten so weit, daß dieser keine sinnvollen, weiterführenden Interventionen realisieren kann;
- das Problem so geschildert wird, daß die Schilderung kaum nachvollziehbar ist;
- das Problem so wenig stringent geschildert wird, daß der Hörer vollständig verwirrt wird;
- daß überwiegend periphere und irrelevante Inhaltsaspekte geschildert werden, die keinen Rückschluß darüber erlauben, worum es "wirklich" geht.

9.2 Unkonkretheit

Der sprachliche Aspekt der Konkretheit oder Unkonkretheit einer Aussage ist für die Bearbeitung von Problemaspekten, insbesondere für die Bearbeitung von *Inhalts*aspekten, im Therapieprozeß von großer Bedeutung.

Ein Klient kann einen bestimmten Inhalt sehr konkret, anschaulich und damit für den Therapeuten gut verständlich und hoch nachvollziehbar darstellen; oder aber er kann den Inhalt sehr abgehoben, abstrakt, allgemein und für den Therapeuten schwer verständlich darstellen. Damit erleichtert oder erschwert er dem Therapeuten das Verstehen, die Modellbildung und damit das Ableiten von Prozeßzielen und Interventionen. Der Klient fördert damit den Therapieprozeß oder behindert ihn (Sachse, 1992a).

Wird ein Problem nur unkonkret geschildert, dann erschwert dies

- die Identifikation der *wesentlichen Aspekte*:
  Wenn man nicht genau betrachtet, was das Problem ist, dann kann man auch nicht wesentliche von unwesentlichen Aspekten unterscheiden.
- die Ableitung *weiterführender Fragen*:
  Kann man nicht einmal angeben, worum es geht, dann weiß man auch nicht, in welcher Richtung man das Problem weiter analysieren sollte.
- die *Änderung der Perspektive:*
  Wie soll man die Sichtweise auf ein Problem ändern, wenn nicht klar wird, was das Problem ist bzw. wie die augenblickliche Sichtweise auf das Problem aussieht?

Eine extreme Form von Unkonkretheit: Nebel

Das Ausmaß an Unkonkretheit kann so weit gehen, daß ein Therapeut gar nicht mehr rekonstruieren kann, worum es dem Klienten eigentlich geht oder von welchem Thema eigentlich die Rede ist. In diesem Fall sprechen wir von *Nebel*: Der Therapeut verliert wie im Nebel die Orientierung, kann keine gerichteten Fragestellungen mehr entwickeln und hat auch keine therapeutischen Ziele mehr (außer dem, wieder Klarheit zu haben).

Konkretisierende Fragen: Seifen-Phänomen

Sehr interessant sind die Reaktionen der Klienten auf konkretisierende Fragen des Therapeuten. Konkretisierende Fragen sind solche, die die Konkretheit bestimmter Informationsaspekte erhöhen sollen, z.B.

- "Was genau meinen sie mit x ?"
- "Was genau haben sie dann getan?"
- "Könnten Sie das noch genauer schildern?"
- "Was bedeutet es für sie, daß ihr Partner x getan hat?"

Prinzipiell gibt es dann drei Fälle:

- durch die Antwort des Klienten nimmt die Konkretheit zu: Der Hörer weiß nun besser, genauer, differenzierter o.ä., was der Klient gemeint hat.
- nach der Antwort ist die Unkonkretheit genau so groß wie vorher.

- nach der Antwort ist die Unkonkretheit größer als vorher: Man hat als Hörer jetzt noch mehr Verständnisfragen als vorher, das Bild ist eher unklarer, verworrener, interpretationsbedürftiger geworden.

Diesen Fall bezeichnen wir als *"Seifen-Phänomen"*, da es an die Situation erinnert, in der Badewanne eine verlorengegangene Seife zu greifen: Sobald man versucht zuzufassen, flutscht sie einem weg, nicht ohne die Finger gehörig zu verschmieren. Die Situation ist nach der Intervention schlimmer als vorher.

9.3 Mangelnde Nachvollziehbarkeit

Die Repräsentation, die ein Klient von einem Thema/Problem bzw. von Problemaspekten hat, kann in sich stimmig, konsistent und (einigermaßen) widerspruchsfrei sein (vollständige logische Konsistenz ist wohl nur im Computer erreichbar).

Die Repräsentation kann jedoch auch unstimmig und widersprüchlich sein: Sie enthält gleichzeitig Erfahrungen (Repräsentationen erlebter Situationen, eigener Handlungen, Handlungsergebnisse usw.) oder Annahmen/Überzeugungen, die sich widersprechen, ohne daß der Klient sie (z.B. durch übergeordnete Annahmen) zusammenfügen kann. In vielen Fällen bemerkt der Klient die Widersprüche und Unstimmigkeiten nicht einmal, und wenn, dann eher als diffuse Störung, daß "irgendwas nicht stimmt".

Unstimmigkeiten, nicht nachvollziehbare Schlußfolgerungen u.ä. können einen Therapeuten verwirren; der Therapeut kann verleitet werden, einen großen Teil seiner Ressourcen auf das Lösen kognitiver Rätsel zu verwenden und so den Überblick über das Problem und die Interaktion zu verlieren.

9.4 Mangelnde Stringenz

Klienten unterscheiden sich sehr stark darin, wie stringent sie ein Thema darstellen: Im (extrem) positiven Fall bauen Klienten ihre Darstellung nach einer "story grammar" (Thorndyke, 1977) auf: Sie geben zuerst die Überschrift, das *Thema* an, definieren dieses, geben Erläuterungen zum Verständnis, berichten zu Einzelaspekten Beispiele, wobei immer klar ist, für was diese Beispiele denn Beispiele sind usw.

Der Ablauf ist so, daß ein Hörer dem Text gut folgen kann: Der Hörer kann organisierende Meta-Propositionen aufbauen, an die Zusatz- und Detailinformationen angelagert werden können usw., so daß ein klares und konsistentes Bild des Themas entsteht (van Dijk u. Kintsch, 1983).

Im extrem ungünstigen Fall weisen die Aussagen des Klienten keine erkennbare Organisation auf: Der Klient erzählt ein Beispiel, aber, da er vorher das Thema bzw. das Problem gar nicht benannt hat, über das nun gesprochen werden soll, weiß der Hörer gar nicht, für was das Beispiel überhaupt ein Beispiel sein soll.

Beispiele enthalten im allgemeinen so viele Informationen, daß sie Illustration für sehr unterschiedliche Aspekte sein können. Daher kann es dem Therapeuten sehr schwer fallen, aus einem "Beispiel" allein das Thema zu rekonstruieren. Gibt der Klient keine Angaben darüber, worüber gesprochen werden soll, kann dem Hörer dies trotz aller "Beispiele" weitgehend unklar bleiben: Ein Verstehen des Gesagten ist kaum möglich, geschweige denn ein Verstehen des Klienten.

Eine andere Form niedriger Darstellungs-Stringenz liegt vor, wenn der Klient sich von *Assoziationen* ablenken läßt: Der Klient berichtet z.B. von Angst, die er beim Einkaufen hat; während der Erzählung erwähnt er Frau Müller mit ihrem Hund; er geht daraufhin dazu über, über die Gefährlichkeit von Hunden zu sprechen; im Zuge dieses Themas erwähnt er die hohen Kosten für Hundefutter; das bringt ihn dazu, über hohe Lebenshaltungskosten im allgemeinen zu sprechen; dies wiederum führt ihn zur Politik... .

Eine solche Darstellungsform macht es unmöglich, ein zentrales Prozeßziel von Therapie zu realisieren: Der Klient muß eine Zeitlang bei *einem* Thema, bei *einem* Problemaspekt bleiben und diesen gründlich klären, ansonsten ist ein Erkenntnisfortschritt nicht möglich.

Darstellungsformen niedriger Stringenz machen es dem Therapeuten schwer, den Klienten zu verstehen: Dies beeinträchtigt die Bildung eines Klientenmodells, die Ableitung von Zielen und damit die Bildung sinnvoller Interventionsstrategien (Becker u. Sachse, 1997; Sachse, 1992a). Der Therapeut kann somit, läßt er den Klienten hier gewähren, in seinen therapeutischen Möglichkeiten extrem eingeschränkt werden. Daher muß die Überwindung dieses Problems zu einem vorrangigen prozessualen Therapieziel werden.

9.5 Geringe Relevanz

Für jeden Klienten gibt es Themen, die sehr eng mit seinen zentralen Problemen, Motiven, Zielen zu tun haben und Themen, die für ihn von untergeordneter Bedeutung sind. Hat der Klient z.B. ein Selbst-Konzept-Problem (er zweifelt daran, kompetent und für andere akzeptabel zu sein), dann ist eine geschilderte Episode, in der er vom Chef kritisiert wurde, sehr relevant: Dieses Beispiel illustriert ein zentrales Problem des Klienten; seine Selbstzweifel, seine leichte Verletzlichkeit, seine Selbstabwertung usw. Erzählt der Klient dagegen eine Episode, in der seine Befürchtungen deutlich werden, mit seinem Geld nicht auszukommen, dann kann dies, gemessen an seinen zentralen Problemen, ein Nebenschauplatz mit geringer Relevanz sein.

Für Therapeuten ist es manchmal schwierig zu entscheiden, ob ein bestimmtes Thema von hoher oder geringer Relevanz ist: Meist muß man bereits einiges über den Klienten wissen, um dies beurteilen zu können. Für einen Klienten, der nicht an einer Veränderung arbeiten will, bietet sich hier eine gute Möglichkeit: Er benennt einen Lebensbereich, in dem er eine Störung empfindet und thematisiert diese in der Therapie.

Der Störungsbereich ist für den Klienten aber von geringer Bedeutung. Auf diese Weise gelingt es dem Klienten

- in der Therapie ein *Thema* zu haben,

- an einem Thema zu "arbeiten",

- gleichzeitig aber sicher zu sein, daß sich an den zentralen Themen nichts ändern muß, denn diese werden nicht einmal genannt.

Das "Halten der Therapie an irrelevanten Themen" ist damit eine besonders effektive Strategie von Klienten, die keine Änderungs-, sondern eine Stabilisierungs-Motivation aufweisen.

9.6 Geringe Zentralität der Themen

Jedes Thema und damit auch jedes Problem hat zentrale und periphere Aspekte (während *Relevanz* die unterschiedliche persönliche Bedeutung *zwischen verschiedenen* Themen oder Problembereichen anspricht, meint Zentralität die unterschiedliche persönliche Bedeutung von Aspekten *innerhalb* des gleichen Themas). Bestimmte Aspekte sind für den Klienten von zentraler Bedeutung, bilden den "Kern" des Themas. Andere Aspekte sind von geringerer oder untergeordneter Bedeutung, sie gehören zwar zu dem Thema und können für ein Problemverständnis wesentlich sein, sind aber peripher.

Eine solche Struktur kann man für alle Themen und für alle Probleme von Klienten annehmen: Um einen "zentralen Bedeutungskern" lagern sich periphere Bedeutungsaspekte an, bis hin zu solchen Aspekten, die nur noch locker mit dem Thema/Problem verbunden sind.

Für die Rekonstruktion eines Problems ist es von entscheidender Bedeutung, den zentralen Kern dieses Problems zu treffen, also zu verstehen, was die *im System des Klienten* wesentlichsten, bedeutsamsten Problemaspekte sind. Ein Verstehen dieser zentralen Aspekte bedeutet, systemtheoretisch gesprochen, eine Rekonstruktion zentraler Systemparameter; eine Rekonstruktion derjenigen Variablen eines Systems, deren Veränderung die größten, umfangreichsten, weitreichendsten und nachhaltigsten Veränderungen des Systems nach sich zieht. Daher ist es therapeutisch von größter Bedeutung, bei der Rekonstruktion eines Problems (möglichst schnell) von peripheren zu zentralen Problemaspekten vorzustoßen (vgl. Becker u. Sachse, 1997).

Für einen Klienten mit geringer Änderungs- und hoher Stabilisierungsmotivation kann es umgekehrt von großer Bedeutung sein, in der Peripherie des Problems zu bleiben: Auf diese Weise kann er verhindern, daß der Therapeut das Problem versteht, daß er versteht, worum es "eigentlich" geht.

10. Konsequenzen der Spielebene für die Intention, Problemaspekte nicht zu bearbeiten: Vermeidungs-Strategien

10.1 Vermeidung: Ein wirksamer Schutz gegen unangenehme Selbst-Einsichten

Klienten haben in mehr oder weniger großem Ausmaß die Intention, die Betrachtung und Bearbeitung internaler Determinanten zu vermeiden. Denn richtet man die Perspektive der eigenen Aufmerksamkeit nach innen und betrachtet man eigene Selbstaspekte, eigene Überzeugungen, Ziele, Werte, Motive und deren aktuellen Bezug zu Problemen, dann können Aspekte deutlich werden, die der Person in gar keiner Weise angenehm sind.

So kann z.B. erkennbar werden

- daß man selbst in sehr viel höherem Maße zur Entwicklung und Aufrechterhaltung eines Problems beigetragen hat, als man bisher geglaubt hat oder glauben wollte.
- daß man (infolgedessen) für Probleme in sehr viel höherem Ausmaß selbst Verantwortung hat, als man annehmen möchte.
- daß man selbst Überzeugungen und Werte aufweist, die anderen (eigenen) Werten und Zielen eklatant widersprechen und die man daher selbst nur schwer akzeptieren kann.
- daß das eigene Überzeugungssystem deutlich inhomogener und konflikthafter ist, als man glauben möchte.
- daß die eigene Identität weniger klar und definiert ist, als einem lieb ist.
- daß man in viel höherem Maße gezwungen ist, an sich selbst Veränderungen vorzunehmen, als man möchte.
- daß es notwendig ist, wichtige Ziele aufzugeben oder zu modifizieren, daß man sich von zentralen Lebensplänen verabschieden muß usw.

Die Auseinandersetzung mit der eigenen Person und eigenen Problem-Determinaten kann zu schmerzhaften Erfahrungen führen und daher hoch aversiv sein. Somit kann die *Antizipation*, die Auseinandersetzung mit sich selbst könnte Derartiges bewirken, Angst auslösen. Damit aber ist ein *Vermeidungs-Verhalten* wahrscheinlich: Klienten, die derartige Erfahrungen erwarten, werden eine *Vermeidungstendenz* aufweisen, eine

Tendenz, einer solchen Auseinandersetzung mit sich selbst *auszuweichen* (vgl. auch Beck u. Freeman, 1993; Caspar u. Grawe, 1980, 1985).

Das *Ausmaß dieser Vermeidungstendenz* ist bei verschiedenen Klienten unterschiedlich groß.

Extrem ausgeprägt ist die Vermeidungstendenz bei Klienten, die interaktionelle Spiele realisieren: Sie sind gar nicht motiviert, ihr System zu verändern, sondern wollen es im Gegenteil stabilisieren. Daher ist es wesentlich, alle Aktionen zu verhindern, die das gegenwärtige System in Frage stellen können, also speziell alle Aktionen, die die Unhaltbarkeit des Zustandes, den eigenen Anteil an und speziell die eigene Verantwortung für Probleme deutlich machen könnten.

Die Intention, die Auseinandersetzung mit eigenen Problemdeterminanten zu vermeiden, kann auf sehr unterschiedliche Weise realisiert werden. Klienten realisieren sehr unterschiedliche Strategien, mit deren Hilfe dieses Ziel erreicht werden kann. Diese Strategien sind unterschiedlich gut von Therapeuten durchschaubar, dienen noch unterschiedlich vielen anderen Zielen und sind sehr unterschiedlich leicht therapeutisch bearbeitbar. Auf derartige Strategien soll im folgenden genauer eingegangen werden.

Bezüglich der Klärungsprozesse und der Klärungsambivalenz soll von *Vermeidung* gesprochen werden, wenn der Klient einer Tendenz folgt, einen Inhaltsbereich nicht zu klären bzw., wenn er bestimmten Aspekten ausweicht usw. Dabei wird angenommen, daß die Nicht-Klärung, die Abwendung der Aufmerksamkeit intentional ist oder in der Biographie einmal intentional war: Der Klient hat oder hatte in seinem eigenen Motiv- und Wertesystem Gründe dafür, sich mit bestimmten Dingen nicht zu beschäftigen. Bestimmte Wünsche, die er wahrnimmt, können anderen wichtigen Motiven oder internalisierten Normen widersprechen und ihre Fokalisierung könnte so zu massiven Konflikten führen; bestimmte Erkenntnisse über die eigene Person können dem Selbstkonzept eklatant widersprechen und ihre Erörterung könnte massive Selbstzweifel oder Identitätskrisen auslösen. In allen diesen Fällen würde eine Beschäftigung mit bestimmten Inhalten einen aversiven Zustand auslösen: einen Konflikt, eine Identitätskrise, den Druck, sich zu verändern, die Angst, Anforderungen nicht gerecht zu werden usw. Diese aversiven Zustände kann die Person vermeiden, wenn sie die Auseinandersetzung mit diesen Inhaltsaspekten vermeidet.

Vermeidungen und Vermeidungsstrategien, so wird hier angenommen, können sich im Verlauf der Biographie zu hoch automatisierten Prozessen entwickelt haben (vgl. Kuhl, 1983a, 1996; Lazarus, 1982, 1984): Ein bestimmter, von der Person einmal als bedrohlich definierter Stimulus kann ohne weitere kognitive Analyse, hoch automatisiert, schnell und ressourcenfrei ein Schema aktivieren, das bestimmte Strategien der Vermeidung aktiviert, z.B.: eine Desaktivierung der schema-aktivierenden Inhalte ("Ich habe den Faden verloren"), eine weitere Erhöhung der Aktivationsschwelle ("Ich komme nicht dran"), einen Übergang auf andere Themen usw. Diese Strategien sind, laufen sie erst einmal automatisiert ab, "unbewußt", d.h. die Person bemerkt oft selbst nicht, daß eine Vermeidung stattfindet und wenn, kann sie über die ablaufenden Prozesse keinerlei Angaben machen und diese auch nicht direkt kontrollieren.

Klienten, die eine Spielebene aufweisen, können Vermeidungsstrategien aus internalen wie aus interaktionellen Gründen anwenden.

Internal kann es für einen Klienten extrem unangenehm sein, sich mit seinen negativen Selbstkonzept-Aspekten oder seinen negativen Interaktions-Erwartungen zu beschäftigen. Noch aversiver, ja geradezu bedrohlich kann es für den Klienten sein, sich mit den in der Biographie gemachten Erfahrungen der Ablehnung, der Frustration wesentlicher Bedürfnisse und der Abwertung auseinanderzusetzen: Die Erinnerung an diese Erfahrungen kann für den Klienten so schmerzlich sein, daß er sie kaum aushalten kann.

Aversiv kann es für einen Klienten aber auch sein, sich mit seinem manipulativen Interaktionsverhalten zu beschäftigen: Zu erkennen und einzusehen, was der Klient mit anderen macht, kann dem eigenen Selbstkonzept ("ich bin fürsorglich", "ich bin das Opfer") extrem widersprechen; daher kann auch bezüglich dieser Themen Vermeidung auftreten.

Interaktionell kann bei einem Klienten mit Spielebene Vermeidung auftreten aufgrund der biographischen Erfahrung, daß jedes "sich zeigen", jedes "sich authentisch verhalten" zu Kontrolle, Abwertung, Kritik und/oder Ablehnung geführt hat. Aus dieser Erfahrung resultiert die allgemeine Regel "laß Dir nicht in die Karten schauen", denn dies ist gefährlich. Im Extremfall kann ein Klient sogar eine Annahme aufweisen wie "alles was Du sagst, kann (und wird) gegen Dich verwendet werden!" Ein Klient, der eine derartige interaktionelle Überzeugung aufweist, wird einem Therapeuten kaum Problemaspekte, die er für sehr zentral, sensibel, peinlich hält, mitteilen. Bevor er hier dem Therapeuten erlaubt ihm "in die Karten zu schauen", benötigt er ein sehr hohes Ausmaß an Vertrauen: Er muß sicher sein, daß der Therapeut mit diesen Inhaltsaspekten vorsichtig umgeht, daß er sie *nicht* gegen den Klienten verwendet und daß er den Klienten nicht bei Kenntnis dieser Aspekte ablehnt. Dieses Vertrauen zu gewinnen, kann viel Zeit kosten. Es kann, aus Sicht des Klienten, auch nötig sein, den Therapeuten immer wieder zu testen; z.B. indem der Klient den Therapeuten kritisiert, um festzustellen, ob dieser den Klienten trotzdem akzeptiert.

10.2 Vermeidungsstrategien

Es gibt eine Reihe sehr unterschiedlicher Strategien, mit deren Hilfe eine Person zu verhindern versuchen kann, sich mit eigenen Problemanteilen auseinanderzusetzen. Diese Strategien setzen an unterschiedlichen Stellen an und arbeiten mit sehr unterschiedlichen Mitteln. Nach diesen Ansatzpunkten oder Vorgehensweisen, die in den jeweiligen Strategien impliziert sind, kann man diese Strategien zusammenfassen.

Es gibt Vermeidungsstrategien, die relativ "früh" ansetzen: Sie versuchen bereits bei einer Problembeschreibung, das Problem so zu definieren oder zu konstruieren, daß sich keine Fragen oder Fragestellungen ergeben oder ergeben könnten, die auf internale Determinanten gerichtet sind. Das Problem erscheint dann so, daß eigene Anteile des Klienten gar keine oder keine nennenswerte Rolle spielen, so daß eine Betrachtung, eine Klärung, Bearbeitung dieser Anteile unnötig, ja geradezu sinnlos oder falsch erscheint.

Diese Strategien verhindern somit bereits, daß man Ansatzpunkte für eine explizierende Arbeit findet. Folgt ein Therapeut diesen Konstruktionen (hält er sie für plausibel, stimmt er ihnen implizit zu), dann erübrigt sich von vornherein eine klärende Arbeit. Die Vermeidung setzt daher "früh" an, sie verhindert bereits jeden Einstieg in eine Klärungsarbeit. Einige, besonders prominente Strategien dieses Typs sollen hier behandelt werden.

Klienten lassen sich manchmal darauf ein, ihre Aufmerksamkeit nach innen zu lenken und eigene Motive, Überzeugungen usw. zu betrachten. Im Verlauf dieses Prozesses wird ihnen aber deutlich, auf welche problematischen Aspekte sie stoßen bzw. sie befürchten, auf derart problematische Aspekte stoßen zu können. In dem Augenblick, wo der Klient bemerkt oder antizipiert, daß der Prozeß auf das Offenlegen schmerzlicher Aspekte hinausläuft, setzt ein Vermeidungsimpuls ein, *eine Tendenz, eine weitere Konfrontation mit den unangenehmen Inhalten zu vermeiden.* Dieser Impuls kann konkrete Vermeidungshandlungen auslösen, kann dazu führen, daß Klienten Vermeidungsstrategien anwenden. Vermeidungstendenzen oder Vermeidungsstrategien müssen dabei aber keineswegs bewußt repräsentiert sein: Vielmehr kann der Einsatz von Vermeidungsstrategien schon aufgrund diffuser, nicht bewußt repräsentierter Hinweisreize automatisiert geschehen. So werden durch bestimmte cues beim Klienten Schemata aktiviert, die zu bestimmten Blockierungen des Prozesses führen, ohne daß der Klient sich bewußt ist, daß überhaupt eine Blockierung des Prozesses stattfindet und ohne daß er diesen Prozeß beeinflussen könnte.

Die Tatsache, daß derartige Blockierungen automatisiert-unbewußt ablaufen *können,* heißt jedoch nicht, daß sie dies immer tun; manchmal setzen die Klienten solche Strategien bei entsprechenden Hinweisreizen auch bewußt-intentional ein.

10.3 Relativieren

Um eine Klärungsarbeit betreiben zu können, benötigt man konkrete, definierte Ausgangspunkte: Um zu bearbeiten, *was* an einer Situation für den Klienten bedrohlich ist, muß erst klar sein, *daß* die Situation bedrohlich ist. Um herauszuarbeiten, aus welchen Motiven ein Klient seinem Vater gegenüber verschüchtert handelt, muß klar sein, *daß* der Klient verschüchtert handelt.

Jede weiterführende, klärende, explizierende Fragestellung setzt voraus, daß man einen Inhaltsaspekt herausgearbeitet hat, an den man eine solche Frage stellen bzw. aus dem man eine solche Frage ableiten kann. Ist jedoch ein solcher Inhaltsaspekt *nicht* bestimmbar, dann ist es auch nicht möglich, weiterführende Fragen abzuleiten: Die explizierende Arbeit wird so verhindert.

Eine Möglichkeit, klärende Arbeit und damit die Betrachtung *eigener* Problemdeterminanten zu verhindern, ist Relativierung.

Bei *Relativierung* nimmt der Klient eine gerade getroffene Aussage teilweise wieder zurück, schwächt sie ab, bezeichnet sie als unsicher oder unzulässig o.ä.

Damit *verhindert* er eine *Festlegung* auf diese Aussage: Die Aussage bleibt unbestimmt und ist daher als Ausgangspunkt weiterer Klärungsstrategien unbrauchbar.

Der Klient kann Relativierungen auf sehr unterschiedliche Weise durchführen. Er kann z.B. den *Geltungsbereich der Aussage* einschränken. Er sagt:" Ich fühle mich durch meinen Vater verunsichert" und relativiert dann: "Aber nur manchmal".

Oder er *bezweifelt die Validität* seiner Aussage: "Ich weiß selbst nicht, ob ich mich durch meinen Vater verunsichert fühle".

10.4 Bagatellisieren

Eine andere Möglichkeit, eine Bearbeitung des Problems zu erschweren und eine klärende Arbeit zu verhindern, ist Bagatellisierung.

Der Klient schildert ein Problem, bestimmte Symptome usw. Der Therapeut macht dann eine Fragestellung dazu auf (z.B.: "Was ist an diesem Problem für sie besonders belastend"?). Hier könnte der Klient nun beginnen, in eine explizierende Arbeit einzusteigen. Um das zu verhindern, kann er statt dessen abwiegeln: Das Problem sei eigentlich nicht so schlimm, man müsse das gar nicht weiter behandeln, es lohne sich im Grunde gar nicht, sich weiter darum zu kümmern. Geht der Therapeut darauf ein, ist das Problem weg: Es ist aus dem Focus und damit aus der Bearbeitung entschlüpft.

Wendet ein Klient diese Strategie exzessiv an, kann es passieren, daß gar keine Probleme mehr deutlich werden. Dies war z.B. bei einer unser Psychosomatik-Klientinnen zu Therapiebeginn der Fall: Sie hatte ihre körperlichen Beschwerden, aber darüber hinaus zerrannen dem Therapeuten alle Probleme sofort wieder zwischen den Fingern: Angeblich war nichts so wichtig oder belastend, daß es hätte thematisiert werden müssen.

10.5 Normalisieren

Der Klient benennt hier ein Problem. Möglicherweise sieht er sogar eigene Determinanten des Problems. Er definiert jedoch dieses Problem und /oder die entsprechenden Determinanten als *normal*: Das Problem weicht nicht von der (meist sozial) definierten Norm ab, es ist *durchschnittlich*.

Diese Normalisierung kann konkret auf unterschiedliche Weise geschehen. So sagt ein psychosomatischer Klient: "Es gehört ja schon zum guten Ton, Magengeschwüre zu haben. Das erwartet man in unserer Firma". Ein Alkoholpatient sagt: "Ich trinke nicht mehr als normal. Wenn sie mich als Alkoholiker bezeichnen, müssen sie 60 Millionen Bundesbürger als Alkoholiker bezeichnen".

Die Botschaft an den Therapeuten ist: "Entweder es ist eigentlich gar kein Problem (denn es ist o.k.), oder es ist ein Problem, das die meisten Menschen haben".

Wenn es kein Problem ist, muß ich mich auch nicht damit befassen. Wenn es ein Problem ist, das die meisten haben, dann ist es *nicht spezifisch* mein Problem. Und wenn das so ist, dann müssen wir auch nicht spezifisch bei mir gucken.

Im Gegenteil: Bei mir zu gucken würde fast bedeuten, von mir zu verlangen, die Verantwortung für andere mit zu übernehmen. Dazu bin ich selbstverständlich nicht bereit.

Der Klient macht so, explizit oder implizit, eine Argumentationsfigur auf, aus der sich zwangsläufig ableitet, daß

1. kein Grund besteht, daß er seine Problemanteile klärt und

2. ein solches Vorgehen geradezu eine Zumutung wäre.

Damit schottet sich der Klient vor entsprechenden Interventionen des Therapeuten ab: Alle Vorgehensweisen, die die Perspektive internalisieren und den Klienten zur Bearbeitung eigener Anteile veranlassen, werden so als nicht zulässig definiert.

Eine Variante ist die *"Normalisierung der Problementstehung"*:

Hier sagt der Klient, es sei ja unter solchen Bedingungen, unter denen er lebe, ganz normal, daß man diese Symptome/Probleme bekomme. In diesem Fall ist die Botschaft sehr klar und einfach: "Mein Problem hat ausschließlich mit externen Faktoren zu tun und nicht mit internen. Daher erübrigt sich die Klärung internaler Determinanten".

10.6 Generalisieren

Eine mit dem Normalisieren eng verwandte Strategie ist das Generalisieren: Hier betont der Klient nicht so sehr den Aspekt des "Normalen", sondern den Aspekt des "Unspezifischen".

Der Klient betont, daß ein Problem für ihn nicht spezifisch ist: "Das Problem haben andere auch" oder "das haben alle". Die Botschaft an den Therapeuten ist hier: "Dieses Problem ist etwas Verbreitetes. Wenn es verbreitet ist, kann es nicht an spezifischen Determinanten liegen, die mit mir zu tun haben. Wenn es aber nicht an spezifischen Determinanten liegt, dann brauchen wir auch nicht auf meine Determinanten zu schauen".

Wie man sieht, ist diese Argumentationsfigur sogar noch besser als die der Normalisierung: Der Klient weist hier dem Therapeuten nach, daß interne, idiosynkratische Determinanten gar keine Rolle spielen *können*. Damit wäre es völlig unsinnig, ja geradezu kontraindiziert, eine klärende Arbeit anzusetzen. Dem Klienten ist es so gelungen, seine Anteile aus dem Problem herauszukürzen.

Kann der Therapeut auf diese Argumentationsfiguren nicht angemessen reagieren, dann hat der Klient hier wesentliche Regeln der Therapie definiert und zwar so, daß wichtige Probleme nicht mehr klärbar, nicht mehr bearbeitbar sind: Der Therapeut ist dann mattgesetzt.

10.7 Nebenschauplätze aufmachen

Will man als Klient an einem bestimmten Problembereich nicht arbeiten, bestimmte Aspekte nicht offenlegen und hinterfragen, dann muß man den Prozeß nicht unbedingt blockieren. Man kann auch inhaltlich von den "heißen" Themen ablenken und das Gespräch auf andere Aspekte führen, deren Behandlung oder Bearbeitung einem weitaus angenehmer ist, weil hier keine unangenehmen Selbstaspekte zu gewärtigen sind. In der therapeutischen Interaktion kann man aber nicht einfach unvermittelt das Thema wechseln (das wäre ja auch eher eine Blockade!), sondern man muß den Therapeuten auf ein neues Thema oder einen neuen Aspekt führen. Und dies tut man am besten so, daß der Therapeut dies entweder gar nicht bemerkt oder aber so, daß er das neue Thema ganz besonders interessant findet, also mit dem Wechsel einverstanden ist.

Als Klient kann man diese Bedingungen gut dadurch realisieren, daß man in dem augenblicklichen Thema einen Nebenschauplatz aufmacht und diesen als ein noch zentraleres, wichtigeres, belastenderes, aktuelleres o.ä. Problem darstellt.

Zum Beispiel beschreibt der Klient ein Interaktionsproblem mit seiner Frau; die Bearbeitung beginnt, sich dem Thema Sexualität zu nähern. Da macht der Klient das Problem auf, daß er sich seiner Frau gegenüber in wesentlichen Zielen nicht durchsetzen kann. Der nächste Zug bringt dann die Entlastung: Er betont, daß dieses Nicht-Durchsetzen-Können eigentlich immer ein Problem ist, das ihn stark belastet und das auch in anderen Situationen von großer Bedeutung ist usw.

Klienten kombinieren manchmal die Strategie, Nebenschauplätze aufzumachen, mit einer anderen Strategie, die den Therapeuten die Verarbeitung der Klienteninformation erschwert: *Die Klienten sprechen extrem schnell.* Auf diese Weise arbeitet ein Therapeut, der versucht, mit seiner Verarbeitung dem Klienten zu folgen, immer an der Grenze seiner Kapazität, d.h., die Verarbeitungskapazität ist dauerhaft ausgelastet. Damit steht dem Therapeuten aber nicht mehr genügend Kapazität zur Verfügung, über den Prozeß des Klienten zu reflektieren. Dies aber muß ein Therapeut, wenn er überhaupt erkennen will, daß ein Klient einen Nebenschauplatz aufmacht: Der Therapeut muß erkannt und registriert haben, daß das bisherige Thema wichtig/zentral/ belastend o.ä. war; er muß überhaupt erkennen, daß der Klient das Thema verschiebt; er muß die Relevanz des neuen Themas abschätzen; er muß dessen Relevanz mit der des alten Themas vergleichen. Erst *dann* kann er sagen, daß der Klient einen *Nebenschauplatz* aufmacht. Dies alles kann der Therapeut aber nur erkennen, wenn ihm dazu genügend kognitive Ressourcen zur Verfügung stehen. Und hier kann ein Klient systematisch dafür sorgen, daß das nicht der Fall ist (z.B. auch durch Unklarheit oder Detailreichtum).

Die Veränderung des thematischen Schwerpunktes kann manchmal sehr subtil und langsam erfolgen, so daß ein Therapeut den Wechsel kaum bemerkt. Und selbst wenn er ihn bemerkt, so muß er noch beurteilen, ob das alte Thema weniger relevant ist als das neue bzw. ob das "neue" Thema nicht einfach eine stringente Weiterentwicklung eines an sich relevanten Themas ist. Dies kann ein Therapeut meist nur aufgrund des Klientenmodells entscheiden, das er bis zu diesem Zeitpunkt über den Klienten gebildet hat. Der Therapeut hat aufgrund des Modells eine Vorstellung davon, welches die zentralen, therapeutisch relevanten Themen des Klienten sind und er hat eine Vorstellung davon, welchen Fragen man im Therapieprozeß bezüglich dieser Themen folgen sollte. Aufgrund dieses Wissens kann er meist (zumindest grob) abschätzen, ob ein Thema oder eine Themenentwicklung in Richtung auf eine relevante Bearbeitung verläuft oder nicht. Hat der Therapeut Zweifel, ob die Richtung konstruktiv ist, dann kann er seine Beobachtungen (Themenwechsel) und seine Bedenken (ob das neue Thema relevant ist) mit dem Klienten besprechen: Er kann dem Klienten hier auch deutlich machen, daß es ein wichtiges therapeutisches Prinzip ist, bei einem Thema zu bleiben und dies zu klären, bevor man auf neue Aspekte übergeht.

Wichtig für den Therapeuten ist hier aber auch das Modell über die Bearbeitung: Ein Therapeut hat nach kurzer Zeit bereits Wissen darüber, wie ein Klient mit eigenen Problemen umgeht (zumindest *kann* ein Therapeut, wenn er Information richtig verarbeitet, ein solches Wissen haben!). Ein Therapeut weiß damit, ob der Klient dazu neigt, ein Thema stringent zu bearbeiten, auch dann, wenn es unangenehm, schmerzlich oder peinlich wird, oder ob ein Klient dazu neigt, "heißen Bereichen" auszuweichen. Der Therapeut hat im letzteren Fall dann auch Informationen darüber, *wie* ein Klient brisanten Inhalten ausweicht, d.h. er kennt die bevorzugten Vermeidungsstrategien des Klienten. Dies erleichtert es dem Therapeuten in hohem Maße, eine Vermeidungsaktion eines Klienten auch als solche zu erkennen: Der Therapeut kann auch die Strategie "Nebenschauplätze aufmachen" sehr viel schneller erkennen, wenn er derartige Strategien beim Klienten bereits kennt. Daher ist das Klientenmodell, die therapeutische Wissensbasis über den Klienten, für die Bearbeitung von Vermeidungsstrategien von großer Bedeutung.

10.8 Thematische Sperren

Klienten können versuchen, einer Bearbeitung eines bestimmten Themas von vornherein vorzubauen. In diesem Fall bemühen sie sich, bestimmte Themenbereiche zu "sperren". Sie tun dies dann meist in einer Weise, die nicht weiter auffällt: Sie sagen nicht, daß sie bestimmte Themen nicht behandeln *wollen*, sie sagen vielmehr, daß bestimmte Themen *nicht behandelt werden müßten*.

Typische Argumente sind:

- *dieser Themenbereich ist in Ordnung*: So sagen viele unserer Psychosomatik-Klienten schon zu Beginn der Therapie völlig ungefragt, ihre Ehe sei "völlig in Ordnung" (das Rezept dazu sollten sie publizieren, damit ließe sich viel Geld machen!):
Dieser dezente Hinweis enthält die Botschaft an den Therapeuten, man möge dieses Thema doch bitte aus der Bearbeitung ausklammern, denn es enthalte ja keinerlei Probleme.
- *"das Problem habe ich schon gelöst"* oder *"das ist nicht mehr aktuell"*: Auch hier ist die Botschaft, die Behandlung dieser Aspekte sei reine Zeitverschwendung und sollte daher besser unterbleiben.

- *"das ist mir schon alles klar"*, ist ein häufiges Statement. Soll heißen: Lassen wir das und wenden wir uns etwas anderem zu. Und implizit stellt der Klient die Frage an den Therapeuten: "Willst Du das etwa bezweifeln?!"
- *"das habe ich alles schon gesagt"*: Dies ist eine besonders interessante Variante, denn sie enthält nicht nur die Botschaft, es ist Zeitverschwendung, es noch mal zu besprechen. Sie enthält implizit gleichzeitig eine Warnung an den Therapeuten: "Wenn Du das noch mal fragst, muß ich mich fragen, ob Du nicht zugehört hast oder mich nicht ernst nimmst!"

Die Aussage enthält gleichzeitig eine *Einschüchterung des Therapeuten*, denn dieser steht, nach Meinung des Klienten, in der Gefahr, sich lächerlich zu machen.

10.9 "Ich weiß nicht"

Eine besonders beliebte Blockade weiterer Bearbeitung ist gleichzeitig eine besonders einfache: Wenn die Klienten aufgefordert werden, etwas genauer zu betrachten, wenn sie gefragt werden, was sie eigentlich wollen usw., dann antworten sie oft mit "ich weiß nicht".

Diese Reaktion hat auf unerfahrene Therapeuten in der Regel eine verheerend destruktive Wirkung: Ihnen geht es dann genauso und sie wissen auch nicht mehr, was sie nun tun sollen. Der einfache Satz hat daher eine verblüffend paralysierende Wirkung auf den Prozeß, obwohl man ihm, wie wir sehen werden, verblüffend einfach und effektiv begegnen kann. Daher haben wir diese Strategie in der Supervision auch den "Klienten-Bluff" genannt: Die Klienten bluffen ihre Therapeuten, die daraufhin das Spiel verloren geben.

Der Satz "ich weiß nicht" wird besonders dann verwendet, wenn Therapeuten die Perspektive der Klienten nach innen lenken und sie auffordern, sich bezüglich bestimmter Problemaspekte mit eigenen relevanten Motiven, Werten, Überzeugungen zu beschäftigen. Es ist eine Art Standardantwort auf Fragen wie:

- "Was ist Ihnen wichtig an X?"
- "Was geht Ihnen zu dieser Situation durch den Kopf?"
- "Was wollen Sie damit erreichen?"
- "Was ist so schlimm für Sie an dieser Situation?"
  usw.

Es ist nun ganz wesentlich zu sehen, daß die Antwort "ich weiß nicht" zweierlei bedeuten kann:

- der Klient hat keine "gute" Antwort,
- der Klient will den Prozeß blockieren.

Der Klient hat keine "gute" Antwort

Klienten antworten manchmal auf eine vertiefende (oder auch konkretisierende) Frage deshalb mit "ich weiß nicht", weil sie glauben, daß der Therapeut eine "gute", ausführliche Antwort hören möchte, sie aber keine solche Antwort haben. Sie wissen vielleicht selbst nicht so genau, was sie in einer Situation spüren, ihnen gehen vielleicht nur chaotische Gedanken durch den Kopf u.ä. Sie wissen vielleicht selbst mit diesen Informationen nicht viel anzufangen; viele Klienten halten auch diffuse Gefühle o.ä. nicht für eine relevante Informationsquelle, sondern eher für "Störgeräusche", die man konsequent ausblenden muß. Viele Klienten trauen sich auch nicht, einem Therapeuten solch "unklare" Information zu geben, z.B. aus Angst, sie könnten sich blamieren.

In solchen Fällen heißt die Antwort "ich weiß nicht" eigentlich: "Ich weiß es selbst nicht so genau und ich traue mich nicht, das so zu sagen, was ich weiß." In diesem Fall hat der Klient durchaus nicht die Intention, den Prozeß zu blockieren: Er kommt vielmehr aufgrund ungünstiger Annahmen nicht weiter.

Der Klient will den Prozeß blockieren

Die Antwort "ich weiß nicht" kann jedoch eine ganz andere Intention haben: Der Klient sagt "ich weiß nicht", weil er einer bestimmten Spur nicht weiter folgen will. Die Bearbeitung eines bestimmten Inhaltes kann dem Klienten zu unangenehm, zu heiß werden. In diesem Fall kann er sagen, daß er nicht weiß, was er spürt, was ihm durch den Kopf geht usw. Damit verhindert er es, dem Therapeuten Informationen für weitere, unangenehme Fragen zu geben. Der Prozeß ist damit an dieser Stelle abgeblockt und der Klient kann so verhindern, sich mit aversiven Aspekten weiter auseinanderzusetzen.

"Ich weiß nicht" ist daher oft mehr als nur die Aussage, daß der Klient an dieser Stelle Schwierigkeiten hat; es ist eine *aktive Blockade des Prozesses*.

Die Strategie "ich weiß nicht" hat wegen ihres euphemistischen Charakters einen entscheidenden Vorteil gegenüber einer offenen Verweigerung. Würde der Klient z.B. sagen, "ich will da nicht hingucken", oder "darauf antworte ich nicht", dann müßte er für diese Blockade die Verantwortung übernehmen. Er könnte dann vom Therapeuten aufgefordert werden, diese Blockade zu begründen, zu bearbeiten usw. Sagt der Klient aber "ich weiß nicht", dann kann er dafür nicht verantwortlich gemacht werden; denn für sein schlechtes Gedächtnis oder sein Nicht-Können kann schließlich keiner was. Manchmal ist man in der Supervision beim Hören von Klienten-Statements unwillkürlich an politische Untersuchungsausschüsse erinnert, in denen auf die Frage: "Haben sie von X Geld erhalten?" die Antwort kommt: "Daran kann ich mich nicht erinnern". Manchmal gibt es nichts Praktischeres als ein schlechtes Gedächtnis.

10.10 Fragen beantworten, die man nicht gestellt hat

Eine andere, besonders elegante und oft vom Therapeuten nur schwer zu erkennende Strategie, von einem Thema abzulenken und "unter der Hand" einen neuen inhaltlichen Fokus zu etablieren, ist "Fragen beantworten, die man nicht gestellt hat".

Der Therapeut stellt eine Frage. Der Klient antwortet mit einer (längeren) Antwort. Wenn man dann aus der gegebenen Antwort zurückschließt, wie die Frage dazu hätte heißen müssen, auf welche Frage dies also eine Antwort ist, dann sieht man, daß die so rekonstruierte Frage mit der Ausgangsfrage nur noch wenig zu tun hat. Im Zuge der Beantwortung ändert der Klient implizit die Frage so, daß er auf eine ganz andere Frage antwortet. Die Antwort steht aber noch (und das ist wesentlich) in einem locker-assoziativen Inhaltsverhältnis zur Ausgangsfrage. Die Strategie kann daher als *pseudo-kommunikativ* bezeichnet werden: Scheinbar, oberflächlich betrachtet, setzt der Klient die Kommunikation fort, tatsächlich "würgt er aber einen bestimmten Inhaltsaspekt ab".

Aus diesem Grund ist der Therapeut hier auch häufig irritiert: Er hat den Eindruck, daß der Klient schon "irgendwie" geantwortet hat, spürt aber, daß etwas nicht stimmt, weiß aber so schnell nicht zu sagen, wo der Fehler liegt. Um dies zu ergründen, hört er dem Klienten dann besonders aufmerksam zu: Und damit folgt er diesem dann auf die neue Fährte.

Die beim Therapeuten erzeugte Irritation ist besonders dann dem Klienten nützlich, wenn der Therapeut die Schwierigkeit noch auf sich attribuiert: Er habe vielleicht nicht richtig zugehört, eine unverständliche Frage gestellt usw. In diesem Fall wird der Therapeut dem Klienten, um seinen "Fehler" wiedergutzumachen, besonders bereitwillig folgen. Diese Strategie ist, so kann man in Supervisionen immer wieder sehen, sehr erfolgreich, insbesondere bei weniger erfahrenen Therapeuten, die sich Schwierigkeiten in hohem Maße selbst zuzuschreiben pflegen.

10.11 Attribution

Eine wichtige Frage ist, auf welche Arten von Ursachen der Klient ein Problem (das er gerade bearbeitet) oder einen bestimmten Zustand attribuiert. Wie ausgeführt, ist es für eine explizierende Psychotherapie eine notwendige Voraussetzung, zumindest zeitweise, internal zu attribuieren, davon auszugehen, daß eigene Determinanten an dem Problem zumindest *mit*-beteiligt sind. Dies ist die logische Voraussetzung dafür, daß es Sinn macht und notwendig ist, sich therapeutisch mit diesen Determinanten zu beschäftigen.

Attribuiert ein Klient völlig external, auf Situationen oder andere Personen, dann macht die Bearbeitung eigener Motive usw. gar keinen Sinn; der Klient kann eine explizierende Arbeit dann auch mit diesem Hinweis blockieren. Ä

hnliches gilt, wenn der Klient auf stabile Faktoren attribuiert, die jenseits seiner Kontrolle, Beeinflussung und damit seiner Veränderungsmöglichkeiten liegen bzw., die er so *definiert*. Auch dann ist die Bearbeitung dieser Faktoren sinnlos. Dies gilt z.B., wenn ein Klient ein Verhalten auf seine "unveränderliche Persönlichkeit" attribuiert oder ein Psychosomatischer Klient seine Symptome auf "Vererbung".

Mit der Attribution der Problemursachen auf andere Personen ist oft der Anspruch an diese Personen verbunden, *sie* sollten sich ändern. Da man diesen Personen die Verantwortung für die eigenen Probleme zuschreibt, so schreibt man ihnen auch die Verantwortung für die *Veränderungen* zu. Man selbst sieht gar nicht ein, warum man sich ändern soll, man kann ja schließlich nichts dafür (ja, sich zu ändern würde noch bedeuten, daß man selbst die Verantwortung für etwas übernimmt, für das man gar nichts kann, und das kommt nicht in Frage!).

Eine solche Struktur ist bei *Eltern-Problemen* überaus häufig: Die Klienten, die ihren Eltern die Verantwortung geben für ihre Probleme, verlangen von den Eltern auch, daß *diese* etwas ändern; zumindest sollen sie ihre "Schuld" und Verantwortung eingestehen. Aus der Sicht der Klienten mag dieser Wunsch nachvollziehbar sein, er ist jedoch völlig verheerend: Denn die Eltern denken in aller Regel nicht daran, das zu tun und die Klienten sind nicht bereit, darauf zu verzichten. Daraus resultiert eine ebenso unbewegliche wie unerfreuliche Patt-Situation. Und: Die Klienten nehmen sich, wie es typisch ist für diesen Fall, durch die Abgabe von Verantwortung die Möglichkeit, von sich aus etwas zur Veränderung des Systems zu tun. Es ändert sich erst dann etwas, wenn der Klient an *sich*, seinen Motiven usw. etwas ändert, wenn er sich tatsächlich von den Eltern emanzipieren kann und infolgedessen auf diese dann anders reagiert.

11. Konsequenzen der Spielebene für Problemkonstruktionen

11.1 Der konstruktive Charakter persönlicher Probleme

Klienten weisen Repräsentationen von Situationen, eigenen Kompetenzen, eigenen Motive usw. auf, d.h. sie haben Wissensstrukturen über diese Aspekte. Diese Repräsentationen können die "tatsächlichen" Situationen usw. mehr oder weniger differenziert, selektiert, konkret usw. abbilden.

In keinem Fall ist die Repräsentation aber mit dem Repräsentierten identisch. Sie kommt durch komplexe Verarbeitungen zustande, die das Repräsentierte in vielfältiger Weise verändern: Bestimmte Aspekte werden weggelassen, andere hinzugefügt; einige Aspekte werden durch Schlußfolgerungen verändert usw.

Da dies für alle Repräsentationen gilt, gilt es auch (und wahrscheinlich sogar besonders) für die Repräsentation der eigenen Probleme und Problemaspekte. Das, was der Klient über sein Problem "weiß", glaubt, und somit auch dem Therapeuten berichten kann, ist keineswegs die "Realität", sondern eine *Realitätskonstruktion*. Es ist seine *Sichtweise* der Realität, die bereits geprägt ist von selektiver Aufmerksamkeit, selektiver Abstraktion, Katastrophisierung usw. (vgl. Beck et al., 1981).

Daher muß man sich als Therapeut immer klar machen: *Was der Klient schildert, ist immer eine Konstruktion des Problems, niemals die Realität des Problems.* Es ist wichtig, sich das klar zu machen, denn das kann verhindern, daß man, z.B. von depressiven Klienten, in ihre Konstruktionen verwickelt wird.

Aus der Erkenntnis "es ist nur eine Konstruktion", resultieren aber auch essentielle therapeutische Prinzipien (P):

P 1. Jede Konstruktion ist prinzipiell hinterfragbar:

auf Stimmigkeit, auf Herkunft, auf konstruktive Elemente, auf ihre Funktionalität.

P 2. Jede Konstruktion kann prinzipiell unvalide sein:

Sie kann die Verhältnisse falsch, voreingenommen, verzerrt wiedergeben.

P 3. An jeder Konstruktion sind eigene Anteile der Person, internale Determinanten beteiligt:

Daß der Klient einen Problembereich genau so und nicht anders konstruiert, liegt an seinen Überzeugungen, Zielen, Werten, Normen und Motiven.

P 4. Jede Konstruktion enthält damit nicht nur Informationen über die "Realität", sondern auch Informationen über internale Determinanten des Klienten:

Da grundsätzlich immer internale Determinanten des Klienten an einer Konstruktion beteiligt sind, ist es auch immer möglich, diese aufgrund der Konstruktion wieder zu identifizieren.

P 5. Jede Konstruktion ist prinzipiell veränderbar:

Da eine Konstruktion davon abhängt, welche Information man wie gewichtet, welche Motive gerade welchen Stellenwert haben usw., kann jede Konstruktion durch Änderung dieser Elemente tiefgreifend verändert werden.

P 6. Jede Konstruktion kann eine Funktionalität haben:

Es kann sein, daß eine Konstruktion im Dienste bestimmter Motive steht, ohne daß dem Klienten dies klar ist.

11.2 Dysfunktionale Problemkonstruktionen als Strategien

Klienten unterscheiden sich nun sehr stark darin, in welchem Ausmaß sie von der Gültigkeit der vorstehenden Annahmen überzeugt sind: Einige Klienten halten ihre Annahmen für Konstruktionen und für prinzipiell hinterfragbar, auch wenn ihnen das bei ganz zentralen "Glaubenssätzen" schwerfallen mag. Andere Klienten sind überzeugt, daß ihre Ansichten "die Realität" sind und prinzipiell nicht hinterfragbar oder veränderbar sind.

Es ist offensichtlich, daß letztere Annahme eine klärende Psychotherapie enorm erschwert: Denn man müßte sich ja fragen, was der Klient in der Therapie will, wenn nichts veränderbar ist.

Dennoch kommen Klienten manchmal in Therapie, obwohl sie nichts verändern wollen und es stellt sich die Frage: warum?

Klienten, die eine Spielstruktur aufweisen, kommen in Therapie, um ihr System mit Hilfe des Therapeuten zu stabilisieren. Sie möchten, daß der Therapeut ihr System lebbar macht, daß er Ihnen hilft, die Kosten zu senken; sie möchten, daß der Therapeut Verantwortung übernimmt und zu einem "Stabilisator" innerhalb ihres Systems wird. Sie möchten dagegen nicht, daß der Therapeut ihr System in Frage stellt; sie möchten nicht, daß deutlich wird, daß sie selbst zu dem Problem entscheidend beitragen und sich daher die therapeutische Veränderungsarbeit primär auf sie selbst richten muß.

Diese Ziele können die Klienten mit Hilfe bestimmter Problemkonstruktionen erreichen.

Definieren sie ihr Problem nicht als Folge ihrer Verhaltensweisen, Verarbeitungen usw., sondern als "die Realität", dann kürzen sie sich selbst aus der Problemdefinition heraus: Damit definieren sie, daß sie selbst keinen Anteil an dem Problem haben, daß sich die Therapie folgerichtig auch nicht auf sie konzentrieren muß. Der Therapeut muß ihnen vielmehr Hilfestellungen geben, besser mit "der Realität" fertig zu werden.

Sie können das Problem auch *zwangsläufig* definieren: Es mußte so kommen, sie selbst haben es nicht verursacht; im Gegenteil, sie hatten nie eine Wahl und tragen damit auch keinerlei Verantwortung für das Problem. Damit sind sie in hohem Maße auf Hilfe und Unterstützung von außen angewiesen.

Sie können das Problem auch als *unlösbar* definieren: Sie haben schon "alles" versucht, jedoch finden sie keine Lösung; sie leiden jedoch stark unter dem Zustand. Daraus folgt, daß sie dringend jemanden brauchen, der ihnen aktive Hilfe anbietet, der sich extrem bemüht, sie aus dem Dilemma herauszuführen.

Diese Konstruktionen, so wird deutlich, sind sehr gut geeignet, Interaktionspartner, und damit auch Therapeuten, dazu zu veranlassen, sich aktiv unterstützend um die Klienten "zu kümmern": Ratschläge zu geben, verfügbar zu sein, Verantwortung zu übernehmen.

11.3 Realitätskonstruktionen als Realität

Der Klient schildert ein Problem und die dazugehörenden Komponenten: eine typische Situation, seine Interpretation, seine Handlungskonsequenzen usw. Was der Klient schildert, ist, bis in die Beschreibung der Situation hinein, im Grunde nichts weiter als *seine* Auffassung des Problems, seine Sichtweise davon; was er hier in Sprache umsetzt, ist seine Repräsentation, also seine Konstruktion der Realität, des Problems.

Der Klient nimmt der Schilderung gegenüber jedoch ganz deutlich diese Haltung *nicht* ein: Für ihn ist es nicht seine Sichtweise, die subjektiv gefärbt ist und damit potentiell unvalide sein kann usw. Für ihn ist die Beschreibung ein exaktes und valides *Abbild* der Realität, es ist die Realität.

Und der Klient möchte, daß der Therapeut dies akzeptiert und diese Interpretation übernimmt. Er möchte dagegen keinesfalls, daß der Therapeut seine Sichtweise in Frage stellt, überprüft, relativiert, analysiert usw. Sagt der Therapeut etwa: "Das sehen sie so", dann antwortet der Klient: "Das sehe ich nicht so, das *ist* so". Oder der Klient vergewissert sich ständig beim Therapeuten, ob der das denn auch "verstanden" habe, ob er das "nachvollziehen" könne u.ä. Das heißt, er prüft, ob der Therapeut der Konstruktion des Klienten folgt oder davon abweicht.

Beispiele für das Anbieten von Realitätskonstruktionen als Realität sind:

• Eine Klientin sagt, es sei für sie so schwierig, zu Ämtern zu gehen. Es sei "selbstverständlich" viel schwerer, zu Ämtern zu gehen, als zum Metzger. Dagegen muß man sagen: Nein, das ist keinesfalls selbstverständlich (also: die Realität), sondern es ist *ihre* ganz spezifische Bewertung!

- Eine Klientin erzählt, daß sie als Zehnjährige beim Aufsagen eines Gedichts auf der Bühne die erste Zeile vergessen hatte und diese ihr vorgesagt werden mußte: "Das war natürlich eine ganz peinliche Situation". Nein: Die Klientin bringt in diese Situation schon bestimmte Prädispositionen mit, die sie die Situation als peinlich erleben lassen, und die geklärt werden können (Daß dies nicht "Realität" ist, zeigte mir meine damals neunjährige Tochter, die auf eine ähnliche Situation völlig gelassen reagierte: Man muß sich als Therapeut hüten, derartige Konstruktionen für *plausibel* zu halten).

- Eine interessante und komplexe Form von Konstruktion findet man bei narißtischen Spielen: Der Klient ist davon überzeugt, daß er ein Recht darauf hat, daß andere für ihn da sind, ihn versorgen, nach seinen Regeln handeln usw. Der Klient nimmt dabei nicht mehr wahr, daß diese Ansprüche auf sein Motivsystem zurückgehen, also relativierbar und (dringend!) hinterfragbar sind, sondern hält dieses Recht für gegeben, für Realität: *Das ist so, das steht ihm zu.*

- Interessant ist auch die Variante, bei der Klienten Teile ihrer Person als "Realität" definieren: "Ich bin eben so. Das ist nun mal Teil meiner Persönlichkeit."

Hier wird die Konstruktion besonders grotesk, jedoch ist der Widerstand gegen ein Hinterfragen besonders groß. Die Botschaft an den Therapeuten ist, "komm ja nicht auf die Idee, diese Aspekte zu betrachten, sie offen zu legen und zu hinterfragen!", oder: "Laß die Finger von meiner Persönlichkeit!"

Der Vorteil, eine Konstruktion für die Realität zu halten und so auch anzubieten, liegt darin, daß man als Klient die eigenen Anteile an dem Problem herauskürzen kann (Entsprechendes gilt auch für Zwangsläufigkeits- und Unlösbarkeitskonstruktionen). Betrachtet man eine Konstruktion als "selbstgemacht", dann ist klar, daß eigene Anteile, Motive, Werte, Sichtweisen usw. eine große Rolle spielen: Damit geraten diese aber sofort in den Focus, werden offengelegt und hinterfragbar. Ist das, was man berichtet, aber "die Realität", dann hat dies mit eigenen Anteilen *gar nichts* zu tun: Ist man verantwortlich für die Realität? Das Problem, so besagt die Konstruktion, liege eben nicht in der eigenen Person, sondern in der Situation: Diese ist eben aversiv, peinlich, unangenehm usw. (Damit machen die Klienten eine typische Objektion im Ach'schen (1935) Sinne: Sie verlegen internale Prozesse nach außen). Die Konstruktion hat damit eine deutliche Schutzfunktion: Eigene Anteile werden vor einer Betrachtung, Bewertung, Veränderung geschützt.

Von daher ist es auch nicht verwunderlich, daß Klienten, die diese Arten von Konstruktionen verwenden, in der Regel *ihre* eigenen, persönlichen Bewertungen, Motive usw. in ihren Schilderungen gar nicht deutlich werden lassen: Was *sie* eigentlich wollen, wie *sie* das sehen usw., bleibt unklar.

So sagt eine Klientin z.B.: "Meine Mutter darf nicht enttäuscht werden, das würde sie nicht verkraften" und nicht: "*Ich* kann es nicht ertragen, meine Mutter zu enttäuschen."

11.4 Zwangsläufigkeitskonstruktionen

Der Klient definiert nicht nur ein Problem als *die* Realität; er definiert darüber hinaus diese Realität auch noch als zwangsläufig. D.h. seine Konstruktion enthält die Aussage, daß die Situation, so wie sie ist, sich zwangsläufig so entwickeln mußte: "Wenn man ein solches Elternhaus hat wie ich und im Leben so beschissen worden ist, dann bleibt einem nichts anderes übrig als zu saufen."

Zwangsläufigkeitskonstruktionen dienen damit oft einer Exkulpierung: Die Klienten können damit ihrer Umwelt deutlich machen, daß sie "für gar nichts etwas können".

Damit impliziert der Klient einige wesentliche Aspekte:

- Das Problem oder der augenblickliche Zustand ist nicht durch ihn herbeigeführt worden, sondern durch "Umstände".
- Eigenes Handeln, eigene Entscheidungen haben dabei eine untergeordnete Rolle gespielt.
- Daher hat der Klient für den Zustand auch nur begrenzt Verantwortung, wenn überhaupt!
- Der Klient hätte, selbst bei gutem Willen und reichlich Kompetenzen, den Gang der Ereignisse nicht aufhalten können. Deshalb kann man ihm auch für konsequentes Nicht-Handeln keinen Vorwurf machen.

Um eine Zwangsläufigkeitskonstruktion entwickeln zu können, muß ein Klient bestimmte konstruktive Strategien verwenden. Diese zu verstehen ist für den Therapieprozeß sehr wesentlich, weil sich daraus therapeutische Interventionsmöglichkeiten ableiten lassen. *Diese konstruktiven Elemente sind*:

- Ein Klient muß sich als *passiv* darstellen, als jemanden, der nichts beeinflußt und beeinflussen kann. Dieses Image stimmt jedoch meist mit anderen Darstellungen des Klienten *nicht* überein.
- Der Klient stellt Ereignisfolgen so dar, als hätte er nie irgendwelche Entscheidungen getroffen, ja, als hätte er nie Handlungsalternativen gehabt (und das sei immer noch so). Dies ist psychologisch völlig unsinnig: Denn nähme man dies wirklich ernst, müßte man den Klienten für einen Zombie halten, der entweder völlig instinktgeleitet, voll programmiert oder ferngesteuert durch die Welt läuft (was dem Klienten selbst wohl weniger recht wäre).
- Der Klient kürzt oft jede historische Entwicklung des Problems heraus: Er betont, bestimmte Folgen seien *heute* zwangsläufig, verschweigt dabei aber, daß sie sich ja in ganz bestimmter Weise *entwickelt* haben: *Probleme und Situationen haben eine Geschichte*. Die Situation ist nicht einfach so wie sie ist, sondern die Klienten haben sie zum großen Teil aktiv und Entscheidungen treffend *so gestaltet*. Ein Klient war nicht vom Schicksal gezwungen, ein Haus zu kaufen, welches er sich finanziell nicht leisten kann und war nicht gezwungen, finanziell in der Klemme zu sitzen: Der Hauskauf hat vielmehr wichtige kompensatorische Funktionen gehabt und der Klient hat sich bewußt über Bedenken hinweggesetzt. Ein Klient ist nicht einfach gegen seinen Willen von einer Frau geheiratet worden, die nun Zuhause das Kommando hat; und es folgt nicht zwangsläufig aus dieser Situation, daß man sein Geld für Computer ausgeben muß, um "noch was vom Leben zu haben".

Als Therapeut muß man sich eines völlig klar machen:
Keine Sichtweise, keine Entscheidung, keine Bewertung, keine Handlung, keine Konsequenz ist zwingend. Es lassen sich immer alternative Sichtweisen, Bewertungen usw. denken, die ebenfalls hätten realisiert werden können. Keine Konstruktion ist zwingend, und wenn sie noch so zwangsläufig erscheint.

und:

Wenn eine Entscheidung, Bewertung usw. nicht zwangsläufig ist, dann hat sie etwas mit dem Klienten zu tun. Dann geht sie auf dessen Motive, Überzeugungen usw., auf die "inneren Determinanten" zurück. Und wenn das so ist, dann muß man diese inneren Determinanten klären.

11.5 Unlösbarkeits-Konstruktionen

Das Problem wird vom Klienten so konstruiert (und die Konstruktion als Realität definiert!), daß es nicht lösbar ist. Gegen alle Lösungsversuche, die der Klient erwogen hat, gibt es schwerwiegende Einwände: der eine würde das Problem nur verschlimmern, der zweite ist dem Partner nicht zuzumuten, für den dritten fehlt das Geld, der vierte scheitert an mangelnden Kompetenzen usw. Und sollte der Therapeut hier auf die (abenteuerlich unsinnige) Idee kommen, dem Klienten weitere Lösungen anzubieten oder zu versuchen, den Klienten davon zu überzeugen, daß ein Weg doch gangbar ist, wird er sicher damit das gesamte kreative Potential des Klienten aktivieren: Der Klient wird dieses nutzen, um dem Therapeuten zu beweisen, daß alles nicht geht, und daß sogar die meisten Vorschläge die Misere nur noch vergrößern würden.

Es ist hier bei der Beurteilung dieser Konstruktionen *extrem* wesentlich, daß der Therapeut *nicht* in die inhaltliche Diskussion einsteigt. Denn auf der inhaltlichen Ebene wird er immer mattgesetzt und vor allem:

Es geht nicht um die Inhalte. Man muß sich nämlich fragen, was diese Konstruktion, vorgetragen in einer Interaktionssituation, ja in einer therapeutischen Situation, eigentlich soll. Wozu soll es gut sein, einem Therapeuten (oder einem anderen Interaktionspartner) zu beweisen, daß ein Problem unlösbar ist? Was hat der Klient davon? Was will der Klient damit erreichen?

Die Perspektive, die bei der Analyse und auch bezüglich therapeutischer Interventionen hier weiterführt, ist die der *interaktionellen Funktionalität.* Die entscheidende Frage ist nicht: Was sagt der Klient? Die entscheidende Frage ist: *was will der Klient beim Interaktionspartner erreichen?* Dies muß im Einzelfall sehr sorgfältig analysiert werden.

Es gibt hier verschiedene Möglichkeiten, die man prinzipiell in Erwägung ziehen kann.

a. Die Konstruktion kann eine Komponente in einem Spiel sein, z.B. in einem "Armes-Schwein-Spiel": Der Klient macht durch diese Konstruktion dem Interaktionspartner erst richtig klar, *wie* schlecht es ihm geht, denn nun steckt er auch noch in einer ausweglosen Situation.

b. Die Konstruktion kann aber auch genutzt werden, um einen Partner, ebenso den Therapeuten, unter Dauerstreß zu halten:

 – dem Partner (und dem Therapeuten) wird deutlich gemacht, daß die Situation schlimm/ unerträglich usw. ist, daß sie dringend geändert werden muß;
 – gleichzeitig wird aber vermittelt, daß diese durch den Klienten nicht geändert werden kann;
 – darüber hinaus wird vermittelt, daß der Partner (der Therapeut!) für eine solche Veränderung zuständig ist, schon weil man selbst keine Lösung weiß, der Partner (der Therapeut!) dagegen kompetent und außerdem verpflichtet ist, sich hier anzustrengen;
 – der Partner (der Therapeut!), der all diese Konstruktionen annimmt, übernimmt es so, sich ständig Gedanken über die Person und die Lösung der Probleme zu machen;
 – die Person hat damit den Partner (den Therapeuten!) voll für sich vereinnahmt und kann, durch Hervorrufen schlechten Gewissens ("Es hat sich immer noch nichts getan"), die Dynamik jederzeit anheizen.

12. Konsequenzen der Spielebene für die Therapeut-Klient-Beziehung

Betrachtet man die Konsequenzen der Spielebene für die Therapeut-Klient-Beziehung, dann kann man zwei wesentliche Aspekte unterscheiden:

1. Die therapeutische Allianz.

2. Die problematische Beziehungsgestaltung durch den Klienten.

12.1 Therapeutische Allianz

12.1.1 Therapeutisches Arbeitsteam

Im Therapieprozeß sollten Therapeut und Klient eine Art von "therapeutischer Arbeits-beziehung" eingehen, eine "therapeutische Allianz", die darauf gerichtet ist, die Pro-bleme des Klienten konstruktiv zu bearbeiten (vgl. Bordin, 1975, 1976, 1980; Horvarth und Greenberg, 1989; Morgan, 1978; Morgan et al., 1982; Marziali, 1984; Marziali et al. 1981).

Bei therapeutischer Allianz kann man zwei Aspekte unterscheiden, die miteinander interagieren:

- Die Gestaltung der therapeutischen Beziehung durch den Therapeuten.
- Die Umgangsweise des Klienten mit dieser therapeutischen Beziehungsgestaltung.

Im vorliegenden Zusammenhang liegt der Fokus vor allem darauf, wie Klienten mit dem therapeutischen Angebot umgehen.

Eine solche therapeutische Allianz umfaßt eine Reihe von Aspekten, z.B.:

- Daß Therapeut und Klient eine vertrauensvolle Beziehung entwickeln, in der der Klient dem Therapeuten sowohl persönlich als auch bezüglich seiner Kompetenz vertraut.
- Daß der Klient akzeptiert, daß es in der Therapie um *seine* Probleme geht und nicht um die Probleme des Therapeuten.

- Daß infolgedessen der Klient über seine Probleme spricht, die persönliche Sphäre des Therapeuten aber nicht Gegenstand der Kommunikation ist.
- Daß der Klient akzeptiert, daß der Therapeut Einfluß auf den Klienten nimmt und bereit ist, sich mit den Interventionen des Therapeuten auseinanderzusetzen.
- Daß der Klient somit akzeptiert, daß die Beziehung asymmetrisch ist.
- daß der Klient akzeptiert, daß Therapeut und Klient im Therapieteam unterschiedliche Rollen einnehmen, die weder aufhebbar noch umkehrbar sind.
- Daß der Klient akzeptiert, daß der Therapeut bei aller Beziehungsaufnahme auch Distanz hält und halten muß, um dem Klienten effektiv helfen zu können.
- Daß der Klient auch Verantwortung für den Therapieprozeß übernehmen muß: Z.B. muß der Klient dafür sorgen, daß relevante Themen zur Sprache kommen, daß er dem Therapeuten relevante Informationen gibt u.ä. (da er vom Therapeuten keine telepathischen Fähigkeiten erwarten kann).

Diese Art therapeutischer Allianz bedeutet für den Therapeuten, daß er zusammen mit dem Klienten ein Arbeitsteam bildet, in dem jeder ein bestimmter Experte ist (vgl. Gerl, 1981):

- Der Therapeut ist Experte für den Prozeß, für die Bearbeitung der Probleme des Klienten; der Therapeut ist Experte dafür, wie im Therapieprozeß gearbeitet werden soll.
- Der Therapeut ist bei dieser Definition des Therapieteams ein eher "neutraler Moderator", ein Experte, der dem Klienten hilft, konstruktiver als bisher mit dem Problem umzugehen; der Therapeut ist jedoch selbst nicht in die Probleme des Klienten involviert. Gerade diese "inhaltliche Neutralität" erlaubt es dem Therapeuten, anders mit dem Klienten zu arbeiten, als es ein (noch so kompetenter) Freund könnte.
- Der Klient ist dagegen ein Experte für die Inhalte: Der Klient muß entscheiden, was er thematisiert; er muß dem Therapeuten Informationen zur Verfügung stellen; und er muß letztlich die Veränderungen vollziehen und in sein Leben integrieren.

12.1.2 Therapeutische Allianz bei Klienten mit einer Spielstruktur

Bei Klienten, die eine Handlungsregulation auf der Spielebene zeigen, läßt sich jedoch diese Art von therapeutischer Allianz nicht ohne weiteres aufrechterhalten. Denn der Klient kommt nicht in die Therapie, um ein Problem zu thematisieren und zu bearbeiten. Er kommt vielmehr mit einem Interaktionsverhalten in die Therapie, das er auf den Therapeuten richtet: Der Klient versucht, den Therapeuten für seine Ziele zu funktionalisieren. Der Therapeut ist damit nicht länger ein neutral-distanzierter Arbeitspartner des Klienten; *vielmehr wird er durch die Interaktion des Klienten zum Teil des Klientenproblems.* Damit aber hat der Klient die "normale" therapeutische Allianz ausgehebelt: Aus dem Prozeßexperten wird ein funktionalisierter Interaktionspartner.

Diese Beziehungsgestaltung durch den Klienten wird nicht immer im Therapieprozeß offensichtlich, insbesondere dann nicht, wenn der Klient das Image aufmacht: "Ich bin ein kooperativer Klient", wie es besonders ausgeprägt bei Alibimotivationen vorkommt. Manchmal aber wird die Nicht-Einnahme der Klientenrolle durch den

Klienten auch offen erkennbar. In diesen Fällen versucht der Klient, eine andere Rollendefinition gegen den Therapeuten durchzusetzen. Dabei kann der Klient seine Rolle in zwei Richtungen umdefinieren,
- als Rollengleichheit oder
- als Rollendominanz.

12.1.2.1 Rollengleichheit

Bei dem Versuch, Rollengleichheit herzustellen, versucht der Klient die Asymmetrie zwischen Therapeut und Klient aufzuheben. Er versucht, die therapeutische Beziehung in eine egalitäre Beziehung umzudefinieren: In eine freundschaftliche, kumpelhafte, kollegiale Beziehung. Dazu verwenden Klienten unterschiedliche Strategien:
- Ein Klient kann dem Therapeuten deutlich machen, daß er auch schon einige psychologische Fachbücher gelesen hat, und nun sein Problem mit dem Therapeuten diskutieren möchte, - von Kollege zu Kollege.
- Ein Klient kann dem Therapeuten ein Beziehungsangebot machen, das den therapeutischen Rahmen sprengt: mal ein Glas Bier zusammen trinken, sich am Sonntag treffen usw.
- Ein Klient kann mit dem Therapeuten einen impliziten Konsens herstellen. Dies ist besonders gut in gleichgeschlechtlichen Dyaden zu beobachten, wenn die Klientin der Therapeutin z.B. sagt: "Sie wissen ja, wie die Männer sind; man kann sich nicht auf sie verlassen"; oder der Klient sagt dem Therapeuten: "Wir wissen ja, daß man mit Frauen nicht logisch argumentieren kann".

12.1.2.2 Rollendominanz

Bei dem Versuch, *Rollendominanz* herzustellen, macht der Klient deutlich, daß er die Regeln der Interaktion bestimmt und daß der Therapeut sich unterordnen soll.

Eine Möglichkeit, dies zu erreichen, ist, den Therapeuten zu kritisieren oder abzuwerten, möglichst schon ganz zu Anfang der Therapie, damit die Regeln der Interaktion sofort klar sind.

So kann ein Klient einem Therapeuten z.B. sagen
- "Haben Sie überhaupt eine richtige Therapieausbildung?"
- "Ich mußte solange auf diesen Therapieplatz warten, das ist eigentlich unverantwortlich".

Bei einer Supervision sah ich kürzlich ein besonders schönes Beispiel: Der Therapeut, der dem Klienten erläuterte, daß alle Therapien auf Video aufgezeichnet würden, und dies mit regelmäßiger Supervision begründete, wurde vom Klienten, in entrüstetem Tonfall gefragt: "Was, *Sie* brauchen noch Supervision?" Diese Art von Klientenvorgehen kann im Ernstfall nach dem Motto laufen: "Alles was Sie sagen, kann gegen Sie verwendet werden".

Eine andere Möglichkeit, Rollendominanz herzustellen, besteht darin, dem Therapeuten nachzuweisen, daß er selbst einen Therapeuten nötig hat. Dies kann reichen von relativ normalen Fragen wie "Was machen Sie denn, wenn Sie Probleme haben", bis zu abwertenden Statements der Art: "Man weiß ja, daß alle Psychologen selbst einen Schuß haben. Deshalb studieren sie ja Psychologie".

Für den Therapeuten erzeugt die Auflösung der therapeutischen Allianz eine ganze Reihe gravierender Schwierigkeiten. Die offenen Rollen-Umdefinitionen stellen Therapeuten vor sehr schwierige Interaktionssituationen, die sie in der Regel erst nach einem speziellen Training wirklich beherrschen. Therapeuten sind meist ohne spezielles Training überfordert, wenn sie ohne Warnung "angeschossen" werden: denn sie haben keine abrufbaren Handlungskompetenzen, stehen unter Zeit-, Handlungs- und Rechtfertigungsdruck, sind meist persönlich betroffen und all das steigert nicht gerade ihre Kreativität. Daher ist inzwischen das Training schwieriger Interaktionssituationen einschließlich entsprechender Selbsterfahrung ein integraler Bestandteil unserer Therapieausbildung.

Die im Abschnitt "Therapie" dargestellten Strategien und Interventionen haben, neben spezifischen Zielen, immer auch das Ziel, eine therapeutische Allianz wiederherzustellen, bei der der Therapeut der Prozeßexperte ist und mit dem der Klient an der Klärung und Lösung der Klientenprobleme arbeitet: Der Therapeut soll, trotz der Involvierung in das Spiel, wieder zu einem handlungsfähigen Experten werden, der den ablaufenden Prozeß versteht, strukturiert und steuert und dem Klienten so möglichst effektiv helfen kann.

12.1.3 Direkte Kontrolle über den Therapeuten

"Direkte Kontrolle" ist eine besondere Form von Rollendominanz: Hier versucht der Klient, die Regeln der Therapie zu bestimmen und dem Therapeuten so vorzuschreiben, an welchen Themen wie gearbeitet werden soll und darf und an welchen und wie nicht gearbeitet werden darf. Bei "direkter Kontrolle" laufen die Kontrollprozesse des Klienten nicht mehr über die Bearbeitungsebene (z.B. durch "Fragen beantworten, die man nicht gestellt hat"), sondern über die Beziehungsebene: der Klient teilt dem Therapeuten offen mit, was er von diesem erwartet. In der Regel beginnen Klienten mit direkter Kontrolle auch erst, wenn indirekte Kontrollversuche scheitern, z.B. wenn ein Therapeut Vermeidungsstrategien des Klienten konsistent transparent macht und der Klient merkt, daß der Therapeut sich auf diese Weise *nicht* kontrollieren läßt. Der direkten Kontrolle müssen aber nicht in jedem Fall subtilere Kontrollversuche vorhergehen: Manche Klienten "steigen mit direkter Kontrolle ein" und machen dem Therapeuten sehr schnell deutlich, was in der Therapie laufen soll und was nicht.

12.1.3.1 Tuning

"Tuning" ist die subtilste Variante einer direkten Kontrolle.

Als "Tuning" bezeichnen wir subtile Kontrollprozesse, mit deren Hilfe der Klient den Therapeuten "richtig einstellt". So kann ein Klient z.B., wenn er vom Therapeuten geschont werden möchte, dem Therapeuten bei der Begrüßung mitteilen, daß er heute ungeheure Kopfschmerzen hat und nicht in der Lage ist, sich richtig zu konzentrieren. In der Regel verfehlt das seine Wirkung auf den Therapeuten nicht: Der Therapeut geht vorsichtig, schonend und zartfühlend mit dem Klienten um. Diese Kontrollprozesse sind oft so subtil, daß den Therapeuten ihr Schonverhalten gar nicht bewußt ist oder sie sich an die Gründe ihres Handelns (z.B. in der Supervision) gar nicht mehr erinnern können.

12.1.3.2 Konditionierung

Klienten geben Therapeuten manchmal positive wie negative Rückmeldungen und "konditionieren" auf diese Weise den Therapeuten. Natürlich ist es prinzipiell in Ordnung, wenn Klienten dem Therapeuten positive oder negative Rückmeldung geben; und natürlich sollte sich der Therapeut damit auseinandersetzen. Wenn die Hypothese besteht, daß ein Klient eine Spielstruktur aufweist, dann sollte ein Therapeut sich aber nicht nur fragen: "Was mache ich gut und was mache ich falsch bei diesem Klienten"? Er sollte sich außerdem fragen: "Will der Klient mich mit seinen Rückmeldungen zu bestimmten Handlungen veranlassen?" Und wenn ja: "Sind das therapeutisch sinnvolle Handlungen?"

Therapeuten können vom Klienten durch *positive Rückmeldungen* zu bestimmten Handlungen veranlaßt werden, die therapeutisch *nicht* sinnvoll sind. Möchte ein Klient z.B. bestimmte Inhalte vermeiden und stellt ein Therapeut eine Frage nach einem relativ irrelevanten Problemaspekt, dann kann der Klient sagen: "Das ist eine sehr gute Frage!" Ein Klient kann so den Therapeuten verbal darauf konditionieren, den kältesten Spuren zu folgen und sich intensiv mit peripheren Inhalten zu beschäftigen.

Bei einem solchen Vorgehen des Klienten kann ein Therapeut eine Zeitlang ein positives Gefühl haben, das Gefühl, daß der Klient sich in der Therapie wohl fühlt.

In der Regel entsteht jedoch nach einiger Zeit beim Therapeuten ein Störgefühl, das zurückgeht auf die Diskrepanz zwischen der *positiven* Rückmeldung durch den Klienten und dem *negativen* Eindruck, den der Therapeut von der Qualität der Problembearbeitung hat.

12.1.3.3 Negative Rückmeldung

Ein Therapeut kann prinzipiell durch negative Rückmeldung gut "auf Kurs" gebracht werden. Wenn ein Therapeut eine Frage stellt, die dem Klienten gar nicht angenehm ist, bei der der Klient bemerkt, daß er sich nun unangenehmen Inhalten stellen muß, dies aber nicht will, und bei der der Klient bemerkt, daß er ihr nicht ohne weiteres ausweichen kann, kann er dem Therapeuten negative Rückmeldung geben, z.B.: "Diese Frage bringt mich jetzt völlig durcheinander" oder "durch diese Frage kommt jetzt alles wieder hoch. Jetzt geht es mir viel schlechter als vorher!"

Eine andere Möglichkeit besteht darin, die Verstehenskompetenz des Therapeuten anzuzweifeln. Stellt der Therapeut eine Frage, die dem Klienten unangenehm ist, kann er auch sagen: "Diese Frage zeigt, daß Sie mich überhaupt nicht verstanden haben". Diese Argumente wie

- diese Intervention war wenig hilfreich
- die Frage geht am Thema vorbei
- sie verstehen mich nicht
- ihre Frage verwirrt mich

• jetzt geht es mir schlechter als vorher

zielen alle darauf ab, den Therapeuten davon abzubringen, im Prozeß etwas bestimmtes zu tun; und sie tun dieses, indem sie die Kompetenz des Therapeuten in Zweifel ziehen oder dem Therapeuten ein "schlechtes Gewissen" machen.

Das erwartete komplementäre Verhalten ist dann, daß der Therapeut sagt: "Bitte entschuldigen Sie. Ich werde es nie wieder tun". Damit ist diese Art von Kontrolle schon ziemlich massiv: Sie setzt den Therapeuten unter Druck.

12.1.3.4 Das Verschlimmerungsargument

Dieser Druck auf den Therapeuten wächst noch stark, wenn sich der Klient nicht über eine einzelne Intervention beschwert, sondern wenn er die gesamte Therapie dadurch massiv in Frage stellt, daß sie seinen Zustand angeblich verschlimmert.
Diese Strategien wenden Klienten meist nach oder vor einer Therapiestunde an.

So sagt z.B. eine Klientin nach der Therapiestunde zum Therapeuten: "Jetzt bin ich völlig aufgewühlt. Ich fühle mich schrecklich. Ich kann gar nicht mehr richtig sehen. So komme nicht doch nicht über die Woche! Das kann aber so nicht weitergehen."

Sehr effektiv ist es in der Regel auch, die Beschwerde zu Beginn der nächsten Stunde vorzutragen und zu sagen, man habe aufgrund der vorigen Stunde die ganze Woche über gelitten, so könne die Therapie nicht fortgesetzt werden und man halte den Therapeuten außerdem für geradezu verantwortungslos. (Ein Beispiel dafür ist die "Kritik-Klientin", vgl. Kapitel 16).

Durch diese Strategie wird der Therapeut massiv unter Druck gesetzt: Er soll einsehen, daß er sich völlig falsch verhalten hat, daß er sich für sein Verhalten entschuldigen muß und (vor allem!), daß er sich auf keinen Fall weiter so verhalten darf. Akzeptiert er die Ausführungen des Klienten, dann bestimmt der Klient die Regeln der Therapie.

12.2 Beziehungsgestaltung durch den Klienten

Die Hauptproblematik in der Therapie mit Klienten, die eine Spielstruktur aufweisen, liegt, wie aus den theoretischen Ausführungen deutlich geworden sein dürfte, darin, daß diese Klienten eine *Beziehungsproblematik* aufweisen und diese Problematik *die aktuelle Beziehung zwischen Klient und Therapeut determiniert*. Die Klienten thematisieren diese Problematik nicht (sie sehen sie in der Regel gar nicht als Problematik), sondern sie "handeln" diese Problematik. Der Therapeut wird, ob er will oder nicht, als Interaktionspartner in das Interaktionsverhalten des Klienten verwickelt: Aus dem neutralen Prozeßexperten, der zusammen mit dem Klienten die Probleme des Klienten bearbeitet, wird so unversehens *ein Teil des Klientenproblems*.

Der Therapeut wird somit in der gleichen Weise für die interaktionellen Ziele des Klienten funktionalisiert, wie andere Interaktionspartner das auch werden. Anders als andere Interaktionspartner hat der Therapeut aber die Möglichkeit, mit diesem Klientenverhalten völlig anders umzugehen, als das im Alltag möglich wäre.

Der Therapeut

- kann das Interaktionsverhalten des Klienten analysieren und verstehen;
- kann rekonstruieren, welches die Spielstrukturen, Annahmen und Motive des Klienten sind;
- kann dem Klienten dies transparent machen, so daß der Klient auch selbst versteht, was er tut;
- kann dem Klienten ganz neue Beziehungserfahrungen vermitteln, solche, die er im Alltag nicht machen kann;
- kann mit dem Klienten am Aufbau neuen, konstruktiveren Interaktionsverhaltens arbeiten.

Daß der Klient seine Interaktionsprobleme direkt in die Therapie einbringt, ist also einerseits ein Problem und eine Gefahr für den Therapeuten, der er allerdings durch gute Prozeßanalyse begegnen kann; andererseits ist es auch eine wesentliche Chance, denn der Therapeut kann unmittelbar mit dem therapeutisch arbeiten, was der Klient tut.

Mit diesen Möglichkeiten von Analyse und Therapie werden sich die nächsten Kapitel beschäftigen.

13. Systematische Spielanalyse

13.1 Notwendigkeit und Konsequenzen einer systematischen Analyse und Modellbildung

13.1.1 *Ein angemessenes therapeutisches Handeln ist nur möglich, wenn der Therapeut das Regulationsmodell des Klienten versteht*

Klienten, die eine Spielebene aufweisen, realisieren in ihrem Handeln im Therapieprozeß eine Art von Interaktion, die sie in ähnlicher Weise auch anderen Interaktionspartnern gegenüber realisieren: Sie versuchen, den Therapeuten in intransparenter Weise in ihr System zu "verwickeln". Sie weisen therapeutische Ziele auf, die denen des Therapeuten nicht entsprechen und sie bearbeiten ihre Probleme in einer Weise, die den therapeutischen Vorstellungen und Regeln des Therapeuten nicht entspricht.

Diese Art von Gestaltung der Beziehung und Bearbeitung durch den Klienten hat in der Therapie sehr oft eine Reihe von Konsequenzen:

1. Der Therapeut, der a priori davon ausgeht, daß ein Klient mit Änderungsmotivation in die Therapie kommt, erkennt nur schwer oder zu spät, daß der Klient andere Intentionen hat.

2. Da das Verhalten des Klienten intransparent ist, erkennt der Therapeut nicht oder aber zu spät, was der Klient "mit dem Therapeuten" macht.

3. Dadurch verhält sich der Therapeut zunächst komplementär zur Spielebene und bekräftigt und stabilisiert so das intransparente Handeln des Klienten.

4. Der Therapeut bemerkt nach einiger Zeit, daß der Klient nicht konstruktiv an einer Klärung oder Veränderung eigener Problemdeterminanten arbeitet.

5. Da der Therapeut jedoch nicht versteht, was die Problematik des Klienten ist, kann er die Gründe dieser mangelnden Kooperation nicht verstehen.

6. Der Therapeut fühlt sich vom Klienten nach einiger Zeit manipuliert, ausgenutzt, eingespannt.

7. Da der Therapeut jedoch die Gesamtproblematik des Klienten nicht versteht, versteht er auch die Beziehungsgestaltung des Klienten nicht.

8. Er kann somit weder die Handlungen des Klienten auf Bearbeitungsebene noch auf Beziehungsebene als einen Teil des Klientenproblems verstehen.

9. Da er das Problem nicht versteht, kann er auch keine geeigneten Ziele und Interventionen ableiten: Er ist therapeutisch hilflos.

10. Die Gefühle von Ausgenutztsein, sich sabotiert fühlen und Hilflosigkeit bringen den Therapeuten dazu, sich über den Klienten zu ärgern: Seine Beziehung zum Klienten verschlechtert sich.

11. Hilflosigkeit führt oft dazu, daß der Therapeut Druck auf den Klienten ausübt, den Klienten kritisiert, antreibt u.a..

12. Ärger über den Klienten und Antreiben des Klienten verschlechtern die Beziehung des Klienten zum Therapeuten: der Klient fühlt sich nicht angenommen, nicht verstanden, nicht richtig behandelt.

13. Dadurch führt die Interaktion in eine Abwärts-Spirale, die es dem Therapeuten und/oder dem Klienten schließlich nicht mehr möglich macht, die Therapie fortzusetzen.

So sieht man immer wieder Therapeuten, die nach 10 - 15 Stunden therapeutischer Arbeit mit diesen Klienten völlig verärgert und entnervt in Supervision kommen und den Klienten nicht mehr ertragen können. Sie sind nicht mehr in der Lage, den Klienten empathisch zu verstehen oder zu akzeptieren; der Klient hat sich in einen aversiven Stimulus verwandelt.

Der Grund dieser wenig konstruktiven Entwicklung des Prozesses liegt im wesentlichen darin, daß es den Therapeuten nicht und vor allem nicht frühzeitig gelingt zu verstehen, was das Problem des Klienten ist.
Die Therapeuten können so
- das Verhalten des Klienten *nicht* als Teil des Problems erkennen;
- gar nicht verstehen, was in der Therapeut-Klient-Beziehung passiert;
- sich nicht auf den Klienten einstellen: Sie können keine geeigneten Ziele und Interventionen entwickeln.

Auf diese Weise passiert ihnen das gleiche, was anderen Interaktionspartnern im Alltag auch passiert: Sie werden zunächst in das System des Klienten verwickelt und verhalten sich komplementär zur Spielebene; nach einiger Zeit reagieren sie jedoch frustriert, genervt und hilflos und ihr Verhalten "kippt" von der komplementären in die aggressive Interaktionsform. Tragischerweise gelingt es ihnen aber gerade damit nicht, einer der wesentlichsten Regeln der Therapie zu folgen, die heißt: Der Klient soll in der Therapie andere und konstruktivere Erfahrungen machen als im Alltag. Vielmehr vermitteln sie dem Klienten exakt die gleichen Erfahrungen wie im Alltag; damit bestärken sie jedoch das dysfunktionale System des Klienten. Statt den Klienten zu helfen, verhalten sie sich so in hohem Maße antitherapeutisch.

Dies ist jedoch, darüber sollte man sich völlig im klaren sein, gar nicht vermeidbar, solange es dem Therapeuten nicht gelingt, das System des Klienten zu verstehen: Erst, wenn ein Therapeut die "Hintergründe" des Klientenverhaltens versteht, kann er das Klienten-Handeln als Teil des Problems wahrnehmen und angemessen darauf reagieren. Und nur *dann*, wenn der Therapeut die Hintergründe *schnell* versteht, kann er eine Abwärts-Spiralisierung der Interaktion verhindern.

Aus diesem Grunde ist es von essentieller Bedeutung, eine systematische Analyse des Klientensystems durchzuführen: Der Therapeut muß ein Modell vom Klienten erarbeiten, er muß wissen, *daß* eine Spielebene vorliegt, wie diese aussieht, welche Annahmen und welche Motive der Klient mitbringt. Nur auf der Basis eines solchen Verstehens kann sich der Therapeut dem Klienten gegenüber angemessen verhalten; nur aufgrund eines solchen Verstehens kann der Therapeut auch verhindern, falsche Erwartungen an den Klienten heranzutragen, dessen Verhalten mißzuverstehen und es durch ungünstige Interventionen weiter zu "verschlimmern". Eine systematische Analyse ist daher für ein konstruktives therapeutisches Handeln bei Klienten, die eine Spielebene aufweisen, *unabdingbar* (siehe zum Aspekt der "Modellbildung" Sachse, 1989a; Sachse, 1992d; Weinrich u. Sachse, 1992; Gäßler u. Sachse, 1992; Raum u. Sachse, 1992; Becker u. Sachse, 1997).

13.1.2 Phasen einer Analyse

Eine solche systematische Analyse ist jedoch relativ aufwendig. Sie ist so aufwendig, daß man sie kaum routinemäßig bei jedem Klienten durchführen kann. Dies ist jedoch auch nicht nötig. Man kann nämlich davon ausgehen, daß ein Therapeut bereits sehr früh im Prozeß in der Arbeit mit Klienten, die eine Spielebene aufweisen, "Frühwarnzeichen" erkennen kann. Diese Zeichen kann er dann zum Anlaß nehmen, eine sorgfältige Analyse durchzuführen.

Somit kann man den Prozeß der Analyse und Modellbildung in drei Phasen unterteilen.

1. **"Alarmphase":** Der Therapeut erkennt Frühwarnzeichen, die ihn informieren, daß die Interaktion mit einem Klienten in bestimmter Weise gestört, "ungewöhnlich" ist.

2. **Phase der Systematischen Analyse:** In dieser Phase arbeitet der Therapeut sehr systematisch an einem Klientenmodell und versucht zu verstehen, wie das System des Klienten aussieht.

3. **Phase der Bildung von Handlungsmodellen:** Wenn der Therapeut das System des Klienten verstanden hat (was immer als eine Hypothese zu betrachten ist!), kann er ein Handlungsmodell für den Klienten entwickeln: Welches sind sinnvolle Prozeßziele, Interventionen und Strategien für diesen Klienten?

13.1.3 Nicht ohne Modell intervenieren!

Ein Modell über den Klienten zu bilden bedeutet, daß der Therapeut versucht, so gut wie möglich zu verstehen,

- welches die interaktionellen Ziele des Klienten auf der Spielebene sind;
- durch welche Strategien der Klient versucht, diese Ziele zu erreichen;
- welche Arten von komplementärem Verhalten der Klient erwartet;
- auf welche Arten von Therapeutenverhalten der Klient wahrscheinlich nicht positiv reagieren wird;
- welche Interventionen des Therapeuten zu welchen schwierigen Interaktionssituationen führen könnten;
- welches die Selbstkonzeptannahmen und Interaktionserwartungen des Klienten sind;
- welches die grundlegenden Bedürfnisse und Motive des Klienten sind.

Über diese Aspekte sollte der Therapeut zumindest begründete Hypothesen haben, bevor er spezifische Interventionen realisiert. Dafür gibt es zwei sehr wesentliche Gründe.

1. Welche Art von Intervention für einen Klienten sinnvoll ist, hängt in extrem hohem Maße von der Art der Handlungsregulation des Klienten ab. Was für einen Klienten eine sehr hilfreiche Interventionen sein kann, kann für einen anderen Klienten völlig kontraindiziert sein.

   Ein Klient, der eher eine manipulative Strategie realisiert, die den Partner in das eigene System stark einbindet (wie ein Klient mit sog. "histrionischer Persönlichkeitsstörung"), nimmt in der Regel relativ schnell eine Beziehung zum Interaktionspartner auf. Der Therapeut kann zu diesem Klienten damit relativ schnell eine therapeutische Beziehung entwickeln. Diese kann es dem Therapeuten ermöglichen, den Klienten schon relativ früh im Therapieprozeß mit eigenen Verhaltensweisen zu konfrontieren: der Therapeut kann dem Klienten deutlich machen, was dieser mit ihm, dem Therapeuten macht. Eine solche Konfrontation ist, selbst wenn sie sehr empathisch und akzeptierend vorgetragen wird, nur auf der Basis einer Beziehung möglich. Daher kann ein Therapeut eine solche Intervention auch nicht bei einem Klienten realisieren, dessen Interaktion darin besteht, den Therapeuten auf Distanz zu halten (wie z.B. bei einem Klienten mit sog. "schizoider Persönlichkeitsstörung"): Hier muß der Therapeut sehr lange an dem Aufbau einer Beziehung arbeiten (durch Empathie, Akzeptierung, Kongruenz und Transparenz); er hat damit aber über lange Zeit gar nicht genug "Beziehungskredit", um den Klienten konfrontieren zu können.

Aus diesen Beispielen wird deutlich: *Therapeutische Prozeßziele, Interventionen und Strategien setzen ein gut elaboriertes und validiertes Klientenmodell voraus!* Bei Klienten, die eine Spielebene aufweisen, kann sich der Therapeut praktisch nie erlauben, "aus der Hüfte" zu intervenieren. Handelt ein Therapeut hier ohne ein Modell vom Klienten nach Versuch und Irrtum, kann er zufällig das Richtige tun; die Wahrscheinlichkeit ist jedoch ungleich höher, "am Klienten vorbei zu intervenieren". Und es besteht eine (zu) hohe Wahrscheinlichkeit, genau das Falsche zu tun: sich zur Spielebene komplementär zu verhalten, den Klienten mit Interventionen zu verschrecken, in einen Machtkampf zu geraten u.ä. Daher setzt ein klientenbezogenes Intervenieren immer die Bildung eines (validierten) Klientenmodells voraus.

2. Es gibt noch einen anderen wesentlichen Grund, warum ein Modell eine Voraussetzung für Klientenzentriertes, zielgerechtes Intervenieren ist. Wie aus den bisherigen Darstellungen deutlich geworden sein dürfte, sind Spielstrukturen aus der Sicht des Therapeuten komplex: Ein Therapeut kann in der Regel eben nicht ohne weiteres erkennen, was ein Klient im Therapieprozeß tut; ein Therapeut kann die interaktionellen Intentionen des Klienten nicht ohne weiteres verstehen. Dies hat zur Folge, daß ein Therapeut aufgrund der begrenzten Verarbeitungskapazitäten gar nicht in der Lage ist, gleichzeitig zu analysieren, was der Klient tut, welche Intentionen er hat, Ziele abzuleiten und passende Interventionen zu generieren. Erst dann, wenn der Therapeut ein Klientenmodell als verfügbares Hintergrundwissen hat, kann er den Klienten "in Realzeit" verstehen und kann aufgrund dieses Wissens sinnvolle Interventionen ableiten. Erst auf Grundlage eines Klientenmodells wird es dem Therapeuten möglich, gezielt und angemessen zu handeln. Ohne Modell hat das Intervenieren meist den Charakter eines "Herumeierns", eines relativ strukturlosen und hilflosen und oft auch wenig verständlichen Herumstocherns. Man sollte sich hier als Therapeut deutlich machen, daß man in bezug auf die Spiele des Klienten ein "Anfänger" ist, der erst verstehen muß, nach welchen Regeln das Spiel funktioniert. Dagegen hat der Klient in seinem Spiel 10, 20 oder 30 Jahre Übung. Ohne eine systematische Analyse, ohne die Erarbeitung einer systematischen Wissensbasis, die der Therapeut im Therapieprozeß zur Verfügung hat, kann er in aller Regel nicht schnell und nicht gut genug verstehen, was gerade in der Interaktion vor sich geht und er kann dann infolgedessen auch keine angemessenen Interventionen realisieren.

13.1.4 Einflüsse des Modells auf das Verstehen des Klienten: Die Rückkehr zur Empathie

Eine systematische Spielanalyse und Modellbildung hat sehr oft beim Therapeuten auch unmittelbare Effekte auf das Verstehen des Klienten: Sie bringt den Therapeuten zurück zu Empathie und damit auch zu Akzeptierung des Klienten und seines Handelns.

Eine systematische Spielanalyse hat zur Folge, daß der Therapeut den Klienten wieder besser, empathischer verstehen kann. Solange der Therapeut die Information nur auf der Inhaltsebene verarbeitet, bleibt ein Klient, der ein Spiel realisiert, oft für den Therapeuten unverständlich. Seine Aussagen erscheinen irrelevant, langweilig, widersprüchlich u.a. Der Therapeut reagiert darauf, indem er "innerlich abschaltet", resigniert, sich hilflos oder ärgerlich fühlt und das Ende der Stunde herbeisehnt. Bleibt der Therapeut mit seiner Verarbeitung auf der Inhaltsebene, dann ist er auch tatsächlich hilflos: Die Inhaltsebene ist oft auch tatsächlich irrelevant und "leer"; hier findet der Therapeut auch tatsächlich kaum Anhaltspunkte zum Verstehen oder Ansatzpunkte für sinnvolle Interventionen.

Daher ist es nötig, die Perspektive zu wechseln: Der Therapeut muß seinen Verarbeitungsfokus von der Inhaltsebene auf die Beziehungsebene verlagern. Er muß verstehen, was der Klient auf der Beziehungsebene mitteilt und *tut*. Er muß ein Modell über das *Interaktionsverhalten* des Klienten entwickeln, über die interaktionellen Intentionen des Klienten. Dieses Modell muß der Therapeut dann auf die Aussagen des Klienten anwenden. Durch dieses Modell schafft der Therapeut dann einen anderen, z.T. völlig neuen Verstehenshintergrund. Aufgrund dieses neuen Verstehenshintergrundes ändert sich das Verstehen des Therapeuten dann sehr oft sehr drastisch: Aussagen des Klienten, die vorher unverständlich und irrelevant erschienen, werden dann plötzlich sehr gut verständlich und sinnvoll. Der Therapeut erkennt dann, daß der Klient tatsächlich sehr viel mehr über sich und seine Probleme aussagt, als vorher erkennbar war. Der Therapeut ist nun, aufgrund des neuen Modells in der Lage, die Aussagen des Klienten "simultan zu übersetzen": Zu übersetzen in verstehbare, relevante Informationen. Und dies kann der Therapeut nicht nur für sich selbst tun: Er kann und sollte diese "Simultanübersetzung" auch für den Klienten leisten, d.h. der Therapeut teilt dem Klienten mit, was er auf der *Beziehungsebene* vom Klienten verstanden hat. Damit lenkt er auch die Aufmerksamkeit des Klienten auf die eigentlich relevanten Aspekte, auf die interaktionellen Intentionen, Motive, Befürchtungen und Überzeugungen, die der Klient im Hinblick auf Beziehungen hat.

Der Effekt, den eine solche Modellbildung hat, ist in der Supervision oft sehr überraschend und drastisch: Hatte man als Therapeut und auch als Hörer zunächst den Eindruck, der Klient mache langweilige und irrelevante Aussagen und fühlte man sich handlungsunfähig, weil man keinen "Einstieg" für Interventionen fand, so erscheinen nach der Bildung eines neuen Klientenmodells die Aussagen des Klienten plötzlich in ganz anderem Licht: Man hat nun den Eindruck, daß der Klient sogar sehr relevante Aussagen über sich und sein Problem macht und man findet ohne weiteres sinnvolle Interventionen. Der Wechsel der Perspektive, die Verarbeitung anderer Aspekte der Information, die Bildung eines neuen Klientenmodells erlauben eine ganz neue Art des Verstehens und Herangehens.

Diese Verstehensbasis kann verhindern, daß Therapeuten und Klienten gediegen aneinander vorbeireden: Bisher "sendete" der Klient Informationen auf der Beziehungsebene, der "Empfänger" des Therapeuten war jedoch auf die Inhaltsebene eingestellt. Umgekehrt macht der Therapeut Interventionen auf Inhaltsebene, die den Klienten nicht erreichen. Dadurch daß der Therapeut seinen Focus wechselt, kommunizieren beide wieder auf der gleichen Ebene, wodurch eine konstruktive Problembearbeitung wieder möglich wird.

13.2 Erkennen eines Spiels: Indikatoren

Ein Therapeut muß im Therapieprozeß zunächst einmal erkennen, daß der Klient ein Interaktionsspiel realisiert; besser gesagt muß der Therapeut zu einer *Hypothese* gelangen, das Interaktionsverhalten des Klienten könne auf eine Spielstruktur hinweisen.

Ein Therapeut sollte *nicht* in jedem Fall, bei jedem Klienten a priori davon ausgehen, daß ein Klient ein Spiel realisiert; er sollte auch nicht in jede Therapie mit dem grundlegenden Mißtrauen hineingehen, der Klient könnte intransparente Interaktionen aufweisen. Die *Voreinstellung*, mit der ein Therapeut dem Klienten begegnet, sollte *nicht* darin bestehen, daß der Klient sich in der Therapie gar nicht verändern, sondern sein System mit Hilfe des Therapeuten stabilisieren will. Die Voreinstellung des Therapeuten sollte statt dessen immer die sein, daß sich der Klient authentisch verhält und konstruktiv arbeiten will. Jede andere Voreinstellung des Therapeuten wäre wahrscheinlich wenig beziehungsförderlich.

Diese Grundhaltung des Therapeuten ist als grundlegendes Beziehungsangebot an den Klienten von großer Bedeutung. Sie sollte jedoch nicht dazu führen, daß der Therapeut blind wird für das, was der Klient tut: der Therapeut muß wissen, daß ein Klient durchaus *nicht* die Intention haben muß, sich zu ändern, sondern die haben kann, den Therapeuten in sein System "einzubauen".

Er muß daher die Annahme, daß der Klient therapeutisch konstruktiv arbeitet, als *Hypothese* betrachten und somit immer prüfen, ob diese Hypothese zutrifft. Er muß daher *gegenüber Informationen sensibel bleiben*, die anzeigen, daß der Klient nicht änderungsmotiviert ist, daß der Klient intransparente Interaktionen realisiert. Diese Informationen können zunächst recht subtil und implizit sein; um so wichtiger ist es daher, daß ein Therapeut weiß, welche Informationen relevant sind und wie man sie erkennen kann.

In aller Regel sind die *ersten Hinweise*, die ein Therapeut im Prozeß darüber erhält, daß es sich um Interaktionsspiele handeln könnte, sehr unspezifisch. Als ersten Hinweis hat der Therapeut oft nur ein vages Gefühl von "irgendwas stimmt nicht", er hat ein (mehr oder weniger diffuses) Störgefühl. Es ist von absolut zentraler Bedeutung, dieses Gefühl wahrzunehmen und ernstzunehmen!

Indikatoren, die bereits früh im Therapieprozeß auftreten können und die in jedem Fall ernst genommen werden und Anlaß für eine systematische Analyse sein sollten, sind:

- Der Therapeut hat das Gefühl, daß "irgend etwas nicht stimmt"; (selbst wenn dieses Gefühl sehr diffus ist, sollte es beachtet werden").
- Der Therapeut erkennt *Diskrepanzen* zwischen seiner eigenen Einschätzung der Therapie, der Fortschritte des Klienten oder der Arbeit des Klienten und der Einschätzung des Klienten.
- So kann der Klient äußern, daß die Therapie "ganz toll läuft", wohingegen der Therapeut den Eindruck hat, daß die Therapie stagniert.
- Der Klient äußert, daß er gute Fortschritte mache, der Therapeut kann diese jedoch nicht wahrnehmen.
- Der Klient äußert, daß ihm die Therapie sehr wichtig sei, der Therapeut hat jedoch keine Ahnung, warum.
- Der Therapeut fühlt sich im Prozeß hilflos, weiß nicht mehr, wie er intervenieren soll.
- Der Therapeut fühlt sich vom Klienten mattgesetzt, blockiert.
- Der Therapeut fühlt sich vom Klienten unter Druck gesetzt ("es muß ganz schnell etwas passieren").
- Der Therapeut fühlt sich vom Klienten manipuliert oder kontrolliert.
- Der Therapeut fühlt sich vom Klienten bewertet, abgewertet.

- Der Therapeut bemerkt, daß er für den Klienten Dinge tut, die er sonst nicht tut bzw. die er eigentlich auch nicht will (z.B.: er gibt Sondertermine, gibt dem Klienten seine private Telefonnummer).
- Der Therapeut beschäftigt sich über die Therapiestunde hinaus mit dem Klienten (abends, in der Freizeit, im Urlaub; der Therapeut liest Fachliteratur, um dem Klienten bessere therapeutische Angebote machen zu können).
- Der Therapeut nimmt dem Klienten Aufgaben ab (z.B. ruft er für den Klienten beim Arzt an; spricht im Auftrag des Klienten mit dem Partner).
- Der Therapeut langweilt sich in der Therapiestunden; er hat den Eindruck, daß die Inhalte durchweg irrelevant, redundant, peripher sind.
- Der Therapeut bemerkt, daß er für den Klienten arbeitet: Er macht ihm Vorschläge, gibt Ratschläge, hält dem Klienten Vorträge darüber, wie wichtig es ist, sich zu verändern; der Therapeut ist im Prozeß insgesamt deutlich engagierter und motivierter als der Klient.
- Der Therapeut bemerkt, daß der therapeutische Fortschritt des Klienten für ihn persönlich wichtig wird; er fängt an, seine eigene Kompetenz an dieser Therapie zu messen.
- Der Therapeut fängt an, sich Sorgen um den Klienten zu machen (z.B. ob er den Klienten überfordert hat, ob der Klient sich etwas antun könnte).
- Der Therapeut erkennt in der therapeutischen Arbeit kein Thema, keine Struktur: Wenn er sagen sollte, woran der Klient arbeiten will oder warum der Klient kommt, würde er antworten: Das wüßte ich auch gern!
- Der Therapeut fühlt sich verschaukelt.
- Der Therapeut bemerkt, daß er den Kontakt zum Klienten gern vermeiden möchte: Er ist froh, wenn der Klient geht oder wenn er eine Stunde absagt.
- Der Therapeut möchte dem Klienten gerne "die Meinung sagen".
- Der Therapeut möchte die Therapie am liebsten "hinschmeißen".

Die ersten Hinweise, die ein Therapeut darauf erhält, daß etwas im Prozeß nicht stimmt, sind in der Regel *emotionaler* Art: Der Therapeut spürt typische Störgefühle. Diese haben aber nur dann eine Indikatorfunktion, wenn der Therapeut sie ernst nimmt: Genauso wie wir unseren Klienten empfehlen, ihre Gefühle ernst zu nehmen, müssen wir es auch den Therapeuten empfehlen.

Alle diese Gefühle müssen genutzt werden als Auslöser einer gründlichen Analyse. Natürlich sind solche Gefühle allein noch nicht valide: Das Vorliegen dieser Gefühle beweist noch keinesfalls, daß ein Spiel vorliegt. Aber: Das Vorliegen dieser Gefühle zeigt an, daß ein Spiel vorliegen *könnte*. Und diese Möglichkeit ist für die Gestaltung der Therapie so extrem wesentlich, daß es die Durchführung einer genaueren Analyse rechtfertigt. Daher sollte ein Störgefühl ernst genommen werden und der Anlaß sein, genau zu analysieren, was im Prozeß passiert. Ob tatsächlich ein Spiel vorliegt oder nicht, das muß die weitere Analyse ergeben; aber ohne eine solche Analyse erkennt man als Therapeut in aller Regel *nicht*, was abläuft. Daher ist ein Störgefühl als Auslöser für einen genaueren Verstehensprozeß sinnvoll.

Man erlebt leider oft in der Supervision, daß Therapeuten derartige Störgefühle ignorieren. Dies passiert besonders häufig jüngeren und unerfahreneren Kollegen und Kolleginnen. Sie glauben, das Gefühl sei nur vorübergehend, es hänge mehr mit ihrer

Inkompetenz als mit dem Klienten zusammen (was auch sein kann, aber woher weiß man es, wenn man es nicht analysiert?). Auf diese Weise wird ein mögliches Warnsignal, das oft schon zu Therapiebeginn deutlich war, ignoriert. Die Therapie wird weitergeführt und "frißt sich immer mehr fest"; die Folge ist, daß die Therapeuten sehr spät in die Supervision kommen, erst, wenn sie selbst schon völlig verärgert sind, wenn sich zwischen Klient und Therapeut bereits in hohem Maße ein dysfunktionales Interaktionsmuster eingeschliffen hat usw. Und dann ist es häufig zu spät, denn dann

- sind die Therapeuten bereits oft so verärgert oder frustriert, daß sie sich kaum noch akzeptierend dem Klienten gegenüber verhalten können;
- oder die Klienten sind so frustriert über die Therapeuten, die mangelnden Fortschritte u.ä., daß sie kurz davor stehen, die Therapie abzubrechen;
- oder es haben sich bereits zwischen Therapeut und Klient konsistente komplementäre Interaktionsmuster eingeschliffen, daß es für den Therapeuten sehr schwer wird, sein Verhalten zu ändern oder für den Klienten sehr schwierig ist, das neue Verhalten des Therapeuten zu akzeptieren.

Je früher der Therapeut in der Lage ist, sich bezüglich der Struktur des Klienten angemessen zu verhalten, desto aussichtsreicher ist die Therapie.

Daher ist es von entscheidender Bedeutung, mit der Analyse des Problems, mit der Erstellung eines angemessenen Klientenmodells möglichst früh zu beginnen, idealerweise vor der vierten Therapiestunde. Dies setzt aber voraus, daß der Therapeut allen Störungen gegenüber wirklich sensibel ist, sie wahrnimmt, sie ernst nimmt und sie zum Anlaß nimmt, den Fall supervidieren zu lassen.

Natürlich muß ein Therapeut immer auch die Möglichkeit prüfen, ob ein Störgefühl darauf zurückgeht, daß er selbst Fehler macht: *Natürlich kann man keineswegs ungeprüft davon ausgehen, daß es am Klienten liegt, wenn in der Therapie etwas schiefläuft.*

Es ist selbstverständlich möglich, daß Störungen *nicht* auf eine Spielstruktur des Klienten, sondern "nur" auf falsche therapeutische Vorgehensweisen zurückgehen. Und selbstverständlich muß diese Möglichkeit genau betrachtet und analysiert werden.

13.3 Systematische Analyse von Spielelementen

Im Theorienteil wurde ausgeführt, daß sich ein Spiel von Klienten in einer Vielzahl von Verhaltensindikatoren auf Klientenseite zeigen sollte. So sollte ein Klient, der ein Spiel realisiert, z.B.

- deutliche Images zeigen;
- Appelle an den Therapeuten senden;
- keinen Arbeitsauftrag aufweisen;
- die Bearbeitung zentraler, persönlich relevanter Themen vermeiden usw.

Daraus folgt, daß eine systematische Analyse dieser Aspekte im Therapieprozeß sehr wesentlichen Aufschluß darüber geben sollte, ob ein Klient ein Interaktionsspiel realisiert.

Zur Identifikation dieser Aspekte im Therapieprozeß wurden die "Bochumer Bearbeitungs- und Beziehungsskalen" entwickelt.

Diese Skalen können als Rating-Skalen schon früh im Therapieprozeß eingesetzt werden (schon in der ersten Stunde!) und erlauben so eine Abschätzung davon, in welchem Ausmaß das Klientenverhalten auf das Vorliegen einer Spielstruktur hinweist.

13.4 Ein Instrument zur systematischen Spielanalyse: Die "Bochumer Bearbeitungs- und Beziehungs-Skalen" (BBBS)

Die "Bochumer Bearbeitungs- und Beziehungs-Skalen" stellen ein System von Rating-Skalen dar, das vom Therapeuten, einem Supervisor oder Forscher systematisch auf die Therapeut-Klient-Interaktion angewandt werden kann. Mit Hilfe dieses Systems kann schon sehr früh im Therapieprozeß festgestellt werden, ob sich bei Klienten signifikante Hinweise auf Spiel-Handeln finden lassen. Die Skalen sind im Anhang dieses Buches abgedruckt.

Die Skalen folgen dabei systematisch den hier vorgeschlagenen Analysekriterien. Analysiert werden zunächst *zentrale Bearbeitungsindikatoren:*
- Weist ein Klient einen Arbeitsauftrag auf?
- Arbeitet der Klient selbst an Fragestellungen?
- Übernimmt der Klient Prozeßverantwortung?
- Welche Art von Perspektive nimmt der Klient überwiegend ein?
- Auf welcher Stufe der Explizierung arbeitet der Klient überwiegend?

Analysiert werden sodann Aspekte der *Inhaltsbearbeitung:*
- Konkretheit
- Nachvollziehbarkeit
- Stringenz
- Relevanz
- Zentralität.

Nach einer Analyse *ungünstiger Bearbeitungsstrategien* (wie z.B. "lösen vor klären") werden Vorliegen und Ausmaß von Vermeidungsstrategien analysiert:
- Relativierung
- Bagatellisierung
- Generalisierung/Normalisierung
- Nebenschauplätze
- Thematische Sperren
- Umgang mit Fragen
- Attribution.

Die Analyse der Bearbeitungsebene schließt mit der Analyse, ob der Klient dysfunktionale Problemkonstruktionen verwendet:
- Realitätskonstruktion als Realität
- Zwangsläufigkeitskonstruktion
- Unlösbarkeitskonstruktion.

Auf der Beziehungsebene wird sodann analysiert, wie der Klient *mit dem therapeutischen Beziehungsangebot umgeht*:

• Übernimmt er die Klientenrolle?
• Versucht er, Problemsymmetrie oder Rollendominanz zu realisieren?
• Faßt er Vertrauen zum Therapeuten?
• Gibt er dem Therapeuten positive oder negative Rückmeldung?
• Versucht er, direkte Kontrolle über den Therapeuten auszuüben?

Von großer Bedeutung sind die abschließenden Analysen von Images und Appellen:

• Macht der Klient dem Therapeuten gegenüber Images auf?
• Wenn ja, welche?
• Realisiert der Klient gegenüber dem Therapeuten Appelle?
• Wenn ja, welche?

Der Therapeut sollte bereits dann eine Hypothese aufstellen, daß bei dem Klienten eine Spielstruktur vorliegt, wenn die folgenden Indikatoren des BBBS "ausschlagen", also keine optimalen Werte zeigen:

• Arbeitsauftrag
• Fragestellung
• Verantwortung
• Image
• Appelle

Hat der Klient auf diesen 5 Skalen *keine* optimalen Werte, dann ist bereits ein "Spielverdacht" begründet. Jede weitere Skala, die darüber hinaus "ausschlägt" (wie z.B. "Perspektive", Skalen der "Vermeidung" usw.) erhärten den Verdacht, daß beim Klienten eine Spielstruktur vorliegt.

13.5 Analyse der Spielstruktur

13.5.1 Analyse von Intentionen und Strategien

Zeigt ein Klient deutliche Hinweise auf das Vorliegen einer Spielstruktur im BBBS, dann sollte der Therapeut die Analyse systematisch fortsetzen.

Der nächste Analyseschritt besteht nun darin, die Spielstruktur des Klienten genauer zu rekonstruieren: was will der Klient in der Therapie? Was genau macht er mit dem Therapeuten? Welche Arten von Strategien setzt er ein? usw.

Diese Analyse soll nun das Verstehen der Spielebene elaborieren, so daß ein Therapeut ein Modell darüber entwickeln kann.

Bei diesem Analyseschritt geht es darum, auf der Spielebene

• die interaktionellen Ziele des Klienten
• die interaktionellen Strategien
• und die interaktionellen Konsequenzen

zu rekonstruieren, in Zusammenhang zu bringen und in einem Modell zu integrieren.

D.h.: Bevor Information über Images, Appelle und Strategien zu einem Bild zusammengesetzt werden kann, muß die Informationsbasis noch verbessert werden: Der Therapeut braucht noch mehr spezifische Information darüber, was genau die vom Klienten realisierten Images, Appelle und Strategien sind.

Bevor "Puzzlestücke" zu einem Bild zusammengesetzt werden können, muß die Qualität der einzelnen Puzzlestücke noch deutlich verbessert werden.

Um dies zu tun, muß sich der Therapeut nun befassen mit zwei zentralen Fragen:

- Welches sind die interaktionellen *Intentionen* (im Sinne von Images und Appellen) des Klienten im Therapieprozeß?
- Mit Hilfe welcher Handlungen, Strategien verfolgt der Klient diese Intentionen und versucht er, diese zu realisieren?

Die Frage nach den interaktionellen Intentionen zielt darauf ab zu klären, was der Klient in der Therapie, vom Therapeuten will: Was soll der Therapeut denken, glauben, tun oder was soll er *nicht* denken, glauben oder tun?

Die zweite Frage ist die Frage danach, welche Mittel der Klient in der Interaktion anwendet, damit beim Therapeuten ein bestimmtes Image entsteht bzw. damit der Therapeut bereit ist, etwas Bestimmtes zu tun.

13.5.2 Strategien der Informationsverarbeitung

In der Analyse muß der Therapeut nun, um an relevante Information zu gelangen, bestimmten Strategien folgen. Zwei Strategien sind hier ganz besonders wesentlich:

- Der Therapeut benötigt *Leitfragen*: Der Therapeut muß wissen, welche Art von Informationen er sucht, worauf er seine Aufmerksamkeit richten soll, welche Aspekte relevant sind und welche nicht. Diese Zentrierung der Verarbeitung kann durch Leitfragen geschehen, die sich der Therapeut stellt.
- Der Therapeut benötigt eine *bestimmte Art* von *Informationsverarbeitung*: Die hier relevante Information ist nicht explizit in den Texten der Klienten enthalten, der Klient sagt nicht: Bitte glauben sie das von mir und das nicht! Der Therapeut benötigt daher hier in hohem Maße den Modus der intuitiv-holistischen Informationsverarbeitung (im Sinne von Kuhl, 1983c; vgl. Becker u. Sachse, 1997).

Die Information wird vom Klienten *implizit* gegeben, indirekt, als Beziehungsbotschaft; sie ist daher eher extrahierbar aus der Art, wie der Klient mit dem Therapeuten umgeht, wie er spricht, wie er den Therapeuten anspricht usw. Eine Analyse des Textes ist dagegen weniger aufschlußreich, denn hier ist die Information nicht enthalten: Die relevante Beziehungsinformation im Text zu suchen ist ungefähr so sinnvoll, wie einen Computer zu zerlegen, um die Software zu finden. Der Therapeut bekommt die hier relevante Information eher, wenn er den Text nicht analysiert, sondern wenn er den Klienten insgesamt "auf sich wirken läßt":

- Wenn er auf sich wirken läßt, wie der Klient etwas sagt, wie er dabei auf den Therapeuten eingeht, welche Beziehung er anbietet usw.;
- Wenn er nicht bewußt versucht, die Information zu verstehen, sondern eher "Verstehen entstehen läßt";

- Wenn er Ideen, Gefühle, Handlungsimpulse bei sich selbst zuläßt und eher beobachtet, was ihm passiert, als daß er bewußt etwas analysiert;
- Wenn er eher in eine passiv-rezeptive als in eine aktiv-analysierende Haltung geht;
- Wenn er bei sich auch diffuse Eindrücke, Empfindungen u.ä. zuläßt und als Spuren verfolgt;
- Wenn er zuläßt, daß sich ein klares Bild erst langsam, Stück für Stück, herausbildet.

Folgt ein Therapeut einem solchen *intuitiven Verarbeitungsmodus*, zusammen mit zentralen Leitfragen, dann bedeutet dies, daß er eine bestimmte Frage "in den Raum stellt" und dann seiner Verarbeitung Zeit und Raum läßt. Er kann dann gleichzeitig seine Verarbeitungsprozesse "laufen lassen" und beurteilen, welche Aspekte relevant sind. Diese Art der Verarbeitung ist bei der Analyse von Spielstrukturen hoch relevant, erfordert aber in der Regel einiges Training.

Die erste Fragestellung, die ein Therapeut hier verfolgen sollte, ist die nach positiver oder negativer Kontrolle.

13.5.3 Analyse von positiver und negativer Kontrolle

Dies gibt Aufschluß über die grundlegende Art der Beziehungsgestaltung des Klienten:
- bei *positiver Kontrolle* nimmt der Klient eine Beziehung zum Therapeuten auf, nimmt Kontakt auf, benutzt diesen aber dazu, den Therapeuten zu manipulieren: Der Klient nimmt eine Beziehung auf und nutzt sie zur Verfolgung seiner interaktionellen Ziele.
- bei *negativer Kontrolle* nimmt der Klient gar keine Beziehung zum Therapeuten auf. Seine Handlungen dienen dazu, den Therapeuten auf Distanz zu halten. Der Klient möchte Grenzen ziehen und wahren; er möchte nicht, daß der Therapeut etwas Relevantes über ihn erfährt, o.ä..

Um Informationen über das Vorliegen von positiver oder negativer Kontrolle zu erhalten, kann der Therapeut die vom Klienten gegebene Information unter bestimmten Leitfragen betrachten.

Leitfragen zu Identifikation *positiver Kontrolle* sind z.B.:
- Versucht der Klient, mich an sich "heranzuholen"?
- Versucht der Klient, mich an sich zu binden, mich in sein System zu integrieren?
- Soll ich einen bestimmten Eindruck vom Klienten gewinnen?
- Signalisiert mir der Klient "tu etwas für mich", "sei für mich da"?
- Habe ich den Eindruck, Kontakt zum Klienten zu bekommen, kommt eine Beziehung in Gang?

Leitfragen zur Identifikation von *negativer Kontrolle* sind, z.B.:
- Versucht der Klient, mich "von sich wegzuhalten"?
- Macht der Klient mir gegenüber Grenzen auf?
- Macht er deutlich, daß ich diese Grenzen nicht überschreiten soll?
- Signalisiert der Klient "halte Distanz", "bleib weg von mir"?
- Macht der Klient den Eindruck, daß er möglichst nichts von sich preisgeben will, sich nicht "in die Karten gucken lassen will"?
- Habe ich als Therapeut den Eindruck, keinen Kontakt zum Klienten zu bekommen, daß sich eine Beziehung nur sehr langsam oder gar nicht entwickelt?

13.5.4 Analyse von Images

Die zweite relevante Fragestellung in der Analyse ist die Frage nach Images: Welche Images macht der Klient in der Interaktion mit dem Therapeuten auf?

Um Images zu spezifizieren, kann der Therapeut hier bestimmten Fragestellungen folgen:

- Was für eine Art von Bild, von Eindruck entsteht bei mir vom Klienten, insbesondere wenn ich den Klienten "auf mich wirken lasse"?
- Was will der Klient mir eigentlich (über sich) mitteilen, sagen?
- Was möchte der Klient, was ich von ihm denke, glaube, meine?
- was möchte der Klient, was ich *nicht* denke, meine, glaube?

13.5.5 Analyse von Appellen

Die nächste zentrale Frage ist die nach Appellen: Was soll der Therapeut für den Klienten tun?

Auch bei der Analyse von Appellen sollte der Therapeut einen intuitiv-holistischen Verarbeitungsmodus verwenden: Er sollte den Klienten auf sich wirken lassen und darauf achten, welche Handlungsimpulse bei ihm entstehen: Was möchte er am liebsten tun? Welche Impulse werden bei ihm selbst spürbar?

Zentrale Leitfragen bei der Analyse von Appellen sind:

- Welche Handlungsimpulse werden bei mir spürbar, wenn ich den Klienten "auf mich wirken lasse"?
- Was möchte ich am liebsten tun (z.B. den Klienten trösten, Verantwortung übernehmen oder aber: den Klienten anschreien, zur Ordnung rufen o.ä.)?
- Was möchte ich bei diesem Klienten *nicht* tun?
- Welches Handeln würde ich bei diesem Klienten als falsch, unpassend, schädlich usw. empfinden?
- Was möchte der Klient, was ich tue oder nicht tue?
- Welches wäre ein passendes, angemesseneres, komplementäres Verhalten?
- Welche Verhaltensweisen würden gar nicht auf das Verhalten des Klienten "passen"?
- Was befürchte ich, was passieren könnte, wenn ich nicht das tue, was der Klient von mir erwartet?

Der Therapeut kann sich auch fragen:

- Welche Art von Handeln meiner Person würde der Klient zu schätzen wissen? Was würde er gut finden?
- Welche Art von Handeln würde der Klient überhaupt nicht zu schätzen wissen? Auf was würde er negativ reagieren?

13.5.6 Analyse von Strategien

Ein Therapeut sollte nicht nur analysieren, was die interaktionellen Ziele des Klienten sind; er sollte ebenfalls analysieren, mit Hilfe welcher *Strategien* und welchen konkreten Handlungen der Klient seine Intention verfolgt.

Auch hier kann der Therapeut Leitfragen folgen, um an relevante Informationen heranzukommen.

Derartige *Leitfragen zur Analyse von Strategien* sind:

- Gibt der Klient Informationen selektiv?
  Gibt der Klient dem Therapeuten z.B. über sich selbst solche Informationen, die ihn selbst in positivem Licht erscheinen lassen, jedoch über andere (z.B. den Partner) im wesentlichen Informationen, die diesen negativ erscheinen lassen?
- Fordert der Klient einen Konsensus mit dem Therapeuten? Äußert der Klient z.B. Äußerungen in der Art "das ist doch wohl klar", "das versteht sich doch wohl von selbst"?
- Fordert der Klient Unterstützung, Solidarität u.a. vom Therapeuten als Teil der Therapeutenrolle?
  Sagt der Klient z.B.: "Als Therapeut haben Sie mich zu unterstützen"; "Sie sollten ja wohl auf meiner Seite sein"; "als Experte müssen Sie das für mich tun" u.ä.?
- Setzt der Klient den Therapeuten (z.B. durch Drohungen) unter Druck?
  Macht der Klient z.B. Äußerungen der Art: "Wenn Sie mir nicht helfen, wird alles noch schlimmer"; "wenn sie nichts tun, gerate ich an den Rand des Selbstmordes"?
- Übt der Klient direkte Kontrolle auf den Therapeuten aus, z.B. durch: "Solche Fragen dürfen Sie nicht stellen, die machen alles noch schlimmer".

13.5.7 Analyse komplexer Spielstrukturen

Die bisherigen Analyseschritte haben das Ziel, Images, Appelle und Strategien herauszuarbeiten. Es genügt nicht, diese dann unverbunden nebeneinander stehen zu lassen. Man sollte vielmehr versuchen, die Einzelaspekte miteinander zu verbinden:

- Wie hängen verschiedene Images miteinander zusammen?
- Wie hängen Images und Appelle zusammen?
- Welche Appelle werden mit Hilfe welcher Strategien eingeführt und durchgesetzt?

Man sollte auch versuchen, *übergreifende interaktionelle Ziele* zu identifizieren, um so komplexe Spielstrukturen zu erkennen. So kann man z.B. feststellen, daß der Klient

- das Image aufmacht, ganz arm, schwach und hilflos zu sein;
- den Appell an den Therapeuten richtet, daß dieser ihm Ratschläge, aktive Hilfen geben muß;
- den Therapeuten unter Druck setzt damit, daß es ihm extrem schlecht geht, und ihm daher ganz schnell geholfen werden muß;
- der Klient aber gleichzeitig deutlich macht, daß es schwer sein wird, ihm zu helfen.

In diesem Fall kristallisiert sich aus den Einzelinformationen ein "Dornröschenspiel" heraus: Der Therapeut soll den Klienten gegen massive Widerstände retten und erlösen.

Der Therapeut kann aufgrund solcher aufgedeckter Zusammenhänge die oben beschriebenen Spielstrukturen herausfinden, z.B.

- Armes Schwein
- Opfer der Umstände
- Dornröschen.

Die beschriebenen Spielstrukturen sind jedoch nur besonders häufig vorkommende Muster: Sie bilden keineswegs alle möglichen Spiele ab. Im Einzelfall sind der Kreativität des Klienten ja keine Grenzen gesetzt: Er kann völlig neue, komplexe Spiele erfinden. Daher kann der Therapeut bei der Analyse der Spielstruktur natürlich versuchen, ein "Standardspiel" zu finden; wenn dies jedoch nicht gelingt, dann muß sich der Therapeut der Mühe unterziehen, das Spiel des Klienten ohne eine solche "Modellvorlage" zu beschreiben.

Das wesentliche Ziel ist hierbei immer, ein Modell darüber zu haben, wie das Spiel des Klienten funktioniert:

- Was will der Klient erreichen?
- Welche Zielkomponenten enthält das Spiel?
- Wie wirken Sie zusammen?
- Über welche Mittel verfügt der Klient?
- Wie verfolgt er seine Ziele?

Wesentlich ist die Analyse vor allem zur Ableitung von Interventionen, die der Klient nicht mehr im Rahmen des Spiels aushebeln kann: Von Interventionen, die das Spiel aufdecken, auf die der Klient in neuer, ungewohnter Weise reagieren muß, die ihn "ins Grübeln bringen", die ihn zwingen, "aus dem Spiel auszusteigen".

13.6 Analyse des "Therapiezustandes": Die bisherige Therapeut-Klient-Interaktion

Zur Ableitung sinnvoller therapeutischer Strategien und Interventionen ist es notwendig, das "System Klient" zu verstehen: Der Therapeut muß, wie deutlich geworden ist, ein Modell von der Spielstruktur des Klienten entwickeln. Dies ist jedoch zur Bestimmung therapeutischer Vorgehensweisen nicht ausreichend: Um zu wissen, was ein Therapeut nun in der Therapie tun sollte und tun kann, ist es auch notwendig, das "System Therapie" zu verstehen. Die vom Therapeuten in die Therapie, eventuell neu, eingeführten Interventionen treffen nicht auf ein völlig neues System ohne Geschichte: Ganz im Gegenteil!

Bis der Therapeut erkennt, daß der Klient ein Spiel realisiert, bis der Therapeut dieses analysiert hat und bis der Therapeut so weit ist, sein therapeutisches Handeln ändern zu können, hat im Therapieprozeß zwischen Therapeut und Klient schon verschiedenes stattgefunden.

So kann es z.B. sein, daß der Therapeut sich schon eine Zeitlang zur Spielebene komplementär verhält: er hat dem Klienten schon Sondertermine gegeben, seine private Telefonnummer usw.. Der Therapeut ist daher, aus Sicht des Klienten, sehr zuvorkommend, lieb, solidarisch o.ä. Kommt der Therapeut aufgrund der Spielanalyse nun zu dem Schluß, daß es notwendig ist, den Klienten mit seinen Manipulationen zu konfrontieren, dann kann dieses Therapeuten-Handeln dem Klienten aufgrund der bisherigen "Spielregeln" sehr unverständlich, kalt und abweisend vorkommen: Der Therapeut war bisher immer so "nett", fürsorglich, hat alles für den Klienten getan. Und nun verweigert er plötzlich seine Solidarität, konfrontiert den Klienten mit eigenen Verhaltensweisen: der Therapeut erscheint plötzlich wenig einfühlsam, abweisend, kalt. Dies kann die Beziehung zwischen Therapeut und Klient stark belasten; im Extremfall kann es dazu führen, daß der Klient die Therapie abbricht.

Daher muß der Therapeut wissen, wie die Interaktion zwischen ihm und dem Klienten bisher gelaufen ist; er muß sich ein Modell davon machen, welche Vorstellungen von Therapie der Klient entwickelt hat, welche Interaktions-Erwartungen der Klient aufgebaut hat. *Diese* Aspekte muß der Therapeut dann unbedingt mit berücksichtigen, wenn er aufgrund der Spielanalyse seine Interventionen und Strategien ändert.

Eine Analyse des bisherigen Therapieverlaufs kann auch aufzeigen, daß der Therapeut den Klienten stark unter Druck gesetzt hat: Da der Therapeut nicht verstanden hat, warum der Klient nicht therapeutisch mitarbeitet, hat er versucht, den Klienten zur Mitarbeit zu "überreden". Aus dieser Einsicht kann dann folgen, daß der Therapeut ein solches Verhalten in Zukunft unbedingt unterlassen muß, da es zu Reaktanz und zu einer Verschlechterung der Beziehung führt.

Die Analyse kann auch ergeben, daß der Therapeut recht aggressiv auf den Klienten reagiert: Der Therapeut ist gereizt, ungeduldig, kritisiert den Klienten, gibt Belehrungen; der Therapeut ist insgesamt unfreundlich und wenig entgegenkommend. Diese Analyse macht dann deutlich, daß der Therapeut erst wieder lernen muß, dem Klienten *entgegenzukommen*: Der Therapeut muß in der Lage sein, das Klientenverhalten als Teil des Problems wahrzunehmen; er muß in der Lage sein, die Klienten-Interaktionen als Teil des Problems zu akzeptieren; er muß wieder in der Lage sein, dem Klienten Verständnis entgegenzubringen; er muß wieder in der Lage sein, den Klienten zu verstehen. Es muß daher beim Therapeuten und durch den Therapeuten im Therapieprozeß erst eine *Basis* für neue Interventionen und Strategien hergestellt werden. Würde der Therapeut nämlich z.B. konfrontative Interventionen auf dem Hintergrund seiner aggressiven Beziehungsgestaltung realisieren, dann ist absehbar, daß der Klient diese Interventionen nicht annehmen kann; er wird sich vielmehr unverstanden, kritisiert und abgewertet fühlen und die Gefahr ist groß, daß er die Therapie abbricht.

Bei der Analyse von Interaktionsverläufen ist es auch wichtig zu sehen, ob sich das Handeln von Therapeuten und Klienten gegenseitig negativ hochgeschaukelt hat. So kann ein Therapeut z.B. den Klienten unter Druck setzen, bei einem Thema zu bleiben und dieses zu bearbeiten. Der Klient möchte dieses Thema jedoch vermeiden, weil er dem Therapeuten nicht vertraut und seine "Grenzen" wahren will. Der Klient weicht daher aus und wechselt das Thema. Dies erbost den Therapeuten und er veranlaßt den Klienten zu diesem Thema zurückzukehren, setzt den Klienten unter Druck. Dies steigert die Angst des Klienten vor Grenzüberschreitung: Er signalisiert dem Therapeuten, daß er nicht an dem Thema arbeiten will. Der Therapeut fühlt sich sabotiert und setzt den Klienten erneut unter Druck usw.

Auf diese Weise hat das falsche Modell des Therapeuten (es gehe um Inhalte und deren Klärung) nicht nur zur Folge, daß der Therapeut nicht versteht, worum es eigentlich geht (um Vertrauen und den Nachweis, daß die Beziehung verläßlich ist); die aus dem Modell resultierenden Interventionen verschlimmern das Problem sogar, da der Klient gerade *nicht* die Erfahrung macht, daß der Therapeut gesetzte Grenzen akzeptiert. Der Klient erlebt den Therapeuten vielmehr als intrusiv und das bestätigt seine allgemeine Überzeugung, daß Beziehungen gefährlich sind. Es führt zu der Überzeugung, daß auch Beziehungen zum Therapeuten gefährlich sind.

Dadurch entwickelt der Klient die Intention, sich stärker zu schützen und noch weniger von sich preiszugeben. Damit aber sabotiert der Therapeut sein elementares Ziel, eine vertrauensvolle Beziehung mit dem Klienten aufzubauen. Die therapeutische Interaktion steht in der akuten Gefahr, sich "festzufressen".

Hatte es im bisherigen Verlauf der Therapie derartige Interaktionen häufig gegeben, dann ist der Stand der Therapeut-Klient-Beziehung sehr wahrscheinlich schlechter als *zu Beginn der Therapie*. Dies muß in der Supervision bei der Entwicklung eines Handlungsmodell berücksichtigt werden: Der Therapeut muß dann, u.U. über längere Zeit, erst wieder an der Entwicklung von Vertrauen arbeiten, bevor irgendwelche anderen therapeutischen Ziele überhaupt realistischerweise verfolgbar sind. Und die Analyse macht sehr deutlich, was der Therapeut im weiteren Verlauf der Therapie *auf keinen Fall mehr tun darf*, will er nicht seine eigene therapeutische Arbeit sabotieren.

13.7 Therapiezentrierte Selbsterfahrung

Arbeitet ein Therapeut mit einem Klienten, der Spielstrukturen aufweist, ist es m.E. unumgänglich, in der Supervision mit dem Therapeuten Selbsterfahrungsaspekte durchzugehen. Nach bisheriger Supervisionserfahrung scheitern viele der Therapien nicht daran, daß die Klienten so schwierig sind (was sie zweifellos sind!), sondern daran, daß die Therapeuten derart emotional blockiert sind, daß sie nicht in angemessener Weise mit den Klienten arbeiten können. Dies liegt einmal am bisherigen Prozeßverlauf: Wenn Therapeuten in Supervision kommen (insbesondere wenn sie erst nach der 10. Therapiestunde kommen), sind sie manchmal bereits hochgradig über den Klienten verärgert. Sie fühlen sich vom Klienten sabotiert, "verarscht", ausgenutzt und sind völlig sauer auf den Klienten; sie möchten am liebsten nichts mehr mit dem Klienten zu tun haben. Dieser negative Affekt muß in der Supervision unbedingt bearbeitet werden. Manchmal legt sich der Ärger des Therapeuten, wenn dieser, aufgrund des neuen Klienten-Modells versteht, was mit dem Klienten los ist: Wenn er begreift, daß das Klienten-Verhalten ein Teil der Problematik ist und keine intentionale Sabotage; er versteht nun, was passiert, er fühlt sich wieder handlungsfähig. Diese Aspekte können den Ärger über den Klienten völlig zum Verschwinden bringen.

In manchen Fällen läßt sich aber der Ärger nicht völlig beseitigen. Dann kann es passieren, daß der Therapeut mit dem neuen Modell in die nächste Therapiestunde geht und sich anders verhält, jedoch seine Interventionen nicht in eine akzeptierende Grundhaltung einbettet, sondern mit dem Klienten umgeht nach dem Motto "was ich Ihnen schon immer einmal sagen wollte". Dieses Vorgehen ist dann, wie man sich leicht vorstellen kann, sehr wenig hilfreich. Daher sollte man in der Supervision auch darüber nachdenken, ob ein Therapeut mit einem Klienten sinnvollerweise weiterarbeiten kann, ohne sich in eine wandelnde Kontraindikation zu verwandeln.

Ein anderer Grund für eine Blockade auf Therapeutenseite ist eher grundsätzlicher Art. Der Klient kann mit seinem Handeln beim Therapeuten *eigene Schemata* aktivieren, die dem Therapeuten ein empathisches und akzeptierendes Handeln unmöglich machen.

So kann z.B. ein Therapeut mit einem eher narzißtischen Persönlichkeitsstil einen zwanghaften Klienten völlig unerträglich finden: Das feindselig-rechthaberische, normorientierte, unhedonistische Verhalten des Klienten kann den eher kreativ-hedonistischen Therapeuten auf einer sehr persönlichen Ebene in hohem Maße nerven, so daß eine akzeptierende Grundhaltung kaum aufrechterhalten werden kann. Ein Therapeut mit passiv-aggressiven Persönlichkeitsstil, der eine Überschreitung persönlicher Grenzen wenig schätzt, kann sich durch die persönlichen Angriffe eines Borderline Klienten beleidigt fühlen. Da hilft es dann u.U. wenig, sich zu sagen, das Verhalten sei ein Teil des Klientenproblems. Es ist m.E. von zentraler Bedeutung, daß Therapeuten, möglichst schon in der Ausbildung, lernen, mit welcher Art von Klienten-Handeln sie größere Probleme haben. Bezieht sich diese Schwierigkeit nur auf wenige Kategorien von Klienten, dann erscheint mir dies völlig akzeptabel: Man sollte nicht von Therapeuten erwarten, daß sie mit jedem Klienten und jeder Art von Problematik arbeiten können. Nur: Sie sollten es selbst wissen und dementsprechend verantwortungsbewußt handeln, also entsprechend Therapien gar nicht übernehmen oder sehr schnell abgeben. Bezieht sich die Schwierigkeit dagegen auf eine große Anzahl von Störungen, dann sollte man als Therapeut wohl, im Sinne einer Eigentherapie, etwas dagegen unternehmen, sonst steht man sich selbst gediegen im Weg.

13.8 Modell-Elaboration

Ein Therapeut muß im Therapieverlauf mehr verstehen als "nur" die Spielebene: Ein Therapeut sollte sich auch ein Modell bilden von den grundlegenden Überzeugungen des Klienten, von den relevanten Selbstkonzept- und Beziehungsannahmen. Ein Therapeut muß auch verstehen, was die grundlegenden Motive und interaktionellen Ziele sind, um mit dem Klienten auch auf dieser Ebene arbeiten zu können. Aller Erfahrung nach setzt jedoch die Rekonstruktion dieser Aspekte durch den Therapeuten *voraus*, daß der Therapeut erkannt hat, *daß* eine Spielebene vorliegt, und was diese Spielebene ist.

Der Grund dafür liegt einmal darin, daß das intransparente Handeln des Klienten den Therapeuten blockiert: Ein Therapeut, der "eingespannt" ist oder der aggressiv ist, funktioniert nicht auf der Höhe seiner Möglichkeiten. Kann der Therapeut das Klienten-Handeln als Teil des Problems wahrnehmen, setzt dies beim Therapeuten wieder viele Ressourcen zur validen Informationsverarbeitung frei.

Es gibt jedoch auch einen *inhaltlichen* Grund dafür, daß ein Therapeut erst die Spielebene analysieren muß, bevor er die anderen Ebenen verstehen kann. Dieser Grund liegt wesentlich in der Intransparenz des Klienten-Handelns: Was das "eigentliche" Problem des Klienten ist, wird vom Klienten gar nicht explizit geäußert. Was der Klient jedoch explizit an Problemen äußert, ist ziemlich peripher und irrelevant oder aufgrund der Beziehungsstruktur nicht angemessen bearbeitbar. Auf diese Weise wird der Therapeut *in aller Regel* mit einer Informationsstruktur konfrontiert, die kaum zu verstehen ist. Erst dann, wenn der Therapeut die Annahme macht, daß es sich um ein Spiel handelt und wenn er das Spiel versteht, hat er eine Grundlage dafür geschaffen, den Klienten zu verstehen.

Die Spielanalyse schafft daher ein Modell, mit dessen Hilfe der Therapeut den Klienten überhaupt erst verstehen kann.

Hat er dieses Modell nicht, erscheinen ihm das Klienten-Handeln und die vom Klienten explizit gegebenen Informationen sinnlos, inkonsistent, chaotisch. Hat er jedoch dieses Modell, dann kann er diese Informationen plötzlich richtig decodieren: Dann kann er erkennen, daß die Informationen keineswegs sinnlos sind, sondern sogar sehr viel über den Klienten aussagen.

14. Therapie

Wie deutlich geworden ist, manifestieren sich Probleme von Klienten mit Spielstrukturen im Therapieprozeß vor allem auf Bearbeitungs- und Beziehungsebene. Dies hat zur Folge, daß die Klientenprobleme auch primär auf Bearbeitungs- und Beziehungsebene angegangen werden müssen. Aus diesem Grund werden nun therapeutische Strategien und Interventionen auf Bearbeitungs- und Beziehungsebene beschrieben. Dabei sollte deutlich sein, daß der *Schwerpunkt* der therapeutischen Arbeit auf Beziehungsebene liegt: Das Problem des Klienten läßt sich im wesentlichen als Beziehungsproblem auffassen und es muß somit als Beziehungsproblem behandelt werden. Dies bedeutet jedoch nicht, daß man als Therapeut die aktuellen Bearbeitungsprobleme ignorieren könnte. Ein Therapeut muß in der Lage sein, im Therapieprozeß auftretende Bearbeitungsschwierigkeiten konstruktiv zu handhaben. Ansonsten besteht die Gefahr, daß er sich durch ungünstige Interventionen zusätzlich in Schwierigkeiten bringt. Es muß jedoch völlig deutlich sein, daß man bei Klienten mit Spielstrukturen günstige Interventionen auf Bearbeitungsebene nicht als ausreichend auffassen kann. Ein Therapeut sollte vielmehr in der Lage sein, konstruktive und zielführende Interventionen auf der Beziehungsebene zu realisieren.

Die im Folgenden dargestellten Interventionen und Strategien stellen Handlungsmöglichkeiten von Therapeuten dar. Diese sollten m.E. zur Kompetenz des Therapeuten gehören, damit er als Experte den Klienten mehr zu bieten hat als konstruktive Haltungen und allgemeine soziale Kompetenz: Ein verantwortungsvoller Therapeut sollte m.E. spezifisches Wissen und sollte spezifische Kompetenzen aufweisen und nicht nur über undifferenzierte "Erfahrung" verfügen. Die hier beschriebenen Interventionsmöglichkeiten bilden dabei heuristische Handlungsräume: Ein Therapeut muß aufgrund seines Klientenmodells entscheiden, welche der Handlungsmöglichkeiten er wann anwendet, wie anwendet, wodurch an den Klienten adaptiert usw.. Interventionsmöglichkeiten und Verarbeitungskompetenz sind die Grundlagen (vgl. Gruber, 1994; Chase u. Simon, 1973; Gäßler, 1994): Expertise selbst ist jedoch ein Merkmal von Therapeuten, nicht von Büchern. Mit den hier gemachten Vorschlägen kann ich hoffentlich zur Entwicklung von Expertise von Therapeuten beitragen.

15. Therapeutische Interventionen auf der Bearbeitungsebene

15.1 Umgang mit Problemen in der Inhaltsbearbeitung

15.1.1 Der therapeutische Umgang mit Unkonkretheit

Unkonkretheit kann sich auf relevante und auf weniger relevante Inhaltsaspekte beziehen. Natürlich kann und sollte ein Therapeut nicht alle irgendwie unkonkreten Inhaltsaspekte zu konkretisieren versuchen; in peripheren, unwesentlichen Aspekten kann man oft Unkonkretheiten zulassen. Sind jedoch zentrale Aspekte unkonkret, dann sollte der Therapeut dies nicht einfach zulassen oder übergehen. Die Unkonkretheit kann ihm, dem Therapeuten, das Verständnis erschweren, sie kann aber auch überspielen, daß der Klient seine eigenen Konstruktionen auch selbst nicht versteht. Der Therapeut sollte an zentralen Stellen daher grundsätzlich versuchen, Unkonkretheit aufzuheben, indem er konkretisierende Fragen stellt, z.B.:

- "Was meinen Sie genau mit X?"
- "Können Sie das noch etwas genauer sagen?"
- "Ich möchte mir das noch genauer vorstellen können. Können Sie mal ein konkretes Beispiel sagen?"

An dieser Stelle sieht man in Ausbildung und Supervision immer wieder ein Problem: Therapeuten trauen sich oft nicht, deutlich zu machen, daß sie etwas nicht verstehen und sie trauen sich nicht, stringent zu sein. Sie befürchten, daß der Klient sie für etwas beschränkt hält, wenn sie noch mal nachfragen usw. Ich empfehle den Therapeuten hier, mit der Gründlichkeit von Therapie zu argumentieren: Wenn der Klient sagt, "verstehen Sie das etwa nicht?", dann kann der Therapeut antworten

- "ich verstehe es nicht, aber ich würde es gerne verstehen";
- "ich kann mir vorstellen, was sie damit meinen *könnten*; das ist in der Therapie aber nicht genug: In der Therapie geht es darum, absolut genau zu verstehen, was Sie damit meinen. Und das habe ich noch nicht verstanden."

Wichtig ist es nämlich, daß Therapeuten sich nicht mit weiteren Unkonkretheiten oder Unklarheiten abspeisen lassen.

Anders als in einer Alltagskommunikation dürfen Therapeuten in einer Therapie, deren zentrales Ziel Klärung ist, nicht mit Unklarheiten zufrieden sein.

Dies bedeutet aber auch, daß Therapeuten im Therapieprozeß Regeln der Alltagskommunikation bewußt brechen müssen: Im Alltag würde ein Interaktionspartner schon aus Höflichkeit nicht ein zweites Mal nachfragen (oft nicht einmal ein erstes Mal).

Im Therapieprozeß muß der Therapeut so lange nachfragen

- bis der Inhalt klar ist
  oder
- bis klar ist, daß auch dem Klienten der Inhalt nicht klar ist und es deshalb ein therapeutisches Ziel ist, an seiner Klärung zu arbeiten.

Der Therapeut muß deshalb manchmal hartnäckig sein und sagen: "Es tut mir leid, aber es ist mir immer noch nicht klar".

Er kann dem Klienten auch mitteilen, was ihm klar ist und was nicht. Auf diese Weise wird dem Klienten auch ein wesentlicher Aspekt von Therapie deutlich: daß es wichtig ist, genau zu gucken, nicht über Informationen "wegzuhuschen", sondern Unklarheiten, Diskrepanzen usw. als wesentliche Informationsquelle zu betrachten, als Ausgangspunkte von Klärungsprozessen.

Unkonkretheit als Vermeidung: Bearbeiten

Manchmal sind Klienten jedoch nicht unkonkret, weil ihnen der Inhalt selbst auch unklar ist, sie sind unkonkret, weil sie den Inhalt verschleiern wollen. Die Klienten verwenden Unkonkretheit somit als Vermeidungsstrategie: Diese hilft ihnen, selbst nicht so genau hinzuschauen und erschwert auch dem Therapeuten das Verstehen und Intervenieren. In diesen Fällen helfen meist konkretisierende Fragen nicht: Die Antworten werden nicht konkreter oder die Klienten weichen auf andere Vermeidungsstrategien aus, z.B.: "Ich weiß nicht". Bemüht sich ein Klient auf eine konkretisierende Frage hin nicht einmal um Konkretisierung, wird die Antwort noch unkonkreter, oder reagiert der Klient mit anderen Vermeidungen, dann sollte der Therapeut davon ausgehen, daß Unkonkretheit eine *Strategie* ist und keine mangelnde Fähigkeit, sich konkret auszudrücken: Der Klient will (oft nicht bewußt!) unkonkret sein.

Als Intervention hilft es dann oft, wenn der Therapeut diese Intention hinterfragt:

- "Warum ist es so wichtig für sie, unkonkret zu bleiben?"

Manchmal ist es wesentlich, dem Klienten deutlich zu machen, was er tut; z.B.:

Th:Warum ist es so wichtig für sie, unkonkret zu bleiben?

Kl: Das ist mir gar nicht wichtig.

Th:O.k. Dann gucken Sie mal: Was bedeutet X genau für sie?

Kl: Das weiß ich nicht.

Th:Was mir auffällt ist, daß sie *sofort* antworten, daß sie es gar nicht wissen. Das ist mir schon mehrfach aufgefallen. Was spricht dagegen, sich Zeit zu nehmen, und es zumindest zu versuchen?

Kl: Eigentlich nichts.

Der Therapeut kann jetzt entweder die Spur verfolgen, die der Klient vermeidet, um die Gründe der Vermeidung weiter zu klären, z.B.

Th:"Was bedeutet "eigentlich"?

oder der Therapeut kann den Klienten veranlassen, jetzt wirklich zu klären, z.B.

Th:Gut, wenn Sie sich darauf einlassen wollen, dann gucken Sie noch mal: Was bedeutet X genau für sie?

15.1.2 Therapeutischer Umgang mit mangelnder Nachvollziehbarkeit

Kann ein Therapeut eine Darstellung des Klienten nicht nachvollziehen, dann sollte er den Klienten fragen und um Klärung bitten, und zwar sofort: Es ist wichtig, daß das Verstehen des Therapeuten nicht abreißt und auch zu überprüfen, ob der Klient hier vielleicht selbst Klärungsbedarf hat.

Das Gleiche gilt für Widersprüche: Der Therapeut sollte den Klienten auf Widersprüche aufmerksam machen und mit ihm daran arbeiten, was diese bedeuten. Sehr oft bringt diese Bearbeitung neue Information, neue Spuren, die im Klärungsprozeß weiterführen.

Therapeuten trauen sich oft nicht, den Klienten hier direkt zu fragen oder zu konfrontieren. Damit nehmen sie sich aber selbst eine Quelle konstruktiver Bearbeitung. Ganz wesentlich ist es hier (wie bei jeder Konfrontation), daß der Therapeut *dem Klienten* deutlich macht, daß die Intervention dazu dient, dem Klienten etwas klar zu machen. Der Klient soll eingeladen werden, seine eigenen Inhalte ernst zu nehmen und als relevante Informationsquellen zu verwenden. Es geht dem Therapeuten absolut nicht darum, dem Klienten Unstimmigkeiten nachzuweisen oder Vorwürfe zu machen: Im Gegenteil, der Therapeut teilt dem Klienten mit, wie sehr er sich für den Klienten und eine weitere Klärung interessiert. Genau diese Haltung muß der Therapeut dem Klienten aber auch *aktiv* vermitteln: "Laß uns sehen, was der Widerspruch bedeutet. Der Widerspruch ist o.k., wie nehmen ihn als wichtigen Hinweis. Es ist völlig in Ordnung, daß es Widersprüche gibt: Sie machen aber auf Wichtiges aufmerksam".

15.1.3 Therapeutischer Umgang mit mangelnder Stringenz

Mangelnde Stringenz kann im Therapieprozeß immer mal vorübergehend vorkommen, z.B. wenn Klienten verwirrt sind, den Faden verlieren o.ä. In solchen Fällen kann der Therapeut meist durch das Wiederaufgreifen wesentlicher Aspekte dem Klienten schnell aus der Verwirrung heraushelfen.

Schwieriger ist die Situation, wenn beim Klienten eine mangelnde Stringenz durchweg auftritt, also bei einem Thema (oder mehreren Themen) längere Zeit anhält. In diesem Fall sollte ein Therapeut mit seinen Interventionen in hohem Maße strukturierend eingreifen.

Der Therapeut sollte hier

- in keinem Fall längere Zeit einfach zuhören in der Hoffnung, die Aussagen würden ihm dann klarer: Das Gegenteil wird der Fall sein!
- den Klienten nicht einfach "machen lassen", sondern in hohem Maße prozeßdirektiv sein: Fragen stellen, Direktiven geben, den Klienten auf die Art der Bearbeitung aufmerksam machen usw.;
- versuchen zu verstehen, was er verstehen kann und versuchen, das Verstandene explizit zu äußern; so präzise, kurz und zentral wie möglich;
- jedoch nicht für den Klienten arbeiten: Er sollte "Verstehen entstehen lassen" und nicht ins Schwitzen geraten, wenn er verwirrt ist: Das Ganze braucht Zeit und läßt sich nicht erzwingen;
- auf keinen Fall versuchen, alle Informationen mitzubekommen: Er sollte versuchen, eine Struktur zu erkennen, zu verstehen, "was der Klient ihm damit sagen will";
- dabei sollte er versuchen, Details, Informationen, irrelevante Aspekte usw. möglichst schnell als solche zu identifizieren und dann versuchen, diese systematisch aus der Verarbeitung auszublenden;
- er sollte sich daher auf Strukturen, übergreifende Aspekte, relevante "Zentren" konzentrieren und alles ignorieren, was ihn davon wegbringen kann.

Der Therapeut sollte hier dem Klienten gegenüber eine stark direktive, strukturierende Haltung einnehmen. Er kann den Klienten unterbrechen, ihm Fragen stellen, ihn auf Aspekte hinweisen usw. Der Therapeut streut damit händeweise Sand in das dysfunktionale Treiben des Klienten.

Der Therapeut kann dazu

- die Themenaspekte, die er bereits identifizieren kann, explizit formulieren und benennen, so daß sie nicht mehr im Darstellungschaos verloren gehen können;
- die benannten Themen (-Aspekte) schriftlich, für den Klienten gut sichtbar (Tafel, Meta-Plan) festhalten, so daß der Klient sie sehen oder vom Therapeuten darauf hingewiesen werden kann;
- eine Themenstruktur (Aspekte des Themas, Situationen, Zeitabläufe u.ä.) graphisch veranschaulichen, um dem Ganzen eine erkennbare Struktur zu geben;
- den Klienten veranlassen, explizit Arbeitsaufträge (vgl. Abschnitt 13) oder Fragestellungen zu einem Thema/Problem zu formulieren, die in der Regel eine Bearbeitung stark strukturieren helfen;
- den Klienten immer wieder aufmerksam machen, wenn der Therapeut etwas nicht versteht, einer Beschreibung nicht folgen kann, nicht weiß, worum es geht: Der Therapeut sollte sich nicht verwirren lassen, sondern jede Unklarheit dem Klienten sofort zurückmelden und um Klärung bitten;
- den Klienten fragen, was dieser ihm "eigentlich" sagen will; wofür dieses Beispiel ein Beispiel ist; woraufhin der Klient jetzt argumentiert u.ä.;
- den Klienten zu einem zu bearbeitenden Thema zurückführen, wenn der Klient dieses Thema verläßt ("ich würde gern noch mal auf X zurückkommen", "X ist mir noch nicht klar geworden").

15.1.4 Therapeutischer Umgang mit mangelnder Zentralität

Auch eine (über längere Zeit bestehende) geringe Zentralität des Klienten in seiner Inhaltsbearbeitung sollte ein Therapeut nicht einfach hinnehmen: Dazu ist dies zu wenig konstruktiv für den therapeutischen Prozeß.

Hat ein Therapeut bereits, zumindest ansatzweise, eine Vorstellung davon, welches für den Klienten wesentliche Inhaltsaspekte sind, dann sollte er konsequent diese aufgreifen und den Klienten bitten, bei diesen zu bleiben.
Der Therapeut kann hier

- diese Aspekte markieren, z.B. "mir fällt hier X auf".
- in diesen Aspekten weitergehende, z.B. konkretisierende Fragen stellen, z.B.: "Was meinen Sie genau mit X?".
- die Bedeutung mit den Klienten validieren: "Mein Eindruck ist, daß der Aspekt X für sie besonders wesentlich ist. Ist das so?"

Der Therapeut kann so

- die Aufmerksamkeit des Klienten auf bestimmte Aspekte fokussieren;
- die Aufmerksamkeit darauf halten oder zurückbringen;
- zu dem fokussierten Inhaltsaspekt weitere Fragen stellen ("Was heißt das für Sie?", "stellen Sie sich das einmal genauer vor", "was ist für Sie das Wichtige daran"? usw.).

Auf diese Weise kann der Therapeut aus dem gleichförmigen Inhaltshorizont langsam wesentliche Aspekte als Figuren herausarbeiten und so zentrale Aspekte gewinnen.

Schwieriger ist die Aufgabe dann, wenn es dem Therapeuten gar nicht gelingt, eine "Spur" zu finden, Hinweise darauf, welche Aspekte dem Klienten wesentlich sein könnten. In diesem Fall muß der Therapeut den Klienten mit dieser Frage konfrontieren. Der Klient soll selbst systematisch seine Inhaltsaspekte danach beurteilen, welche ihm wichtiger und welche ihm weniger wichtig sind.
Der Therapeut kann hier Fragen stellen wie

- "Sie haben nun einige Aspekte dieses Problems dargestellt. Ich möchte Sie bitten, einmal zu beurteilen, welche Aspekte Ihnen besonders wichtig sind!"
- "Welcher Aspekt ist ihnen am unklarsten? Zu welchem haben Sie eine Frage (und welche?)"?

Sagt der Klient "alles ist wichtig" oder "ich weiß nicht" oder übergeht er die Frage des Therapeuten, kann der Therapeut hier insistieren, z.B.: "Ich weiß, daß diese Frage schwierig ist. Aber für die Therapie ist es sehr wichtig, sich einmal anzusehen, welche Aspekte besonders wichtig sind. Ich möchte Sie daher bitten, dies hier einmal zu tun. Ich brauche keine perfekte Antwort. Wenn Sie eine Idee haben, eine Ahnung davon, was wichtig ist, dann ist das schon gut." Der Klient soll hier lernen, worauf es ankommt: Nicht auf das Erzählen, sondern auf das Bearbeiten von Inhalten.

Falls dies der Fall ist, können diese Schwierigkeiten und Ängste des Klienten zum Thema der Therapie werden.

Wird der Therapeut vom Klienten "getestet", kann dies auf Schwierigkeiten des Klienten hinweisen, Beziehungen zu anderen Personen aufzunehmen, Vertrauen zu fassen, u.ä.. Auch diese Aspekte kann der Therapeut transparent und damit zum Thema der Therapie machen.

Ein Therapeut sollte eine Kommunikation im Sinne eines Friseurgesprächs nicht zulassen: Therapeut und Klient können mal, sozusagen als Arbeitspause, über weniger relevante Aspekte sprechen; das ist natürlich nicht das Problem. Spricht der Klient jedoch über längere Zeit immer wieder irrelevante Themen an, so muß dies als bedeutsam betrachtet werden und der Therapeut muß sich fragen, was das soll (abgesehen davon, daß es eine Vergeudung knapper Zeit-Ressourcen ist).

Der Klient kann

- durch dieses Vorgehen den Therapeuten testen, z.B. ob der Therapeut auch auf einer "normalen" Interaktionsebene zugewandt ist,
- dadurch die Bearbeitung relevanter und damit unangenehmer Themen *vermeiden,*
- aber möglicherweise auch nicht wissen, wie er effektiv vorgehen soll.

Daher kann und sollte der Therapeut (neben der Durchführung einer Spielanalyse) das Klientenverhalten ansprechen, z.B.: "Mir ist aufgefallen, daß sie schon einige Male in der Therapiestunde Themen angesprochen haben, von denen ich den Eindruck habe, daß sie Ihnen gar nicht so wichtig sind, daß das keine Probleme sind, über die Sie dringend sprechen müßten. Ich würde gerne mit Ihnen darüber sprechen, was das bedeutet, warum Sie diese Themen ansprechen".

Wird deutlich, daß der Klient nicht weiß, was er in der Therapie machen soll, kann der Therapeut hier *strukturierende Statements* realisieren: Er kann dem Klienten erläutern, daß es wichtig ist, zentral wichtige Probleme zu identifizieren und zu thematisieren, eigene Problemaspekte zu betrachten usw. Und der Therapeut läßt sich vom Klienten die Erlaubnis geben, den Klienten aufmerksam zu machen, falls dieser auf irrelevante Aspekte "abdriftet".

Wird deutlich, daß der Klient Themen vermeidet, dann sollte dies geklärt werden:

- Hat es mit der Therapeut-Klient-Beziehung zu tun, hat der Klient Schwierigkeiten, Vertrauen zum Therapeuten zu fassen o.ä.?
- Hat der Klient Angst, sich mit bestimmten Selbst-Aspekten auseinanderzusetzen o.ä.?

15.2 Umgang mit Vermeidungsstrategien

15.2.1 Attribuieren

Klienten können external attribuieren, um eine Auseinandersetzung mit eigenen Schemata generell zu vermeiden. In diesem Fall ist eine derartige Attribution nicht transitorisch, sie zieht sich durch den Therapieprozeß durch.

Hält ein Klient an externen Attributionen fest, dann kann man annehmen, daß er dafür motivationale Gründe hat: Es ist wichtig für ihn, das zu tun (vielleicht hat er Angst, sich eigenen Selbstaspekten zu stellen, vielleicht ist es ihm peinlich o.ä.). Therapeutisch ist es dann wichtig, diese motivationalen Aspekte zum Thema der Therapie zu machen. Der Therapeut kann daher eine Frage der folgenden Art aufwerfen:

174

- "Was macht es so wichtig für Sie, die Ursachen für Ihr Problem immer außen zu sehen?"

oder

- "Was macht es so schwierig für Sie, mal nach innen zu gucken und sich einmal zu fragen, was sie selbst zu dem Problem beitragen?"

15.2.2 Normalisieren und Generalisieren

Eine Strategie wie "Normalisieren" oder "Generalisieren" soll dazu dienen, den eigenen Anteil aus dem Problem herauszukürzen: Wenn etwas "normal" ist, oder wenn es "generell" gilt, dann hat es nicht etwas speziell mit mir zu tun. Die Botschaft an den Therapeuten ist damit:

- Ich habe ein Problem X.
- Dieses Problem ist normal/verbreitet.
- Daher muß es an generellen Faktoren liegen (Firma, Gesellschaft).
- Damit hat es nichts mit mir zu tun.
- Da es nichts mit mir zu tun hat, brauchen wir nicht bei mir zu suchen.
- Lassen Sie uns daher gar nicht über mich reden.

Durch diese Schlußfolgerungskette hat sich der Klient (explizit oder implizit) aus der therapeutischen Arbeit ausgeblendet und verabschiedet. Akzeptiert der Therapeut dies, dann ist eine klärende Psychotherapie an dieser Stelle praktisch zu Ende (Matt in sechs Zügen). Therapeuten spüren dies häufig, sind aber durch das Argument leicht geblufft, weil sie nicht wissen, wie sie damit umgehen sollen.

Die therapeutische "Gegenstrategie" ist im Grunde recht einfach. Sie baut auf dem "Grundpostulat der explizierenden Psychotherapie" auf. Die Schlußfolgerungskette, der der Therapeut dabei folgt, ist folgende:

- Der Klient hat ein Problem X;
- Dieses Problem X besteht darin, daß der Klient auf Situation Y mit der Reaktion Z reagiert;
- Diese Reaktion ist nicht zwangsläufig;
- Selbst wenn viele Personen auf Y mit Z reagieren, so können andere Personen sehr wohl völlig anders reagieren;
- Wenn es Personen gibt, die anders reagieren, dann ist diese Reaktion nicht zwangsläufig;
- Wenn die Reaktion des Klienten jedoch nicht zwangsläufig ist, dann hat sie etwas mit dem Klienten zu tun;
- Wenn sie etwas mit dem Klienten zu tun hat, dann müssen die speziellen, idiosynkratischen internalen Determinanten des Klienten genauer betrachtet werden;
- daher muß der Klient im Mittelpunkt der Therapie stehen.

Die Ableitung des Therapeuten kommt damit zu einer ganz anderen Konsequenz als die des Klienten: Der Klient schließt, man müsse seine Person nicht weiter betrachten und der Therapeut schließt, daß man genau dies tun muß.

Der entscheidende Unterschied in den Ableitungen ist der, daß die Reaktion *nicht* als zwangsläufig angenommen wird. Selbst wenn acht Millionen Menschen gleich reagieren, ist es nicht zwingend anzunehmen, daß dies am Reiz liegt: Diese Menschen können ähnliche Ziele und Schemata haben, die sie so und nicht anders reagieren lassen. Liegt es aber an den Menschen, dann muß man diese betrachten, denn dann liegt die Ursachenquelle dort.

Die Folgerung der Zwangsläufigkeit geht völlig verloren, sobald es nur eine Ausnahme gibt: Sobald es Menschen gibt, die anders reagieren, zeigt dies, daß es individuelle Unterschiede in der Verarbeitung gibt, d.h. daß Verarbeitungen die Reaktionen vermitteln. Dann aber muß man sich diese Verarbeitungen ansehen und nicht die Reize, denn dann bestimmen offenbar die Charakteristika der Menschen über die Reaktionen und nicht die Situationen.

Das Gleiche folgt auch, wenn der Klient zu unterschiedlichen Zeiten, unter unterschiedlichen Umständen unterschiedlich reagiert. Auch dann ist seine Reaktion nicht zwangsläufig, sondern hat etwas mit seinen jeweiligen Verarbeitungen, Stimmungen zu tun.

Und man kann gar nicht aus den Reaktionen auf die Verarbeitung schließen. Selbst wenn acht Millionen Menschen auf Y mit Z reagieren, so kann das immer noch aufgrund unterschiedlicher Verarbeitungen passieren. Die einzelnen Verarbeitungen können hoch individualisiert sein, und die des Klienten kann es ebenfalls sein. Und: Man kennt die Verarbeitung des Klienten nicht. Und wenn man sie nicht betrachtet, dann lernt man sie auch nicht kennen.

Der Therapeut sollte sich daher von Normalisierungs- oder Generalisierungs-Argumenten niemals bluffen lassen.

Sagt der Klient z.B.,"Magengeschwüre sind in der Firma normal", dann kann der Therapeut antworten: "Das mag schon sein, daß die Firma sehr stressig ist. Dennoch wissen wir, daß jeder anders auf Streß reagiert. Und wir wissen noch nicht, wie Sie auf den Streß reagieren. Bevor wir das nicht wissen, können wir ihnen nicht helfen. Daher müssen wir uns das jetzt genauer anschauen."

Der Therapeut vermeidet es hier strikt, mit dem Klienten zu argumentieren. Er akzeptiert die Annahme des Klienten, daß die Firma stressig ist, leitet jedoch eine andere Konsequenz daraus ab und macht dem Klienten deutlich, daß dieser Weg notwendig ist, wenn der Klient eine Veränderung erreichen will.

Sagt der Klient "Wenn Sie mich als Alkoholiker bezeichnen, dann müssen Sie 60 Millionen Bürger als Alkoholiker bezeichnen", kann der Therapeut sagen: "Es mag sein, daß sie nicht mehr trinken als andere. Damit wissen wir aber noch nicht, wieviel Sie trinken, wir wissen nicht, ob oder wie gut oder schlecht der Alkohol Ihnen bekommt und wir wissen nicht, wie abhängig Sie sind. Nicht die anderen, sondern Sie sind in Therapie, also müssen wir uns sehr gründlich ansehen, was mit Ihnen ist".

Der Therapeut kann hier der Regel folgen:

• Ob das Problem normal ist, verbreitet, esoterisch oder was auch immer, ist völlig uninteressant.

• Interessant ist, wie der *Klient reagiert*, was der Klient tut, welche Verarbeitungen der Klient hat.

• Kennt der Klient diese nicht, lenkt der Therapeut die Arbeit darauf.

176

Ähnlich kann der Therapeut mit verwandten Argumenten umgehen, z.B. dem Argument, es sei nutzlos, sich aufzuregen und deshalb brauche man auch in der Therapie über Ärger nicht zu sprechen. Hier kann der Therapeut antworten:

"Es kann sein, daß es nutzlos ist, sich aufzuregen. Das ist aber gar nicht die Frage. Die Frage ist, was lösen Situationen der Art X in Ihnen aus? Wie gehen Sie mit dem Ärger um?"

oder

"Man weiß, daß emotionale Reaktionen in gar keiner Weise davon beeinflußt werden, ob sie "nützlich" sind oder nicht. In manchen Situationen ist man wütend, egal ob das nützlich ist oder nicht. Die Frage ist daher: Was passiert mit Ihnen in der Situation?"

15.2.3 Bagatellisieren

Bagatellisierung ist eine Strategie, durch die der Klient eine weitere Bearbeitung eines Inhaltsaspektes blockieren kann: Wenn alles nicht so schlimm ist, dann lohnt es kaum, sich länger darüber zu unterhalten.

Hier sollte ein Therapeut sich m.E. nicht bluffen lassen: Gerade zu Beginn einer Therapie (und dort tritt diese Strategie besonders häufig auf) ist es noch gar nicht so entscheidend, unbedingt an den zentralsten Problemaspekten zu arbeiten. Vielmehr ist es wesentlich, daß der Klient lernt, wie man überhaupt in der Therapie arbeitet. Dies lernt er aber nicht aus Vorträgen des Therapeuten, sondern dies lernt er, indem der Therapeut ihm durch entsprechende Interventionen zeigt, worum es geht und was wichtig ist.

Außerdem ist es therapeutisch meist nicht wesentlich, wo man einsteigt: *Ein Therapeut, der stringent arbeitet, kommt mit einem kooperativen Klienten praktisch von jeder beliebigen Stelle zu zentralen Inhaltsaspekten.*

Daher ist das Argument des Klienten, etwas Bestimmtes sei "nicht so schlimm", "nicht so wichtig" u.ä., hochgradig irrelevant: Dies ist absolut kein Grund dafür, hier nicht in die therapeutische Arbeit einzusteigen.

Vielmehr geht es zu Beginn der Therapie und zu Beginn jedes neuen therapeutischen Themas erst einmal darum, überhaupt einzusteigen.

Der Therapeut antwortet daher:

- "Sie sagen, es ist nicht so schlimm. Aber es ist schon schlimm. Was ist denn schlimm daran?"

oder

- "Sie sagen, es sei nicht schlimm, nur etwas unangenehm. Mir ist aber noch nicht klar, was "unangenehm" für sie hier bedeutet. Können Sie das noch genauer sagen?"

Der Therapeut reagiert hier mit einer Haltung, die oft im Umgang mit Vermeidungsstrategien wesentlich ist. Es ist die Haltung: *"Im Gegenteil"*. Der Klient sagt, man brauche diesen Aspekt nicht genauer anzusehen, aber die Intervention des Therapeuten vermittelt: Im Gegenteil, wir müssen uns diesen Aspekt sogar besonders gründlich ansehen.

Der Klient sagt, seine Anteile spielten für das Problem keine Rolle. Die Intervention des Therapeuten vermittelt: Im Gegenteil; die Anteile des Klienten spielen eine zentrale Rolle. Der Klient vermittelt, bestimmte Aspekte seien nun ausreichend behandelt. Die Intervention des Therapeuten vermittelt: Im Gegenteil; sehr viele Aspekte sind noch völlig unverständlich.

Diese Haltung des "Im Gegenteil" bewahrt den Therapeuten sehr oft davor, vom Klienten gebluft zu werden. Es bewahrt den Therapeuten damit davor, sich vom Klienten steuern und kontrollieren zu lassen; der Therapeut sollte aber gerade nicht zulassen, daß der Klient den Prozeß kontrolliert, denn dann realisiert dieser im Therapieprozeß die gleiche Art von Vermeidung, die er im Alltag auch realisiert. Damit aber wird die Therapie ineffektiv. Der Therapeut sollte daher solchen dysfunktionalen Strategien des Klienten ein "im Gegenteil" entgegensetzen. Wollen wir, daß Therapie die Fortsetzung des Alltags und damit genauso ineffektiv wird? Im Gegenteil!

15.2.4 Relativieren

Für Relativierung gilt im Prinzip das Gleiche wie für Bagatellisierung: Der Therapeut sollte sich nicht bluffen lassen und nicht die Definition des Klienten übernehmen. Selbst wenn ein bestimmter Problemaspekt nur einmal aufgetaucht ist, kann man daran u.U. paradigmatisch sehr viel über Verarbeitungen, Schemata usw. des Klienten lernen. Daher besteht therapeutisch absolut kein Grund dafür, einen Inhaltsaspekt nicht aufzugreifen, nur weil er selten auftritt.

Nimmt der Klient eine Aussage wieder zurück, so ist das ebenfalls kein Grund, damit nicht zu arbeiten. Sagt der Klient z.B.: "Angst ist es nicht. Ich weiß nicht so recht, was es ist", dann hat der Therapeut hier eine Vielzahl von Möglichkeiten, sinnvoll zu intervenieren, z.B.:

- Der Therapeut kann den Klienten fragen, was er denn genau spürt. Der Klient soll sein Gefühl ernst nehmen und es klären.
- Der Therapeut kann, im Sinne des Focusing, ein Gefühl auch klären, wenn es nicht klar bezeichnet werden kann: Selbst mit diffusen Empfindungen kann klärend weitergearbeitet werden.
- Der Therapeut kann die Frage aufwerfen, warum es so wichtig für den Klienten ist, alles wieder zu relativieren; oder was es dem Klienten so schwer macht, eine klare, präzise Aussage zu machen. Damit macht der Therapeut das Bearbeitungsproblem selbst zum Thema der therapeutischen Arbeit.

15.2.5 "Ich weiß nicht"

Die Klientenaussage "ich weiß nicht" ist der größte Bluff des Therapieprozesses: Immer wieder sieht man hier hilflose Therapeuten, die es offenbar auch nicht wissen, wodurch dann zwei Unwissende hilflos dasitzen und blockiert sind. Anders als einige Kolleginnen und Kollegen der klassischen GT erachte ich Hilflosigkeit in der Therapie nicht als eine existentiell wertvolle Erfahrung: Der Klient kommt zur Therapie, weil er sich bereits hilflos fühlt und möchte nun eine andere Erfahrung machen. Er möchte lernen, mit Problemen fertigzuwerden, anders zu handeln, kompetent zu sein usw. Der Klient verfügt bereits außerhalb der Therapie über existentielle Erfahrung der Hilflosigkeit und wird daher auf eine Wiederholung innerhalb der Therapie gut verzichten können.

Und der Therapeut sollte in der Lage sein, dem Klienten mehr zu vermitteln als Hilflosigkeit: Der Therapeut wird, wie jeder Arzt und jeder, der Probleme bearbeitet, immer wieder an seine Grenzen kommen. Er sollte seine Grenzen aber durch den Erwerb spezifischer Kompetenzen so weit hinausschieben, wie er kann; dies ist er m.E. sich selbst, vor allem aber dem Klienten schuldig. Ist er bereits bei einem Standard-Bluff blockiert, steht's schlecht um ihn. Daher sollte er wissen, was machbar ist.

Der therapeutische Umgang mit der Antwort "ich weiß nicht" hängt davon ab, ob der Therapeut den Eindruck hat, daß der Klient im Prozeß weiterarbeiten möchte, jedoch nicht weiß, wie er dies tun kann, bzw. sich selbst durch zu hohe Erwartungen blockiert oder ob der Klient eine weitere Bearbeitung des Themas verhindern möchte.

Der Klient hat keine "gute" Antwort

Hat der Therapeut den Eindruck, der Klient sagt "ich weiß nicht", weil er glaubt, der Therapeut erwarte eine "gute", elaborierte Antwort, die der Klient aber nicht liefern kann, dann sollte der Therapeut dem Klienten den Druck nehmen. Der Therapeut kann hier z.B. sagen: "Ich weiß, daß sie hier noch keine perfekte Antwort haben. Das ist auch klar, denn wir arbeiten hier an Aspekten, die Ihnen ja auch noch gar nicht klar sind. Deshalb arbeiten wir ja auch daran. Ich erwarte daher von ihnen keine perfekte Antwort. Das Einzige was wir brauchen, sind Spuren, Hinweise, mit denen wir weiterarbeiten können. Ich möchte sie daher bitten, einmal bei diesem Punkt (in dieser Situation) zu bleiben und zu schauen: Was geht Ihnen da durch den Kopf? Was spüren Sie?"

Der Klient will den Prozeß blockieren

Klienten, die sich im Prozeß in oben beschriebener Weise selbst blockieren, bemühen sich meist in hohem Maße selbst um Klärung: Sie bemühen sich auch darum, Fragen des Therapeuten zu beantworten, haben dabei jedoch Schwierigkeiten. Klienten, die jedoch den Prozeß blockieren wollen, zeigen dagegen gar keinen Versuch, die Fragen des Therapeuten zu beantworten: Bevor der Klient überhaupt versucht hat, zu tun, was der Therapeut angeregt hat, bevor er sich eine Situation und eigene Gefühle darin überhaupt angesehen hat, antwortet der Klient schon: "Ich weiß nicht".

Zur Einschätzung, ob der Klient Inhalte vermeidet, müssen jedoch noch mehr Aspekte berücksichtigt werden, wie z.B. fehlende Explizierung, fehlender Arbeitsauftrag usw.

Kommt der Therapeut zu dem Schluß, ein "ich weiß nicht" wird vom Klienten im Sinne einer Blockade verwendet, dann handelt der Therapeut nach der Devise: "Im Gegenteil". In diesem Fall ist die Botschaft des Klienten an den Therapeuten ja: "Lassen Sie uns diesen Inhaltsaspekt möglichst nicht weiter/genauer ansehen bzw. möglichst schnell verlassen." Der Therapeut signalisiert dem Klienten jedoch mit seinen Interventionen: "Im Gegenteil: Lassen sie uns diesen Inhaltsaspekt besonders genau betrachten". Denn schon allein die Tatsache, daß der Klient einen Aspekt nicht betrachten will, läßt bereits erkennen, daß dieser Aspekt für den Klienten sowohl relevant als auch ungeklärt bzw. unintegriert ist. Und dies wiederum weist darauf hin, daß er bearbeitungsbedürftig ist.

Der Therapeut kann hier also sagen: "Ich weiß, daß es Ihnen schwerfällt, hier zu bleiben und weiter zu gucken. Das ist auch ganz klar. Denn wenn sie hier alles ganz einfach beantworten und erzählen könnten, dann wäre ja alles schon geklärt. Und wenn es geklärt wäre, dann bräuchten wir nicht mehr zu gucken. Ich möchte Sie also bitten, hier zu bleiben und genau zu schauen, was sie spüren oder was Ihnen durch den Kopf geht."

Der Therapeut geht damit zunächst sehr ähnlich vor, wie im Falle des "zu hohen Drucks". Sagt der Klient dann aber immer noch "ich weiß nicht", dann erhöht der Therapeut hier den Druck: "Ich weiß, daß es schwierig für sie ist, aber ich möchte, daß sie trotzdem dabeibleiben. Man weiß immer irgendwas: Man spürt etwas, denkt etwas, selbst wenn es noch so diffus ist". Der Therapeut setzt damit eine "Gegennorm", nämlich, daß es psychologisch zu erwarten ist, daß eine Person irgendwelche Hinweise hat, was in der Tat ja auch zutreffend ist. Damit erhöht sich die Verpflichtung des Klienten, an dieser Stelle zu bleiben, das Ausweichen wird erschwert.

Sagt der Klient dann dennoch, daß ihm gar nichts einfällt, dann geht der Therapeut auf die Meta-Bearbeitungsebene und macht das Verhalten des Klienten selbst zum Thema: "Ich möchte gerne mit Ihnen darüber sprechen, was es Ihnen jetzt so schwer macht, dabei zu bleiben und zu gucken." Der Therapeut kann den Klienten auch konfrontieren, z.B.: "Ich stelle Ihnen eine Frage, und sie sagen sehr schnell "ich weiß nicht". Sie nehmen sich gar keine Zeit, hinzugucken und festzustellen, ob sie etwas finden. Was spricht für sie dagegen, es einmal zu versuchen, das Thema hier weiter zu klären?" Damit bietet der Therapeut eine Bearbeitung der Bearbeitung an: Die Vermeidung selbst wird zum Thema der Therapie.

15.2.6 Fragen beantworten, die man nicht gestellt hat

Diese Ausweichstrategie ist bei Klienten sehr beliebt. Therapeuten haben oft Schwierigkeiten, diese Strategie zu erkennen, da die Klienten ja eine Antwort geben und diese Antwort meistens mit der Frage "irgendwas" zu tun hat. Daher ist es oft nötig, Therapeuten systematisch darin zu trainieren, eine Klienten-Antwort daraufhin zu überprüfen, ob sie auf die Frage eingeht oder nicht.

Beim therapeutischen Umgang mit dieser Vermeidungsstrategie folgt ein Therapeut dem Prinzip: "Das Ganze noch einmal von vorn!"

Bemerkt der Therapeut, daß der Klient eine relevante (z.B. konkretisierende oder vertiefende) Frage im Grunde nicht beantwortet, dann stellt er die Frage neu. Dabei kann er selbst die Verantwortung für das entstandene Problem auf sich nehmen, z.B.: "Ich glaube, ich habe mich gerade etwas unklar ausgedrückt: Meine Frage war..."

Der Therapeut kann hier auch versuchen, die Frage noch klarer, konkreter, kürzer zu formulieren als vorher, so daß sie vom Klienten möglichst nicht mißverstanden werden kann.

Beantwortet der Klient die Frage immer noch nicht, dann kann der Therapeut sie erneut stellen, z.B. so: "Ein Aspekt ist mir immer noch nicht klar geworden..." Der Therapeut läßt sich hier also nicht bluffen, sondern fokussiert die Aufmerksamkeit des Klienten immer wieder auf die zentralen Aspekte.

Der Therapeut hat damit zunächst verschiedene Interventionsmöglichkeiten: Er kann

- die Frage präziser, enger stellen; erläutern, was er gemeint hat o.ä., so daß die Möglichkeit eines Mißverständnisses weitgehend ausgeschlossen werden kann;
- die Verantwortung übernehmen, insbesondere dann, wenn tatsächlich nicht klar ist, ob die Antwort des Klienten darauf zurückgeht, daß der Therapeut sich unklar ausgedrückt hat, z.B.: "Ich glaube, ich habe meine Frage unklar formuliert. Was ich meinte, war...";
- einen speziellen Punkt herausgreifen, und diesen noch einmal fokalisieren "Ein Aspekt ist mir immer noch unklar, es ist XY. Können Sie noch mal sagen, was sie damit meinen?".

Beantwortet der Klient die Frage erneut ausweichend, dann kann der Therapeut auf die Meta-Bearbeitungsebene gehen: Er macht dem Klienten deutlich, daß dieser die Frage nicht beantwortet hat und macht dies zum therapeutischen Thema.

Z.B.: "Ich möchte sie mal darauf aufmerksam machen, was sie hier in der Therapie tun. Ich habe sie jetzt zweimal nach X gefragt, und sie haben zweimal Y geantwortet. Ich würde gerne mit ihnen darüber sprechen, was es Ihnen so schwer macht, diese Frage zu beantworten."

Hat der Therapeut den Klienten auf derartige Aspekte bereits öfter aufmerksam gemacht, kann die Konfrontation noch weitgehender sein, z.B.: "Mir ist öfter aufgefallen, daß sie auf meine Fragen Antworten gegeben haben, die nicht auf die Fragen paßten. Ich habe sie ja auch schon öfter darauf aufmerksam gemacht. Ich würde gerne darüber sprechen, wieso es so schwierig für sie ist, auf meine Fragen einzugehen."

Wiederum sei betont: Der Therapeut muß solche Konfrontationen einbetten in eine tragfähige Beziehung und dem Klienten durch die Art der Aussage deutlich machen, daß es ihm nicht, in gar keiner Weise darum geht, den Klienten "zu überführen", zu kritisieren o.ä. Es geht dem Therapeuten nur darum, den Klienten auf bestimmte Aspekte aufmerksam zu machen, damit der Klient selbst versteht, wie er mit sich und mit anderen umgeht. Es geht darum, daß der Klient sein eigenes Handeln repräsentiert und auf diese Weise weiter klären kann, welche Intentionen, Motive, Ziele usw. diesem Handeln zugrunde liegen. Der Therapeut will dem Klienten damit letztlich eine Selbstregulation ermöglichen. Genauso muß der Therapeut dies aber auch vermitteln (können): als ernstlich gut gemeinter Hinweis, selbst etwas wahrzunehmen und als wichtig zu betrachten. Der Therapeut signalisiert: Nehmen Sie ihr Handeln ernst!

15.2.7 Nebenschauplätze aufmachen

Bemerkt ein Therapeut, daß ein Klient ein wesentliches Thema verläßt, obwohl das Thema noch keineswegs geklärt oder ausreichend bearbeitet ist, dann kann er zweierlei tun.

Die erste Vorgehensweise besteht darin, den Klienten wieder zum Thema zurückzuführen, einen Themenwechsel also nicht zuzulassen. Sobald der Therapeut die Themenverschiebung bemerkt, sagt er dem Klienten: "Mir geht noch der Aspekt X durch den Kopf. Den habe ich noch nicht verstanden, aber ich habe den Eindruck, daß er ganz wichtig ist. Ich möchte daher noch mal darauf zurückkommen." Der Therapeut führt den Klienten damit auf einen der verlassenen Themenaspekte zurück und leitet dort eine weitere Bearbeitung ein.

Um dies zu tun, folgt der Therapeut mit seiner Verarbeitung den neuen Aspekten nicht mehr, sondern behält die Aspekte im Kopf, zu denen er zurückkehren möchte. Bei passender Gelegenheit, prinzipiell aber so schnell wie möglich, führt er den Klienten zu den relevanten Aspekten zurück. Der Therapeut kann z.B. sagen "Ich habe immer noch den Aspekt XY im Kopf, den sie erwähnten. Mir ist immer noch nicht klar, was da bei Ihnen genau passiert. Können sie da noch mal genau gucken?

Hier trifft der Therapeut eine Entscheidung, die Entscheidung, daß ein bestimmter Inhaltsaspekt (des Klienten) relevant, jedoch noch keineswegs hinreichend geklärt ist, so daß er noch nicht verlassen werden sollte. Dadurch zeigt der Therapeut dem Klienten, daß es für eine effektive Problembearbeitung wichtig ist, eine Zeitlang stringent an einem Aspekt zu bleiben.

Die zweite Vorgehensweise besteht darin, den Klienten auf den Themenwechsel aufmerksam zu machen und den Wechsel selbst zu thematisieren, z.B.: "Mir fällt auf, daß sie nun beim Thema X sind und das Thema Y verlassen haben." Und "Das Thema Y erscheint mir aber recht wichtig und ich habe den Eindruck, daß es noch sehr unklar ist." Und "Mir ist daher nicht klar, ob sie einen bestimmten Grund haben, das Thema Y zu verlassen."

Wesentlich sind hier wiederum die Interventionen

• Transparent-Machen des Klienten-Handelns
• Halten des Klienten an relevanten Inhalten

Der Klient soll dem Prinzip folgen, daß ein Thema über längere Zeit bearbeitet werden muß, damit es überhaupt klärbar ist.

15.2.8 Thematische Sperren

Kommen thematische Sperren zu Beginn einer Therapie vor, dann sollte ein Therapeut sie zwar registrieren, aber nicht explizit auf sie eingehen. Sehr häufig blenden Klienten bestimmte, unangenehme Themen zu Beginn aus der Therapie aus, weil ihr Vertrauen zum Therapeuten noch nicht ausreicht, derart unangenehme Themen "auszupacken". Dies kann sich dann im Verlauf der Therapie sehr stark ändern: Sobald der Klient dem Therapeuten persönlich und fachlich vertraut, traut er sich auch, peinliche Themen anzusprechen. Auf diese Weise entfallen im Therapieprozeß in der Regel viele thematische Sperren, die Klienten zu Beginn aufgemacht haben, von selbst. Aus diesem Grund macht es in der Regel wenig Sinn, diese Sperren zu Therapiebeginn zu bearbeiten. Der Therapeut sollte sie registrieren und speichern, um die entsprechenden Themen später in der Therapie anzusprechen, falls der Klient es nicht von sich aus tut.

Anders liegt der Fall, wenn der Klient später in der Therapie (nach der zehnten Stunde) thematische Sperren aufmacht: In diesem Falle sollte der Therapeut dies nicht übergehen, sondern die Sperre transparent machen und bearbeiten.

Dabei geht der Therapeut davon aus,

- daß prinzipiell alles in der Therapie bearbeitbar sein sollte, da ansonsten u.U. hoch relevante Aspekte ausgeblendet werden können;

- daß nichts als "klar" oder "gelöst" angesehen werden sollte, was nicht geprüft ist;

- daß es keinen Grund gibt, ein Thema nicht noch einmal zu behandeln, z.B. um es noch weiter zu klären, zu verbessern, zu prüfen usw.

Der Therapeut folgt damit wieder der Devise: "Im Gegenteil". Die Botschaft des Klienten ist: "Laß uns nicht hinschauen" und die Botschaft des Therapeuten ist: "Im Gegenteil: Laß uns genau hinsehen."

Sagt der Klient z.B. "Ich habe keinerlei Probleme in meiner Beziehung", dann kann der Therapeut

- eine Gegennorm setzen, z.B.: "Es ist nach allem was man weiß, sehr unwahrscheinlich, daß jemand gar keine Probleme in einer Beziehung hat. Konflikte sind etwas völlig normales. Daher werden sie sicher auch irgendwelche Punkte haben, die sie stören." Was der Therapeut hier tut, ist eine foot-in-the-door-Strategie: Er möchte den Klienten veranlassen, irgend einen relevanten Inhalt zu thematisieren, und dem Klienten auch deutlich zu machen, daß auch darüber in der Therapie gesprochen werden kann. Er kann dem Klienten erläutern, daß es sinnvoll sei, dennoch wichtige Lebensbereiche in der Therapie auch dann zu thematisieren, wenn sie nicht auffällig problematisch sind, da oft Probleme "verdeckt" sind. Ein solches Argument eignet sich meist in Kombination mit Argument 1.

Der Therapeut macht deutlich,

- daß es Probleme gibt,

- daß man sie anschauen kann und

- daß man in der Therapie grundsätzlich erst dann davon ausgehen sollte, etwas sei o.k., wenn man es geprüft hat.

Besteht der Klient trotz derartiger "strukturierender Aussagen" darauf, einen Bereich nicht bearbeiten zu wollen, dann kann der Therapeut den Klienten fragen, was dagegen spricht, sich bestimmte wichtige Lebensbereiche nochmals gründlich anzusehen: Eigentlich spricht nichts dagegen, insbesondere nicht, wenn man gründlich arbeiten will. Blockiert der Klient hier (z.B.: "Ich weiß ja, das alles in Ordnung ist"), dann kann der Therapeut den Klienten konfrontieren: "Es ist Ihnen wichtig, daß wir auf keinen Fall dieses Thema behandeln, auch nicht probeweise oder aus Gründen der Gründlichkeit."

15.3 Umgang mit dysfunktionalen Konstruktionen

15.3.1 Realitätskonstruktion als Realität

Die Hauptgefahr für den Therapeuten ist hier die *"Plausibilitätsfalle"*: Der Therapeut mag die Konstruktion, so wie sie vom Klienten vorgetragen wird, für nachvollziehbar, völlig plausibel, ja geradezu zwingend halten. Tut der Therapeut dies, dann stagniert augenblicklich der therapeutische Prozeß: Die Konstruktion des Klienten wird nicht weiter analysiert, hinterfragt, in ihrer Funktionalität bearbeitet usw. Die Konstruktion des Klienten wird dagegen (mehr oder weniger explizit) "abgesegnet". Eine therapeutische Bearbeitung kann an dieser Stelle nicht mehr stattfinden.

Daher ist es äußerst wesentlich, daß der Therapeut lernt, eine Stellung einzunehmen, die ihn (weitgehend, leider nicht völlig) vor der Plausibilitätsfalle schützt. Grundsätzlich ist es m.E. hilfreich, wenn der Therapeut von der Grundannahme ausgeht:
- Es ist überhaupt nichts plausibel.
- Jede Reaktion hat ihre idiosynkratische Wurzel im Klienten.
- Solange diese nicht verstanden ist, ist nichts verständlich.

Der Therapeut sollte sich vorstellen, daß über dem Kopf des Klienten eine große Tafel angebracht ist, auf der steht: "Es ist alles nur eine Konstruktion!".

Nichts ist plausibel, es sei denn, es wird aus dem inneren Bezugssystem des Klienten heraus verständlich.

Diese Grundhaltung führt dazu, daß der Therapeut seine Position von Neugier, von Noch-besser-verstehen-Wollen von Weiter-hinterfragen-Wollen, von Staunen-Können nicht aufgibt. Diese Haltung bewahrt den Therapeuten auch davor, eigene Annahmen und Plausibilitäten auf den Klienten zu übertragen: Hat er die Reaktion des Klienten aus dessen Bezugssystem heraus nicht verstanden, dann kann er die Aussage auch nicht plausibel finden.

Intervention

Tappt der Therapeut nicht in die Plausibilitätsfalle, dann kann er prinzipiell immer zwei Aspekte erkennen,
- die Konstruktion des Klienten;
- den Versuch, die Konstruktion als Realität zu betrachten und "zu verkaufen".

Auf beide Aspekte kann der Therapeut prinzipiell eingehen.

Sagt ein Klient z.B.: "Es ist ja selbstverständlich viel schwieriger, zu Ämtern zu gehen als zum Metzger", dann kann der Therapeut z.B.
- die Befürchtung genauer klären: Was ist für den Klienten so schlimm, zu Ämtern zu gehen?
- den "Realitätsanspruch" thematisieren und klären: Wieso ist das für Sie so selbstverständlich, daß es schwieriger ist, zu Ämtern zu gehen?

Sagt der Klient z.B.: "Ich bin nun mal so. Das ist ein Teil meiner Persönlichkeit", dann kann der Therapeut
- die Konstruktion klären: Was genau meinen Sie mit "Teil meiner Persönlichkeit?"

- den Realitätsanspruch thematisieren: "Es ist wichtig für sie, daß das unveränderlich ist."
- den Realitätsanspruch hinterfragen: "Was macht das für sie so wichtig, diesen Teil von sich als unveränderlich zu betrachten?"
- die mögliche Beziehungsbotschaft aufnehmen: "Sie möchten, daß auch ich diesen Teil von ihnen als unveränderlich ansehe und nicht weiter hinterfrage?"

Alle diese Interventionen bedeuten, daß der Therapeut einer wesentlichen Implikation der Klientenaussage *nicht* folgt: Der Therapeut betrachtet den thematischen Inhalt im Gegensatz zum Klienten als weiter klärbar, weiter hinterfragbar, nicht weiter bearbeitbar. Der Therapeut setzt dem Klienten wieder die Haltung des "im Gegenteil" entgegen: Es ist eben *nicht* die Realität allein; es sind im wesentlichen die Schemata des Klienten, die von Bedeutung sind. Und deshalb müssen genau diese weiter betrachtet werden.

15.3.2 Zwangsläufigkeitskonstruktionen

Ist die "Realitätskonstruktion als Realität" im Therapieprozeß für den Therapeuten oft schon eine unangenehme Herausforderung, so kann mancher Therapeut bei der Zwangsläufigkeitskonstruktion einen leichten Druck um den Hals spüren: Diese Konstruktionen lösen ebenfalls mit hoher Wahrscheinlichkeit Plausibilitätsannahmen aus, lösen dann aber, wenn der Therapeut sie annimmt, noch mehr Hilflosigkeit aus. Denn in diesem Falle ist das Problem nicht nur "in der Realität" begründet, sondern es mußte auch so kommen und der Klient hatte daran keinen Anteil. Was soll man als Therapeut schon mit einer solchen Situation tun?

Nun, man darf es gar nicht dazu kommen lassen! Hier gelten die gleichen Grundeinstellungen wie für Realitätskonstruktionen als Realität. Außerdem kommt hier noch eine wesentliche Grundüberzeugung dazu:

- Die Überzeugung, daß ein Zustand eine Geschichte hat;
- eine Geschichte, in der der Klient eine Serie von Entscheidungen und Wahlen getroffen hat;
- die wiederum sehr viel mit seinen internalen Determinanten zu tun haben;
- weswegen diese internalen Determinanten sehr gründlich betrachtet werden müssen.

Gerade beim Umgang mit dysfunktionalen Konstruktionen kann ein Therapeut vorübergehend hilflos werden: Kein Therapeut kann alles immer sofort verstehen, kann immer kreativ sein, immer sofort die richtige Idee haben. Hier ist es sehr wesentlich, daß ein Therapeut sich selbst nicht unter Druck setzen läßt: Man braucht Zeit, die komplexen Konstruktionen zu verstehen, zu verstehen, was ein Klient damit will usw. Diese Zeit muß man sich als Therapeut auch gönnen. Und man muß sich immer klar machen, daß man nicht hilflos ist, nur weil einem nicht sofort die Lösung einfällt. Hilfreich ist für mich hier immer ein Spruch, der aus einem Fernsehfilm stammt: "Ein toter Punkt ist nur der Zeitraum zwischen zwei Ideen". Hält man sich als Therapeut an grundlegende Prinzipien der Verarbeitung und des Handelns, dann ist man auch nicht hilflos. Hilflosigkeit des Therapeuten ist m.E. in der Therapie kein anzustrebender, sondern ein, so weit wie möglich, zu überwindender Zustand. Der Grund dafür liegt nicht in meinem

Mitleid mit den armen Therapeuten: Ein Therapeut sollte schon mit seiner Hilflosigkeit fertig werden können. Der Grund liegt vielmehr im Sinn von Therapie: Wenn Klienten in der Therapie neue, konstruktive Erfahrungen machen sollen und wenn sie selbst in ungünstigen Bearbeitungen feststecken, dann sollte der Therapeut in der Lage sein, konstruktive Anregungen zu geben. Dies kann ein hilfloser Therapeut aber gerade nicht. Sicher, auch hier kann es konstruktive Prozesse geben, z.B. den, daß der Klient sich gezwungen sieht, nun doch selbst zu arbeiten. Diesen Effekt hat der Therapeut dann aber nicht durch therapeutisches Handeln erzeugt, sondern er hat lediglich Glück gehabt, daß es nicht schiefgegangen ist (wenn der Therapeut dies als Strategie angewandt hat, dann war er nicht hilflos, sondern er hat zielgerichtet gehandelt!). Daher sollte man sich um Kompetenz der Therapeuten bemühen, und nicht auf Glück vertrauen.

Intervention

Zwangsläufigkeitskonstruktionen enthalten meist Aspekte von "Realitätskonstruktion als Realität". Diese Aspekte können nach den oben beschriebenen Vorgehensweisen bearbeitet werden. Die Zwangsläufigkeitskonstruktion erhält darüber hinaus den Aspekt, daß alles so kommen mußte und man selbst gar nichts dafür kann. Diese Aspekte können nun vom Therapeuten transparent gemacht und hinterfragt werden.

Der Therapeut kann z.B. sagen:

- "Sie stellen die Entwicklung des Problems so dar, als hätte sich alles so ergeben müssen. So wie Sie es darstellen, haben sie gar keinen Anteil daran, sie haben gar keine Entscheidungen getroffen."

Der Klient kann dies nun bestätigen (was einen Konsens herstellt), z.B.:

- "Ja, das stimmt. Ich konnte nie was selbst entscheiden. Immer haben andere das gemacht. Oder es ist was passiert, was mich aus der Bahn geworfen hat."

Der Therapeut kann nun hier verschiedenes tun (man beachte immer, daß ein toter Punkt nur der Zeitraum zwischen zwei Ideen ist; bleiben Sie ganz ruhig und konzentrieren sie sich auf die Funktionalität):

- Er nimmt diese Konstruktion zum Ausgangspunkt einer Klärung (was der Klient meist nicht erwartet), z.B.: "Wie war das für Sie, nie etwas beeinflussen zu können? Wie hat sich das angefühlt, ein Spielball anderer zu sein?"
- Er macht *Implikationen der Konstruktion deutlich,* z.B.: "Sie haben aber auch nie etwas entschieden. Sie sind nicht aus dieser Situation herausgegangen. Sie haben ihr Leben nie in die Hand genommen, nie selbst Verantwortung übernommen."
- *Daraufhin kann sich ein Dialog entwickeln, in dem der Therapeut den Klienten festlegt.* Der Klient wird nun sehr wahrscheinlich mit "mehr desselben" antworten: "Das konnte ich ja nicht. Das war ja gerade das Problem."
- Darauf der *Therapeut:* "Ich höre aber auch nicht, daß sie über eine Veränderung nachgedacht hätten. Genauso wie ich jetzt nicht sehe, daß sie über eine Lösung nachdenken. Sie warten darauf, daß andere Ihnen eine Lösung präsentieren.
- Der *Klient:* "Nein, nein. Ich habe ständig darüber nachgedacht, ich habe aber keine Lösung gefunden. Es gab keine Lösung! Alles war verkorkst!"

- Der *Therapeut* (Ruhe bewahren: Es ist alles eine Konstruktion!): "Sie haben also nichts dagegen, daß wir uns ihre Situation jetzt mal genauer ansehen und gucken, was Sie ändern könnten."

Meist willigen die Klienten an dieser Stelle ein, woraufhin der Therapeut sofort ein konkretes Arbeitsthema vorschlagen muß. Der Therapeut hat so erreicht, daß gearbeitet wird und ist weg von der Darstellung, "wie alles gekommen ist". Doch Achtung: Der Klient wird immer wieder in die alte Schiene rutschen, d.h. der Therapeut muß immer wieder Interventionen realisieren, um den Klienten ans Arbeiten zu bringen.

- Der Therapeut kann auch hier die "Beziehungsbotschaft" explizit machen: "Es wäre Ihnen wichtig, wenn ich akzeptieren würde, daß alles sich zwangsläufig ereignet habe und sie keine Verantwortung hatten."

15.3.3 Unlösbarkeitskonstruktionen

Aufgrund von Therapie- und Supervisionserfahrung bin ich der Meinung, daß Unlösbarkeitskonstruktionen außerhalb der Depression nur bei Interaktionsspielen vorkommen: Sie sind daher (bei Nicht-Depressiven) m.E. immer ein Hinweis für das Vorliegen eines Interaktionsspiels. Das Paradoxon, jemanden um Hilfe zu bitten und ihm gleichzeitig zu beweisen, daß Hilfe unmöglich ist, macht nur Sinn, wenn es der Person darum geht, diese Person "auf Trab zu bringen". Der Helfer soll sich mehr anstrengen, soll mehr tun, mehr Verantwortung übernehmen, mehr Präsenz zeigen usw. Dem Helfer soll ein schlechtes Gewissen gemacht werden: Der andere leidet so sehr und man selbst tut nicht genug. Der Klient kann durch ein solches Vorgehen vom Helfer u.U. auch erwarten

- daß dieser sich mit dem Klienten solidarisiert: z.B. gegen den verständnislosen Ehemann;
- daß dieser aktiv eingreift, z.B. den verständnislosen Ehemann zurechtweist;
- daß dieser die Sichtweisen des Klienten bestätigt, z.B., daß der Klient so gestreßt ist und zu Hause dringend Ruhe braucht; daraufhin kann der Klient zu Hause seine Regeln mit Hilfe des Therapeuten durchzusetzen,
  usw.

Der Klient, der Unlösbarkeitskonstruktionen aufmacht, möchte in der Regel weder sich noch sein System verändern; er möchte vielmehr erreichen, mehr (oder wieder) Kontrolle über das System zu bekommen. Daher ist eine Spielanalyse beim Vorliegen von Unlösbarkeitskonstruktionen unumgänglich.

Intervention

Nichtsdestotrotz kann und sollte der Therapeut die Art der Konstruktion immer aufdekken: Er sollte deutlich machen, daß der Klient eine Unlösbarkeitskonstruktion *aufmacht* und daß der Therapeut dies *erkannt* hat. Der Therapeut kann hierzu seine bisherigen Erfahrungen mit dem Klienten verbalisieren, z.B.: "Mir ist aufgefallen, daß sie immer dann, wenn wir darüber sprechen, was sie tun können, deutlich machen, daß sie nichts tun können. Sie können nicht in dem Haus wohnen bleiben, weil sie ständig Krach mit ihrem Vater haben; den Krach können Sie nicht ertragen, weil er sie an ihre früheren

Erfahrungen erinnert; ihren Vater können sie nicht ändern, weil er ihnen nicht zuhört; ausziehen können Sie nicht, weil sie dann gar nicht mehr klarkommen. Für jede mögliche Lösung gibt es ein Gegenargument. Es erscheint so, als wollten sie mir und sich beweisen, daß es gar keine Lösung geben kann."

Es ist absolut wesentlich, daß der Therapeut hier damit rechnet, daß der Klient versuchen wird, *zu argumentieren*: Er wird versuchen, den Therapeuten davon zu überzeugen, daß er, der Klient, mit seinem Latein am Ende ist, alles versucht und nichts gefunden hat, aber dringend Hilfe braucht. Läßt sich der Therapeut hier auf eine Argumentation ein, ist er verloren (never argue with the client, and never argue with a client who tries to convince you!). Der Klient wird hier eine riesige Fülle von Argumenten, von eigenen Erfahrungen, von Erfahrungen anderer, von der Unbill der Welt aufbieten, die der Therapeut gar nicht alle widerlegen kann.

Also:
- Nicht auf Argumente einlassen!
- Fragen stellen:
- Was will der Klient?
- Wozu dient die Konstruktion?
- Was will der Klient bei sich, bei mir, bei anderen erreichen?

Der *Klient* wird daher sehr wahrscheinlich dem Therapeuten in etwa antworten: "Das will ich ihnen nicht beweisen, das ist so. Ich habe doch schon alles versucht, das habe ich ihnen ja erzählt. Und immer wieder kriege ich eines drüber. Was soll ich denn noch tun?"

Therapeut: Ruhe bewahren. Fragen: Was will die Klientin?

Die Klientin möchte sich als "armes Schwein" darstellen, als jemandem, dem übel zugesetzt wird, der sich nicht helfen kann aber auch nichts dafür kann. Deshalb muß der Therapeut helfen.

Der Therapeut kann zum einen diese Aspekte aufgreifen, z.B. den Aspekt, daß sie allein nichts tun kann. Er kann z.B. sagen: "Sie haben aufgrund dieser Erfahrungen den Eindruck, daß sie jetzt gar nichts mehr tun können; daß es sich auch nicht mehr lohnt, nach einer Lösung zu suchen."

Darauf der Klient: "Aber es gibt doch keine Lösung. Ich habe ja schon alles probiert."

Therapeut: "Sie haben bisher allein einiges probiert, sicher nicht alles. Was spricht für sie denn tatsächlich dagegen, jetzt noch mal genau zu gucken, die Situation noch mal genauer zu analysieren?"

Klient: "Das hat doch keinen Zweck".

Therapeut: Nun kann der Therapeut das Paradoxon thematisieren: "Sie sagen, es hat keinen Zweck, sie wollen es auch hier mit mir nicht noch einmal versuchen. Dann verstehe ich nicht, warum sie dann mit mir Therapie machen?"

Klient: "Ich dachte, Sie könnten mir eine Lösung sagen."

Therapeut: "Ja, das ist der Punkt. Sie verlassen sich auf mich. Sie wollen gar nicht eine Lösung selbst erarbeiten, sie wollen, daß Ihnen jemand eine Lösung sagt."

Damit hat der Therapeut die Intention des Klienten (zumindest einen Aspekt daraus), konfrontativ auf den Punkt gebracht. Dies ist nötig, denn der Klient muß eine Repräsentation davon erhalten, was er mit sich und anderen tut. Nur dann hat er überhaupt eine Chance, etwas zu ändern.

15.4 Therapeutischer Umgang mit Problemen in den zentralen Bearbeitungs-Indikatoren

15.4.1 Therapeutischer Umgang mit fehlendem Arbeitsauftrag

Hat ein Klient keinen Arbeitsauftrag an das Therapieteam, dann kann dies darauf hindeuten, daß der Klient keine Änderungsmotivation aufweist. Der Klient kommt zwar in die Therapie, möchte sich und sein System aber nicht ändern.
D.h.: Er ist therapiemotiviert, aber nicht änderungsmotiviert.

Er möchte die Therapie nutzen, jedoch nicht zu einer eigenen Veränderung. Er möchte damit etwas von der Therapie bzw. durch die Therapie erreichen, was nicht den Aufgaben und Zielen der Therapie entspricht; in gewisser Weise versucht er damit, das therapeutische Angebot zu "mißbrauchen".

Der Klient kann z.B. die Absicht haben, sein System mit Hilfe des Therapeuten zu stabilisieren: Er kann die Therapie dazu nutzen, seine "Kosten" zu senken, damit er alles andere unverändert lassen kann ("machen sie mich streßresistent, damit ich weiterhin 18 Stunden am Tag arbeiten kann, ohne einen zweiten Herzinfarkt zu bekommen").

Er kann auch in die Therapie kommen, um sich vom Therapeuten Unterstützung geben zu lassen, z.B. in der Auseinandersetzung mit einem Partner: Er möchte, daß der Therapeut bestätigt, daß er recht hat, daß eigentlich der Partner in Therapie gehört usw..

Eine wesentliche Interventionsmöglichkeit des Therapeuten liegt darin, den Arbeitsauftrag bzw. das Fehlen des Arbeitsauftrages explizit anzusprechen. Der Therapeut macht damit den Arbeitsauftrag zum expliziten Thema der Interaktion.
Der Therapeut kann den Klienten explizit fragen
- woran er in der Therapie arbeiten will;
- was er konkret erreichen will;
- was der Klient selbst daran tun kann und tun will, das Ziel zu erreichen.

Der Therapeut kann den Klienten auch mit Beobachtungen von Widersprüchen konfrontieren und sehen, wie der Klient damit umgeht, z.B.:
- Der Klient kommt in Therapie, hat aber in jeder Stunde ein neues Thema. Der Therapeut macht deutlich, daß auf diese Weise eine kontinuierliche Arbeit kaum möglich ist und fragt den Klienten, was er eigentlich geklärt und bearbeitet haben will.
- Der Klient sagt, daß er etwas ändern will, läßt sich aber nicht einmal probeweise auf neue Sichtweisen ein. Der Therapeut konfrontiert den Klienten mit der Frage, was es dem Klienten so schwer macht, neue Perspektiven zumindest auszuprobieren oder mit der Frage, wie der Klient etwas ändern will, wenn er nicht einmal die Perspektive ändert.

Alle diese konfrontierenden Fragen erfordern, daß der Therapeut dem Klienten beziehungsmäßig zugewandt bleiben kann. Fragt der Therapeut den Klienten vorwurfsvoll/ärgerlich/genervt: "Wie wollen Sie eigentlich etwas ändern, wenn Sie nicht einmal hingucken?", dann wird dies den Klienten eher zu Reaktanz veranlassen, zwischen Therapeut und Klient entsteht ein Machtkampf. Worum es statt dessen geht, ist, dem Klienten aufzuzeigen, was er mit sich und anderen tut, damit er dies ändern kann, falls er das will. Der Therapeut akzeptiert das Verhalten des Klienten aber auch dann, wenn er es nicht ändern will. Seine Interventionen haben nicht das Ziel, daß der Klient sich ändern soll; sie haben das Ziel, *dem Klienten eine Veränderung zu ermöglichen.*

15.4.2 Therapeutischer Umgang mit eingeschränktem Arbeitsauftrag

Ein Therapeut kann einen eingeschränkten Arbeitsauftrag normalerweise *nicht* übernehmen, da damit immer die Gefahr verbunden ist,
• das zentrale Problem zu verfehlen;
• das pathologische System zu stabilisieren;
• das Problem zu verschlimmern.
Wenn ein Therapeut einen eingeschränkten Arbeitsauftrag erkennt, sollte er daher explizit machen,
• *daß* der Klient einen eingeschränkten Arbeitsauftrag an den Therapeuten richtet,
• wie dieser formuliert ist,
• *daß* er ihn nicht annehmen will,
• warum er ihn nicht annehmen will.
Der Therapeut sollte also die Situation transparent machen und Stellung beziehen.
    Auf alle Fälle (entweder noch vor der Stellungnahme oder danach) sollte der Therapeut mit dem Klienten klären, wozu und wieso der Klient die therapeutische Arbeit derart eingeschränkt haben möchte:
• Wieso ist es für den Klienten so wichtig, nur diesen einen Aspekt zu bearbeiten?
• Wieso ist es für den Klienten wichtig, bestimmte andere Aspekte auszublenden?

15.4.3 Therapeutischer Umgang mit mangelnder Prozeßverantwortung

Übergibt der Klient die Prozeßverantwortung an den Therapeuten, dann sollte dieser auf jeden Fall klären, worauf dies zurückgeht.
Hier lassen sich im wesentlichen drei Gründe unterscheiden:
• *Es liegt an der Art der Störung:* Depressive Klienten können z.B. aufgrund ihrer Störung nur wenig Verantwortung für den Prozeß übernehmen. In diesem Fall muß der Therapeut dies durch eigene Aktivität, eigene Interventionen usw. gezielt kompensieren.
• *Es liegt an mangelhafter oder fehlender Therapiekonzeption:* Klienten können eine völlig falsche Vorstellung davon haben, wie Therapie funktioniert. So kennen z.B. psychosomatische Klienten oft nur ein medizinisches Modell und übertragen dies auf Psychotherapie: "Der Klient gibt dem Therapeuten Information; der Therapeut stellt

eine Diagnose und wählt eine Therapie aus; der Therapeut sagt daraufhin dem Klienten, was er tun soll; der Klient tut dies und wird geheilt". Diese geradezu märchenhafte Vorstellung von Psychotherapie ist leider nicht ganz realistisch. Daher muß der Therapeut dem Klienten deutlich machen, daß Therapie *von der aktiven Mitarbeit des Klienten abhängig ist.* Der Therapeut kann dem Klienten schon sagen, was er tun soll; dann aber muß der Klient es auch tun und er muß sehr viel mehr tun, als eine Tablette zu schlucken.

- *Es liegt an einem Interaktionsspiel:* In Interaktionsspielen (z.B. "Armes-Schwein-Spiel: Ich bin besonders belastet, arm dran") übergeben die Klienten dem Therapeuten die gesamte Verantwortung für den Prozeß. Sie tun dies, weil sie angeblich nicht in der Lage sind, selbst etwas zu unternehmen ("Dornröschen-Spiel: Ich kann mir nicht allein helfen, ich muß erlöst werden") oder Verantwortung zu übernehmen. Es erscheint mir daher sinnvoll, die Möglichkeit eines Interaktionsspiels mit zu bedenken, wenn der Therapeut eine Verantwortungsabgabe durch den Klienten erkennt.

Der Therapeut muß im letzteren Fall die Übergabe der Verantwortung an ihn transparent machen. Er kann z.B. dem Klienten sagen:

- "Sie möchten, daß ich die Verantwortung dafür übernehme, was hier in der Therapie passiert".

- "Sie möchten, daß ich für Sie Entscheidungen fälle" o.ä..

Ein Therapeut sollte derartige Konfrontationen erst dann machen, wenn er diese Aussagen auch *belegen* kann. Er muß nämlich damit rechnen, daß der Klient keineswegs möchte, daß der Therapeut die Übergabe der Verantwortung bemerkt. Daher ist auch weniger damit zu rechnen, daß ein Klient Aussagen dieser Art einfach akzeptiert und sagt: "Da haben Sie völlig Recht, ich möchte, daß Sie die Verantwortung übernehmen". Der Therapeut sollte eher damit rechnen, daß der Klient mit einer Gegenfrage antwortet, z.B.: "Wie kommen Sie denn da drauf"? Und dann sollte der Therapeut in der Lage sein, dem Klienten zu sagen, wie er darauf kommt!

Dem Klienten zu sagen, wie der Therapeut darauf kommt, soll dem Klienten deutlich machen, daß der Therapeut wirklich Anhaltspunkte für seine Aussage hat; es macht auch deutlich, daß ein Therapeut Aussagen dieser Art nicht "aus dem hohlen Bauch" macht. Der Klient hat gewissermaßen ein Recht darauf, daß der Therapeut Aussagen dieser Art auch belegen kann. Belegbarkeit bedeutet aber noch keineswegs, daß der Therapeut mit der Aussage Recht haben muß: Natürlich kann sich der Therapeut in seinem Eindruck irren. Da dies so ist, darf der Therapeut seinen Eindruck niemals gegen den Klienten durchsetzen: wenn der Klient sagt, der Eindruck des Therapeuten sei falsch, dann läßt der Therapeut seinen Eindruck als *seinen Eindruck* stehen; er versucht aber auf keinen Fall, den Klienten dazu zu zwingen, den Eindruck zu übernehmen und er deutet auch keinesfalls die Ablehnung des Klienten als Widerstand der Art: "Sie wollen das ja nur nicht wahrhaben".

Der Therapeut sollte derartige Rückmeldungen daher auch immer als "Ich-Botschaften" formulieren: *"Ich* habe den Eindruck, daß Sie...". Dies macht deutlich, daß der Therapeut dem Klienten nichts zuschreiben will, sondern den Klienten nur auf etwas Wichtiges aufmerksam machen möchte.

Daß der Klient den Eindruck des Therapeuten nicht teilt, verhindert aber nur, daß der Therapeut seinen Eindruck dem Klienten nicht aufzwingt; es muß keineswegs implizieren, daß der Therapeut seinen Eindruck revidieren muß. Der Therapeut kann sehr gute Gründe für diesen Eindruck haben. In diesem Fall kann der Therapeut auch nach einiger Zeit seinen Eindruck *erneut* formulieren. Zweck dieses Vorgehens ist es, dem Klienten gegenüber wichtige Aspekte immer wieder zu *markieren*: Der Therapeut macht damit deutlich, daß der Klient sich damit auseinandersetzen sollte; er akzeptiert jedoch, daß der Klient dies noch nicht tut. Daß der Klient es nicht tut, hindert den Therapeuten jedoch keineswegs daran, diese Aspekte *immer wieder zu markieren*.

15.4.4 Umgang mit fehlenden Fragestellungen

Auch die Beobachtung, daß ein Klient keine Fragestellung aufwirft, kann der Therapeut zum Thema machen.
Er kann z.B.
- den Klienten fragen, was ihm selbst unklar ist, worüber er sich selbst wundert o.ä.;
- den Klienten bitten, zentrale Leitfragen für die therapeutische Arbeit zu definieren.

Der Therapeut kann dem Klienten aber auch "sein Staunen zur Verfügung stellen". Er kann dem Klienten mitteilen, daß es ihn sehr erstaunt,
- daß dem Klienten offenbar gar keine Problemaspekte unklar sind; dies ist deshalb erstaunlich, weil Probleme meist hoch komplex sind und Menschen sehr selten nur alle Aspekte durchschauen;
- daß der Klient sich nicht über seine Verhaltensweisen wundert; denn viele Menschen tun Dinge, die sie selbst nicht verstehen und über die sie sich wundern.

Der Therapeut markiert auf diese Weise die Bearbeitung des Klienten und kann sie so zum Thema der Therapie machen: Wie kommt es, daß der Klient sich keinerlei Fragen stellt?

15.4.5 Perspektive

Ein zentrales therapeutisches Prinzip ist hier: Internalisiere die Perspektive!

Nimmt ein Klient in hohem Maß eine externale Perspektive ein, dann besteht die Aufgabe des Therapeuten darin, die Perspektive des Klienten konsistent und stringent immer wieder nach innen zu lenken. Der Klient soll *eigene* Anteile an einem Problem, an einer Interaktion klären und das kann er nur, wenn er relevante eigene Anteile in den Fokus der Aufmerksamkeit nimmt.

Beschreibt der Klient eine Situation, fragt der Therapeut, sobald die Beschreibung konkret genug ist:
- "Welche Gefühle löst die Situation *in Ihnen* aus?"
- "Was bedeutet diese Situation für *Sie?*"

Beschreibt der Klient eine andere Person, dann fragt der Therapeut:
- Wie empfinden *Sie* diese Person X?

oder

• Wieso ist es für *Sie* so wichtig, sich ausführlich mit dieser Person zu beschäftigen?

Der Therapeut versucht immer wieder, die Aufmerksamkeit des Klienten von der Beschreibung externaler Sachverhalte, aber auch von der Beschreibung eigener Symptome, auf relevante eigene Anteile (Emotionen, Verarbeitungen, Schemata) zu lenken. Klienten beschreiben oft eigene körperliche Reaktionen (Reaktionen bei Angst, Streß, psychosomatische Beschwerden) genauso, als ob es sich um *externe* Sachverhalte handelte: Auch hier ist es wichtig, zu klären, welche Relevanz dies *für den Klienten hat*.

Nimmt der Klient trotz wiederholter Interventionen des Therapeuten immer wieder eine externale oder losgelöste Perspektive ein, dann kann der Therapeut dies zum Thema machen:

• "Ich habe Sie schon mehrfach darauf aufmerksam gemacht, wie wichtig es ist, nach "innen" zu schauen, sich mit eigenen Gefühlen und Gedanken zu beschäftigen. Ich bemerke aber, daß Sie immer wieder nach außen gucken, sich mit den Situationen, anderen Personen o.ä. beschäftigen. Ich würde gerne mit Ihnen darüber sprechen, was das für Sie so wichtig macht, nach außen zu gucken und *nicht* auf Ihre eigenen Gefühle".

15.4.6 Explizierung

Ungünstige Arten von Bearbeitung kann der Therapeut dem Klienten vor allem transparent machen, wenn der Klient intellektualisiert.

In dem Fall kann ein Therapeut z.B. sagen:

• "Ich habe den Eindruck, daß Sie nach Erklärungen für Ihr Fühlen und Handeln suchen. Dabei fällt mir jedoch auf, daß Sie nicht schauen, was das Fühlen und Handeln für Sie tatsächlich bedeutet, sondern Sie suchen nach einer Theorie, die Ihr Fühlen erklären könnte. Sie fragen sich nicht: Was ist bei mir?, sondern Sie fragen sich: Wo kriege ich eine Erklärung her?"

Durch derartige Interventionen macht der Therapeut den Klienten darauf aufmerksam, wie dieser mit Inhalten umgeht und er macht die Art der Bearbeitung zum Thema der Therapie.

16. Therapeutische Arbeit auf der Beziehungsebene

16.1 Arbeit auf der Beziehungsebene: der zentrale therapeutische Schwerpunkt

Die therapeutische Arbeit auf der Beziehungsebene stellt, wie deutlich geworden ist, aus zwei Gründen den zentralen therapeutischen Arbeitsschwerpunkt, zumindest in der ersten Phase der Therapie, dar. Die Gründe dafür sind:

1. Das Problem des Klienten kann, zumindest zu einem ganz erheblichen Teil, als Beziehungsproblem aufgefaßt werden, wodurch "Beziehungsgestaltung" zwangsläufig zum zentralen Thema wird.

2. Der Klient "verwickelt" den Therapeuten in seine Beziehungsprobleme, wodurch dem Therapeuten gar nichts anderes übrigbleibt, als die aktuell existierende Problematik zum Thema zu machen.

Auf der Beziehungsebene hat ein Therapeut prinzipiell zwei Arten von Interventionen zur Verfügung:

- Beziehungsgestaltung
- Beziehungsbearbeitung.

Mit Beziehungsgestaltung ist gemeint, daß der Therapeut sein Beziehungsangebot an den Klienten genau so (und damit differentiell!) gestaltet, daß der Klient neue, konstruktive Beziehungserfahrungen machen kann.

Mit Beziehungsbearbeitung ist gemeint, daß der Therapeut die Interaktionsprobleme des Klienten zum expliziten Thema der Therapie macht und dann mit dem Klienten zusammen bearbeitet. Beide Interventionsarten werden im Folgenden, sowohl auf der Spiel- als auch auf der Motivebene beschrieben. Um aber die Beschreibung konkreter und lebendiger zu gestalten, sollen einige der angeführten Prinzipien an konkreten Fallbeispielen demonstriert werden. Aus diesem Grund werden zunächst zwei Fallbeispiele geschildert, die einige der angeführten Probleme recht plastisch illustrieren.

16.2 Fallbeispiele

Es sollen hier Fallbeispiele gegeben werden, an denen eine therapeutische Arbeit auf der Beziehungsebene illustriert werden kann, an denen gezeigt werden kann, was Therapeuten tun können, wenn sie die Spielebene transparent machen wollen, wenn sie grundlegende Annahmen herausarbeiten möchten oder wenn sie an interaktionellen Bedürfnissen und Motiven der Klienten arbeiten.

Die Fallbeispiele sind "echte Ausschnitte aus realen Therapien", die einzige vorgenommene Veränderung liegt darin, daß die vom Therapeuten oder Klienten "gesprochene" Sprache manchmal etwas in Richtung auf "Schriftdeutsch" korrigiert wurde, um den Text flüssiger lesbar zu machen.

Die Ausschnitte illustrieren keine Beispiele dafür, wie Therapeuten ideal reagieren; sie illustrieren im Gegenteil Beispiele dafür, wie Therapeuten durch die Klienten-Handlungen in Schwierigkeiten kommen oder sich selbst durch ihr eigenes Handeln in Schwierigkeiten bringen. Dies ist beabsichtigt: Meinen Überzeugungen nach, illustrieren ideal laufende Therapien herzlich wenig, denn reagieren Therapeuten sehr gut, treten viele der möglichen Schwierigkeiten gar nicht erst auf; und damit sieht man die Schwierigkeiten, die diese Klienten bereiten können, überhaupt nicht. Gut laufende Therapien vermitteln den Eindruck, alles sei ganz einfach: und kein Eindruck könnte elementar falscher sein. Daher werden hier Beispiele dargestellt, die nicht ideal laufen, an denen man die auftretenden Schwierigkeiten aber sehr gut sehen kann. Anhand der auftretenden Schwierigkeiten werden dann therapeutische Möglichkeiten ausführlich diskutiert: Es wird herausgearbeitet, was ein Therapeut auf den verschiedenen Ebenen tun könnte.

16.2.1 "Kritik-Klientin"

Das folgende Beispiel wird "Kritik-Klientin" genannt; dies deshalb, weil sie in dem angegebenen Ausschnitt ihre Therapeutin heftig kritisiert.

Die Klientin ist eine 35-jährige Frau, alleinerziehende Mutter eines 11-jährigen Sohnes, geschieden, berufstätig.

Die Klientin ist wegen Ängsten in eine psychologische Praxis gekommen. Sie hat die Diagnose "Panikstörung ohne Agoraphobie" erhalten. Die Therapeutin hat in der ersten Therapiestunde die Panikstörung exploriert.

In der zweiten Stunde äußerte die Klientin dann, die Angststörung sei eigentlich gar nicht so wichtig. Viel wichtiger seien Schwierigkeiten in Beziehungen. Ihr Wunsch sei es im wesentlichen, mit der Therapeutin über diese Beziehungsschwierigkeiten zu sprechen. Die Therapeutin akzeptierte dies, worauf die Klientin begann, über ihre Beziehung zu ihren Eltern zu sprechen. Der Therapeutin wurde dabei in der Stunde nicht deutlich, daß die Klientin von dem Thema besonders aufgewühlt war; die Klientin "berichtete" vielmehr über ihre Biographie und verließ die Stunde, ohne daß irgendeine Störung erkennbar gewesen wäre.

Der hier vorgestellte Ausschnitt beginnt ganz zu Anfang der 3. Stunde: die Klientin beginnt sofort, die Therapeutin scharf zu kritisieren und zu attackieren. Die Therapeutin ist (da es keine Warnzeichen gab) davon völlig überrascht und kann das Klientenverhalten nicht im Sinne einer Spielanalyse nutzen. Daher ist es der Klientin möglich, ihre Kritik "voll zu entfalten".

(Die Aussagen von Therapeutin und Klientin sind zur Verbesserung der Verständlichkeit etwas von "Sprachdeutsch" auf "Schriftdeutsch" korrigiert, was den Sinn jedoch nicht verändert).

T1: (1) Wie geht es Ihnen?

K1: (1) Ich muß jetzt sofort auf das letzte Mal zurückkommen. (2) Es hat mir gar nicht gefallen, daß Sie mich so nach Hause geschickt haben, (3) in dem Zustand, in dem ich war. (4) Ich habe mich auch dazu entschlossen, mit Ihnen nur noch über die Angst zu sprechen. (5) Ich fand das unverantwortlich, mich so gehen zu lassen. (6) Ich war total aufgelöst den ganzen Tag, war fix und fertig. (7) Mein Sohn ist dann aus der Schule gekommen, und der war auch völlig irritiert, der wußte nicht, was er mit mir machen sollte. (8) Ich mußte Beruhigungstropfen nehmen. (9) Ich war total aufgelöst.

T2: Hmm...

K2: (1) Dann habe ich abends meine Psychologin erreicht, die aus der Selbsthilfegruppe. (2) Ich bin zu dem Schluß gekommen, das nicht so weiterzumachen. (3) Ich kann nicht hier eine Stunde lang reden (4) und dann gucken Sie dauernd auf die Uhr (5) und ich weiß, ich muß raus hier (6) und kann das Gespräch nicht langsam auslaufen lassen.

T3: (1) Ich kann mir vorstellen, daß das für sie eine unangenehme Situation ist.

K3: (1) Und da komm ich auch nicht mit klar. (2) Ich muß nach einer Stunde hier raus. (3) Ich bin total aufgewühlt. (4) Ich kann überhaupt nicht aufhören zu weinen. (5) Ich habe im Auto geheult, während der ganzen Rückfahrt. (6) Das habe ich mir doch ein wenig anders vorgestellt.

T4: (1) Wie haben sie es sich vorgestellt, (2) wie wünschen sie es sich?

K4: (1) Ich habe mir vorgestellt, in Ruhe über alles reden zu können, (2) das Gespräch langsam auslaufen lassen zu können, (3) wie es eben benötigt wird. (4) Ich weiß ja nicht, wie sie ihre Termine gelegt haben. (5) Wenn draußen jemand wartet, ist das für Sie auch eine unangenehme Situation. (6) Aber bei manchen Leuten kann man ein Gespräch nun mal nicht in 5 oder 10 Minuten beenden. (7) Bei meiner früheren Therapeutin brauchten wir manchmal, brauchte sie manchmal eineinhalb Stunden, um das Gespräch mit mir auslaufen zu lassen.

T5: (1) Sie haben natürlich Recht, (2) es kann unangenehm sein, ein Gespräch beenden zu müssen. (3) Aber wenn wir zwei Stunden ansetzen, müssen wir es nach zwei Stunden beenden. (4) Es wird immer das Problem geben, einen Schlußpunkt zu setzen.

K5. (1) Das letzte Mal... (2) als ich von hier wegging, konnte ich gar nicht richtig darüber nachdenken. (3) Erst als ich mit Frau X sprach, wurde es mir klar. (4) Da hab ich mich auch so langsam beruhigt. (5) Ich bin hier weggegangen, da war ich 10. (6) Ich war völlig hilflos. (2) Ich kann überhaupt nicht beschreiben, wie es mir ging.

T6: (1) Ich kann verstehen, daß Sie es so nicht mehr möchten. (2) Ich fände es gut, wenn wir darüber sprechen könnten, wie wir die Therapie für sie angenehmer gestalten können.

K6: (1) Ich hatte mir wirklich vorgestellt, hier endlich mal über alles reden zu können. (2) Ich war halt enttäuscht, das letzte Mal, (4) daß Sie dauernd am Ende auf die Uhr gucken, das hat mich am meisten gestört! (5) Ich war mir nicht sicher: (5) Guckt sie auf die Uhr, weil sie einen anderen Termin hat?

(7) Oder weil sie die Situation nicht gut fand? (8) Wenn man als Außenstehender da sitzt und sieht, wie jemand weint, ist das vielleicht ja auch sehr unangenehm. (9) Vielleicht denken Sie: Jetzt wird's aber kritisch. (10) Ich bin mir nicht im klaren darüber, was sie gedacht haben.

T7: (1) Wenn sie möchten, kann ich es Ihnen gerne sagen.

K7: Ja bitte.

T8: (1) Es war in der Tat der Zeitdruck (2). Der nächste Klient wartete schon und ich wollte ihn nicht so lange warten lassen. (3) Es hatte gar nichts damit zu tun, daß ich die Situation unangenehm fand. (4) Es war der Zeitdruck.

K8: (1) Ich habe mich weggeschickt gefühlt. (2) Da bin ich den ganzen Tag nicht drüber hinweggekommen. (3) Ich konnte überhaupt nicht aufhören zu heulen. (4) Ich habe mit Schrecken an heute gedacht.

T9: (1) Was denken sie, was könnten, was sollten wir ändern?

K9: (1) Ich glaube, ich komme auch mit einer Stunde in der Woche nicht aus. (2) Ich weiß nicht, wie so eine Therapie läuft. (3) Aber ich fühle mich so belastet. (4) Vielleicht sollte ich in eine Klinik gehen. (5) Aber wie soll ich das anstellen mit meinem Sohn?

16.2.2. Klientin mit intrusiven Gedanken

Der folgende Ausschnitt stammt von einer Klientin, die zur Therapie in eine private Praxis kam und dort die Diagnose "Zwangsgedanken" erhielt. Eine Reanalyse der diagnostischen Information führte jedoch zu dem Schluß, daß die Klientin nach den Kriterien des DSM IIIR eine histrionische Persönlichkeitsstörung aufwies. Ihre Gedanken sind zwar intrusiv, d.h. sie drängen sich auf und die Klientin kann sie nicht gut kontrollieren. Die Gedankeninhalte sind jedoch hoch ambivalent und keineswegs nur abschreckend und bedrohlich. Die intrusiven Gedanken lassen sich weitaus besser als Teil einer histrionischen Störung erklären als Teil einer Zwangsstörung.

Es handelt sich um eine 65-jährige, alleinlebende Frau. Ihr Mann ist vor etwa 15 Jahren verstorben und sie hat seitdem keine Partnerschaft mehr gehabt. Sie lebt völlig isoliert, hat keine Freunde oder Freundinnen. Der einzige Kontakt, den Sie hat, ist der zu einem katholische Priester, Pater A, den sie wegen ihrer Probleme konsultiert und der versucht, ihr zu helfen. Das Hauptproblem, das sie angibt, sind "sündige Gedanken", die sich ihr aufdrängen, die sie nicht will, gegen die sie sich jedoch nicht wehren kann. Es sind im wesentlichen Gedanken sexuellen Inhalts: Sie stellt sich z.B. vor, wie Pater A onaniert. Sie empfindet diese Gedanken als Beleidigung der betreffenden Personen (daher spricht sie auch von Gedanken, "die gegen andere kommen"), als böswillige

Unterstellungen, die sie nicht machen will. Sie hat in den vorigen Stunden, in sehr diffuser und unkonkreter Weise, ein sexuelles Erlebnis aus ihrer Jugendzeit berichtet, das sie heute noch belastet; auch darüber drängen sich ihr heute Phantasien auf (In dem Ausschnitt spricht sie dies an als "Geschehnisse, mit denen ich nicht fertig geworden bin").

Der Ausschnitt beginnt am Anfang der 6. Stunde. In den vorhergehenden Stunden hat die Therapeutin versucht, sich ein einigermaßen klares Bild von den Problemen zu machen. Dies ist ihr jedoch, ihrer eigenen Einschätzung nach, nicht gelungen: Sie empfindet die Klientin als äußerst unkonkret, ausweichend, vermeidend; die Klientin hat keinen Arbeitsauftrag, keine Fragestellungen. Sie betont, daß "es sich bessern müsse", betont aber gleichzeitig, daß es ihr zu belastend sei, über ihre Gedanken und die "Geschehnisse" zu sprechen. Die Therapeutin fühlt sich ebenso mattgesetzt wie unter Druck gesetzt: Die Klientin betont, daß sie ihren Zustand kaum noch ertragen kann und daß die Therapeutin dringend dagegen etwas tun muß; wenn die Therapeutin jedoch versucht, relevante Aspekte zu klären und zu bearbeiten, dann betont die Klientin, daß sie dies nicht kann, daß es sie zu sehr belaste, daß sie darunter zu sehr leidet usw.. Die Therapeutin weiß schließlich keinen anderen Rat mehr, als die Klientin unter Druck zu setzen: sie möchte der Klientin klar machen, daß sie arbeiten muß, wenn sie etwas ändern will. Sie möchte der Klientin klar machen, daß sie sich ihren Inhalten stellen muß, wenn sie diese bearbeiten will, selbst dann, wenn die Konfrontation damit schmerzhaft ist. Aus dieser Intention resultiert die Eingangs-Intervention der Therapeutin: "Können Sie sich vorstellen, daß eine Auseinandersetzung mit diesen Dingen den Zustand erst einmal verschlimmert?" Die Therapeutin stellt der Klientin damit implizit ein Ultimatum:

• entweder befassen sie sich mit den relevanten Inhalten, dann können wir etwas ändern
• oder sie befassen sich nicht damit, dann können wir nichts tun.

Die Idee der Therapeutin ist völlig nachvollziehbar und sehr ehrenwert: Leider funktioniert sie nicht bei Klienten mit einer Spielstruktur. Appelle des Therapeuten, der Klient müsse arbeiten, sind völlig wirkungslos, denn der Klient kann sagen, daß er dies bereits tue, daß er nicht wisse, wie das gehe oder aber, daß er es nicht könne und genau das sein Problem sei. Was immer ein Therapeut in dieser Richtung unternimmt: Es wird lediglich die Kreativität des Klienten beflügeln, dem Therapeuten nachzuweisen, "daß es nicht geht". Es gibt jedoch therapeutische Möglichkeiten. Diese werden dann ausführlich an den entsprechenden Stellen diskutiert.

T1: (1) Ich habe noch einmal über die letzten Stunden nachgedacht. (2) Ich habe den Eindruck, daß wir noch nicht sehr weit gekommen sind. (3) Ich glaube, daß es Ihnen sehr schwerfällt, sich mit den Gedanken, die sie beschäftigen auseinanderzusetzen. (4) Können Sie sich vorstellen, daß eine Auseinandersetzung mit diesen ganzen Sachen dazu führen kann, daß Ihr Zustand erst einmal schlimmer wird? (5) Können Sie sich vorstellen, daß wir da durch müssen, damit es sich bessern kann?

K1: (1) Ja, ich möchte vor allen Dingen keine falschen Aussagen und Antworten geben. (2) Die belasten mich ganz schwer. (3) Was ich noch beantworten kann, ist dann gut. (4) Aber wehe, wenn das etwas ist, was falsch ist, was andere belastet. (5) Das ist das Schlimmste, was es gibt. (6) Aussagen vom Anderen machen, die nicht wahr sind.

(7) Da ist so viel durcheinander. (8) Nach so vielen Jahren die Einzelheiten noch hinzukriegen, das kann ich einfach nicht. (9) Das ist zu schwer für mich, ich kann nicht.

T2: (1) Ich möchte gerade...

K2: (1) Ja, ich weiß, daß es noch schlimmer werden kann.

T3: (1) Was meinen Sie denn, woher diese Gedanken und Bilder kommen, die sie belasten?

K3: (1) Ja woher kommen sie denn? (2) Aber wenn sie einmal geklärt sind... (3) Wenn sie wissen, woher sie kommen...

T4: (1) Was glauben Sie denn, woher sie kommen?

K4: (1) Ja... (seufzt). (2) Einmal durch Geschehnisse womit ich nicht fertig geworden bin (3) denke ich. (4) Was mich belastet hat. (5) Das läßt mich nicht ruhen.

T5: (1) Das sind die Bilder, die immer wieder hochkommen.

K5: (1) Ja. (2) Aber ich verstehe nicht, (3) es ist alles so lange her (4), daß mich das nicht in Ruhe läßt (5), daß ich diese Personen nicht in Ruhe lasse. (6) Meinetwegen, ich gehe vom Pater raus und denke: Vergessen, vorbei! (7) Aber das mache ich nicht. (8) ich arbeite zurück. (9) Und das wird wieder 'ne neue Belastung.

T6: (1) Was Sie mir sagen ist: (2) "Das ist eine unheimliche Belastung". (3) "Das will ich los sein". (4) Ich glaube aber, daß sie es nur loswerden können, wenn wir uns damit beschäftigen, (5) auch dann, wenn es erst mal schlimmer wird.

K6: (1) Ich kann mich an die ganzen Vorgänge nicht mehr erinnern. (2) Wenn Sie mich fragen: Wie war das? (3) Wie ist das gekommen? (4) Das bringt mich ganz durcheinander! (5) Wenn ich mich da wieder reinversetzen muß, dann erlebe ich das Ganze, das mich sowieso nicht mehr ruhen läßt, noch mal. (6) Ich denke sowieso ohne Fragen daran, (7) das ist schon schlimm genug. (8) Und wenn jetzt noch gefragt wird, das genau zu beantworten (9) das ist so eine Qual für mich. (10) Ich erlebe das alles noch einmal (11) und weiß: Das war alles Deine Schuld. (12) Da hast Du Dein ganzes Leben sowieso vermurkst. (13) Ich meine: Wenn ich es noch nicht richtig beantworten kann, dann ja. (14) Aber ich kann es so genau nicht. (15) Es ist alles so weit weg und so lange her. (16) Es steht mir sowieso bis hier (macht eine Bewegung mit der Hand am Hals entlang).

T7: (1) Mir ist es ganz wichtig...

K7: (1) (Unterbricht die Therapeutin) ich meine, schließlich sind sie die Therapeutin, nicht ich. (2) Aber ich meine, ich gehe immer mehr den Bach hinunter statt rauf (beugt sich vor, offensichtlich sehr leidend).

T8: (1) Deshalb fände ich es doch ganz wichtig...

K8: (1) (Unterbricht) Ich glaube, ich dreh bald durch (unterstreicht das Gesagte indem sie sich heftig nach vorn beugt; sie verharrt dann in dieser Haltung). (2) Ich dreh bei Pater A. bald durch. (3) Wenn ich da was zur Sprache bringe, was mir helfen soll, dann weiß ich schon, das wird mir auch nicht helfen. (4) Meine einzige Sorge ist, woran ich mich klammere: (5) Wie komm ich da raus? (6) Daß ich nicht tagein, tagaus diese ewigen Gedanken habe! (7) Diese Beschuldigungen, die einfach gegen ihn kommen, gegen viele kommen (wiegt mit dem Oberkörper auf und ab). (8) Warum ich diese Beschuldigungen immer habe, gegen Menschen, die mir nichts tun. (9) Das sind die

Probleme. (10) Das sind ja vielseitige Probleme, nicht nur ein einziges, (unterstreicht dies mit einer Handbewegung, die das Ausmaß des Problems anzeigen soll).

T9: Wenn wir jetzt an der Vergangenheit noch mal rütteln. (2) Wenn wir uns den ganzen Sachen stellen, (3) dann muß auch klar sein, daß es erst mal schlimmer wird.

K9: (1) Ich habe mein Leben selber zerstört. (2) Ich möchte alles machen um da raus zu kommen. (3) Solange ich noch lebe. (4) Ich weiß nicht, wieviel Zeit mir noch bleibt (stützt den Kopf in die Hand und weint).

T10: (1) Ich möchte...

K10: (1) (Unterbricht) Ich habe jahrelang alles falsch gemacht. (2) Das läßt mich alles nicht los, bis heute nicht (schluchzt).

17. Therapeutische Bearbeitung der Spielstruktur

17.1 Handeln auf der Spielebene: Ein Beziehungsproblem

Die theoretische Analyse hat deutlich gemacht, daß Klienten, die eine Spielstruktur aufweisen, zentrale *Beziehungsprobleme* aufweisen. Sie gestalten Beziehungen in einer Weise, die ihren eigenen übergeordneten interaktionellen Motiven und Bedürfnissen letztlich widerspricht, sie schaden sich auf Beziehungsebene selbst, sind aber weder in der Lage, ihr Handeln zu verstehen, noch stehen ihnen in ausreichendem Maße alternative Handlungen zur Verfügung.

Ihr Problem besteht damit darin, daß sie eine "zweite Handlungsregulation" aufweisen, eine Regulation auf Spielebene, wobei

- sie dysfunktionale interaktionelle Ziele aufweisen: Ziele, die als "Unterziele" nicht zu den übergeordneten interaktionellen Motiven passen und deren Umsetzung in Beziehungen zu Problemen führt;
- sie dysfunktionale interaktionelle Handlungen ausführen, Handlungen, die zumindest längerfristig zu Beziehungsproblemen und nicht zu befriedigenden Beziehungen führen;
- sie selbst weder ihre Ziele noch die Handlungen noch die Handlungskonsequenzen verstehen; auf diese Weise sind sie gar nicht in der Lage, ihr Handeln zu ändern, sondern "sitzen in einer Selbstbestätigungsfalle fest".

Dieses System, so wird theoretisch deutlich, wird aufrechterhalten sowohl durch komplementäres Verhalten von Interaktionspartnern auf der Spielebene als auch durch aggressiv abweisendes Handeln von Partnern.

17.2 Therapeutische Ziele und therapeutische Ansatzpunkte

Aus der Analyse der Spielstruktur, des intransparenten Handelns und seiner Konsequenzen lassen sich einige grundlegende therapeutische Ziele, Ansatzpunkte und Prinzipien ableiten.

1. Therapeuten dürfen sich *nicht zur Spielebene komplementär verhalten*: Ein solches Verhalten von Therapeuten wirkt grundsätzlich stabilisierend und nicht Problemverändernd.

2. Therapeuten dürfen sich dem Klienten gegenüber *nicht aggressiv verhalten*: Aggressives Verhalten bestätigt die Beziehungs- und Selbstkonzept/Selbstwert-Annahmen der Klienten und untergräbt den Aufbau einer tragfähigen Therapeut-Klient-Beziehung.

3. Therapeuten müssen sich in ihrer Beziehungsgestaltung dem Klienten gegenüber *entgegenkommend* verhalten: Sie müssen deutlich signalisieren, daß sie den Klienten als Person akzeptieren, daß sie sich um Verstehen bemühen, daß ihnen die Arbeit mit dem Klienten wichtig ist usw. Sie müssen auch signalisieren, daß sie bereit sind, den Klienten mit seiner Kritik, seiner Sabotage u.ä. zu verstehen und zu akzeptieren.

4. Therapeuten müssen den Klienten ihr Spielhandeln *transparent* machen.

Die Klienten müssen eine Repräsentation darüber entwickeln,

- was ihre interaktionellen Ziele auf Spielebene sind;
- daß sie diese Ziele in intransparenter, manipulativer Weise im Handeln verfolgen;
- mit Hilfe welcher Strategien sie ihre Ziele verfolgen;
- daß sie sich mit diesem Verhalten beziehungsmäßig selbst schaden;
- daß diese Strategien auch nicht in der Lage sind, ihre tatsächlichen Motive und Bedürfnisse zu befriedigen;
- daß die Klienten selbst in dieser Struktur festsitzen: es ist schwer für sie, die Struktur zu erkennen, zu akzeptieren und zu verlassen;
- daß es für die Klienten in der Biographie wichtig war, solche Strategien zu entwickeln und daß sie sich selbst dafür nicht anklagen sollten;
- daß die Kosten des Verhaltens heute jedoch höher sind als die Gewinne und daß es daher unbedingt nötig ist, sich der Analyse und Veränderung des Problems zu stellen.

Aufgrund der theoretischen Modellannahmen muß man davon ausgehen, daß Klienten derartige Repräsentationen nicht "von selbst" entwickeln: Vielmehr muß der Therapeut den Klienten diese Aspekte aktiv deutlich und transparent machen.

5. Da ein "Transparent-Machen" aber auf den Klienten hochgradig konfrontativ wirken kann, müssen Therapeuten diese Interventionen so gestalten, daß die Klienten sie annehmen können und daß sie die Therapeut-Klient-Beziehung nicht überziehen.

17.3 Die therapeutischen Möglichkeiten auf der Spielebene

Die therapeutischen Möglichkeiten, die ein Therapeut bei der Bearbeitung der Spielebene hat, sollen nun im Einzelnen behandelt werden.

17.3.1 Nicht-komplementäres Handeln des Therapeuten auf der Spielebene

Aufgrund der theoretischen Analyse ist deutlich, daß sich der Therapeut nicht zur Spielebene des Klienten komplementär verhalten soll. Dieses nicht-komplementäre Handeln ist für Therapeuten sehr schwierig zu realisieren: Therapeuten erkennen oft gar nicht, daß sie komplementär handeln oder, wenn sie es erkennen, rechtfertigen sie es vor sich selbst ("dieser Klient ist eine Ausnahme") oder aber, sie wissen nicht, wie sie anders mit diesem Klienten umgehen sollen. Die Erhaltung von Nicht-Komplementarität zur Spielebene ist jedoch von entscheidender Bedeutung, denn ein Therapeut kann das dysfunktionale Handeln des Klienten nur dann transparent machen und verändern, wenn er es *nicht* gleichzeitig bestärkt und stabilisiert.

Damit der Therapeut diesem Prinzip der Nicht-Komplementarität zur Spielebene folgen kann, muß er klären

- wie er analysieren kann, welche Art von Komplementarität ein Klient erwartet;
- was ein komplementäres Handeln bei diesem Klienten bedeuten würde;
- was er statt dessen tun sollte.

17.3.1.1 Analyse des vom Klienten "angeforderten" komplementären Verhaltens

Klienten fordern den Therapeuten nicht allgemein zu komplementärem Handeln auf; vielmehr hat ein bestimmter Klient ganz bestimmte Vorstellungen davon, was ein Therapeut tun oder nicht tun soll. Wenn ein Therapeut in einer spezifischen Therapie systematisch verhindern will, sich komplementär zu verhalten, dann muß er wissen, was dieser Klient tatsächlich von ihm erwartet. Weiß er dies nicht, kann er oft komplementäres Handeln gar nicht gezielt verhindern.

Um herauszufinden, was im Sinne der interaktionellen Ziele auf der Spielebene für den Klienten ein "angemessenes" komplementäres Handeln wäre, muß der Therapeut sich fragen:

- Was möchte der Klient?
- Was möchte der Klient, was ich glaube und tue?
- Welche Verhaltensweisen meinerseits würde der Klient zu schätzen wissen?

Komplementäres Handeln impliziert aber nicht nur, daß der Interaktionspartner etwas tut, sondern auch, daß er bestimmte Handlungen unterläßt. Der Therapeut sollte sich daher auch fragen:

- Was möchte der Klient, das ich *nicht* denke, glaube oder tue?
- Welche Handlungen würde der Klient überhaupt nicht zu schätzen wissen?

Analysiert man das "angeforderte Therapeuten-Handeln" am Beispiel der "Kontroll-Klientin", dann sieht man z.B.:

- Die Klientin möchte, daß die Therapeutin wegen ihres "unverantwortlichen Handelns" ein schlechtes Gewissen hat. Die Therapeutin soll hier möglichst erschrecken und denken: "Was habe ich der Klientin nur angetan"? Und sie soll erkennen, daß sie nicht nur die Klientin ins Unglück gestürzt hat, sondern praktisch ihren Sohn ebenfalls, der durch das Verhalten der Mutter völlig irritiert worden ist.
- Die Therapeutin, die dies erkennt, soll sich bei der Klientin entschuldigen. Sie soll die Verantwortung für dieses Handeln übernehmen und betonen, daß es ihr leid tut.

- Die Therapeutin soll daraufhin deutlich machen, daß dies nicht wieder vorkommen wird.
- Und die Therapeutin soll deutlich machen, daß sie die Therapie von nun an nach den Wünschen und Vorstellungen der Klientin gestalten wird: Sie wird von nun an sehr genau darauf achten, wie es der Klientin geht; sie wird der Klientin längere Termine anbieten; sie wird die Klientin auf keinen Fall mehr aufgewühlt aus der Therapie wegschicken.
- Die Therapeutin erklärt sich somit einverstanden, der Klientin die Kontrolle über den Therapieprozeß zu übergeben.

Man kann die Hypothese begründen, daß dieses Handeln der Klientin am besten gefallen würde. Es beschreibt damit die "Komplementaritäts-Erwartung" der Klientin auf der Spielebene.

Die "Klientin mit intrusiven Gedanken" macht der Therapeutin deutlich, daß sie den Vorstellungen der Therapeutin nun wirklich nicht folgen kann:

- Wenn sie sich darauf einläßt, ihre Gedanken genauer zu beschreiben, dann läuft sie Gefahr, "falsche Aussagen gegen andere zu machen" (K1, 1-6); denn das Äußern dieser unmoralischen Gedanken bedeutet schon "falsches Zeugnis abzulegen" gegen andere. Das aber will die Klientin auf keinen Fall. Wenn sie das täte, würde sie noch stärker belastet. D.h. aber: der Versuch, die Gedanken zu klären, würde zu moralisch verwerflichem Handeln führen, welches den Zustand verschlimmert und nicht bessert. Außerdem muß man sich auch fragen, ob die Therapeutin wirklich will, daß die Klientin "falsche Aussagen über andere" macht: Verhält sich eine Therapeutin, die etwas Derartiges verlangt, nicht selbst unmoralisch?
- Selbst, wenn die Klientin sich darauf einlassen wollte, so ist ihr das einfach nicht möglich (K1, 7-8): sie ist eine alte Frau, alles ist lange her und sie kann sich beim besten Willen nicht mehr erinnern (K6, 13-15).
- Wenn die Therapeutin die Klientin veranlaßt, sich wieder mit den relevanten Inhalten zu beschäftigen, dann führt das eher dazu, daß die Klientin verwirrt wird (K6, 1-4): Die Interventionen der Therapeutin sind daher nicht klärend sondern verwirrend!
- Am schlimmsten ist jedoch, daß die Konfrontation mit den relevanten Inhalten den Zustand nicht nur "verschlimmert", sondern die Klientin auf völlig verheerende Weise niedermacht: Die Gedanken sind schon so schlimm genug, aber Fragen der Therapeutin sind eine Qual (K6, 5-11). Ihr wird wieder deutlich, daß sie ihr Leben "vermurkst" hat (K6, 12); überhaupt hat die Klientin den Eindruck (trotz Therapie?), daß "ihr Leben immer noch den Bach runtergeht" (K7, 2). Die Idee der Therapeutin mag zwar prinzipiell richtig sein (K7, 1), leider ist diese Idee jedoch nicht auf die Klientin anwendbar: Die Klientin *kann* sich den Inhalten nicht stellen, und das muß die Therapeutin nun mal einsehen!

Andererseits *muß* ihr aber geholfen werden, denn der Zustand ist unerträglich und wird ständig schlimmer (K8, 1-10; K9, 1-4). Die Klientin macht sehr deutlich, daß sie ihn nicht mehr aushalten kann.

Damit aber erwartet die Klientin

- daß die Therapeutin sie schont, ihr *nicht* zumutet, sich mit unangenehmen Inhalten zu beschäftigen
- und gleichzeitig, daß sie ihr hilft, ihren Zustand verbessert oder beseitigt.

Das ist die Erwartungsstruktur eines "Dornröschen-Spiels": "Rette mich, ich kann selbst nichts tun! Brich durch die Hecke und küsse mich wach!"

Dies ist die Erwartung der Klientin an das komplementäre Handeln der Therapeutin auf der Spielebene: Die Therapeutin soll der Klientin intensiv helfen, ohne sie dabei in irgendwelche Schwierigkeiten zu bringen ("Wasch mir den Pelz, aber mach mich nicht naß"). Eine solche Komplementarität, das ist deutlich, wäre nun von der Therapeutin nicht einmal dann theoretisch erfüllbar, wenn die Therapeutin sie akzeptieren würde: Als durchschnittlicher Nicht-Magier kann ein Therapeut solches nicht leisten.

17.3.1.2 Images und Appelle: Komplementäre Erwartungen im Detail

Um die komplementären Erwartungen von Klienten zu verstehen, ist es gut, nicht nur globale Erwartungen zu analysieren, die die Klienten an die Therapeuten haben, sondern auch ganz spezifische Erwartungen darüber, was ein Therapeut genau denken oder tun soll. Dies bedeutet, daß man sehr genau die vom Klienten ausgesandten Images und Appelle analysieren kann: Was will der Klient, was man im Einzelnen denkt, glaubt oder nicht glaubt? Was will der Klient, was man im Detail tut oder nicht tut?

Images und Appelle sollen zunächst an der "Kontroll-Klientin" analysiert werden. Die Klientin gibt der Therapeutin *Images* in der Art

- ich bin schwach, zerbrechlich, labil
- ich kann leicht aus der Fassung gebracht werden
- mit mir muß man daher sehr vorsichtig umgehen
- ich kann selbst nicht richtig auf mich achten
- ich brauche daher jemanden, der auf mich achtet
- ich bin im Grunde schwach und hilflos
- ich brauche daher jemanden, der Verantwortung für mich übernimmt

Auf der Basis dieser Images sendet die Klientin eine Reihe von *Appellen* an den Therapeuten:

- *Sei für mich verfügbar:*
- Gib mir mehr Stunden die Woche!
- Gib mir längere Stunden (auch wenn Dir das schwerfallen sollte, ich brauche es!)!
- Es wäre gut, wenn ich Dich auch außerhalb der Therapie anrufen könnte (wenn es mir schlecht geht)!
- *Halte Dich an meine Regeln:*
- Schenke mir Deine volle Aufmerksamkeit!
- Schone mich!
- Tue auf keinen Fall etwas, was meinen Zustand verschlechtern könnte!
- Mach mich auf keinen Fall hilflos!
- *Übernimm für mich die Verantwortung:*
- Sorge Dich um mich!
- Mach Dir Gedanken darüber, wie es mir geht!
- Wenn es mir schlecht geht, tue etwas für mich, damit es mir wieder besser geht!
- Schick mich nicht weg, wenn es mir schlechtgeht!

Diese Appelle sind *Erwartungen an die Therapeutin im Hinblick auf komplementäres Handeln:* Die Therapeutin soll all dies tun und soll es tun, ohne es zu hinterfragen, zu diskutieren und zu relativieren.

Tut die Therapeutin dies jedoch, dann bestimmt die Klientin die Regeln der Therapie: sie bestimmt, *was* in der Therapie bearbeitet wird und *wie* in der Therapie gearbeitet wird.

Damit erzeugt sie zwei Effekte:
- *Sie hebelt die Therapeutin in ihrer Kompetenz aus:*

  Die Therapeutin, die eigentlich die Prozeß-Expertin sein sollte, bestimmt nicht mehr die Therapie, sondern stellt ihr Wissen und ihre Kompetenz zurück, um die Therapie von einem voreingenommenen Laien bestimmen zu lassen. Die Therapeutin wird damit in ihrer therapeutischen Funktion praktisch mattgesetzt.

- Darüber hinaus *wird die Therapeutin aber noch funktionalisiert:* die Therapeutin soll ja die Klientin an ganz bestimmten Stellen in ganz bestimmter Weise aktiv unterstützen.

Die Therapeutin soll bestätigen, daß die Klientin hilflos ist und soll Verantwortung übernehmen: Tut sie dies, verhindert sie systematisch, daß die Klientin selbst lernt, Verantwortung zu übernehmen. Die Klientin verhindert somit nicht nur, daß die Therapeutin ihr therapeutisches Potential entfaltet; sie baut die Therapeutin sogar als Stabilisator in ihr System ein.

(Man muß bei diesen Ausführungen *immer* beachten, daß ein nicht-komplementäres Handeln auf der Spielebene ja keineswegs das einzige ist, was ein Therapeut tut; es ist lediglich die Grundlage dafür, *nicht* ins System des Klienten verwickelt zu werden und *deshalb* therapeutisch handlungsfähig zu bleiben!)

Auch die "Klientin mit intrusiven Gedanken" sendet eine Reihe von Images und Appellen.

Die wesentlichsten Images, die sie sendet, sind:
- *ich bin hilflos:*

  Die Klientin kann sich schon nicht erklären, wie ihre Probleme zustandekommen, d.h. sie versteht im Grunde ihre Probleme gar nicht (K5, 1-5). Sie hat im Hinblick auf ihre Probleme auch nicht den Eindruck, daß sie etwas tut, sondern daß etwas mit ihr passiert (K5, 6-9): sie ist praktisch das Opfer eines an sich unverständlichen Problems.

- *ich bin ungeheuer stark belastet:*

  Die Klientin macht deutlich, daß der ganze Zustand für sie ein Qual ist (K6, 6-10). Sie hat den Eindruck, daß sie ihr ganzes Leben "vermurkst" hat (K6, 12). Das ganze Problem ist kaum noch auszuhalten (K6, 16). Sie geht "immer mehr bergab" (K7, 2). Der Zustand belastet sie so stark, daß sie "bald durchdreht" (K8, 1-2). Der Zustand muß sich unbedingt ändern, sie kann praktisch nichts anderes mehr denken, als daß er sich dringend ändern muß (K8, 4-8). Sie empfindet ihre Probleme selbst als vielfältig und komplex (K8, 8-10). Dies sind die Komponenten eines "Arme-Schwein-Spiels": die Klientin stellt sich als so "arm dran" dar, daß kein Interaktionspartner sich der Aufforderung nach Hilfe entziehen kann.

• *Keiner kann mir helfen:*

Sie hat den Eindruck, daß auch der Pater ihr nicht helfen kann, obwohl er sich sehr um Hilfe bemüht (K8, 3); aber auch die bisherigen Stunden bei der Therapeutin haben ihr nicht geholfen, der Zustand hat sich weiter verschlimmert (K7,2). Sie hat ihr Leben selbst zerstört, und sie weiß nicht, ob sie den Zustand vor ihrem Tod überhaupt noch ändern kann(K9,1-4). Die Klientin macht hier in Ansätzen eine "Unlösbarkeits-konstruktion" auf; Sinn dieser Konstruktion ist es, dem Interaktionspartner klar zu machen, daß dieser sich extrem anstrengen muß, um das Problem doch noch zu lösen. Die eigentliche "message" der Unlösbarkeitskonstruktion ist daher: Streng Dich gefälligst mehr an!

• *Die unmoralischen Gedanken "passieren mir, ich selbst bin moralisch" :*

Die Klientin betont, daß sie selbst auf keinen Fall etwas Unmoralisches tun will, und daß unmoralische Aussagen sie hochgradig belasten (K1, 1-6).

Auf der Basis dieser Images sendet der Klient Appelle an die Therapeutin:

• *Schonen Sie mich!*

Ihre Fragen quälen mich, verwirren mich, bereiten mir Schwierigkeiten; das ist mehr, als ich ertragen kann. Tun sie das nicht, denn das verschlimmert alles in nicht erträglichem Ausmaß. Weil das so ist, muß ich geschont werden: es muß mir dringend erspart bleiben, mich Dingen zu stellen, die ich nicht ertragen kann.

• *Sieh endlich, wie schlecht es mir geht!*

Die Klientin bemüht sich sehr deutlich, der Therapeutin aktiv zu verstehen zu geben, wie schlecht es ihr geht. Im Verlauf des Ausschnittes gibt sie der Therapeutin immer drastischere Informationen darüber, wie belastet sie ist, und sie unterstreicht diese Signale immer stärker durch nonverbale Informationen (Gesten, Körperhaltung, Weinen). Dies geschieht wahrscheinlich, da sie den Eindruck hat, das dieser Appell von der Therapeutin überhaupt nicht aufgenommen und gehört wird. Die Klientin hat sehr wahrscheinlich überhaupt nicht den Eindruck, daß die Therapeutin sie in ihrer Belastung irgendwie ernst nimmt. Und der Druck, den die Therapeutin ausübt, daß die Klientin sich ihren Inhalten stellen soll, egal, ob es schmerzhaft ist, trägt sicher nicht dazu bei, der Klientin zu vermitteln, daß sie die Belastung der Klientin erkennt. Auf diese Weise eskaliert das Verhalten: die Klientin will, daß die Therapeutin das Belastetsein akzeptiert; die Therapeutin tut dies aber nicht, sondern übt weiter

Druck aus. Daraufhin "dreht die Klientin auf": sie demonstriert ihre Belastung in immer höherem Ausmaß. Der Appell wird verstärkt.

- *Tu was für mich, was mir hilft:*

Die Klientin macht der Therapeutin deutlich, daß deren bisheriges Verhalten bisher wenig hilfreich war. Der Klientin geht es aber weiterhin schlecht: Folglich soll die Therapeutin endlich etwas Konstruktives tun, etwas, das der Klientin tatsächlich hilft.

- *Übernimm Verantwortung für mich:*

Die Klientin macht deutlich, daß sie sich selbst nicht helfen kann; dafür ist die Therapeutin zuständig. Die Klientin ist hilflos, aber hoch belastet. Daher benötigt sie jemanden, der *Verantwortung* übernimmt, der sie gewissermaßen an die Hand nimmt und sie aus dem Problem herausführt. Das wäre, nach Ansicht der Klientin, das einzige, was ihr helfen könnte (in gewisser Weise kann die Therapeutin dies auch tun, nämlich dadurch, daß sie der Klientin das Handeln transparent macht, s.u.).

17.3.1.3 Nicht-komplementäres Handeln: Einhalten der therapeutischen Regeln

Wenn man davon ausgeht, daß ein Therapeut sich nicht-komplementär verhalten soll, dann reicht es zur konkreten Handlungsbestimmung nicht aus, zu spezifizieren, was der Therapeut *nicht* tun soll. Es ist auch nötig zu spezifizieren, was der Therapeut *statt dessen* tun soll.

Eine Art von Handlung, die der Therapeut hier realisieren sollte, ist *Einhalten der therapeutischen Regeln*. Ganz allgemein sollte ein Therapeut im Therapieprozeß die Regeln der Therapie bestimmen (Sachse, 1996a): Der Therapeut ist der Prozeßexperte, der den Klienten dazu anregen soll, seine Probleme anders und konstruktiver als bisher zu bearbeiten. Ganz besonders wichtig ist dieses Prinzip bei Klienten mit Spielstrukturen: denn das vom Therapeuten geforderte komplementäre Handeln ist in aller Regel solches, das nicht den Regeln der Therapie entspricht, sondern sie verletzt. Der Therapeut wird vom Klienten zu Handlungen aufgefordert, die er "normalerweise" als Therapeut nicht realisieren würde bzw. die er gar nicht als therapeutisch sinnvoll ansieht. Folgt er dem Klienten bezüglich dessen Erwartungen, dann

- übergibt er dem Klienten die Kontrolle über den Prozeß;
- gibt er seinen Experten-Status ab;
- realisiert er untherapeutische oder gar antitherapeutische Handlungen.

Und das Ganze läuft nach dem "devil's principle": Gibt man dem Klienten den kleinen Finger, dann nimmt er die Fußnägel auch noch. Der Klient sagt erst (nach dem foot-in-the-door-Prinzip), daß es doch nur um eine winzige Ausnahme gehe. Ist der Therapeut einverstanden, dann kommt die nächste Ausnahme. Der Therapeut war doch in dem einen Punkt so verständnisvoll, da kann er doch unmöglich diese Bitte nun verweigern usw.

Dies bedeutet aber: Ein Therapeut darf überhaupt nicht über elementare therapeutische Regeln verhandeln; Regeln sind die Basis der Therapie und nicht diskutierbar. Und es ist auch grundsätzlich nicht zulässig, Ausnahmen zu machen, auch nicht kleine oder vorübergehende. Der Therapeut macht ein definiertes therapeutisches Angebot. Der Klient kann sich überlegen, ob er dieses will oder nicht. Wenn der Klient Therapie nur dann machen kann, wenn er den Therapeuten rund um die Uhr erreichen kann, dann erfüllt der Klient schlicht nicht die Voraussetzungen für eine ambulante Therapie. Dann muß der Klient eine Tagesklinik aufsuchen. Wenn der Klient eine Sitzung von 2 ½ Stunden benötigt, dann muß er Institutionen suchen, die derart unsinnige Vorgehensweisen anbieten.

Es ist deutlich, daß das Einhalten von Regeln und das Verhindern von komplementärem Handeln keine großen konstruktiven Wirkungen haben wird; die Funktion dieses Handelns besteht auch nicht darin, große konstruktive Wirkungen zu haben. Die Funktion besteht vielmehr darin, *untherapeutische Wirkungen so weitgehend wie möglich zu vermeiden*. Die Gefahr ist nämlich groß, daß ein Therapeut, der sich komplementär verhält, das System des Klienten so weit bestätigt und stabilisiert, daß keine weitere therapeutische Maßnahme mehr greift. Man muß damit rechnen, daß dies schon auf der motivationalen Ebene der Fall ist: Ein Klient, der stabilisiert, bestätigt und gepflegt wird, wird kaum noch motiviert sein, die Mühe auf sich zu nehmen, sein System zu ändern, wozu denn wohl?! Daher mag die Versuchung für den Therapeuten, sich komplementär zu verhalten, zunächst sehr groß sein; versteht der Therapeut jedoch, daß er damit seine eigene Arbeit sabotiert, ja u.U. sogar unmöglich macht, wird ihm der Spaß daran wahrscheinlich vergehen. Meines Erachtens ist auch das Nicht-Anbieten von komplementärem Handeln zur Spielebene etwas, was das professionelle Beziehungsangebot des Therapeuten vom Beziehungsangebot eines Freundes oder Partners unterscheidet: der Freund mag im wesentlichen das Ziel haben, daß die Person sich wohlfühlt; der Therapeut hat aber das Ziel, daß der Klient sich konstruktiv ändert. Es mag bedauerlich sein, aber diese Ziele sind nicht identisch!

17.3.2 Nicht-aggressives Handeln

Ein wesentliches therapeutisches Prinzip besteht darin, daß "der Klient in der Therapie andere und konstruktivere Erfahrungen machen soll als im Alltag". Die theoretische Analyse hat gezeigt, daß Klienten mit Spielstrukturen im Alltag mit hoher Wahrscheinlichkeit im wesentlichen zwei Arten von Interaktionserfahrungen machen:

- die Interaktionspartner verhalten sich komplementär und bestätigend;
- die Partner verhalten sich aggressiv-abweisend.

Wenn der Klient in der Therapie nun andere Erfahrungen machen soll als im Alltag, dann darf sich der Therapeut nicht nur nicht komplementär, sondern auch nicht aggressiv verhalten.

Verhält er sich aggressiv

- untergräbt er damit die aktuelle Therapeut-Klient-Beziehung: Der Klient wird sich abgelehnt, mißverstanden, kontrolliert fühlen; dies veranlaßt ihn, defensiv und vorsichtig zu sein; langfristig wird es ihn wahrscheinlich veranlassen, die Beziehung zum Therapeuten abzubrechen;

- bestätigt er Grundannahmen des Klienten: Z.B. Grundannahmen, daß Beziehungen nicht verläßlich sind; daß er als Person sowieso nicht akzeptabel ist usw.

Das aggressive Verhalten des Therapeuten steht damit in der Gefahr, den Klienten aktiv zu schädigen: Der Klient macht nun auch mit dem Therapeuten die gleiche Erfahrung, die er sonst im Alltag gemacht hat. Selbst ein Experte lehnt ihn ab; selbst ein Therapeut kann ihn nicht verstehen; selbst auf professionelle Beziehungen kann man sich nicht verlassen usw.. Der Therapeut sorgt daher durch sein aggressives Verhalten für eine iatrogene Schädigung des Klienten.

Somit ist auch das Fehlen von aggressivem Handeln, wie auch das Fehlen von komplementärem Handeln zur Spielebene, noch kein starker positiver Therapiefaktor: es ist jedoch eine notwendige Bedingung, um unkonstruktive Elemente zu vermeiden.

Eine Klientin wie die Klientin mit den "intrusiven Gedanken" ist besonders prädestiniert, Therapeuten aggressiv zu machen: Was Therapeuten hier besonders stark nervt, ist die Kombination von

- *Druck auf den Therapeuten:* Es muß etwas geschehen, die Therapie muß Fortschritte bringen, der Zustand ist nicht auszuhalten

und

- *Sabotage der Arbeit:* Der Klient arbeitet nicht mit, weicht aus, vernebelt, sagt, daß er nicht hingucken kann usw..

Diese Doppelbotschaft vom Klienten setzt Therapeuten gleichzeitig matt und gibt ihnen die Verantwortung für das Scheitern: Dies empfinden Therapeuten, nicht ganz zu unrecht, als unfair und ungerecht. Und das kann sie ausgesprochen sauer machen. Es löst leicht Impulse aus wie "soll der Klient doch seinen Mist allein machen", oder "wenn er nicht arbeiten will, soll er mich in Ruhe lassen!" Diese Reaktionen der Therapeuten sind verständlich; solange die Therapeuten das Problem lediglich auf Inhaltsebene analysieren sind diese Reaktionen wahrscheinlich kaum vermeidbar! Diesen Reaktionen der Therapeuten liegt die falsche Annahme zugrunde, daß die Klienten in Therapie kommen um sich zu ändern und daß es primär um die Bearbeitung problematischer Inhalte geht. Die Klienten "verstoßen" dann gegen diese Regeln und verärgern damit die Therapeuten. Daher muß sich ein Therapeut als erstes klar machen, daß der Fall völlig anders liegt: Der Klient möchte sein System stabilisieren, er möchte den Therapeuten als Stabilisator einbauen, er möchte dazu die Therapie kontrollieren usw.. Und: Das Ganze tut der Klient nicht, um den Therapeuten zu ärgern, sondern *es ist ein Teil des Problems.* Nur wenn der Therapeut dies erkennt, hat er eine Chance, das Verhalten des Klienten *nicht* als Sabotage, Angriff, Beleidigung, Unverschämtheit o.ä. zu verarbeiten; nur dann kann er den Klienten verstehen; nur dann kann er dem Klienten entgegenkommen, ohne sich zu ärgern!

Wie bereits ausgeführt (Abschnitt 13), kann es jedoch notwendig sein, daß ein Therapeut seinen Ärger über den Klienten in der Supervision bearbeitet; denn dieser Ärger kann bereits (vor allem, wenn der Therapeut erst spät in die Supervision kommt) sehr tiefgreifend sein und den Therapeuten stark blockieren. Es reicht daher nicht, dem Therapeuten "zu empfehlen, sich nicht zu ärgern": In vielen Fällen muß der Therapeut selbst intensiv daran arbeiten, daß er das Klienten-Handeln überhaupt als Teil des Problems wahrnehmen kann!

17.3.3 Entgegenkommen

Mit "Entgegenkommen" soll hier eine Haltung und Handlung des Therapeuten beschrieben werden, die eine zentrale Grundlage der therapeutischen Bearbeitung der Spielebene ist. Entgegenkommen bedeutet, daß der Therapeut sehr aktiv eine Beziehung zum Klienten aufbaut, unterhält und unterstützt, die es dem Klienten ermöglicht, auch bei ungünstigen Grundannahmen über Beziehungen oder die eigene Akzeptierbarkeit eine vertrauensvolle Beziehung aufzubauen.

Entgegenkommen schließt die "klassischen" Haltungen und Handlungen (Sachse, 1992a) des empathischen Verstehens, des Akzeptierens, der Kongruenz, Echtheit und Transparenz sowie die Variable der "Widerspruchsermöglichung" (Maiwald u. Fiedler, 1981; Fiedler, 1994a) ein. Entgegenkommen geht aber noch über das hinaus, was ein Therapeut "normalerweise" an Verstehen, Akzeptierung und Transparenz realisiert. *Entgegenkommen signalisiert dem Klienten bestimmte Beziehungsaspekte sehr direkt und aktiv, so, daß der Klient sie nur schwer übersehen kann.*

So signalisiert der Therapeut z.B. dem Klienten durch verbalisieren, Nachfragen oder explizite Aussagen, daß es ihm wichtig ist, mit dem Klienten zu arbeiten; er macht deutlich, daß er sich für das, was der Klient sagt, interessiert. Er macht dem Klienten deutlich, daß es ihm wesentlich ist, den Klienten genau zu verstehen; er signalisiert dem Klienten aktiv, daß er den Klienten ernst und wichtig nimmt.

Er signalisiert dem Klienten insgesamt ein aktives Wohlwollen: Die Bereitschaft, sich konstruktiv mit dem Klienten auseinanderzusetzen, auch dann, wenn dies schwierig ist; die Bereitschaft, den Klienten zu akzeptieren und ernst zu nehmen, auch wenn der Klient den Therapeuten kritisiert und abwertet; den Willen, dem Klienten zugewandt zu sein, auch wenn der Klient die Therapie sabotiert, wenn er versucht, den Therapeuten zu kontrollieren usw..

Ein ganz wesentlicher Aspekt von Entgegenkommen besteht darin, daß der Therapeut dem Klienten immer wieder, implizit wie explizit, das Ziel seiner Interventionen klar macht. Das Ziel des Therapeuten ist es, dem Klienten zu helfen, sich selbst und sein System zu verstehen. Wenn der Klient sich und sein System versteht, kann er eine Entscheidung treffen, ob er es so lassen will, wie es ist, oder ob er es verändern soll. Und wenn er es verändern will, kann ihm der Therapeut dabei helfen. Was der Therapeut dem Klienten anbietet, ist daher, wieder *selbstregulativ* zu werden: das zu tun, was er wirklich will und nicht etwas zu tun, was ihm selbst schadet und ihn von eigenen Bedürfnissen entfremdet.

Der Therapeut macht dem Klienten immer wieder deutlich, daß es *darum* geht: Konfrontiert der Therapeut den Klienten z.B. mit manipulativen Handlungen und der Klient wirft dem Therapeuten vor, dieser wolle ihn abwerten, dann macht der Therapeut deutlich, daß es darum *nicht* geht:

- Wenn der Therapeut deutlich macht, was der Klient tut, ist damit keinerlei Abwertung durch den Therapeuten verbunden.
- Wenn der Klient dieses Verhalten will, akzeptiert der Therapeut dies.
- Der Therapeut *muß* es jedoch transparent machen, damit der Klient es erkennen und verstehen kann.

Entgegenkommen bedeutet hier also, dem Klienten die Intention des Therapeuten aktiv zu erläutern und ihm dadurch deutlich zu machen, *was der Therapeut dem Klienten anbietet*: eine therapeutische Beziehung, in der sich der Klient wirklich mit sich auseinandersetzen kann, in der der Klient keine Manipulation braucht; in der Manipulation auch nicht wirkt; in der er angenommen wird, ohne kontrollieren zu müssen; in der er Dinge so betrachten kann, wie sie sind; in der er Entscheidungen treffen kann, so, wie er sie tragen kann.

Es wird deutlich,
- daß Entgegenkommen eine sehr positive Haltung und Handlung dem Klienten gegenüber ist;
- daß der Therapeut sie nur realisieren kann, wenn er dem Klienten gegenüber nicht aggressiv ist;
- daß er sie aber auch nur dann realisieren kann, wenn er nicht zur Spielebene komplementär ist.

Die Beziehung zwischen Entgegenkommen und Komplementarität ist besonders interessant. Wenn ein Klient einen Interaktionspartner in seinem System funktionalisiert, dann ordnet er den Partner sich selbst unter: Der andere geht in die Rolle eines Stabilisators, Bestätigers usw.. Der Klient hat mit dieser Funktionalisierung zwei Effekte erzeugt:
- Die andere Person ist nicht mehr gleichwertig, sondern, als Teil seines Systems, praktisch als Person abgewertet.
- Die Beziehung, die diese Person dann dem Klienten bietet, ist nicht authentisch, sondern durch Manipulation "erkauft" oder "erschlichen".

Damit ist eine Person, die in eine Komplementarität zur Spielebene geht, in ihrer Bedeutung für den Klienten *abgewertet*: Was aber ist die Akzeptierung, das Signal von Wichtigkeit einer solchen Person dann noch wert? Will ein Therapeut dem Klienten eine vertrauensvolle, authentische, verläßliche Beziehung anbieten, in der der Klient die Erfahrung machen kann, verstanden und wertgeschätzt zu werden, dann sollte sich der Therapeut nicht als Systemstabilisator abwerten lassen.

Entgegenkommen bedeutet, die Beziehungsbasis explizit zu pflegen und zu betonen; auch und gerade dann, wenn der Klient Regeln der Therapie verletzt oder den Therapeuten kritisiert oder abwertet. "Beziehungsbasis pflegen" meint hier nicht, *absolut nicht*, daß der Therapeut sich vom Klienten alles gefallen lassen muß, daß er dem Klienten die Regeln und Kontrolle überläßt o.ä.. Der Therapeut kann dem Klienten sehr deutlich *Grenzen* aufzeigen, den Klienten mit manipulativen Intentionen *konfrontieren* u.ä. (vgl. Fiedler, 1994a). Der Therapeut macht aber deutlich, daß all das *nicht* bedeutet, daß der Therapeut die Beziehung zum Klienten in Frage stellt. Greift der Klient z.B. den Therapeuten persönlich an ("Ich glaube, sie sind ein Arschloch, sonst würden sie mich verstehen"), dann kann der Therapeut dem Klienten deutlich machen, daß er nicht will, daß so mit ihm umgegangen wird und daß er auch nicht will, daß der Klient so mit ihm umgeht.

Er macht aber gleichzeitig deutlich
- daß er den Klienten *nicht* wegen dessen Verhalten ablehnt: Er akzeptiert dieses spezielle Verhalten nicht, aber er akzeptiert den Klienten;

- daß er dem Klienten diese Rückmeldung einer Grenze gibt, *weil* ihm die Beziehung zum Klienten wichtig ist: Der Therapeut möchte nicht so vom Klienten behandelt werden, weil ihm etwas an der Beziehung liegt; wäre ihm die Beziehung gleichgültig, könnte ihm die Aktion des Klienten ebenfalls gleichgültig sein.

Wird ein Therapeut vom Klienten kritisiert, wie z.B. von der "Kritik-Klientin", dann ist es wesentlich, daß er von sich aus aktiv eine positive Botschaft sendet, der Klientin also entgegenkommt: dies ist sehr wichtig, da die Klientin durch die Kritik die Beziehung in Frage stellt, das Risiko eingeht, daß die Beziehung abgebrochen wird. Die Klientin "testet" den Therapeutin:

- Wie wird sie reagieren?
- Wird die Beziehung das aushalten?
- Wird sie reagieren wie alle?
- Wird sie mich ablehnen?

Die Klientin unternimmt den Test in einem inneren Zwiespalt:

- Sie *hofft*, daß die Therapeutin den Test besteht, daß die Beziehung tragfähig bleibt und die Therapeutin sie versteht.
- Aber sie erwartet und befürchtet, daß die Therapeutin den Test nicht besteht: Aber dann herrscht wenigstens Klarheit, dann weiß sie Bescheid.

In dieser Konstellation ist daher das *absolut erste*, was die Therapeutin signalisieren muß, daß durch die Aktion der Klientin, von ihr aus gesehen, die Beziehung *nicht gefährdet* ist. Bevor inhaltlich über irgend etwas gesprochen werden kann, muß die Therapeutin die Zweifel der Klientin aufheben oder zumindest vermindern: die Zweifel darüber, ob die Beziehung tragfähig und verläßlich ist.

Dies kann sie auf verschiedene Art und Weise tun:

1. Sie kann die Klientin dafür *loben, daß sie ihre Kritik äußert*. Und dies kann sie m.E. völlig authentisch und kongruent, wenn sie sich klarmacht, daß sie die Beziehung einfach hätte abbrechen können: Die Klientin hat sich aber entschlossen

   - ihre Bedenken offen anzusprechen
   - sich der Reaktion der Therapeutin zu stellen
   - und damit eine Klärung zu ermöglichen.

   Dies ist durchaus eine positiv zu bewertende Entscheidung, die die Therapeutin entsprechend würdigen kann und sollte.

2. Sie kann der Klientin sagen, daß sie es grundsätzlich für gut hält, wenn ein Klient Kritik übt, wenn er unzufrieden ist: Denn dies ist die einzige Möglichkeit, wie man Unzufriedenheiten, Verstimmungen, Mißverständnisse usw. bereinigen kann. Und deshalb, so kann die Therapeutin deutlich machen, findet sie das Äußern von Kritik grundsätzlich positiv: *es ist eine konstruktive Chance, eine Störung zu beseitigen!* Eine solche Aussage entschärft sofort die Beziehungsspannung für die Klientin: die Klientin fürchtet, für ihre Aktion zurechtgewiesen zu werden und erfährt nun, ganz im Gegenteil, Anerkennung und Zuwendung. Dies entschärft die Angst, aber auch die Aggressivität: Die Klientin kann sich angenommen und ernstgenommen fühlen. Sie kann dagegen, so behandelt, ihre Aggressionen kaum noch aufrechterhalten: Statt zu einer Eskalation kommt es so zu einer Beruhigung.

3. Die Therapeutin sollte auch deutlich machen, daß sie das, was die Klientin sagt, für sehr *interessant und wichtig hält*: Wenn die Klientin etwas stört, dann ist das wichtig; die Therapeutin ist bereit, sich damit ausführlich auseinanderzusetzen.

   Auch dies widerlegt sofort eine Befürchtung der Klientin: Die Klientin hat Angst, daß die Kritik als Störung abgetan wird, als etwas, mit dem man sich nicht auseinandersetzen muß. Die Klientin hat auch die Befürchtung, selbst nicht als *wichtig* wahrgenommen zu werden: Und dies ist eine massive und zentrale Befürchtung. Und genau diese wird von der Therapeutin dadurch widerlegt, daß diese die Klientin und ihre Aussage als besonders wichtig, besonders interessant, als etwas, mit dem man sich vorrangig beschäftigen muß ansieht.

4. Die Therapeutin hat dann allerdings auch das Recht, genau über die Kritik, Unzufriedenheit usw. informiert zu werden. Das therapeutische Prinzip ist hier: "Nimm den Klienten ernst, aber auch in die Pflicht". Ein Therapeut, der den Klienten ernst nimmt, kann auch vom Klienten erwarten, daß dieser ihn ernst nimmt. Daß bedeutet, daß der Klient nicht nur vom Therapeuten erwarten kann, daß seine Kritik gehört wird; er muß auch seinerseits die Bereitschaft zeigen, sich mit der Kritik und dem Therapeuten auseinanderzusetzen.

Entgegenkommen, das sollte deutlich sein, ist keine Einbahnstraße: es ist ein Aspekt von Beziehung und damit reziprok. Auch der Klient muß gegebenenfalls lernen, dem Therapeuten entgegenzukommen.

Bei der "Klientin mit intrusiven Gedanken" bedeutet Entgegenkommen z.B., daß die Therapeutin die Botschaft der Klientin aufnimmt, daß diese sehr belastet ist und unter ihren Problemen leidet. Versteht und akzeptiert die Therapeutin diese Botschaft nicht, dann wird sich die Klientin an einer für sie zentralen Stelle völlig unverstanden fühlen. Und das wird sehr wahrscheinlich die Intention erzeugen, es der Therapeutin verständlich zu machen. Diese Intention kann dazu führen, daß die Klientin

• die entsprechende Information immer wiederholt (bis die Therapeutin es endlich begriffen hat);
• die message immer mehr verstärkt und dramatisiert, bis die Therapeutin gezwungen ist, darauf zu reagieren.

Dies kann leicht dazu führen, daß es statt eines konstruktiven Dialogs einen unkonstruktiven Machtkampf gibt: Die Therapeutin signalisiert: "Sie sind gar nicht so belastet, wie sie tun" und die Klientin signalisiert "Ich bin viel belasteter, als sie es einsehen". Man kann sich leicht vorstellen, daß dies in einer exquisiten Art von Antitherapie resultieren kann.

Wiederum muß man sich als Therapeut deutlich machen, daß Entgegenkommen *keineswegs* bedeutet, nun die Kontrolle über den Prozeß dem Klienten zu überlassen: Wenn ich als Therapeut akzeptiere, daß es der Klientin schlecht geht, muß daraus noch lange nicht resultieren,

• daß ich sie schone;
• daß ich Verantwortung für sie übernehme;
• daß ich für sie arbeite o.ä.

Diese Schlußfolgerungen zieht die Klientin, aber ich muß sie als Therapeut keineswegs ziehen! Ich kann akzeptieren, daß es der Klientin wirklich schlecht geht, und gleichzeitig ihren Umgang mit dem Problem in Frage stellen: Ich kann ihr deutlich machen, daß es wenig nützt zu jammern, wenn man mit dem Hintern auf einem spitzen Stein sitzt. Sicher tut das weh: aber das einzige, was hilft, ist den Hintern hochzunehmen!

Therapeuten sollten sich grundsätzlich klarmachen, daß sie die Pakete nicht so kaufen müssen, wie die Klienten sie schnüren: Wenn der Klient sagt: "Es geht mir schlecht, also müssen Sie mich retten", kann der Therapeut sagen "Ja, es geht ihnen schlecht. Und deshalb müssen Sie etwas unternehmen"! Um dem Klienten zu vermitteln, daß er die Verantwortung übernehmen muß, muß ich aber keineswegs bezweifeln, daß es ihm schlecht geht.

17.3.4 Transparent-Machen der Spielstruktur

Eine ganz wesentliche Interventionsstrategie zur Bearbeitung der Spielstruktur besteht in einem Transparent-Machen der Spielstruktur des Klienten. Das Ziel dieser Strategie besteht darin, dem Klienten gezielt Information darüber zu geben, *was der Klient mit anderen Personen, so auch dem Therapeuten, tut.*
Dabei kann er deutlich machen

- was ein Klient *grundlegend* will, was seine durchgängigen interaktionellen Intentionen auf der Spielebene sind;
- was seine *aktuellen Intentionen* in einer Beziehung sind, was ein Interaktionspartner tun soll oder nicht tun soll usw.. Der Therapeut macht damit die aktuellen Images und Appelle des Klienten deutlich;
- welches die *Strategien* des Klienten sind; *wie* der Klient Interaktionspartner dazu bringen will, bestimmte Dinge zu tun;
- was die Konsequenzen seines Handelns sind; wie andere auf seine Vorgehensweisen kurz- oder langfristig reagieren;
- wie der Klient sein Handeln und seine Handlungskonsequenzen selbst interpretiert.

17.3.4.1 Interaktionelle Intentionen

Hier geht es darum, daß der Therapeut dem Klienten grundlegende, überdauernde interaktionelle Ziele auf der Spielebene deutlich macht. Dies kann ein Therapeut in der Regel nur dann, wenn er dem Klienten vorher schon eine Reihe aktueller Images und Appelle transparent gemacht hat; denn das Herausarbeiten überdauernder Ziele bedeutet ja, *Muster* zu identifizieren. Daher müssen zwei Voraussetzungen geschaffen sein, bevor ein Therapeut dem Klienten diese Art von Intention transparent machen kann

- der Therapeut muß selbst ein Modell darüber haben, was diese Intentionen sind, d.h.: Er muß die Intentionen des Klienten selbst verstanden und seine Hypothesen belegbar gemacht haben;
- der Klient muß selbst schon einzelne Images und Appelle erkennen, d.h. er muß "die Ansatzpunkte" bereits kennen, bevor er daraus ein Bild rekonstruieren kann.

Ein Therapeut kann derartige Intentionen z.B. dann herausarbeiten, wenn eine Klientin schon mehrmals Situationen beschrieben hat, in denen es darum ging, im Zentrum der Aufmerksamkeit zu stehen und von anderen Anerkennung zu bekommen und nun erneut eine entsprechende Situation berichtet: eine Situation von einer Party, auf der sie das Gefühl hatte, etwas abseits zu stehen, sich über die Gastgeber und deren "schlechte Organisation der Party" geärgert hat und es ihr dann schlecht wurde, woraufhin sich alle (insbesondere männliche) Gäste sehr um sie bemühten. Der Therapeut kann hier die Tatsache nutzen,

- daß im Verhalten der Klientin ein Muster bereits gut erkennbar wird;
- daß der Therapeut der Klientin schon mehrfach Images und Appelle aufgezeigt hat;
- daß der Therapeut aufgrund einer systematischen Spielanalyse gute Gründe hat für die Annahme einer Spielstruktur.

Der Therapeut kann dann z.B. formulieren:

- Eines Ihrer Bedürfnisse ist es, Aufmerksamkeit zu bekommen. Wenn Sie die nicht bekommen, können Sie das gar nicht aushalten. Sie müssen sofort etwas tun, um das zu ändern.

Oder

- Sie erwarten auch, daß andere Ihnen die Aufmerksamkeit geben, die sie brauchen. Eigentlich möchten Sie nicht etwas dafür tun müssen. Die anderen müßten Ihre Wünsche kennen, ohne daß Sie sie äußern!

Es ist wichtig zu sehen, daß eine derartige Intervention, wenn der Klient sie akzeptiert, eine Reihe von therapeutischen Möglichkeiten eröffnet:

- Die Klientin kann nun eigene Intentionen und deren Umsetzung erkennen. Ihr kann selbst bewußt werden, was sie tut, wie sie mit anderen umgeht.
- Diese Aspekte können nun weiter ausgearbeitet werden: Der Klientin kann deutlich werden, daß sie dies auch in anderen Situationen tut; ihr kann klar werden, daß dieses Handeln tatsächlich einen manipulativen Charakter hat; sie kann erkennen, daß sie tatsächlich von anderen "telepathische" Fähigkeiten erwartet usw.
- Die Bearbeitung kann aber von hier aus auch vertieft werden: Sobald der Klientin klar ist, was sie tut, kann sie selbst die Frage aufwerfen (oder der Therapeut kann es tun), was sie eigentlich veranlaßt, dies zu tun. D.h., die Klientin kann anfangen, eigene Motive, Ziele, Annahmen, Erfahrungen zu bearbeiten. Es wird aber deutlich: Alle diese therapeutischen Möglichkeiten *setzen voraus*, daß die Klientin selbst erkennt, *was* sie tut. Erst wenn ihr das eigene Handeln auf der Spielebene deutlich, klar, verständlich ist, kann sie überhaupt Fragen nach Motiven, Gründen, Erfahrungen usw. aufwerfen. Die Rekonstruktion dessen, was auf der Spielebene passiert, eröffnet damit weitere therapeutische Möglichkeiten.

17.3.4.2 Images und Appelle

Ein Therapeut kann auch die aktuellen interaktionellen Intentionen verbalisieren/explizieren, die ein Klient an andere Personen oder an den Therapeuten selbst hat. Der Therapeut kann hier also deutlich machen, was der Klient von anderen will. Damit macht der Therapeut Images und Appelle transparent, er macht deutlich

- was der Klient möchte, was eine andere Person denken, fühlen, glauben soll;

- was der Klient möchte, was eine andere Person tun oder nicht tun soll.

Beispiele dafür lassen sich ableiten von der "Kritik-Klientin".

Der Therapeut könnte z.B.

- auf K1 antworten: "Sie möchten, daß ich mich mehr um Sie sorge" oder "Sie möchten nicht, daß ich Sie wegschicke, schon gar nicht, wenn es Ihnen schlechtgeht".

- auf K1 sagen: "Sie möchten mir deutlich machen, daß ich mich auf keinen Fall noch einmal so verhalten darf" oder "Sie möchten, daß ich weiß: Wenn ich mich Ihnen gegenüber so verhalte, dann geht es Ihnen schlecht. Und das darf auf keinen Fall passieren".

- auf K2 sagen: "Es ist Ihnen schon wichtig mir zu sagen, daß ich schlechter für sie sorge, als die andere Psychologin", oder "was Sie mir sagen wollen ist: ich muß mehr für sie da sein. Wenn es Ihnen schlecht geht, muß ich mehr Zeit für Sie haben. Ich soll nicht nur eine Therapeutin sein. Ich soll insgesamt für sie da sein".

- auf K3 sagen, z.B.: "Wenn ich nicht für Sie da bin, nicht genug für sie sorge, dann schade ich Ihnen: Ich mache den ganzen Zustand nur noch schlimmer". Und: "Wenn ich mit Ihnen arbeite, muß ich als erstes dafür sorgen, daß es Ihnen gut geht".

- auf K4 z.B. sagen: "Im Grunde erwarten sie von mir (wünschen Sie sich von mir), daß ich so auf sie eingehe, wie sie es brauchen. Auch dann, wenn ich andere Klienten dafür absagen muß". Oder "Es ist Ihnen wichtig, mir deutlich zu machen, daß Sie mehr Fürsorge und Aufmerksamkeit brauchen als andere Klienten". Und "Daher soll ich mich auch weit mehr um Sie kümmern, als um andere Klienten".

- die Therapeutin könnte z.B. auf K5 äußern: "Es ist Ihnen wichtig, mir deutlich zu machen, wie hilflos Sie sein können. Und wenn das so ist, dann wünschen Sie sich, daß ich Verantwortung für Sie übernehme: es wäre gut, wenn ich dann sehen würde, wie es Ihnen geht und wenn ich dann wüßte, was gut für Sie ist".

- die Therapeutin könnte z.B. auf K6 äußern; "Sie wünschen und erwarten von mir, daß ich Ihnen meine volle Aufmerksamkeit schenke. Wenn ich das nicht tue, verletzt Sie das". Oder "Sie sind erst bereit, mit mir über alles zu sprechen, wenn ich Ihnen beweise, daß ich sie ernst und wichtig nehme".

- die Therapeutin könnte z.B. auf K8 äußern: "Ich soll wissen: Wenn ich Sie wegschikke, kommen Sie nicht darüber hinweg. Daher darf ich Sie nicht wegschicken". Und: "Um Sie nicht zu verletzen, muß ich dann andere Klienten wegschicken". Oder "Sie machen mir damit deutlich, daß Sie meine Aufmerksamkeit und Zuwendung sehr viel nötiger brauchen, als andere. Und Sie erwarten deshalb, daß ich Ihnen mehr Aufmerksamkeit und Zuwendung gebe als anderen Klienten".

- die Therapeutin könnte z.B. auf K9 äußern: "Es ist Ihnen ganz wichtig, mir zu zeigen, daß die Therapie so nicht laufen kann, wie ich sie Ihnen anbiete". Und: "Sie brauchen einmal mehr und längere Stunden. Wenn ich die Therapie nicht ändere, dann profitieren Sie nicht davon" oder: "Wenn ich die Therapie nicht ändere, dann handle ich im Grunde unverantwortlich".

Auch bezüglich der "Klientin mit intrusiven Gedanken" kann ein Therapeut Images und Appelle deutlich machen.

So kann ein Therapeut z.B.

- auf K1 sagen: "Wenn ich Sie richtig verstehe, wollen Sie mir sagen, daß Sie sich den unangenehmen Gedanken nicht stellen können. Es ist zu schwer für Sie, sich zu erinnern und es besteht auch die Gefahr, daß sie das zu sehr belastet".

Und: "Sie halten meinen Vorschlag, die sie belastenden Gedanken anzuschauen, für unsinnig".

- zu K6 sagen: "Was Sie mir sagen ist, daß es Ihnen schon sehr schlecht geht. Und dann verlange ich noch von Ihnen, daß Sie sich mit diesen Gedanken beschäftigen. Im Grunde quäle ich sie damit und verschlechtere Ihren Zustand, anstatt Ihnen zu helfen". Und: "Sie möchten, daß ich Ihnen helfe, ohne daß ich von Ihnen verlange, daß Sie sich die Gedanken anschauen".

Diese Interventionen sind noch wenig konfrontativ. Sie gehen auch noch wenig über das hinaus, was die Klientin explizit sagt. Der Therapeut kann, wenn er es von der Beziehung her für vertretbar hält, aber auch weitergehende Konfrontationen realisieren, z.B.:

- So könnte ein Therapeut auf K1 auch sagen: "Wenn ich sie frage, was Ihre Gedanken sind, dann erleben Sie diese Frage schon als Zumutung: Ich zwinge Sie, sich mit Sachen zu beschäftigen, mit denen Sie sich nicht beschäftigen wollen".

Oder:

- "Ich finde die Situation recht schwierig; Ich glaube, daß wir Ihre Gedanken nur dann verändern können, wenn wir klären, was damit ist. Aber dazu müßten wir hinschauen. Sie sagen mir aber, daß Sie das nicht wollen und können. Sie sagen mir, ich soll etwas tun, aber das, was ich für sinnvoll halte, darf ich nicht tun".
- Zu K3 könnte die Therapeutin sagen:"Was ich höre ist, daß Sie möchten, daß ich diese Gedanken für sie kläre. Ich soll es verstehen und Ihnen dann helfen. Und zwar so, daß Sie nicht auf diese Gedanken schauen müssen".
- Zu K8 könnte der Therapeut sagen: "Im Grunde haben Sie den Eindruck, daß ich Ihnen auch nicht helfe. Sie möchten, daß ich sie aus dem Problem raushalte".

Der Therapeut kann seine Aufmerksamkeit aber auch auf solche Aspekte richten, die sich nicht primär mit der Kontrolle über die *therapeutische* Beziehung beschäftigen. Er kann sich fragen: "Was will die Klientin in Interaktionen erreichen"? Oder "In was für eine Rolle bringt Sie ihre Beziehungspartner"?

Ein Therapeut könnte (z.B. nach K6, aber auch an anderen Stellen) der Klientin deutlich machen, daß sie über die *Demonstration von Leiden Aufmerksamkeit erzwingen will*, z.B.

- "Im Grunde ist es Ihr Wunsch, daß ich mich mit Ihnen beschäftige, daß ich für Sie da bin. Sie machen mir so lange klar, daß es Ihnen schlechtgeht, bis ich das tue".

Und/oder:

- "Sie glauben, daß Sie mir demonstrieren müssen, wie schlecht es Ihnen geht, damit ich mich um sie kümmere. Was Sie wirklich möchten, ist, daß ich für Sie da bin, daß ich Sie beachte. Und Sie glauben, daß ich das nicht ohne weiteres tun werde. Sie glauben, daß Sie mich dazu zwingen müssen".

17.3.4.3 Strategien

Ein Therapeut kann dem Klienten auch transparent machen, *wie*, durch welche Mittel ein Klient manipulative Wirkung entfaltet. Der Klient soll hier verstehen, was er konkret tut: Da es therapeutisch auch wesentlich ist, mit dem Klienten neue Handlungen zu erarbeiten, ist es auch wesentlich zu erkennen, welche Handlungen ein Klient möglicherweise *nicht* realisieren sollte, will er sein System konstruktiv verändern.

Bezüglich der "Kritik-Klientin" kann der Therapeut z.B. deutlich machen, daß diese den Therapeuten zwingen will, die Therapie nach ihren Regeln zu gestalten, indem sie jede andere Art von Therapie als "unverantwortlich" definiert. Der Therapeut könnte hier z.B. sagen: "Sie sagen mir, daß es notwendig ist, daß wir die Therapie verändern: Sie brauchen mehr Stunden, längere Stunden, wir müssen die Therapie auslaufen lassen. Sie sagen mir auch, daß ich therapeutisch unverantwortlich handle, wenn ich das nicht tue". Und wenn der Therapeut härter konfrontieren will: "Sie sagen mir: Wenn ich nicht so Therapie mache, wie sie es sich vorstellen, bin ich ein schlechter, inkompetenter und unverantwortlicher Therapeut".

Und: "Ich bemerke, daß sie mir kaum eine Wahl lassen: Ich kann entweder die Therapie so gestalten, wie sie es wollen, auch wenn ich glaube, daß das nicht gut ist oder ich muß in Kauf nehmen, daß sie mich für inkompetent und verantwortungslos halten".

17.3.4.4 Transparent-Machen von Implikationen

Klienten, die eine intransparente, manipulative Strategie realisieren, machen mit ihrer Strategie eine Reihe von interessanten Implikationen. Der Therapeut kann dem Klienten auch diese Implikationen transparent machen.

Eine Implikation der Strategie der Spielebene ist die, daß die Klienten ihre Interaktionspartner in eine *Falle* setzen: man hat nur noch zwei Möglichkeiten, man folgt entweder dem, was die Klientin vorgibt oder man wird in irgendeiner Weise abgewertet. Diese Struktur ist typisch für die Strategie intransparenter Beziehungsgestaltung: die Person übernimmt praktisch *"definitorische Macht"*: die Macht der Definition, was getan werden muß und die Macht zu definieren, daß der andere schlecht ist, wenn er es nicht tut.

Aufgrund dieser Macht reduziert sie eine potentielle Vielfalt von Handlungsalternativen auf zwei Möglichkeiten: Dies ist ganz offensichtlich eine Konstruktion, der man keineswegs folgen muß. Und diese Möglichkeiten sind eindeutig positiv bzw. negativ definiert: Auch dies ist eine Konstruktion, der man nicht folgen muß. Eine der Möglichkeiten ist immer die, in der der Interaktionspartner sich komplementär verhält: Er soll genau das tun, was die Person anordnet. Die andere Möglichkeit ist der Gang in den Abgrund: Wenn man nicht komplementär handelt, ist man verständnislos, unverantwortlich, unprofessionell, gewissenlos usw.. Natürlich sind das äußerst gewagte Konstruktionen, denen man keineswegs folgen muß.

Und so könnte man als Therapeut der "Kontroll-Klientin" auch folgendes sagen:

- "Ich habe den Eindruck, daß Sie bestimmen wollen, wie Therapie funktionieren muß; daß sie das besser wissen als ich. Wenn sie das besser wissen, warum brauchen Sie dann einen Experten?"
- "Ich wundere mich sehr darüber, daß sie nur zwei Möglichkeiten sehen: Entweder ich mache Therapie so, wie sie es möchten, oder ich bin unverantwortlich. Wieso gibt es für sie nur diese zwei Möglichkeiten?"

17.3.4.5 Konsequenzen

Der Therapeut sollte dem Klienten auch deutlich machen, was die Konsequenzen und "Kosten" seines Handelns sind. Dies ist den Klienten aufgrund ihrer voreingenommenen Interpretationsmuster meist gar nicht deutlich: die Klienten wissen nicht, daß sie sich mit ihrem Verhalten kurz- wie langfristig selbst schaden. Es ist jedoch in der Regel auch therapeutisch nicht einfach, Klienten dies deutlich zu machen.

17.4 Wesentliche therapeutische Aspekte bei der Bearbeitung von Spielstrukturen

Die therapeutische Bearbeitung von Spielstrukturen ist sehr schwierig: Sie stellt hohe Anforderungen an die Fähigkeiten von Therapeuten, komplexe Informationen relativ schnell zu verarbeiten, abzuschätzen, welche Interventionen zu welchem Zeitpunkt sinnvoll sind, welche Arten von Konfrontationen beim augenblicklichen Stand der Beziehung möglich sind usw.

Sie stellt aber auch hohe Anforderungen an die *Person* des Therapeuten: an seine Fähigkeit, das Problem als Problem des Klienten zu sehen, seine eigenen Schemata zurückzustellen, sie zwar zum Verstehen zu nutzen, aber nicht als Grundlage seiner Reaktionen auf den Klienten zu verwenden usw.. Einige der wesentlichen therapeutischen Aspekte, die bei der Bearbeitung von Spielstrukturen von Bedeutung sind, sollen nun behandelt werden.

17.4.1 Interpretation

Was ein Therapeut bei Interventionen, die Spielstrukturen transparent machen sollen, tut, ist meist über die gegebene Information hinauszugehen (Hörmann, 1976; Schwarz, 1985; Baus, 1992): Der Therapeut zieht aus der vom Klienten aktuell gegebenen Information und der Information, die er bereits vom Klienten hatte und den Ergebnissen der Spielanalyse (die zu dem Schluß gekommen ist, daß bei der Klientin ein Spiel vorliegt) *Schlußfolgerungen*. Er geht über das unmittelbar vom Klienten Gesagte hinaus, er interpretiert die gegebene Information auf der Basis seines bisherigen Wissens (vgl. Sachse, 1988b; 1989a; 1992a; Becker u. Sachse, 1997).

Der Therapeut *muß* bei der Bearbeitung von Spielstrukturen unbedingt über die vom Klienten aktuell gegebene Information hinausgehen; der Therapeut *muß* Schlußfolgerungen ziehen und diese dem Klienten mitteilen. Denn es wird theoretisch davon ausgegangen, daß es dem Klienten *nicht* klar ist, was er tut. Es wird angenommen

- daß der Klient *keine* Repräsentation davon hat, daß er intransparentes Verhalten realisiert (daher *ist* diese Intervention ja gerade notwendig);
- daß er keine Repräsentation davon hat, daß er andere manipuliert usw.

Wenn er jedoch von seinen Intentionen, Strategien, Handlungen und Handlungskompetenzen keine Repräsentation hat, dann kann er all diese Aspekte auch nicht explizit nennen: Diese Aspekte können also in dem, was der Klient explizit sagt, gar nicht vorkommen. Daher kann der Therapeut logischerweise diese Aspekte nur dann transparent machen, wenn er über das Gesagte hinausgeht. Und dazu muß er sein *Wissen* nutzen, auch das Wissen, das er über den Klienten durch die systematische Spielanalyse gewonnen hat. Er muß damit Beziehungen herstellen zwischen dem, was der Klient aktuell sagt, und dem, was der Therapeut vom Klienten weiß. Bei diesem Prozeß der Bildung von Schlußfolgerungen und Zusammenhänge muß der Therapeut aber beachten

- daß er nicht abgehobenes, theoretisches Wissen heranzieht, dessen Relevanz für den Klienten nicht erwiesen ist;
- daß er vielmehr sein bisheriges Klientenmodell als zentrale Wissensbasis benutzt;
- insbesondere das Modell über die Spielstruktur des Klienten;
- daß dieses Modell validiert sein muß;
- und: daß der Therapeut jede einzelne Schlußfolgerung belegen können muß!

Der Aspekt der Belegbarkeit ist besonders wesentlich: der Therapeut muß angeben können, wie er zu diesem Schluß gekommen ist; er muß angeben können, auf welche Datenbasis er sich dabei stützt. Dies muß er können,

- damit er sich um *Validität* der Schlüsse bemüht, damit die Schlüsse klientennah bleiben und *nicht* in spektakuläre Sphären abdriften;
- damit er seine Interpretation auch gegenüber dem Klienten transparent machen kann, falls der Klient dies möchte.

Deutungen, die auf theoretisches Wissen zurückgreifen, ohne daß ihre Relevanz für den Klienten auch nur ansatzweise belegt ist, die auf keiner Klient-bezogenen Wissensbasis beruhen, sind nicht hilfreich und auch nicht therapeutisch verantwortbar, auch dann nicht, wenn Klienten diese bestätigen. Denn es geht überhaupt nicht darum, eine "tolle Deutung" zu haben, sondern es geht darum, *eine valide Ausgangsbasis für eine weitere therapeutische Arbeit zu schaffen*. Es geht therapeutisch gerade nicht darum, den "Interventions-Super-Treffer" zu landen, der das System der Klientin umkippt: Es geht vielmehr um die Erarbeitung einer validen Ausgangsbasis für einen ziemlich langwierigen Klärungsprozeß.

Daher empfinde ich Darstellungen wie die von Mentzos (1995) zwar sehr eindrucksvoll, kann mir deren therapeutische Relevanz aber weniger gut vorstellen. Das Beispiel behandelt den Auftritt einer Klientin mit histrionischer Persönlichkeitsstörung: Sie betritt den Raum des Arztes, sieht diesen zusammen mit einer Kollegin am Schreibtisch sitzen; mustert beide, wendet sich um und schlägt die Tür zu. Nach einem kurzen Gespräch des Arztes mit dieser Patientin über dieses Verhalten gibt dieser die Deutung: "Nach so vielen Jahren traf sie endlich ihren Vater und er war wieder in den Händen einer anderen Frau, verheiratet!" Hier ist es wesentlich, sehr deutlich zu machen, daß m.E. zwischen einer Rekonstruktion von Motiven, auch im Sinne belegbarer Interpretationen, und "Deutungen" in diesem Sinne *sehr* große Unterschiede bestehen, sowohl in der Art der Verarbeitung auf Therapeutenseite als auch in der Art der Effekte auf Klientenseite (vgl. Becker u. Sachse, 1997). Ich möchte deutlich machen, daß der hier verwendete Begriff "Interpretieren" im Sinne sprachpsychologischer Rekonstruktionsprozesse gemeint ist (vgl. Hörmann, 1976; Herrmann, 1982; Engelkamp, 1984; Baus, 1992; Sachse, 1992a), und *nicht* dem psychoanalytischen Konzept der Deutung entspricht.

17.4.2 Möglichkeitsraum an Interventionen

Die angegebenen Beispiele zeigen, daß es im Prinzip niemals nur eine mögliche Intervention gibt. Die Aussagen des Klienten sind komplex. Sie enthalten eine Vielzahl unterschiedlicher Aspekte. Und der Klient verbindet die aktuell genannten Aspekte wiederum mit einer Vielzahl vorher genannter Aspekte. Der Therapeut kann nun auch entscheiden, welche dieser Aspekte und Zusammenhänge er herausgreifen und akzentuieren will, welcher der vielen möglichen Spuren er folgen will. Damit gibt es aber immer einen *Möglichkeitsraum* an Interventionen: es lassen sich unterschiedliche Spuren verfolgen und selbst die gleiche Spur läßt sich auf unterschiedliche Weise verfolgen.

17.4.3 Konfrontation

Deutlich wird auch, daß die verschiedenen Interventionen deutlich unterschiedlich konfrontativ sein können. Ein Therapeut kann zu einer Klientenaussage eine Intervention realisieren, die sehr "weich", fürsorglich ist oder aber eine Intervention, die den Klienten auf Aspekte aufmerksam macht, die er gar nicht so gerne ansehen will und die möglicherweise seiner Selbstwahrnehmung drastisch widersprechen.

Es lassen sich zu einer Klientenaussage daher meist nicht nur unterschiedliche Interventionen entwickeln, sondern auch *unterschiedlich konfrontative* Interventionen.

Damit kann ein Therapeut aber grundsätzlich entscheiden, wie "hart" er den Klienten mit einer Intervention konfrontieren will.

Das Ausmaß an Konfrontation, das ein Therapeut realisieren kann und sollte, wird dabei wesentlich von zwei Parametern bestimmt:

1. vom Stand der Beziehung;

2. vom Stand der Rekonstruktion, die der Klient von seinem Problem vorgenommen hat.

Der Stand der Rekonstruktion der Spielstruktur durch den Klienten beeinflußt stark das Ausmaß, in dem ein Therapeut konfrontativ sein muß: Ist es dem Klienten z.B. völlig unklar, daß er andere mit seinem Verhalten manipuliert und möchte der Klient auch etwas derartiges nicht zugestehen, dann wird dem Therapeuten irgendwann keine andere Wahl bleiben, als das dem Klienten unmißverständlich deutlich zu machen. Und dies wird in jedem Fall eine hoch konfrontative Wirkung auf den Klienten haben. In einem solchen Fall ist es oft nicht ausreichend, dem Klienten dezente Hinweise zu geben: Diese Hinweise kann er in der Regel gemäß seinen eigenen Selbst- und Beziehungsdefinitionen uminterpretieren. Eine hoch manipulative Klientin, die jedoch völlig davon überzeugt ist, das Opfer anderer Personen zu sein, wird dieses Schema immer wieder zur Interpretation anwenden, auch zur Interpretation der Therapeutenaussagen.

Ein Therapeut kann z.B. mit einer Klientin arbeiten, die ihren Partner mit Angstsymptomen manipuliert. Sie beklagt sich darüber, daß sich ihr Partner nicht genug um sie kümmert, wo es ihr doch so schlecht geht. In ihrer Optik ist die Kausalkette: "Ich habe Angst, also brauche ich Hilfe und ich habe ein Recht darauf, also muß mein Partner mir helfen. Der tut das aber nicht genug, also muß ich ihn dazu zwingen". Der Therapeut nimmt dagegen an, daß die Struktur anders ist: Die Klientin hat die Intention, ihren Partner durch manipulative Handlungen zur Gabe von Aufmerksamkeit zu zwingen; dazu benutzt sie Angstsymptome als Strategie; der Partner reagiert aber nicht mehr ausreichend komplementär; also reagiert sie mit "mehr-desselben".

Wenn der Therapeut nun z.B. äußert:

- "Sie demonstrieren Ihrem Partner die Angst sehr deutlich, um ihn zu zwingen, sich um sie zu kümmern",

dann kann der Therapeut dies u.U. schon für eine recht konfrontative Intervention halten.

Die Klientin ist jedoch in der Lage, die Aussage "in ihrem System zu absorbieren": Sie sagt

- "Ja, das muß ich auch. Anders kümmert er sich ja nicht um mich. Ich brauche aber seine Hilfe, weil ich krank bin".

Die Aussage des Therapeuten macht damit *gar nichts* transparent, die Klientin kann sie statt dessen als implizite Bestätigung für ihre Sichtweisen verrechnen! Dagegen kann z.B. eine Aussage wie "Im Grunde denken Sie überhaupt nicht darüber nach, wie sie Ihr Problem ändern können. Sie erwarten vielmehr von allen anderen, auch von mir, daß die sich nach Ihnen richten. Ihre Angst hilft Ihnen sehr gut dabei, andere zu kontrollieren" im System der Klientin sehr konfrontativ wirken. Dies kann sich z.B. darin zeigen, daß die Klientin sauer wird und den Therapeuten beschuldigt, sie völlig mißverstanden zu haben *(Vorsicht*: Ein Therapeut sollte nie eine solche Reaktion einfach als Validierung seiner Hypothesen auffassen: es kann leider immer sein, daß die Klientin Recht hat! Diese Alternativ-Hypothese muß immer mit geprüft werden!).

Dies macht deutlich, daß "konfrontative Wirkung" etwas subjektives ist: Ob eine Intervention konfrontativ wirkt, *hängt davon ab, wie der Klient sie auffaßt!* Allerdings kann ein Therapeut, der über ein gutes Klientenmodell verfügt, sehr oft sehr gut antizipieren, ob und wie konfrontativ seine Intervention wirken wird.

17.4.4 Konfrontation und Beziehung

Interventionen des Therapeuten, die eine Nicht-Komplementarität zur Spielebene betonen und, insbesondere, Interventionen, die Spielstrukturen transparent machen, wirken oft sehr konfrontativ auf den Klienten. Derartige Konfrontationen haben in aller Regel die Konsequenz, daß die Therapeut-Klient-Beziehung dadurch belastet wird: der

Klient ärgert sich über den Therapeuten, fühlt sich unverstanden, abgelehnt usw. Diese Interventionen "nehmen daher Beziehungskredit in Anspruch".
Die Tatsache der Beziehungsbelastung hat zwei Konsequenzen.

1. Ein Therapeut sollte konfrontative Interventionen nur dann realisieren, wenn er "über Beziehungskredit" verfügt: Wenn die Beziehung zum Klienten einigermaßen stabil, vertrauensvoll, freundlich ist. Überzieht der Therapeut hier sein "Konto", macht er Konfrontationen, obwohl diese Bedingung nicht gegeben ist, dann kann die Beziehung in eine Krise geraten: Der Klient kann "dichtmachen", reaktant werden, kann anfangen, aggressiv zu reagieren usw. In dem Augenblick, in dem der Therapeut die Beziehung stärker belastet als sie belastbar ist, verschlechtert er die Basis der therapeutischen Arbeit; er arbeitet damit gegen seine eigenen Interessen.

Aus diesen Überlegungen resultiert auch

- daß konfrontative Interventionen in der Regel zu Therapiebeginn kaum möglich sind, da die Beziehung meist noch nicht tragfähig genug ist;
- daß ein Therapeut keine konfrontativen Interventionen realisieren sollte, wenn die Beziehung gerade belastet, gestört oder angespannt ist;
- daß ein Therapeut nicht eine Vielzahl konfrontativer Interventionen nacheinander realisieren kann, weil er dadurch sein "Konto" sehr schnell überzieht und den Therapieprozeß dadurch festsetzt.

2. Ein Therapeut muß, wenn er konfrontierend arbeitet, immer wieder die Beziehung zum Klienten aktiv verbessern: *Er muß etwas tun, was "sein Beziehungskonto auffüllt"*. Eine therapeutische Handlung, die sich dazu eignet, ist Entgegenkommen: Durch Verstehen, Akzeptieren, den Klienten wichtig nehmen usw., macht er dem Klienten deutlich, daß die Beziehung verläßlich ist, daß der Klient sehr wichtig ist usw. (fast unnötig zu sagen, aber dennoch gesagt: Das alles wird nur wirksam, wenn der Therapeut *meint*, was er sagt; es geht also nicht darum, daß der Therapeut dem Klienten "etwas vormacht", sondern daß der Therapeut sich bemüht, tatsächlich Verständnis für den Klienten aufzubringen!).

Andere wesentliche therapeutische Handlungen werden unten weiter besprochen: es sind das komplementäre Handeln zur Motivebene und die Bearbeitung der grundlegenden interaktionellen Motive des Klienten. Auch diese therapeutischen Handlungen *fördern* die Beziehung.

Daher sollte ein Therapeut niemals *nur* oder über längere Zeit ausschließlich an einem Transparent-Machen der Spielstruktur arbeiten: Ein Therapeut muß immer *auch* Interventionen realisieren, die nicht-konfrontativ sind, die den Klienten unterstützen, die die Beziehung positiv deutlich machen usw..

17.4.5 Therapeutische Strategien

Wenn ein Therapeut dem Klienten mit seinen Interventionen Spielstrukturen transparent macht, dann muß er davon ausgehen, daß die Klienten dies oft durchaus nicht zu schätzen wissen: Denn der Klient will ja, daß sich der Therapeut komplementär verhält und das Spiel selbst unangetastet läßt. Nun macht der Therapeut aber genau das Gegenteil: Er verhält sich nicht komplementär und macht das Spiel transparent.

Daher muß ein Therapeut davon ausgehen, daß Klienten zu Beginn dieser Art von Arbeit keineswegs den Interventionen des Therapeuten begeistert zustimmen: Wenn der Therapeut deutlich macht, daß eine Klientin andere Personen manipuliert, dann wird die Klientin in der Regel nicht antworten

- das ist richtig;
- endlich hat das mal jemand erkannt;
- danke, daß Sie mich darauf aufmerksam gemacht haben!

Sie wird in der Regel im Gegenteil versuchen, gegen den Therapeuten zu argumentieren, dem Therapeuten sagen, er haben sie falsch verstanden, die Aussage relativieren usw.. Das aber bedeutet: Die Interventionen des Therapeuten werden vom Klienten "gekontert". Und deshalb ist es notwendig, daß ein Therapeut in der Lage ist, *mehrere "Züge" im voraus zu denken. Ein Therapeut muß daher nicht nur in Einzelinterventionen denken, sondern in therapeutischen Strategien*!

Ein Therapeut muß Wissen darüber haben, was ein Klient als "return" auf seine Interventionen sagen könnte; und er muß wissen, wie er dann mit dieser Aussage des Klienten umgehen kann. Kann er dies nicht, wird ihm die Intervention wenig nützen; denn dann ist er zwar nicht im ersten, wohl aber im zweiten oder dritten Zug "mattgesetzt".

Macht ein Therapeut z.B. ein Statement wie "wenn ich die Therapie nicht ändere, dann handele ich im Grunde unverantwortlich" (s.o.), dann könnte die Klientin entgegnen:

Klientin: "Ja, das finde ich auch."

Nun sollte der Therapeut wissen, wie es weitergehen kann und sollte: Was erkennbar wird, ist, daß die Klientin bestimmt, was gute Therapie ist. Gleichzeitig sagt sie aber auch, der Therapeut sollte ein Experte sein. Mit diesem Widerspruch kann der Therapeut die Klientin nun konfrontieren:

Therapeut: "Auf der einen Seite sagen sie mir, ich solle mich wie ein Experte verhalten, therapeutisch richtig handeln. Aber wenn ich als Experte sage, daß es wichtig ist, die Zeit auf eine Stunde zu begrenzen, dann bin ich für sie kein Experte mehr. Im Grunde bin ich für sie nur dann ein Experte, wenn ich das tue, was sie wollen."

Die Klientin könnte dies nun relativ leicht kontern:

Klientin: "Natürlich, als Therapeut müssen Sie ja auch erkennen, was mir wichtig ist."

Therapeut: "Wenn ich sie richtig verstehe, soll ich aber nicht nur *erkennen*, was ihnen wichtig ist; ich soll vor allem genau das tun, was Sie für richtig halten. Aber was ist, wenn ich genau das als Therapeut nicht für richtig halte?"

Der Therapeut kann hier somit das Ablenkungsmanöver der Klientin auffangen: Die Klientin möchte den Therapeuten kontrollieren, möchte aber nicht, daß es so aussieht wie eine Kontrolle. Der Therapeut muß jedoch versuchen, das Handeln der Klientin richtig zu benennen und muß daher alle Euphemismen, Nebenschauplätze usw. verlassen: Nur wenn klar ist, worum es *tatsächlich geht*, kann sich die Kommunikation ändern von einer verdeckten zu einer offenen Kommunikation.

Aber das wird der Therapeut in aller Regel *nicht* mit einer einzelnen Intervention erreichen: Der Klient wird diese nicht einfach annehmen und umsetzen, er wird versuchen, sein Spiel weiterhin zu spielen. Und daher muß der Therapeut auch weiterhin versuchen, das Spiel transparent zu machen.

17.4.6 Effekte einzelner Interventionen

Überhaupt sollten Therapeuten nicht davon ausgehen, daß einzelne Interventionen oder Strategien das System des Klienten verändern können: Der Klient hat seine Strategien auf der Spielebene in Jahren entwickelt, aufgebaut, elaboriert, weiterentwickelt, geübt. Ein so gut entwickeltes und sei Jahren geübtes System kann ein Therapeut nicht mit einzelnen Interventionen verändern, wie schlau und treffend diese auch immer sein mögen. Ein Therapeut sollte vielmehr damit rechnen, daß er dem Klienten diese Struktur immer auch wieder transparent machen muß, bevor es dem Klienten "dämmert", daß er selbst ein Teil des Problems sein könnte.

18. Transparent-Machen der Annahmen

18.1 Arbeit mit Annahmen: Schwierigkeiten, Ziele und Möglichkeiten

An den Beispielen der Spielstruktur ist schon deutlich geworden, daß ein Therapeut die Ebenen (Spielstruktur, Annahmen, Motive) in seinen Interventionen nicht immer genau trennen kann: Und dies sollte er wohl auch nicht, denn diese Ebenen hängen eng miteinander zusammen und es ist daher sicher sinnvoll, auch dem Klienten diese Zusammenhänge deutlich zu machen. Wenn hier nach Ebenen unterschieden wird, dann nur, um deutlich zu machen, daß ein Therapeut in seinen Interventionen *Schwerpunkte* setzen kann: Es kann ihm in einer Intervention darum gehen, dem Klienten bestimmte Aspekte besonders deutlich zu machen.

Wenn ein Therapeut dem Klienten grundlegende Annahmen transparent macht, dann will er dem Klienten zeigen, aufgrund welcher Überzeugungen der Klient verarbeitet und handelt.

Er will dem Klienten deutlich machen

- *daß* seinen Interpretationen und Handlungen bestimmte Annahmen und Überzeugungen zugrunde liegen;
- *wie* diese Annahmen *aussehen*, welche Überzeugungen der Klient aufweist; und,
- wie diese Überzeugungen sich beim Klienten auswirken, wie sie seine Interpretationen und Handlungen beeinflussen.

Macht ein Therapeut durchgängige Annahmen explizit, dann muß er in der Regel *Muster* herausarbeiten: Meist läßt eine einzelne Interpretation oder Handlung gar keinen Schluß auf eine grundlegende Annahme zu. Erst wenn erkennbar wird, daß ein Klient verschiedene Situationen immer wieder in ähnlicher Weise interpretiert, wird deutlich, daß der Klient eine Grundannahme auf diese Situation anwendet. Daher ist oft therapeutische Vorarbeit nötig, bevor ein Therapeut eine Annahme wirklich explizit machen kann.

Eine solche Vorarbeit besteht im *Markieren*: Dabei macht der Therapeut bei verschiedenen Inhalten, an verschiedenen Beispielen, die der Klient berichtet, immer wieder deutlich, was der Klient tut, wie der Klient die Situation auffaßt usw.. Seine Interventionen dienen dabei nur dazu, bestimmte Aspekte herauszuheben, deutlich zu machen, eben zu markieren: der Klient soll diese Aspekte wahrnehmen, bemerken, als wesentlich erkennen, so daß sie nicht wieder im allgemeinen Inhalt "versickern". Durch diese Markierung kann der Klient dann allmählich ein Muster erkennen: Der Klient kann dann sehen, daß ähnliche Interpretationen *immer wieder* auftreten, daß ähnliche Handlungen immer wieder bedeutsam sind, daß ähnliche Konsequenzen sich durchziehen.

Aufgrund dieses Musters ist es dann möglich, die *Leitfrage* zu stellen: "Was mache ich da eigentlich?", "Was liegt dem eigentlich zugrunde?" Und das führt in die Rekonstruktion grundlegender Annahmen über Beziehungen oder sich selbst.

In manchen Fällen kann ein Therapeut jedoch auch schon aufgrund einzelner Beschreibungen *Hypothesen* über grundlegende Annahmen des Klienten entwickeln. Und er kann das, was er interpretiert, dem Klienten mitteilen: In einem solchen Fall

- sollte der Therapeut seine Interpretation vorsichtig formulieren und dem Klienten in hohem Maße Widerspruch ermöglichen, da die Hypothese mit hoher Unsicherheit behaftet ist;
- sollte der Therapeut damit rechnen, daß ein Klient auch dann mit der Aussage des Therapeuten Schwierigkeiten haben kann, wenn sie zutrifft: Die Interpretation kann für den Klienten zu weit hergeholt erscheinen, er kann sie noch nicht nachvollziehen; sie kann aber für den Klienten auch noch zu bedrohlich sein o.ä..

Der Therapeut muß sich darüber klar sein, daß seine Aussage immer nur ein vorsichtiges Vortasten sein kann, eine Art "Versuchsballon" an der Kante des Machbaren: Nimmt der Klient die Aussage an, kann man weiter damit arbeiten; nimmt er sie nicht an, muß der Therapeut sie zurückstellen *und erneut prüfen.*

Bei der Herausarbeitung von Grundannahmen ist es meist für den Therapeuten hilfreich, wenn er vom Klienten bereits wesentliche Aspekte grundlegender Motive rekonstruiert hat. Denn die Grundannahmen sind eng mit diesen Motiven *und* mit bisher gemachten Erfahrungen verbunden. Ein Klient kann das grundlegende Motiv haben, für andere wichtig zu sein; er hat aber die Erfahrung gemacht, dies *nicht* zu sein. Die Grundannahme, die er aus dieser Erfahrung ableitet ist: "Ich kann nicht als Person für jemanden wichtig sein. Ich kann bestenfalls jemanden dazu zwingen". Diese Grundannahmen kann man als Therapeut aber nur dann verstehen und formulieren, wenn man bereits verstanden hat, daß es dem Klienten darum geht, *wichtig* zu sein.

Daher setzt in der Therapie das Explizieren von Annahmen häufig ein Verstehen von Motiven voraus.

18.2 Beispiele für das Transparent-Machen von Annahmen

Betrachtet man die "Kritik-Klientin" unter diesem Aspekt, dann wird deutlich, daß es ihr darum geht, für eine andere Person *wichtig* zu sein, einer anderen Person etwas zu bedeuten (siehe nächstes Kapitel). Hat man dies als Therapeut verstanden, dann kann man sehen, daß die Klientin davon ausgeht, daß sie dies nicht ohne weiteres haben kann: sie geht davon aus, daß eine andere Person sich im Grunde nicht für sie interessiert.

Deshalb reagiert sie so allergisch darauf, daß die Therapeutin auf die Uhr guckt. Sie interpretiert dieses harmlose Verhalten sofort als Zurückweisung, als message: "Es ist mir egal, was mit Dir ist und es ist mir egal, wie es Dir geht."

Sie interpretiert das Ende der Stunde auch als "Weggeschickt-Werden": Auch darin sieht sie die message: "Egal, was mit Dir ist, wenn die Zeit abgelaufen ist, bin ich mit Dir fertig", also als Botschaft: "Du als Person bist mir überhaupt nicht wichtig." Diese Interpretation ist keineswegs zwangsläufig. Sie läßt sich nicht zwingend aus der Situation ableiten; also bringt die Klientin ein altes Schema in die Situation ein, mit dem Sie diese interpretiert. Und dies könnte heißen: *"Ich werde sowieso zurückgewiesen"*.

Nun ist die Klientin aber in der Situation sehr aktiv: Auch dies ist nicht zwangsläufig. Sie könnte auf obige Annahme auch resignativ reagieren und sich zurückziehen. Statt dessen *fordert* sie aber vom Interaktionspartner Aufmerksamkeit ein: Sie geht also davon aus

• daß jemand für sie da ist, wenn sie es heftig genug fordert,
und
• daß sie es auch fordern *muß*: Denn tut sie es nicht, wird niemand für sie da sein.

Damit aber kann ein Therapeut bereits nach einem kurzen Therapieabschnitt, zumindest als Hypothesen, wesentliche Grundannahmen der Klientin explizieren.

Besonders deutlich könnte ein Therapeut dies nach K6 explizit machen:

• Therapeut:"Ich spüre, daß sie sehr enttäuscht sind. Sie haben den Eindruck gehabt, daß das, was Sie sagen, mir nicht wichtig ist, daß Sie mir nicht wichtig sind. Ich habe den Eindruck, daß sie überhaupt glauben, Sie können für andere nicht wichtig sein. Sie müssen immer darum kämpfen, wichtig zu sein".

19. Therapeutische Arbeit mit grundlegenden Motiven: Transparent-Machen, Bearbeiten, komplementäres Handeln

19.1 Grundlegende interaktionelle Motive

Theoretisch wird hier davon ausgegangen, daß Personen grundlegende interaktionelle Motive oder Bedürfnisse aufweisen. Diese Bedürfnisse, so wird angenommen, sind in der Motivationshierarchie sehr hochrangig: Ihre Befriedigung ist von zentraler Bedeutung und sie determinieren eine Vielzahl hierarchisch "niedriger" interaktioneller Ziele.

Es gibt interaktionelle Bedürfnisse, deren Bearbeitung im Therapieprozeß immer wieder von großer Bedeutung ist, und die daher von zentraler Bedeutung zu sein scheinen.

Diese sind:

- *Das Bedürfnis nach Akzeptierung:*
  Das Bedürfnis, von wichtigen anderen Personen um seiner selbst willen geliebt, geachtet, akzeptiert zu werden.

- *Das Bedürfnis, wichtig zu sein:*
  Das Bedürfnis , für andere eine Bedeutung zu haben, in ihrem Leben eine Rolle zu spielen.

- *Das Bedürfnis nach verläßlicher Beziehung:*
  Das Bedürfnis danach, eine Beziehung zu haben, auf die man sich verlassen kann, die tragfähig ist, die nicht ohne weiteres in Frage gestellt werden kann, die Belastungen aushält; es ist ein Bedürfnis nach einer "sicheren Bindung".

- *Das Bedürfnis nach solidarischer Beziehung:*
  Das Bedürfnis, daß der Interaktionspartner zu einem hält, einen unterstützt, Hilfe gibt, wenn man sie braucht, Geborgenheit realisiert, "auf der eigenen Seite ist".

- *Das Bedürfnis nach Autonomie:*
  Das Bedürfnis danach, in seiner Selbstbestimmung, Selbstdefinition und Selbstentwicklung akzeptiert zu werden.

- *Das Bedürfnis nach territorialer Unverletzlichkeit der eigenen Domäne:*
  Das Bedürfnis danach, Bereiche des Lebens als *eigene* Bereiche definieren zu dürfen, Grenzen zu ziehen und das Bedürfnis, daß diese Grenzen von Interaktionspartnern

ernst genommen und respektiert werden, und daß diese Partner die eigene Domäne nur betreten, wenn sie eine Erlaubnis dazu haben.

Diese Bedürfnisse werden vom Interaktionspartner, auch den primären Interaktionspartnern "Eltern" nur mehr oder weniger erfüllt: sie werden häufig sehr wenig erfüllt und statt dessen frustriert oder traumatisiert. Theoretisch wird angenommen, daß gerade *die* Bedürfnisse, die frustriert oder traumatisiert werden, die relevantesten werden: Diejenigen, um deren Erfüllung, Umsetzung sich das Handeln der Person zentriert. Und diese Bedürfnisse sind es auch, zu denen die Klienten Ersatzziele entwickeln und intransparente Strategien, um deren Befriedigung durchzusetzen. Die frustrierten oder gar traumatisierten Bedürfnisse sind demnach die, die der Entwicklung einer Spielstruktur zugrunde liegen. Daher bestehen dann auch sehr enge Zusammenhänge zwischen bestimmten Spielstrukturen und bestimmten grundlegenden Bedürfnissen. Dies zeigt sich auch im Handeln der Klienten: trotz intransparentem, manipulativem Handeln werden die grundlegenden Bedürfnisse der Klienten immer noch deutlich. Sie sind im Handeln der Klienten prinzipiell immer noch erkennbar. Allerdings bedeutet dies in aller Regel *nicht*, daß sie den Klienten selbst deutlich sind: Die Klienten haben im Gegenteil keine Repräsentationen ihrer grundlegenden interaktionellen Motive.

19.2 Transparent-Machen grundlegender Motive

Daraus resultiert, daß es therapeutisch sinnvoll ist, daß ein Therapeut versucht, aus dem Handeln der Klienten grundlegende Motive des Klienten zu rekonstruieren, diese zu explizieren und dem Klienten so zu helfen, davon eine Repräsentation zu entwickeln.

Daß grundlegende Motive von Klienten auch in manipulativem Handelns erkennbar sind, läßt sich gut an der "Kritik-Klientin" illustrieren: An verschiedenen Stellen kann ein Therapeut diese Motive erkennen und kann sie explizit machen.

Im Grunde werden bei der Klientin grundlegende Motive, grundlegende "Sehnsüchte" sofort deutlich (in K1): sie will nicht "weggeschickt" werden. Insbesondere nicht, wenn es ihr schlecht geht. Dies läßt zumindest die Hypothese zu, daß sie
• ein Bedürfnis hat nach einer verläßlichen Beziehung;
• und nach einer solidarischen Beziehung.
Es ist das Bedürfnis danach, daß jemand für sie da ist, auch dann, wenn und gerade dann, wenn es ihr schlecht geht. Im Prinzip könnte der Therapeut das aufgreifen, z.B.
• Therapeut: "Ich spüre, daß sie ein ganz großes Bedürfnis danach haben, daß sich jemand um sie kümmert und daß sie sich auf diese Person verlassen können."
Bei der Klientin wird aber noch ein anderes Bedürfnis deutlich: das Bedürfnis danach, für eine andere Person *wichtig* zu sein. Dies wird an verschiedenen Indikatoren erkennbar:
• Die Klientin interpretiert das Ende der Stunde als "weggeschickt" werden. Das kann für die Klientin bedeuten, daß die Therapeutin signalisiert: Wenn die Zeit um ist, mußt Du raus! Also: Du bist mir nicht wichtig genug, um mich länger mit Dir zu befassen.

- Die Klientin betont, daß sie die andere Psychologin anrufen darf: *Der* ist sie so wichtig, daß die sich intensiv mit der Klientin beschäftigt.
- Die Klientin möchte, daß die Therapeutin ihr mehr Zeit gibt: Die mögliche Botschaft ist: Wenn ich Dir wichtig wäre, dann würdest Du mir mehr Zeit geben!
- die Klientin fühlt sich fast beleidigt, weil die Therapeutin auf ihre Uhr schaut. Sie faßt das auf als Botschaft der Art: Du und Deine Inhalte sind mir nicht wichtig. Ich bin froh, wenn ich Dich los bin.

Ein zentrales Motiv der Klientin scheint es daher zu sein, *wichtig* zu sein. Und das kann die Therapeutin explizit machen.

- Bereits nach K1: "Sie haben den Eindruck, ich habe Sie "weggeschickt". Haben sie den Eindruck, ich habe Ihnen damit gezeigt, daß Sie mir nicht wichtig sind?"

oder

- "Wenn Sie den Eindruck haben, daß Sie jemandem nicht wichtig sind, dann macht Sie das total traurig".
- Auf K2 könnte die Therapeutin sagen: "Im Grunde können Sie nur dann Vertrauen zu mir haben, wenn Sie ganz sicher sind, daß ich sie wichtig nehme".
- Auf K4 könnte die Therapeutin sagen: "Sie wünschen sich im Grunde von mir, daß sie mir wichtiger sind, als alle meine anderen Klienten."

und

- "Was ich spüre, ist eine ganz große Sehnsucht danach, *wichtig* zu sein".
- Auf K6 könnte die Therapeutin sagen: "Es gibt bei Ihnen einen starken Wunsch, eine Sehnsucht danach, jemandem zu vertrauen, mit jemandem wirklich sprechen zu können. Aber Sie spüren, daß Sie das erst können, wenn die andere Person sie wichtig nimmt. Nur dann, wenn Sie wichtig sind, können Sie jemandem vertrauen".

Auch bei der "Klientin mit intrusiven Gedanken" werden Ansätze grundlegender Motive erkennbar. Was die Klientin durchweg massiv signalisiert, ist: "Hilf mir", "sei für mich da", "Nimm mich ernst", "sieh, wie sehr ich Hilfe brauche" u.ä..

Was man erkennt, ist ein *Bedürfnis nach solidarischer Beziehung*: Ein Bedürfnis danach, Schutz zu erhalten, Unterstützung zu erhalten, Zuwendung zu bekommen, schwach und hilfsbedürftig sein zu *dürfen* und damit akzeptiert zu werden. Erstmals wird dieser Aspekt richtig greifbar in K6. Die Klientin signalisiert hier auf der Motive-ebene: "Ich möchte mich nicht anstrengen müssen!", "ich möchte nicht leiden müssen!", "ich möchte, daß jemand sieht, wie es mir geht!", "Ich möchte, daß jemand für mich da ist". So könnte die Therapeutin hier sagen: "Ich spüre, daß sie eine große Sehnsucht danach haben, daß jemand für Sie da ist. Daß er ihnen zuhört, wirklich versteht, wie es Ihnen geht und wirklich für sie da ist. Und das wünschen Sie sich auch von mir."

Natürlich ist diese Intervention bei K6 noch sehr früh: Es kann sein, daß die Klientin sie hier noch nicht versteht. Besser wäre es wahrscheinlich, wenn die Therapeutin zunächst einige Stellen markieren würde, und diese Intervention erst dann macht, wenn die Klientin sie besser nachvollziehen kann. So könnte die Therapeutin nach K8 intervenieren:

Im Grunde leiden Sie sehr unter Ihrem Zustand. Sie haben aber den Eindruck, daß niemand wirklich versteht, wie sehr sie leiden. Die Personen, die Ihnen helfen wollen, verstehen es auch nicht richtig. Im Grunde sehnen sie sich nicht so sehr nach jemandem, der Ihnen hilft, sondern nach jemandem der sie versteht und für sie da ist".

Zwei Aspekte sind bei solchen Explikationen wesentlich:

- Der Therapeut interpretiert, wenn er sich auf die Ebene der Motive begibt, immer relativ weit: daher sollte er, auch bei guter Belegbarkeit, immer deutlich machen, daß die Aussage *sein* Eindruck ist, er sollte also eine "Ich-Botschaft" senden. Ist die Aussage falsch oder geht sie dem Klienten zu weit, dann hat der Klient so eine bessere "Widerspruchsermöglichung" (Fiedler, 1994a).
- Der Therapeut sollte seine Formulierung sehr grundsätzlich machen: hier geht es ja gerade darum, grundlegende, überdauernde, über einzelne Handlungen und Situationen hinausgehende Motive herauszuarbeiten. Der Therapeut will daher die Aufmerksamkeit, anders als bei der Bearbeitung der Spielstruktur, nicht auf konkrete Beziehungen lenken, in der sich das Bedürfnis manifestiert, sondern er will im Gegenteil die konkrete Situation transzendieren. Er möchte dem Klienten deutlich machen, daß es hier um *grundlegende* Fragen, *überdauernde* Schemata geht.

Die Kombination von "Ich-Botschaft" und Hinweis auf grundlegende Schemata erzeugt aber noch etwas anderes: Es erzeugt die Botschaft an den Klienten, daß der Therapeut versucht, sich so weit wie möglich in den Klienten hineinzudenken, den Klienten so tief wie möglich zu verstehen.

Es ist daher eine Botschaft auf der Beziehungsebene, die besagt,

- es ist mir wichtig, Dich zu verstehen;
- ich möchte Dich so weit verstehen, wie es eben möglich ist;
- ich möchte mit Dir wesentliche Erfahrungen teilen, sie gemeinsam ansehen und bearbeiten;
- ich sage Dir, daß ich Dich mit deinen Erfahrungen akzeptiere und ernst nehme.

Damit verhält sich der Therapeut, wenn er grundlegende Aspekte verbalisiert, auch gleichzeitig komplementär zu wesentlichen Motiven:

- Er akzeptiert den Klienten.
- Er macht deutlich, daß ihm der Klient wichtig ist.
- Er akzeptiert aber auch Grenzen: Wenn der Klient einen Aspekt nicht thematisieren will, muß er dies nicht.

Die "Kritik-Klientin" macht durchweg im gesamten Ausschnitt motivationale Aspekte deutlich, die der Therapeut aufgreifen kann.

In K3 macht die Klientin deutlich, daß es für Sie extrem bedeutsam ist, jemanden zu haben, der sich um sie kümmert: Wenn es ihr schlecht geht, will sie damit gesehen werden und der andere soll für sie *da* sein. Dies könnte die Therapeutin aufgreifen: "Ich spüre bei Ihnen ein ganz großes Bedürfnis danach, gesehen zu werden; daß ein anderer wirklich sieht und erkennt, daß es Ihnen schlecht geht. Und danach, daß er Ihnen hilft, wirklich mal für Sie da ist, sich wirklich um Sie kümmert". Damit kann der Therapeut bei der Klientin zentrale, wesentliche Bedürfnisse aufdecken, die die Klientin ganz offensichtlich nicht befriedigt bekommt und vielleicht nie in ausreichendem Maße befriedigt bekommen hat:

- Das Bedürfnis, für andere wichtig zu sein.
- Das Bedürfnis, nach verläßlicher Beziehung.
- Das Bedürfnis nach solidarischer Beziehung.

Auch hier sollte deutlich werden, daß das Herausarbeiten der Motive nicht nur dazu geschieht, dem Klienten diese Aspekte transparent zu machen; ebenso wie bei der Herausarbeitung von Spielstrukturen dient dies als *Basis einer weiteren therapeutischen Bearbeitung*. Denn wenn klar ist, was diese relevanten und frustrierten Motive sind, dann können therapeutische weiterführende Fragen aufgeworfen werden, z.B.:

- Wie bedeutsam ist dem Klienten heute dieses Bedürfnis?
- Welche Emotionen sind heute immer noch mit der Erfahrung verbunden, z.B. abgelehnt zu sein?
- Welche heute noch relevanten affektiven Schemata haben sich durch diese Erfahrung gebildet?
- Wie stark sind und inwieweit bestimmen die Sehnsüchte des Klienten nach Befriedigung dieses Bedürfnisses auch heute noch sein Handeln, usw..

Was der Therapeut hier therapeutisch anschließen kann, ist ein *Explizierungsprozeß*: ein Prozeß der Klärung, Rekonstruktion und Veränderung eigener Motive, Schemata, Annahmen. Dieser Explizierungsprozeß, so viel sollte deutlich geworden sein, ist aber erst dann möglich, wenn in der Therapie Spielstrukturen, Motive oder Annahmen herausgearbeitet worden sind: Die Voraussetzungen für Explizierungsprozesse müssen erst geschaffen werden (vgl. Sachse, 1996a, 1996b, 1992c; Sachse u. Maus, 1991, 1987).

19.3 Komplementäres Handeln auf der Motivebene

Ein Therapeut sollte jedoch seine Rekonstruktion der grundlegenden Motive des Klienten nicht nur dazu nutzen, dem Klienten diese transparent zu machen; er sollte sie ebenfalls dazu nutzen, *sich zur Motivebene komplementär zu verhalten*.

Wenn er z.B. erkennt, daß es für den Klienten wesentlich ist, von einem Interaktionspartner *wichtig* genommen zu werden, dann sollte der Therapeut dem Klienten ganz deutlich und wann immer möglich zeigen, daß der Therapeut den Klienten wichtig nimmt (falls dies der Fall ist!).

Wenn es dem Klienten wichtig ist, daß eine Beziehung verläßlich ist, dann sollte der Therapeut dem Klienten deutlich machen, daß er die Beziehung zum Klienten nicht "kündigen" wird, auch dann nicht, wenn der Klient ihn kritisiert, auch dann nicht, wenn der Therapeut selbst Grenzen setzt u.ä..

Wenn es dem Klienten wichtig ist, Grenzen zu setzen, dann sollte der Therapeut signalisieren, daß er diese Grenzen respektieren wird, gleichzeitig aber auch deutlich machen, daß er sich darüber freuen würde, eine "Eintrittskarte" zu bekommen.

Ein solches komplementäres Handeln des Therapeuten

- signalisiert dem Klienten, daß der Therapeut wichtige Aspekte begriffen hat;
- *zeigt* dem Klienten, daß der Therapeut die Beziehung zu ihm wichtig nimmt;
- *zeigt* dem Klienten, daß er sich auf den Therapeuten verlassen kann;
- vermittelt dem Klienten die wahrscheinlich neue Erfahrung, daß eine Person für ihn "da" ist, ohne sich manipulieren zu lassen, ohne aggressiv zu sein und *ohne* eigene Konturen und Bedürfnisse zu verlieren;

- vermittelt dem Klienten die Erfahrung, daß man sich eigenen Schwächen, Schwierigkeiten und Problemen stellen kann, ohne kritisiert und abgewertet zu werden;
- zeigt dem Klienten, daß er aufhören kann, beim Therapeuten um die Erfüllung von Bedürfnissen zu kämpfen;
- zeigt dem Klienten, daß der Therapeut kein Gegner, kein Manipulationsobjekt o.ä. ist, sondern jemand, der kompetente Hilfe anbietet.

Der Klient macht somit einmal die konkrete Erfahrung, daß er dem Therapeuten trauen und mit ihm zusammenarbeiten kann; er macht aber auch die allgemeine Erfahrung, daß Beziehungen keineswegs so sein müssen, wie er bisher geglaubt hat: Er macht damit eine "korrigierende Beziehungserfahrung" (vgl. Sachse, 1987; Binder u. Binder, 1979; van Kessel, 1975).

Damit wird auch deutlich, daß ein Handeln des Therapeuten wie "Entgegenkommen" prinzipiell (wenn der Therapeut es richtig gestaltet) ein komplementäres Handeln auf der Motivebene ist: Der Therapeut versucht, die Beziehung zum Klienten so zu gestalten, wie der Klient diese Beziehung benötigt.

Komplementäres Handeln zur Motivebene impliziert eine *"differentielle Beziehungsgestaltung"*: es bedeutet nämlich, daß der Therapeut erkennt, welche Beziehungsaspekte *für den Klienten* von zentraler Bedeutung sind und daß der Therapeut daraufhin genau *diese* Beziehungsaspekte besonders deutlich macht, fokalisiert, betont. Damit "holt er den Klienten auf der Beziehungsebene genau dort ab, wo der Klient ist": Und damit ist dieses Handeln des Therapeuten in höchstem Maße klientenzentriert.

Literatur

Ach, N. (1935). Analyse des Willens. In: E. Abderhalden (Hrsg.), *Handbuch der biologischen Arbeitsmethoden, Bd. 4*. Berlin: Urban & Schwarzenberg.

Aebli, H. (1980). *Denken, das Ordnen des Tuns, Bd. 1: Kognitive Aspekte der Handlungstheorie*. Stuttgart: Klett-Cotta.

Aebli, H. (1981). *Denken, das Ordnen des Tuns, Bd. 2: Denkprozesse*. Stuttgart: Klett-Cotta.

Alnaes, R. & Torgersen, S. (1988). The relationship between DSM-III sympton disorders (Axis I) and personality disorders (Axis II) in an outpatient population. *Acta Psychiatrica Scandinavia, 78*, 485-492.

Alnaes, R. & Torgersen, S. (1991). Personality and personality disorders among patients with various affective disorders. *Journal of Personality Disorders, 5*, 107-121.

Ambühl, H. (1992). Therapeutische Beziehungsgestaltung unter dem Gesichtspunkt der Konfliktdynamik. In: J. Margraf & J.C. Brengelmann (Hrsg.), *Die Therapeut-Klient-Beziehung in der Verhaltenstherapie*, 245-264. München: Röttger.

Ambühl, H. & Doblies, G. (1991). Wie sieht ein klientInnengerechtes therapeutisches Angebot aus? Ein Plädoyer für fallspezifische Analysemethoden in der Psychotherapieforschung. *Verhaltenstherapie und Psychosoziale Praxis, 3*, 289-304.

Anderson, J.R. (1988). *Kognitive Psychologie: Eine Einführung*. Heidelberg: Spektrum Akademischer Verlag.

Andreoli, A.; Gressot, G.; Aapro, N.; Trico, L. & Gognalons, M.Y. (1989). Personality disorders as a predictor of outcome. *Journal of Personality Disorders, 3*, 307-320.

Archer, R.L.; Diaz-Loving, R.; Gollwitzer, P.M.; Davis, M.H. & Foushee, H.C. (1981). The role of dispositional empathy and social evaluation in the empathic mediation of helping. *Journal of Personality and Social Psychology, 40*, 786-796.

Argyle, M. (1972). *Soziale Interaktion*. Köln: Kiepenhauer & Witsch.

Atkinson, J.W. & Birch, D.(1974). The dynamics of achievement-oriented activity. In: J.W. Atkinson & J.O. Raynor (Eds.), *Motivation and achievement*, 271-325. Washington, D.C.: Winston.

Bandura, A. (1977). Self-efficacy: Toward a unifying theory of behavioral change. *Psychological Review, 84*, 191-215.

Bandura, A. (1978). Reflections on self-efficacy. *Advances in Behavior Research and Therapy, 1*, 237-269.

Bartlett, F.C. (1932). *Remembering*. Cambridge: University Press.

Batson, C.D.; Batson, J.G.; Griffitt, C.A.; Barrientos, S.; Brandt, J.R.; Sprengelmeyer, P. & Bayly, M.J. (1989). Negative-state relief and the empathy-altruism hypothesis. *Journal of Personality and Social Psychology, 56*, 922-933.

Batson, C.D.; Duncan, B.D.; Ackerman, P.; Buckley, T. & Birch, K. (1981). Is empathic emotion a source of altruistic motivation? *Journal of Personality and Social Psychology, 40*, 290-302.

Batson, C.D.; O'Quin, K.; Fultz, J. & Vanderplas, M. (1983). Influence of self-reported distress and empathy on egoistic versus altruistic motivation to help. *Journal of Personality and Social Psychology, 45*, 706-718.

Baus, M. (1992). Die Rolle der Interpretation in der Klientenzentrierten Psychotherapie. In: R. Sachse; G. Lietaer & W.B. Stiles (Hrsg.), *Neue Handlungskonzepte der Klientenzentrierten Psychotherapie*, 23-37. Heidelberg: Asanger.

Beck, A.T.; Freeman, A. u.a. (1993). *Kognitive Therapie der Persönlichkeitsstörungen.* Weinheim: Psychologie Verlags Union.

Beck, A.T. & Greenberg, R.L. (1979). Kognitive Therapie bei der Behandlung von Depressionen. In: N. Hoffmann (Hrsg.), *Grundlagen kognitiver Therapie*, 177-203. Bern: Huber.

Beck, A.T.; Rush, A.J.; Shaw, B.F. & Emery, G. (1981). *Kognitve Therapie der Depression* (Original erschienen 1979: Cognitive therapy of depression). München: Urban & Schwarzenberg.

Becker, K. & Sachse, R (1997). Therapeutisches Verstehen verstehen. Informationsverarbeitung und Modellbildung bei Therapeuten. In Vorbereitung.

Benjamin, L.S. (1974). Structural analysis of social behavior. *Psychological Review, 81*, 392-425.

Benjamin, L.S. (1977). Structural analysis of a family in therapy. *Journal of Consulting and Clinical Psychology, 45*, 391-406.

Benjamin, L.S. (1979). Use of Structural Analysis of Social Behavior (SASB) and Markov Chains to study dyadic interactions. *Journal of Abnormal Psychology, 88*, 303-319.

Benjamin, L.S. (1982). Use of Structural Analysis of Social Behavior (SASB) to guide intervention in psychotherapy. In: J.C. Anchin & D.J. Kiesler (Eds.), *Handbook of interpersonal psychotherapy*. New York: Pergamon Press.

Benjamin, L.S. (1984). Principles of prediction using Structural Analysis of Social Behavior (SASB). In: R.A. Zucker; J. Aronoff & A.J. Rabin (Eds.), *Personality and the prediction of behavior*, New York: Academic Press.

Benjamin, L.S. (1987a). Use of the SASB dimensional model to develope treatment plans for personality disorders. 1: Narcissism. *Journal of Personality Disorders, 1,* 43-70.

Benjamin, L.S. (1987b). Use of Structural Analysis of Social Behavior (SASB) to define and measure confrontation in psychotherapy. In: W. Huber (Ed.), *Progress in psychotherapy research*. Louvain la Neuve: Presses Universitaires de Louvain.

Benjamin, L.S. (1992). An interpersonal approach to the diagnosis of borderline personality disorder. In: J.F. Clarkin, E. Marziali & H. Munroe-Blum (Eds.) *Borderline personality disorder: Clinical and empirical perspectives*, 161-198. New York: Guilford.

Benjamin, L.S. (1993). *Interpersonal diagnosis and treatment of personality disorders.* New York: Guilford.

Benjamin, L.S. (1996). Ein interpersoneller Behandlungsansatz für Persönlichkeitsstörungen. In: B.Schmitz; T. Fydrich & K. Limbacher (Hrsg.), *Persönlichkeitsstörungen: Diagnostik und Psychotherapie*, 136-148. Weinheim: Beltz Psychologie Verlags Union.

Benjamin, L.S.; Foster, S.W.; Roberto, L.G. & Estroff, S.E. (1986). Breaking the family code: Analysis of videotapes of family interactions by Structural Analysis of Social Behavior (SASB). In: L.S. Greenberg & W.M. Pinsof (Eds.), *The psychotherapeutic process: A research handbook*, 391-438. New York: Guilford.

Berlin, S.B. & Johnson, C. (1989). Women and autonomy: Using Structural Analysis of Social Behavior to find autonomy within connections. *Psychiatry, Interpersonal and Biological Processes, 52*, 79-95.

Berne, E. (1961). *Transactional analysis of psychotherapy*. New York: Ballantine Books.

Berne, E. (1963). *The structure and dynamics of organizations and groups*. New York: Ballantine Books.

Binder, U. & Binder, H.-J. (1979). *Klientenzentrierte Psychotherapie bei schweren psychischen Störungen*. Frankfurt: Fachbuchhandlung für Psychologie.

Blashfield, R.K. & Davis, R.T. (1993). Dependent and histrionic personality disorders. In: P.B. Sutker & H.E. Adams (Eds.), *Comprehensive handbook of psychopathology, 2nd edition*, 395-409. New York: Plenum Press.

Bohlin, G.; Hagekull, B.; Germer, M.; Andersson, K. & Lindberg, L. (1989). Avoidant and resistant reunion behaviors as predicted by maternal interactive behavior and infant temperament. *Infant Behavior and Development, 12*, 105-117.

Bordin, E. (1975). *The working alliance: Basis for a general theory of psychotherapy*. Paper presented at a symposium of the American Psychological Association, Washington, D.C.

Bordin, E. (1976). The generalizability of the psychoanalytic concept of the working alliance. *Psychotherapy, 16*, 252-260.

Bordin, E. (1980). *Of human bond that bind or free*. Presidential address delivered at the meeting of the Society for Psychotherapy Research, Pacific Grove, CA.

Brown, M.; Woollams, S. & Huige, K. (1983). *Abriß der Transaktionaanalyse*. Frankfurt: Fachbuchhandlung für Psychologie.

Caspar, F. (1982). Widerstand in der Psychotherapie. In: R. Bastine et al. (Hrsg.), *Grundbegriffe der Psychotherapie*, 451-454. Weinheim: Edition Psychologie.

Caspar, F. (1984). *Analyse interaktioneller Pläne*. Bern: Universität Bern. Unveröffentlichte Dissertation.

Caspar, F. (1986). Die Plananalyse als Konzept und Methode. *Verhaltensmodifikation, 4*, 235-256.

Caspar, F. (1989). *Beziehungen und Probleme verstehen*. Bern: Huber.

Caspar, F. & Grawe, K. (1980). Der Widerspenstigen Zähmung? Eine interaktionelle Betrachtung des Widerstandsphänomens in der Verhaltenstherapie (1). In: W. Schultz & M. Hautzinger (Hrsg.), *Klinische Psychologie und Psychotherapie. Kongreßbericht Berlin in fünf Bänden*, 195-206. Tübingen: DGVT.

Caspar, F. & Grawe, K. (1982a). Vertikale Verhaltensanalyse (VVA): Analyse des Interaktionsverhaltens als Grundlage der Problemanalyse und Therapieplanung. *Forschungsberichte aus dem Psychologischen* Institut. Bern: Universität Bern.

Caspar, F. & Grawe, K. (1982b). Vertikale Verhaltensanalyse (VVA): Analyse des Interaktionsverhaltens als Grundlage der Problemanalyse und Therapieplanung. In: H. Bommert & F. Petermann (Hrsg.), *Diagnostik und Praxiskontrolle in der klinischen Psychologie*, 25-29. München: Steinbauer & Rau.

Caspar, F. & Grawe, K. (1985). Widerstand in der Verhaltenstherapie. In: H. Petzold (Hrsg.), *Widerstand: Ein strittiges Konzept in der Psychotherapie*, 349-384. Paderborn: Junfermann.

Caspar, F. & Grawe, K. (1996). Was spricht für, was gegen individuelle Fallkonzeptionen? Überlegungen zu einem alten Problem aus einer neuen Perspektive. In: F. Caspar (Hrsg.), *Psychotherapeutische Problemanalyse*, 65-85. Tübingen: DGVT.

Caston, J. (1986). The reliability of the diagnosis of the patient's unconscious plans. In: J. Weiss; H. Sampson & Mount Zion Psychotherapy Research Group. *The psychoanalytic process: Theory, clinical observations, and empirical research*. New York: Guilford.

deCharms, R. (1968). *Personal causation*. New York: Academic Press.

Chase, W.G. & Simon, H.A. (1973). The mind's eye in chess. In: W.G. Chase (Ed.), *Visual information processing*, 215-281. New York: Academic Press.

Coke, J.S.; Batson, C.D. & McDavis, K. (1978). Empathic mediation of helping: A two-stage model. *Journal of Personality and Social Psychology, 36*, 752-766.

DelCarmen, R.; Pedersen, F.A.; Huffmann, L.C. & Bryan, Y.E. (1993). Dyadic distress management predicts subsequent security of attachment. *Infant Behavior and Development, 16*, 131-147.

Derksen, J. (1995). *Personality disorders: Clinical & social perspectives*. New York: John Wiley & Sons.

Dijk, T. van & Kintsch, W. (1983). *Strategies of discours comprehension*. New York: Harcourt.

Dörner, D. (1988). Wissen und Verhaltensregulation: Versuch einer Integration. In: H. Mandl & H. Spada (Hrsg.), *Wissenspsychologie*, 264-279. München: Psychologie Verlags Union.

Dörner, D.; Kreuzig, H.W.; Reither, F. & Stäudel, T. (1983). *Lohhausen: Vom Umgang mit Unbestimmtheit und Komplexität*. Bern: Huber.

Duval, S. & Wicklund, R.A. (1972). *A theory of objective self-awareness*. New York: Academic Press.

Echelmeyer, L. (1983). Selbstunsicherheit und soziale Ängste. In: D. Zimmer (Hrsg.), *Die therapeutische Beziehung*, 161-172. Weinheim: Edition Psychologie.

Ecker, W. (1996). Persönlichkeitsstörungen. In: M. Linden & M. Hautzinger (Hrsg.), *Verhaltenstherapie, 3. Auflage*, 381-386. Berlin :Springer.

Ehlers, A. (1996). Psychologische Grundlagen der Verhaltenstherapie. In: J. Margraf (Hrsg.), *Lehrbuch der Verhaltenstherapie, Bd. 1*, 49-65. Berlin: Springer.

Eiff, A.W.U. (1979). *Streß*. Stuttgart: Thieme.

Engel, L. & Ferguson, T. (1990). *Imaginary crimes. Why we punish ourselves and how to stop*. Boston: Houghton Mifflin Company.

English, F. (1981). *Transaktionsanalyse*. Hamburg: Isko-Press.

Fenigstein, A. (1987). On the nature of public and private self-consciousness. *Journal of Personality, 55*, 543-554.

Fiedler, P. (1993). Persönlichkeitsstörungen. In: H. Reinecker (Hrsg.), *Lehrbuch der Klinischen Psychologie. Modelle psychischer Störungen*, 219-266. Göttingen: Hogrefe.

Fiedler, P. (1994a). *Persönlichkeitsstörungen*. Weinheim: Psychologie Verlags Union.

Fiedler, P. (1994b). Persönlichkeitsstörungen. In: A. Ehlers & K. Hahlweg (Hrsg.), *Enzyklopädie der Psychologie: Klinische Psychologie, Bd 2*. Göttingen: Hogrefe.

Fiedler, P. (1994c). Persönlichkeitsstörung. In: H. Reinecker (Hrsg.), *Fallsammlung zum Lehrbuch für Klinische Psychologie.* Göttingen: Hogrefe.

Fiedler, P. (1994d). Persönlichkeitsstörungen: In: H. Reinecker (Hrsg.), *Lehrbuch der Klinischen Psychologie. Modelle psychischer Störungen*, 219-266. Göttingen: Hogrefe.

Fiedler, P. (1995).Verhaltenstherapeutische Diagnostik bei Persönlichkeitsstörungen: Ein Schema zur Problemanalyse und Therapieplanung. *Verhaltensmodifikation und Verhaltensmedizin, 16*, 223-244.

Fiedler, P. (1996). Psychotherapeutische Ansätze bei Persönlichkeitsstörungen: Gemeinsamkeiten und Unterschiede. In: B.Schmitz; T. Fydrich & K. Limbacher (Hrsg.), *Persönlichkeitsstörungen: Diagnostik und Psychotherapie*, 200-218. Weinheim: Beltz Psychologie Verlags Union.

Fiedler, P. A. (1981). Psychotherapieziel Selbstbehandlung. In: P.A. Fiedler (Hrsg.), *Psychotherapieziel Selbstbehandlung: Grundlagen kooperativer Psychotherapie*, 25-76, Weinheim: Edition Psychologie.

Fiedler, P. A. & Konz, H. (1981). Partnerschaftliche Problemlösung und Kooperation in Psychotherapie. In: P.A. Fiedler (Hrsg.), *Psychotherapieziel Selbstbehandlung: Grundlagen kooperativer Psychotherapie*, 1-10, Weinheim: Edition Psychologie.

Flick,S.N.; Roy-Byrne, P.P.; Cowley, D.S.; Shores, M.M. & Dunner,D.L. (1993). DSM-III-R personality disorders in a mood and anxiety disorder clinic: Prevalence, comorbidity, and clinical correlates. *Journal of Affective Disorders, 27,* 71-79.

Fliegel, S.; Groeger, W.M.; Künzel, R. Schulte, D. & Sorgarz, H. (1981). *Verhaltentherapeutische Standardmethoden: Ein Übungsbuch*. München: Urban & Schwarzenberg.

Frederiksen, C.H. (1975a). Acquisition of semantic information from discourse: Effects of repeated exposures. *Journal of Verbal Learning and Verbal Behavior, 14,* 158-169.

Frederiksen, C.H. (1975b). Effects of context-induced processing operations on semantic information acquired from discourse. *Cognitive Psychology, 7,* 139-166.

Freeman, A. (1988a). Cognitive therapy of personality disorders. In: C. Perris; I. Blackburn & H. Perris (Eds.), *Cognitive psychotherapy: Theory and practice*. New York: Springer Verlag.

Freeman, A. (1988b). Cognitive therapy of personality disorders. In: C. Perris & M. Eisemann (Eds.), *Cognitive psychotherapy: An update*. Umea: DOPUU Press.

Freeman, A. & Leaf, R.(1989). Cognitive therapy of personality disorders. In: A. Freeman; K. Simon; L. Beutler & H. Arkowitz, *Comprehensive handbook of cognitive therapy*. New York: Plenum.

Frey, D.; Wicklund, R.A. & Scheier, M.F. (1984). Die Theorie der objektiven Selbstaufmerksamkeit. In: D. Frey & M. Irle (Hrsg.), *Theorien der Sozialpsychologie, Bd 1: Kognitive Theorien,* 192-216. Bern: Huber.

Fydrich, T.; Chambless, D.L.; Perry, K.J.; Belecanech, M. & Renneberg, B. (1996). *Generalized social phobia and avoidant personality disorder: Aspects of differential validity*. Zur Veröffentlichung eingereicht.

Fydrich, T.; Schmitz, B. Dietrich, G. Heinicke, S. & König, J. (1996). Prävalenz und Komorbidität von Persönlichkeitsstörungen. In: B.Schmitz; T. Fydrich & K. Limbacher (Hrsg.), *Persönlichkeitsstörungen: Diagnostik und Psychotherapie*, 56-90. Weinheim: Beltz Psychologie Verlags Union.

Gäßler, B. (1994). *Psychotherapeuten als Experten: Gedächtnis und Informationsverarbeitung*. Regensburg: Roderer.

Gäßler, B. & Sachse, R. (1992). Psychotherapeuten als Experten: Unter welchen Voraussetzungen können Psychotherapeuten die komplexe sprachliche Information ihrer Klienten verarbeiten? In: R. Sachse, G. Lietaer & W.B. Stiles (Hrsg.), *Neue Handlungskonzepte der Klientenzentrierten Psychotherapie*, 133-142. Heidelberg: Asanger.

Gendlin, E.T. (1970). A theory of personality change. In: Y.T. Hart & T.M. Tomlinson (Eds.), *New directions in client-centered therapy*, 129-173. Boston: Houghton Mifflin.

Gendlin, E.T. (1978a). Eine Theorie der Persönlichkeitsveränderung. In: H. Bommert & H.-D. Dahlhoff (Hrsg.), *Das Selbsterleben (Experiencing) in der Psychotherapie*, 1-62. München: Urban & Schwarzenberg.

Gendlin, E.T. (1978b). *Focusing*. New York: Everest House.

Gerl, W. (1981). Zum Aspekt der "Lenkung" in der psychotherapeutischen Kommunikation. *GwG-Info, 44*, 15-22.

Gollwitzer, P.M. (1986).Striving for specific identities: The social reality of self-symbolizing. In: R.F. Baumeister (Ed.), *Public self and private self*, 143-159. New York: Springer.

Gollwitzer, P.M. (1987a). Suchen, Finden und Festigen der eigenen Identität: Unstillbare Zielintentionen. In: H. Heckhausen; P.M. Gollwitzer & F.E. Weinert (Hrsg.), *Jenseits des Rubikon: Der Wille in den Humanwissenschaften*, 176-189. Berlin: Springer.

Gollwitzer, P.M. (1987b). The implementation of identity intentions: A motivational-volitional perspective on symbolic self-completion. In: F. Halisch & J. Kuhl (Eds.) *Motivation, intention, and volition*,349-369. Berlin: Springer.

Gollwitzer, P.M. (1989). Intentionale Selbstentwicklung. In: W. Schönpflug (Hrsg.), *Bericht über den 36. Kongreß der Deutschen Gesellschaft für Psychologie in Berlin 1988*, 469-473. Göttingen: Hogrefe.

Grawe, K. (1982). Implikationen und Anwendungsmöglichkeiten der Vertikalen Verhaltensanalyse für die Sichtweise und Behandlung psychischer Störungen. *Forschungsbericht (Nr. 5/82)*. Bern: Universität Bern.

Grawe, K. (1986). Schema - Theorie und heuristische Psychotherapie. *Forschungsberichte aus dem Psychologischen Institut*. Bern: Universität Bern.

Grawe, K. (1987a). Psychotherapie als Entwicklungsstimulation von Schemata. Ein Prozeß mit nicht voraussehbarem Ausgang. In: F.M. Caspar (Hrsg.), *Problemanalyse in der Psychotherapie. Bestandsaufnahme und Perspektiven*, 72-87. Tübingen: DGVT.

Grawe, K. (1987b). Schema-Theorie und heuristische Psychotherapie. Teil 2. *Forschungsbericht aus dem Psychologischen Institut*. Bern: Universität Bern.

Grawe, K. (1988a). Der Weg entsteht beim Gehen. Ein heuristisches Verständnis von Psychotherapie. *Verhaltenstherapie und Psychosoziale Praxis, 1*, 39-49.

Grawe, K. (1988b). Heuristische Psychotherapie. Eine schematheoretisch fundierte Konzeption des Psychotherapieprozesses. *Integrative Therapie, 4*, 309-324.

Grawe-Gerber, M. (1992). *Psychotherapie aus interpersonaler Perspektive. Ein methodischer Beitrag zur Psychotherapie-Prozessforschung mit der "Structural Analysis of Social Behavior (SASB)"*. Bern: Universität Bern. Unveröffentlichte Dissertation.

Grawe, K. & Caspar, F.M. (1984). Die Plananalyse als Konzept und Instrument für die Psychotherapieforschung. In: U. Baumann (Ed.), *Psychotherapie: Makro-/Mikroperspektive*, 177-197. Göttingen: Hogrefe.

Grawe, K., Donati, R. & Bernauer, F. (1994). *Psychotherapie im Wandel. Von der Konfession zur Profession*. Göttingen: Hogrefe.

Grawe, K.; Grawe-Gerber, M.; Heiniger, B.; Ambühl, H. & Caspar, F. (1996). Schematheoretische Fallkonzeption und Therapieplanung: Eine Anleitung für Therapeuten. In: F. Caspar (Hrsg.), *Psychotherapeutische Problemanalyse*, 189-224. Tübingen: DGVT.

Grossmann, K.E.; August, P.; Fremmer-Bombik, E.; Grossmann, K.; Scheuerer-Englisch, H.; Spangler, G.; Stephan, C. & Suess, G. (1989). Die Bindungstheorie: Modell und entwicklungspsychologische Forschung. In: H. Keller (Hrsg.), *Handbuch der Kleinkindforschung*, 31-55. Berlin: Springer.

Gruber; H. (1994). *Expertise: Modelle und empirische Untersuchungen*. Opladen: Westdeutscher Verlag.

Heckhausen, H. (1963). Eine Rahmentheorie der Motivation in zehn Thesen. *Zeitschrift für experimentelle und angewandte Psychologie, 10*, 604-624.

Heckhausen, H. (1977). Motivation: Kognitionspsychologische Aufspaltung eines summarischen Konstrukts. *Psychologische Rundschau, 28*, 175-189.

Heckhausen, H. (1980). *Motivation und Handeln: Lehrbuch der Motivationspsychologie*. Berlin: Springer.

Heiniger, B.; Grawe-Gerber, M.; Ambühl, H.; Grawe, K.; & Braun, U. (1996). Schematheoretische Fallkonzeption und Therapieplanung: Ein elaboriertes Beispiel zum Leitfaden. In: F. Caspar (Hrsg.), *Psychotherapeutische Problemanalyse*. 225-268. Tübingen: DGVT.

Henry, W.P.; Schacht, T.E. & Strupp, H.H. (1986). Structural Analysis of Social Behavior: Application to a study of interpersonal process in differential psychotherapeutic outcome. *Journal of Consulting and Clinical Psychology, 54*, 27-31.

Herrmann, T. (1982). *Sprechen und Situation*. Berlin: Springer.

Herrmann, T. & Grabowski, J. (1994). *Sprechen: Psychologie der Sprachproduktion*. Heidelberg: Spektrum Akademischer Verlag.

Hörmann, H. (1976). *Meinen und Verstehen: Grundzüge einer psychologischen Semantik*. Frankfurt: Suhrkamp.

Horvath, A.O. & Greenberg, L.S. (1989). Development and validation of the working alliance inventory. *Journal of Counseling Psychology, 36 (2)*, 223-233.

James, M. & Jongeward, D. (1971). *Born to win*. New American Library.

Jaspers, K. (1976). *Allgemeine Psychopathologie*. Heidelberg: Springer.

Jenkins, C.D.; Rosenman, R.H. & Zyzanski, S.J. (1974). Prediction of clinical coronary heart disease by a test for the coronary-prone behavior pattern. *New England Journal of Medicine, 290*, 1271-1275.

Kanfer, F.H. & Phillips, J.S. (1975). *Lerntheoretische Grundlagen der Verhaltenstherapie*. München: Kindler.

Karpman, S. (1968). Fairy tales and script drama analysis. *Transactional Analysis Bulletin, 7 (26)*, 39-43.

Kessel, W. van (1975). Van reflektie tot interventie. *Tijdschrift voor Psychotherapie, 17*, 342-354.

Kiesler, D.J. (1982). Confronting the client-therapist relationship in psychotherapy. In: J.C. Anchin & D.J. Kiesler (Eds.), *Handbook of interpersonal psychotherapy*. New York: Pergamon Press.

Kiesler, D.J. (1983). The 1982 interpersonal circle: A taxonomy for complementarity in human transactions. *Psychological Review, 90*, 185-214.

Kiesler, D.J. (1986). The 1982 interpersonal circle: An analysis of DSM-III personality disorders. In: T. Millon & G.L. Klerman (Eds.), *Contemporary directions in psychopathology: Toward the DSM-IV*, 571-597. New York: Guilford.

Kuhl, J. (1983a). *Motivation, Konflikt und Handlungskontrolle*. Berlin: Springer.

Kuhl, J. (1983b). Emotion, Kognition und Motivation: I. Auf dem Wege zu einer systemtheoretischen Betrachtung der Emotionsgenese. *Sprache und Kognition, 2 (1)*, 1-27.

Kuhl, J. (1983c). Emotion, Kognition und Motivation: II. Die funktionale Bedeutung der Emotionen für das problemlösende Denken und für das konkrete Handeln. *Sprache und Kognition, 2*, 228-253.

Kuhl, J. (1994a). A theory of action and state orientation. In: J. Kuhl & J. Beckmann (Eds.), *Volition and personality*, 9-46. Göttingen: Hogrefe.

Kuhl, J. (1994b). Handlungs- und Lageorientierung. In: W. Sarges (Hrsg.), *Manage-mentdiagnostik*. Göttingen: Hogrefe. 2. Aufl.

Kuhl, J. (1994c). Wille und Freiheitserleben: Formen der Selbststeuerung. In: J. Kuhl & H. Heckhausen (Hrsg.), *Motivation, Volition und Handlung. Enzyklopädie der Psychologie, Serie Motivation und Emotion, Bd. 4*. Göttingen: Hogrefe.

Kuhl, J. & Kazen, M. (1996): *Persönlichkeits-Stil-und-Störungs-Inventar (PSSI): Handanweisung*. Göttingen: Hogrefe.

Langer, E.J. & Abelson, R.P. (1974). A patient by any other name...: Clinician group difference in labeling bias. *Journal of Consulting and Clinical Psychology, 42*, 4-9.

Laux, L. (1983). Psychologische Streßkonzeptionen. In: *Enzyklopädie der Psychologie, Bd. 1, Motivation und Emotion*. Göttingen: Hogrefe.

Lazarus, R.S. (1981). Streß und Streßbewältigung. Ein Paradigma. In: S.-H. Filipp (Hrsg.), *Kritische Lebensereignisse*. München: Urban & Schwarzenberg.

Lazarus, R.S. (1982). Thoughts on the relation between emotion and cognition. *American Psychologist, 37*, 1019-1024.

Lazarus, R.S. (1984). On the primacy of cognition. *American Psychologist, 39*, 124-129.

Leary, T. (1957). *Interpersonal diagnosis of personality*. New York: Roland.

Maiwald, G. & Fiedler, P. A. (1981). Die therapeutische Funktion kooperativer Sprach-formen. In: P.A. Fiedler (Hrsg.), *Psychotherapieziel Selbstbehandlung: Grundlagen kooperativer Psychotherapie*, 97-132. Weinheim: Edition Psychologie.

Marziali, E. (1984). Three viewpoints on the therapeutic alliance: Similarities, differen-ces, and association with psychotherapy outcome. *Journal of Nervous and Mental Disease, 7*, 417-423.

Marziali, E.; Marmar, C. & Krupnick, J. (1981). Therapeutic alliance scales: Develop-ment and relationship to psychotherapy outcome. *American Journal of Psychiatry, 138*, 361-364.

Mavissakalian, M.; Hamann, M.S.; Haidar, S.A. & de Groot, C.M. (1993). DSM-III personality disorders in generalized anxiety, panic/agoraphobia, and obsessive-com-pulsive disorders. *Comprehensive Psychiatry, 34*, 243-248.

McFarland, S.G. & Sparks, C.M. (1985). Age, education, and the internal consistency of personality scales. *Journal of Personality and Social Psychology, 49*, 1692-1702.

Mentzos, S. (1995). *Hysterie: Zur Psychodynamik unbewußter Inszenierungen*. Frank-furt: Fischer.

Miller, G.A.; Galanter, E. & Pribram, K.H. (1960). *Plans and the structure of behavior*. New York: Holt, Rinehart and Winston.

Morgan, R.W. (1978). The relationships among the therapeutic alliance, therapist facilitative behaviours, patient insight, patient resistance and treatment outcome in psychoanalytically oriented psychotherapy. *Dissertation Abstracts International, 38*, 3408B.

Morgan, R.; Luborsky, L.; Crits-Christoph, P.; Curtis, H. & Solomon, J. (1982). Predicting the outcomes of psychotherapy by the Penn Helping Alliance Rating Method. *Archives of General Psychiatry, 39*, 397-402.

Neisser, U. (1979). *Kognition und Wirklichkeit: Prinzipien und Implikationen der kognitiven Psychologie*. Stuttgart: Klett-Cotta.

Neuf, H. (1996). *Determinanten der Leistung im Perspektivenwechsel Erwachsener in einer Reaktionszeituntersuchung*. Bochum: Ruhr-Universität. Unveröffentlichte Dissertation.

Nitsch, J.R. (1981): *Streß*. Bern: Huber.

Orlinsky, D.E.; Grawe, K. & Parks, B.K. (1994). Process and outcome in psychotherapy. In: A.E. Bergin & S.L. Garfield (Eds.), *Handbook of psychotherapy and behaviour change (4th edition)*. New York: Wiley.

Padesky, C.A. (1986). *Personality disorders: Cognitive therapy into the 90's*. Paper presented at the Second International Conference on Cognitive Psychotherapy. Umea, September 18-20.

Pfingsten, U. (1991). Soziale Kompetenzen und Kompetenzprobleme. In: U. Pfingsten & R. Hinsch (Hrsg.), *Gruppentraining sozialer Kompetenzen (GSK)*, 3-21. Weinheim: Psychologie Verlags Union.

Pfingsten, U. (1996). Training sozialer Kompetenz. In: J. Margraf (Hrsg.), *Lehrbuch der Verhaltenstherapie, Bd. 1*, 361-369. Berlin: Springer.

Piaget, J. (1936). *La naissance de l'intelligence chez l'enfant*. Neuchatel: Delachaux & Niestle.

Pichert, J.W. & Anderson, R.C. (1977). Taking different perspectives of a story. *Journal of Educational Psychology, 69*, 309-315.

Pretzer, J. (1996). Kognitive Therapie der Persönlichkeitsstörungen. In: B.Schmitz; T. Fydrich & K. Limbacher (Hrsg.), *Persönlichkeitsstörungen: Diagnostik und Psychotherapie*, 149-178. Weinheim: Beltz Psychologie Verlags Union.

Raum, U. & Sachse, R. (1992). Zielgerichtetes Handeln in der Gesprächstherapie: Eine Untersuchung zum zeitlichen Verlauf therapeutischen Handelns und zur Handlungskontrolle. In: R. Sachse, G. Lietaer & W.B. Stiles (Hrsg.), *Neue Handlungskonzepte der Klientenzentrierten Psychotherapie*, 143-152. Heidelberg: Asanger.

Rogers, C.R. (1959). A theory of therapy, personality, and interpersonal relationships as developed in the client-centered framework. In: S. Koch (Ed.), *Psychology: A study of science. (Vol. 3)*, 184-256. New York: Mc Graw-Hill.

Rosenman, R.H.; Brand, R.J.; Jenkins, C.D.; Friedman, M.; Straus, R. & Wurm, M. (1975). Coronary heart disease in the Western Collaborative Group Study: Final follow-up experience of 8 ½ years. *Journal of the American Medical Association, 233*, 872-877.

Rosenman, R.H.; Friedman, M.; Straus, R.; Wurm, M.; Kositichek, R.; Hahn, W. & Werthessen, N.T. (1964). A predictive study of coronary heart disease. *Journal of the American Medical Association, 189*, 103-110.

Rossiter, E.M.; Agras, W.S.; Telch, C.F. & Schneider, J.A. (1993). Cluster B personality disorder characteristics predict outcome in the treatment of bulimia nervosa. *International Journal of Eating Disorders, 13*, 349-357.

Sachse, R. (1984). Vertiefende Interventionen in der klientenzentrierten Psychotherapie. *Partnerberatung, 5*, 106-113.

Sachse, R. (1986a). Selbstentfaltung in der Gesprächspsychotherapie mit vertiefenden Interventionen. *Zeitschrift für Personenzentrierte Psychologie und Psychotherapie, 5*, 183-193.

Sachse, R. (1986b). *Gesprächspsychotherapie*. Kurseinheit zum Kurs "Formen der Psychotherapie" im Projekt "Wege zum Menschen" der Fern-Universität Hagen.

Sachse, R. (1987). Funktion und Gestaltung der therapeutischen Beziehung in der klientenzentrierten Psychotherapie bei interaktionellen Zielen und Interaktionsproblemen des Klienten. *Zeitschrift für Klinische Psychologie, Psychopathologie und Psychotherapie, 35*, 219-230.

Sachse, R. (1988a). Steuerung des Explizierungsprozesses von Klienten durch zentrale Bearbeitungsangebote des Therapeuten (1). In: W. Schönpflug (Hrsg.), *Bericht über* den 36. Kongreß der Deutschen Gesellschaft für Psychologie in Berlin 1988. Göttingen: Hogrefe.

Sachse, R. (1988b). Das Konzept des empathischen Verstehens: Versuch einer sprachpsychologischen Klärung und Konsequenzen für das therapeutische Handeln. In: GwG (Hrsg.), Orientierung an der Person: Diesseits und Jenseits von Psychotherapie, Bd. 2., 162-174. Köln: GwG-Verlag.

Sachse, R. (1989a). Zur allgemeinpsychologischen Fundierung von Klientenzentrierter Therapie: Die Theorie zur "Konzeptgesteuerten Informationsverarbeitung" und ihre Bedeutung für den Verstehensprozeß. In: R. Sachse & J. Howe (Hrsg.), Zur Zukunft der klientenzentrierten Psychotherapie, 76-101. Heidelberg: Asanger.

Sachse, R. (1990a). Concrete interventions are crucial: The influence of therapist's processing-proposals on the client's intra-personal exploration. In: G. Lietaer, J. Rombauts & R. van Balen (Eds.), Client-centered and Experiential Psychotherapy towards the Nineties, 295-308. Leuven: Leuven University Press.

Sachse, R. (1990b). The influence of processing proposals on the explication process of the client. Person-Centered-Review, 5, 321-344.

Sachse, R. (1990c). Acting purposefully in client-centered therapy (1). In: P.J.D. Drenth; J.A. Sergeant & R.J. Takens (Eds.), European Perspectives in Psychology, 65-80. New York: Wiley.

Sachse, R. (1991a). Zielorientiertes Handeln in der Gesprächspsychotherapie: Steuerung des Explizierungsprozesses von Klienten durch zentrale Bearbeitungsangebote des Therapeuten. In: D. Schulte (Hrsg.), Therapeutische Entscheidungen, 89-106. Göttingen: Hogrefe.

Sachse, R. (1991b). Gesprächspsychotherapie als "affektive Psychotherapie": Bericht über ein Forschungsprojekt. Teil 1, GwG-Zeitschrift 83, 30-42. Teil 2 in GwG-Zeitschrift 84, 32-40.

Sachse, R. (1992a). Zielorientierte Gesprächspsychotherapie: Eine grundlegende Neukonzeption. Göttingen: Hogrefe.

Sachse, R. (1992b). Zielorientiertes Handeln in der Gesprächspsychotherapie: Zum tatsächlichen und notwendigen Einfluß von Therapeuten auf die Explizierungsprozesse bei Klienten. Zeitschrift für Klinische Psychologie, 21, 286-301.

Sachse, R. (1992c). Differential Effects of Processing Proposals and Content References on the Explication Process of Clients with Different Starting Conditions. Psychotherapy Research, 4, 235-251.

Sachse, R. (1992d). Psychotherapie als komplexe Aufgabe: Verarbeitungs-, Intentionsbildungs-, und Handlungsplanungsprozesse bei Psychotherapeuten. In: R. Sachse, G. Lietaer & W.B. Stiles (Hrsg.), Neue Handlungskonzepte der Klientenzentrierten Psychotherapie, 109-112. Heidelberg: Asanger.

Sachse, R. (1993a). Empathie. In: A. Schorr (Hrsg.), Handwörterbuch der Angewandten Psychologie, 170-173. Bonn: Deutscher Psychologen-Verlag.

Sachse, R. (1995). Der psychosomatische Patient in der Praxis: Grundlagen einer effektiven Therapie mit "schwierigen" Klienten. Stuttgart: Kohlhammer.

Sachse, R. (1996a). Praxis der Zielorientierten Gesprächspsychotherapie. Göttingen: Hogrefe.

Sachse, R. (1996b). Goal-oriented client-centered psychotherapy: A process-oriented form of client-centered psychotherapy. In: U.Esser; H. Papst & G.-W. Speierer (Eds.), The power of the person-centered approach. Köln: GwG.

Sachse, R. (1996c). Empathisches Verstehen. In: M. Linden & M. Hautzinger (Hrsg.), *Verhaltenstherapie: Techniken, Einzelverfahren und Behandlungsanleitungen.* 24-30. Berlin: Springer.

Sachse, R. & Maus, C. (1987). Einfluß differentieller Bearbeitungsangebote auf den Explizierungsprozeß von Klienten in der klientenzentrierten Psychotherapie. *Zeitschrift für Personenzentrierte Psychologie und Psychotherapie, 6,* 75-86.

Sachse, R. & Maus, C. (1991). *Zielorientiertes Handeln in der Gesprächspsychotherapie.* Stuttgart: Kohlhammer.

Sachse, R.; Atrops, A.; Wilke, F. & Maus, C. (1992). *Focusing: Ein emotionszentriertes Psychotherapie-Verfahren.* Bern: Huber.

Sanderson, W.C.; Wetzler, S.; Beck, A.T. & Betz, F. (1992). Prevalence of personality disorders in patients with major depression and dysthymia. *Psychiatry Research, 42,* 93-99.

Sanderson, W.C.; Wetzler, S.; Beck, A.T. & Betz, F. (1994). Prevalence of personality disorders among patients with anxiety disordes. *Psychiatry Research, 51,* 167-174.

Saß, H.; Wittchen, H.-U. & Zaudig, M. (1996). *Diagnostisches und Statistisches Manual Psychischer Störungen: DSM-IV.* Göttingen: Hogrefe.

Schank, P.C. & Abelson, R.P. (1977). *Scripts, plans, goals and understanding.* Hillsdale: Erlbaum.

Scheier, M.F.; Buss, A.H. & Buss, D.M. (1978). Self-consciousness, self report of aggressiveness, and aggression. *Journal of Research and Personality, 12,* 133-140.

Schlegel, L. (1987). *Die Transaktionale Analyse, 3. Aufl.* Tübingen: Francke.

Schmitz, B. (1996). Verhaltenstheraapie bei Persönlichkeitsstörungen. In: W. Senf & M. Broda (Hrsg.), *Praxis der Psychotherapie.* Stuttgart: Thieme.

Schmitz, B.; Fydrich, T. & Limbacher, K. (1996). Diagnostik und Psychotherapie bei Persönlichkeitsstörungen: Eine Einführung. In: B. Schmitz; T. Fydrich & K. Limbacher (Hrsg.), *Persönlichkeitsstörungen: Diagnostik und Psychotherapie,* 1-23. Weinheim: Beltz Psychologie Verlags Union.

Schormann, M. (1992). *Was stört an der Persönlichkeitsstörung? Klientenverhalten und therapeutische Intervention.* Unveröffentlichte Diplomarbeit an der Fakultät für Psychologie der Ruhr-Universität Bochum.

Schulz von Thun, F. (1983). *Miteinander reden: Störungen und Klärungen: Psychologie der zwischenmenschlichen Kommunikation.* Reinbeck: Rowohlt.

Schwarz, N. (1985). Theorien konzeptgesteuerter Informationsverarbeitung in der Sozialpsychologie. In: D. Frey & M. Irle (Hrsg.), *Theorien der Sozialpsychologie, Bd.3,* 269-291. Bern: Huber.

Schwarzer, R. (1987). *Streß, Angst und Hilflosigkeit.* Stuttgart: Kohlhammer.

Shea, M.T.; Glass, D.R.; Pilkonis, P.A.; Watkins, J. & Docherty, J.P. (1987). Frequency and implications of personality disorders in a sample of depressed outpatients. *Journal of Personality Disorders, 1, 27-42.*

Silberschatz, G. (1986). Testing pathogenetic beliefs. In: J. Weiss; H. Sampson & Mount Zion Psychotherapy Research Group. *The psychoanalytic process: Theory, clinical observations, and empirical research,* 256-266. New York: Guilford.

Silberschatz, G.; Curtis, J.T.; Sampson, H. & Weiss, J. (1990). Research on the process of change in psychotherapy: An approach of the Mount Zion Psychotherapy Research Group. In: L. Beutler & M. Cargo (Eds.), *International psychotherapy research programs.* Washington, DC: American Psychological Association.

Silberschatz, G.; Curtis, J.T. & Nathans, S. (1989). Using the patient's plans to assess progress in psychotherapy. *Psychotherapy, 26,* 40-46.

Silberschatz, G.; Fretter, P.B. & Curtis, J.T. (1986). How do interpretations influence the progress in psychotherapy? *Journal of Consulting and Clinical Psychology, 54*, 646-652.

Spiro, R.J. (1980). Accomodative reconstruction in prose recall. *Journal of Verbal Learning and Verbal Behavior, 19*, 84-95.

Stewart, I. (1991). *Transaktionsanalyse in der Beratung: Grundlagen und Praxis transaktionsanalytischer Beratungsarbeit.* Paderborn: Junfermann.

Stewart, I. & Joines, V. (1992). *Die Transaktionsanalyse: Eine Einführung in die TA.* Freiburg: Herder.

Thorndyke, P.W. (1977). Cognitive structures in comprehension and memory of narrative discourse. *Cognitive Psychology, 9*, 77-110.

Tölle, R. (1990). Persönlichkeitsstörungen: Problematik und diagnostische Bedeutung. In: P.L. Janssen (Hrsg.), *Psychoanalytische Therapie der Borderlinestörungen*, 7-16. Berlin: Springer.

Turkat, I.D. (1996). *Die Persönlichkeitsstörungen. Ein Leitfaden für die klinische Praxis.* Bern: Huber.

Turner, R.G. (1978). Effects of differential request procedures and self-consciousness on trait attributions. *Journal of Research and Personality, 12*, 431-438.

Turner, R.G. (1980). Self-consciousness and memory of trait terms. *Personality and Social Psychology Bulletin, 6*, 273-277.

Vaillant, G. (1987). A developemental view of old and new perspectives of personality disorders. *Journal of Personality Disorders, 1*, 146-156.

Vogel, G. (1993). *Planung und Improvisation im Therapieprozeß: Eine Analyse mikrotherapeutischer Entscheidungsprozesse.* Münster: Waxmann.

Vogel, G. & Schulte, D. (1991). Der Prozeß therapeutischer Entscheidungen. In: D. Schulte (Hrsg.), *Therapeutische Entscheidungen*, 151-180. Göttingen: Hogrefe.

Waiblinger, A. (1989). *Neurosenlehre der Transaktionsanalyse.* Berlin: Springer.

Watzlawick, P.; Weakland, J.H. & Fisch, R. (1974). *Lösungen.* Bern: Huber.

Weinrich, E. & Sachse, R. (1992). Informationsverarbeitung und Intentionsbildung von Psychotherapeuten. In: R. Sachse, G. Lietaer & W.B. Stiles (Hrsg.), *Neue Handlungskonzepte der Klientenzentrierten Psychotherapie*, 113-132. Heidelberg: Asanger.

Weinstein, K.A.; Davison, G.C.; DeQuatro, V. & Allen, J.W. (1986). *Type A behavior and cognitions: Is hostility the bad actor?* Paper presented at the 94th Annual Convention of the American Psychological Association, Washington, DC.

Weiss, J. (1971). The emergence of new themes. A contribution to the psychoanalytic theory of therapy. *International Journal of Psycho-Analysis, 52 (4)*, 459-467.

Weiss, J. (1986). Part 1: Theory and clinical observations. In: J. Weiss; H. Sampson & Mount Zion Psychotherapy Research Group. *The psychoanalytic process: Theory, clinical observations, and empirical research*, 3-138. New York: Guilford.

Weiss, J.; Sampson H. & Mount Zion Psychotherapy Research Group (1986). *The psychoanalytic process: Theory, clinical observations, and empirical research.* New York: Guilford.

Wittchen, H.-U. (1996). Klassifikation und Diagnostik von Persönlichkeitsstörungen. In: B. Schmitz; T. Fydrich & K. Limbacher (Hrsg.), *Persönlichkeitsstörungen: Diagnostik und Psychotherapie*, 27-41. Weinheim: Beltz Psychologie Verlags Union.

Young, J. & Swift, W. (1988). Schema-focused cognitive therapy for personality disorders: Part 1. *International Cognitive Therapy Newsletter, 4*, 5 u. 13-14.

Zajonc, R.B. (1980). Feeling and thinking. Preferences need no inferences. *American Psychologist, 35,* 151-175.
Zajonc, R.B. (1984). On the Primacy of Affect. *American Psychologist, 39,* 117-123.

ANHANG

Bochumer Bearbeitungs-
und
Beziehungsskalen
BBBS
1997

1. Zentrale Bearbeitungsindikatoren

1.1 Arbeitsauftrag

1.1.1 Erkennbarkeit des Arbeitsauftrages

In welchem Ausmaß ist ein Arbeitsauftrag erkennbar, deutlich, definierbar?

Der Arbeitsauftrag des Klienten an das Therapie-Team ist gut erkennbar und deutlich

in hohem Maße   gar nicht

        4----------3----------2----------1----------0

1.1.2. Einzelaspekte des Arbeitsauftrages

Wie gut sind Einzelaspekte des Arbeitsauftrages in den Aussagen des Klienten erkennbar.

1. Ist die Problematik des Klienten deutlich, erkennbar, definierbar (Beschreibungsaspekt)?

in hohem Maße   gar nicht

        4----------3----------2----------1----------0

2. Ist deutlich und erkennbar, was diese Problematik für den Klienten subjektiv problematisch macht (Bewertungsaspekt)?

in hohem Maße   gar nicht

        4----------3----------2----------1----------0

3. Ist erkennbar, was der Klient erreichen möchte, was das angestrebte Ziel, der angestrebte Zielzustand ist (Zielaspekt)?

in hohem Maße   gar nicht

        4----------3----------2----------1----------0

4. Ist erkennbar, daß der Klient Vorstellungen darüber entwickelt hat oder entwickelt, wie der Zielzustand erreicht werden bzw. der Ist-Zustand verändert werden könnte (Mittel-Aspekt)?

in hohem Maße   gar nicht

        4----------3----------2----------1----------0

1.1.3 Einschränkung des Arbeitsauftrages

Falls der Klient in 1.1.1 einen Wert > 0 hat:

Einzuschätzen ist, ob der Klient einen eingeschränkten Arbeitsauftrag erkennen läßt. Ist dies der Fall, soll der Therapeut nur bestimmte Problemaspekte bearbeiten tzw. nur bestimmte Ziele ansteuern.

Der Klient gibt einen eingeschränkten Arbeitsauftrag

in hohem Maße   gar nicht

0----------1----------2----------3----------4

1.1.4 Inhalt

Falls der Klient in 1.1.3 einen Wert < 4 hat:

Welcher Art ist dieser eingeschränkte Arbeitsauftrag (Mehrfachnennungen möglich)?

- „Stabilisiere mich!".. 1

- „Mach' mich streßresistenter!"... 2

- „Mach' meine störenden Gefühle weg!"... 3

- „Mach', daß ich gelassener werde!"... 4

- „Mach' meine Symptome weg!".. 5

- anderen Inhalts... 6

1.2 Fragestellungen

Arbeitet der Klient von sich aus an Fragestellungen, ist er neugierig, will er bei sich selbst etwas wissen, klären, bearbeiten usw.?

Der Klient hat deutlich eigene Fragestellungen für den Therapieprozeß

in hohem Maße   gar nicht

4----------3----------2----------1----------0

1.3 Verantwortung

Übernimmt der Klient Verantwortung für den Therapieprozeß oder überläßt er dem Therapeuten vollständig die Verantwortung für den therapeutischen Prozeß?

Der Klient übernimmt die Verantwortung für den therapeutischen Prozeß

in hohem Maße   gar nicht

      4----------3----------2----------1----------0

1.4 Perspektive

Welche Beobachtungs- bzw. Beschreibungsperspektive nimmt der Klient ein?

Der Klient kann eine <u>internale</u> Perspektive einnehmen (er betrachtet „von sich aus" eigene Anteile, eigene Gefühle, Motive, Handlungen usw.), er kann eine <u>externale</u> Perspektive einnehmen (er betrachtet „von sich aus" andere Personen oder Situationen) oder der Klient kann eine von sich losgelöste Perspektive einnehmen (er betrachtet sich oder andere bzw. Situationen aus der Distanz, aus der Perspektive eines „neutralen Beobachters").

Der Klient nimmt bei der Betrachtung oder Bearbeitung von Problemaspekten eine

internale Perspektive		externale Perspektive		losgelöste Perspektive	
in hohem Maße	überwiegend	in hohem Maße	überwiegend	in hohem Maße	überwiegend

5-----------------4-----------------3--------------2----------------1-------------0

1.5 Explizierung

1.5.1 Überwiegende Explizierungsstufe

Auf welcher Explizierungsstufe arbeitet der Klient in dem zu analysierenden Abschnitt überwiegend (Die Einschätzung soll als Skala aufgefaßt werden, keine Mehrfachnennnungen möglich)?

- Intellektualisierung.. 0

- Bericht... 1

- Zuschreibende Bewertung.. 2

- Bewertung/Gefühl/gefühlte Bedeutung...................................... 3

- Explizierung internaler Problemdeterminanten.......................... 4

1.5.2 Weitere Explizierungsstufen

Auf welcher Explizierungsstufe arbeitet der Klient außerdem, jedoch weniger ausgeprägt (Mehrfachnennnungen möglich)?

- Intellektualisierung.. 0

- Bericht... 1

- Zuschreibende Bewertung.. 2

- Bewertung/Gefühl/gefühlte Bedeutung...................................... 3

- Explizierung internaler Problemdeterminanten.......................... 4

2. Inhaltsbearbeitung

2.1 Konkretheit

Stellt der Klient Inhalte insgesamt konkret und gut vorstellbar dar?
Der Klient tut dies

in hohem Maße   gar nicht

     4----------3----------2----------1---------0

2.2 Nachvollziehbarkeit

Ein Klient kann Schlußfolgerungen aus dem Gesagten so ziehen, bzw. kann Aspekte seiner Darstellung inhaltlich so aufeinander beziehen, daß der Hörer dies gut nachvollziehen kann (es als inhaltlich schlüssig empfindet) oder er kann Schlußfolgerungen ziehen, die der Hörer nicht nachvollziehen kann (z.B. aufgrund fehlender Information, falscher Schlußfolgerungen, übergeneralisierter Schlüsse usw.). Er kann inhaltliche Aspekte so aufeinander beziehen, daß der Bezug nicht nachvollziehbar ist (z.B. weil der Referenzpunkt unklar oder nicht vorhanden ist u.ä.).
Der Klient macht Schlußfolgerungen oder Verbindungen zwischen Inhaltsaspekten, die nachvollziehbar sind

in hohem Maße   gar nicht

     4----------3----------2----------1---------0

2.3 Stringenz

Ein Klient kann einen Inhalt in sich stringent, in geordneter, systematischer Abfolge darstellen, wobei er immer am Thema bleibt und einen „roten Faden" erkennen läßt oder er kann in ungeordneter, unsystematischer Form darstellen, wobei die Aspekte nicht erkennbar aufeinander aufbauen, Themen und Themenaspekte gewechselt werden usw.
Der Klient stellt Inhalte stringent dar

in hohem Maße   gar nicht

     4----------3----------2----------1---------0

2.4 Relevanz

Gibt der Klient Informationen, die zum Verständnis seines Problems, seiner Person und Situation sowie zur Ableitung von Interventionen auf der Inhaltsebene relevant sind?

Der Klient tut dies

in hohem Maße   gar nicht

4----------3----------2----------1----------0

2.5 Zentralität der Themen

Stellt der Klient einen Inhaltsbereich so dar, daß klar wird, welches die zentralen, essentiellen Aspekte des Problems sind und welches die eher peripheren, kommentierenden, beispielhaften?

Der Klient tut dies

in hohem Maße   gar nicht

4----------3----------2----------1----------0

3. Ungünstige Bearbeitungsstrategien

3.1 Problembearbeitung

Ist beim Klienten überhaupt eine Problembearbeitung erkennbar?
Der Klient zeigt eine Problembearbeitung

in hohem Maße   gar nicht

4----------3----------2----------1----------0

Falls der Klient in 3.1 einen Wert von 0 hat (= keine Problembearbeitung), sollen die folgenden Skalen 3.2, 3.3 und 3.4 als 0 codiert werden.

3.2 Lösen vor Klären

Falls der Klient in 3.1 einen Wert > 0 hat:
Zeigt er Lösungsversuche oder Lösungsbemühungen (oder möchte er welche vom Therapeuten), bevor er sich einer Klärung des Problems bzw. einem ausreichenden Problemverstehen zuwendet?

Der Klient zeigt eine derartige Bearbeitung

in hohem Maße   gar nicht

0----------1----------2----------3----------4

3.3 Simultane Problembearbeitung

Falls der Klient in 3.1 einen Wert > 0 hat:
Hat er Schwierigkeiten, ein Problem einzugrenzen und zuerst mit dem eingegrenzten Problem zu arbeiten bzw. das Problem in Teilaspekte zu zerlegen und diese sukzessiv zu bearbeiten (die Komplexität zu reduzieren)? Neigt er dazu, „alles auf einmal zu machen"?

Der Klient zeigt eine derartige Bearbeitung

in hohem Maße   gar nicht

0----------1----------2----------3----------4

3.4 Schaukeln

Falls der Klient in 3.1 einen Wert > 0 hat:

Bleibt er nicht bei einem Problemaspekt und wendet sich nach dessen Klärung den anderen zu, sondern „schaukelt" zwischen den Aspekten hin und her (z. B. bei Konflikten)?

Der Klient zeigt eine derartige Bearbeitung

in hohem Maße   gar nicht

        0----------1----------2----------3----------4

4. Vermeidungsstrategien

4.1 Relativierung

Relativiert ein Klient gegebene Informationen (z. B. durch „tritt selten auf", „hängt von der Situation ab" usw.)?

Der Klient zeigt eine Tendenz zur Relativierung

in hohem Maße   gar nicht

       0----------1----------2----------3----------4

4.2 Bagatellisierung

Bagatellisiert der Klient gegebene Informationen (z. B. durch „ist nicht so schlimm" usw.)?

Der Klient zeigt eine Tendenz zur Bagatellisierung

in hohem Maße   gar nicht

       0----------1----------2----------3----------4

4.3 Generalisierung/Normalisierung

Betont der Klient, daß ein Problem für ihn spezifisch, idiosynkratisch ist oder daß andere ähnliches aufweisen und es somit normal ist?

Der Klient stellt sein Problem oder Problemaspekte als etwas Normales oder Generelles dar

in hohem Maße   gar nicht

       0----------1----------2----------3----------4

4.4 Nebenschauplatz

Der Klient bleibt nicht bei einem Problembereich, sondern bietet dem Therapeuten manchmal, ohne daß ein thematischer Übergang explizit deutlich wird, einen anderen Inhaltsaspekt an. Dabei ist aber nicht deutlich, daß dieser wichtiger ist als der bisherige, ein Wechsel ist somit nicht gerechtfertigt.

Der Klient zeigt Wechsel auf Nebenschauplätze

in hohem Maße   gar nicht

0----------1----------2----------3----------4

4.5 Thematische Sperren

4.5.1 Vorhandensein

Gibt der Klient Inhaltsbereiche an, über die nicht gesprochen werden soll?

Der Klient macht thematische Sperren auf

in hohem Maße   gar nicht

0----------1----------2----------3----------4

4.5.2 Realisierung

Falls der Klient in 4.5.1 einen Wert < 4 hat:

Wie realisiert er die thematische Sperre inhaltlich (Mehrfachnennungen möglich)?

Der Klient sagt, daß (er) über ein Thema

- nicht sprechen will... 1

- nicht sprechen kann... 2

- nicht gesprochen werden muß.. 3

- schon ausreichend gesprochen worden sei....................................... 4

4.6 Umgang mit Fragen

4.6.1 Beantwortung

Wie geht der Klient mit Fragen bzw. Prozeßdirektiven des Therapeuten um?

Falls der Therapeut Fragen stellt oder Prozeßdirektiven gibt:

Beantwortet der Klient diese Fragen genau oder bemüht er sich um Beantwortung?

Der Klient tut dies

in hohem Maße   gar nicht

      4----------3----------2----------1----------0

4.6.2 Ausweichen

Falls der Klient in 4.6.1 einen Wert < 4 hat:

Wie weicht er der Beantwortung aus (Mehrfachnennungen möglich)?

1. Der Klient äußert, daß er die Frage nicht beantworten <u>will</u>.
Der Klient tut dies

in hohem Maße   gar nicht

      0----------1----------2----------3----------4

2. Der Klient äußert, daß er die Frage nicht beantworten kann
in hohem Maße   gar nicht

      0----------1----------2----------3----------4

3. Der Klient beantwortet die Frage gar nicht, reagiert mit <u>Schweigen</u>
in hohem Maße   gar nicht

      0----------1----------2----------3----------4

4. Der Klient äußert: „ich weiß nicht"
in hohem Maße   gar nicht

      0----------1----------2----------3----------4

5. Der Klient zeigt das Vorgehen von

„Fragen beantworten, die man nicht gestellt hat"

in hohem Maße   gar nicht

        0----------1----------2----------3----------4

4.7 Attribution

4.7.1 Internalität/Externalität

Auf welche Art von Ursachen führt der Klient ein Problem bzw. einen Problemaspekt zurück?

Der Klient nimmt folgende Attribution vor

internale Attribution   externale Attribution

        4----------3----------2----------1----------0

4.7.2 Externe Faktoren

Falls der Klient in 4.7.1 einen Wert < 2 hat (=externale Attribution):

Auf welche externen Faktoren führt er Problemaspekte zurück (Mehrfachnennungen möglich)?

- andere Personen und deren Verhalten... 1

- situative Umstände... 2

- unbekannte externe Faktoren (z. B. Zufall, Schicksal usw.)........................... 3

- Therapeut.. 4

- eigene Biographie... 5

- Persönlichkeitsaspekte, die außerhalb der Kontrolle und Verantwortung
  des Klienten liegen.. 6

- andere externe Faktoren.. 7

5. Konstruktion

5.1 Erkennen des konstruktiven Charakters

Erkennt der Klient selbst das konstruktive Element seines Problems?
Dem Klienten ist deutlich, daß seine Ansichten, Überzeugungen, Beobachtungen usw. Konstruktionen sind

in hohem Maße   gar nicht

4----------3----------2----------1----------0

5.2 Konstruktionsarten

Falls der Klient in 4.8.1 einen Wert von 4 hat, dann kann er keine der folgenden Konstruktionen aufweisen, die Bearbeitung ist dann ideal. Daher sollen somit alle folgenden Werte ebenfalls auf 4 gesetzt werden. Falls der Wert < 4 ist, muß eine Einschätzung der folgenden Skalen erfolgen.

5.2.1 Realitätskonstruktion als Realität

Die vom Klienten dargestellte Problemlage wird von ihm als Realität, als „so seiend" dargestellt

in hohem Maße   gar nicht

0----------1----------2----------3----------4

5.2.2 Zwangsläufigkeitskonstruktion

Die vom Klienten dargestellte Problemlage wird von ihm als zwangsläufig, als sich notwendig so ergebend dargestellt

in hohem Maße   gar nicht

0----------1----------2----------3----------4

5.2.3 Unlösbarkeitskonstruktion

Die vom Klienten dargestellte Problemlage wird von ihm als unlösbar dargestellt

in hohem Maße   gar nicht

0----------1----------2----------3----------4

6. Therapeutische Beziehung

6.1 Therapeutische Rollenübernahme

6.1.1 Übernahme der Klientenrolle

In welchem Ausmaß übernimmt der Klient die Klientenrolle im Sinne einer therapeutischen Allianz?

Der Klient tut dies

in hohem Maße   gar nicht

          4----------3----------2----------1----------0

6.1.2 Übernahme alternativer Rollen

Falls der Klient in 6.1.1. einen Wert von vier hat, nimmt er in „idealer" Weise eine therapeutische Allianz ein; daher sollten die folgenden Skalen auf 4 gesetzt werden (= keine Anzeichen ungünstigen Rollenverhaltens). Falls der Wert < 4 ist, muß eine Einschätzung auf den folgenden Skalen erfolgen.

6.1.2.1 Rollensymmetrie

Er versucht eine eher gleiche Rollenverteilung herzustellen (z. B. als kollegial, kumpelhaft usw.)

in hohem Maße   gar nicht

          0----------1----------2----------3----------4

6.1.2.2 Rollendominanz

Er versucht dem Therapeuten gegenüber eine dominante Rolle einzunehmen (z. B. Therapeut für Therapeuten, Regelsetzer, Kritiker usw.)

in hohem Maße   gar nicht

          0----------1----------2----------3----------4

6.2 Vertrauensstörung

Gibt es Hinweise für eine Störung des Vertrauens zum Therapeuten?

Das Vertrauen ist gestört

in hohem Maße   gar nicht

0----------1----------2----------3----------4

6.3 Rückmeldung an den Therapeuten

6.3.1 Vorhandensein

Gibt der Klient positive oder negative Rückmeldungen an den Therapeuten?

Der Klient tut dies

in hohem Maße   gar nicht

0----------1----------2----------3----------4

6.3.2 Qualität

Falls der Klient in 6.3.1 einen Wert < 4 hat:

Welcher Qualität sind diese Rückmeldungen (Mehrfachnennungen möglich)?

- der Klient gibt positive Rückmeldungen (z. B. daß die Frage gut sei, daß er schon Fortschritte gemacht habe) 1

- der Klient gibt negative Rückmeldungen (z. B. daß Fragen zu schwierig seien, daß die Therapie nichts bringe usw.) 2

6.4 Direkte Kontrolle des Therapeuten

Übt der Klient direkte Kontrolle über den Therapeuten aus, z. B. durch Infragestellen des Therapeuten, Beklagen über Verschlimmerung oder die Forderung nach mehr Einsatz ?

Der Klient tut dies

in hohem Maße   gar nicht

0----------1----------2----------3----------4

7. Image und Appelle

7.1 Kongruenz der Darstellung

7.1.1 Kongruenz

Ist die Art der Darstellung eines Themas (durch Stimmlage, Betonung, emotionale Beteiligung, Gestik, Mimik usw.) dem jeweiligen Inhalt angemessen?

Der Klient zeigt eine kongruente Darstellung

in hohem Maße   gar nicht

     4----------3----------2----------1----------0

7.1.2 Diskrepanz

Falls der Klient in 7.1.1 einen Wert < 4 hat:

In welche Richtung geht die Diskrepanz (Mehrfachnennungen möglich)?

Die Darstellung ist, verglichen mit dem Inhalt,

- cool, distanziert, abwiegelnd, läppisch usw. 1

- übertrieben emotional, dramatisch, betroffen usw. 2

7.2 Images

7.2.1 Vorhandensein

Der Klient macht ein Image auf

in hohem Maße   gar nicht

     0----------1----------2----------3----------4

7.2.2 Art des Images

Falls der Klient in 7.2.1 einen Wert < 4 hat:

Welches Image macht er auf (Mehrfachnennungen möglich)?

- „ich bin ein kooperativer Klient".. 1

- „ich bin ein Klient, der genau auf sich selbst schaut und sich
  mit sich auseinandersetzt".. 2

- „ich bin insgesamt o. k., wenig problembeladen, habe nur ein umgrenztes
  Problem... 3

- „ich bin besonders problembelastet, arm dran, hilflos".. 4

- „ich bin Opfer der Umstände, anderer Personen, Situationen,
  eigener Biographie"   5

- ich kann nichts für meine Probleme... 6

- ich kann meine Probleme selbst nicht ändern... 7

- anderen Inhalts... 8

7.3 Appelle

7.3.1 Vorhandensein

Der Klient richtet Appelle an den Therapeuten, etwas für ihn zu tun

in hohem Maße   gar nicht

     0----------1----------2----------3----------4

7.3.2 Art der Appelle

Falls der Klient in 6.3.1 einen Wert < 4 hat:

Welcher Qualität und welchen Inhalts sind die Appelle (Mehrfachnennungen möglich)?

Der Klient richtet negative Appelle an den Therapeuten, wie

- „schone mich!".. 01

- „bleib' mir vom Leib, halte Distanz!".. 02

- „laß' mich in Ruhe!"... 03

- anderen Inhalts... 04

Der Klient richtet positive Appelle an den Therapeuten, wie

- „hilf mir!"... 05

- „rette mich!"... 06

- „nimm mich ernst!".. 07

- „solidarisiere Dich mit mir!".. 08

- „gib mir Recht!"... 09

- „bestätige mich!".. 10

- „tröste mich!"... 11

- „finde mich, finde das, was ich mache, toll!"... 12

- „sei für mich verfügbar!".. 13

- „gib mir Hinweise, Ratschläge, aktive Hilfen!"... 14

- anderen Inhalts... 15

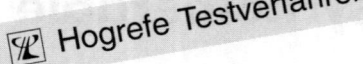
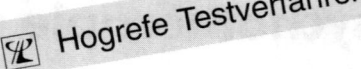